GERHARD SCHULZ

DAS POLNISCH-LITAUISCHE KÖNIGREICH

GERHARD SCHULZ

DAS POLNISCH-LITAUISCHE KÖNIGREICH

MACHTVERFALL UND TEILUNG

UNIVERSITAS

Schutzumschlag: Marianne Hartkopf, München
Satz: Fotosatz Völkl, Puchheim
Druck: Jos. C. Huber KG, Dießen
Binden: Großbuchbinderei Monheim
Printed in Germany
ISBN 3-8004-1320-5

Inhalt

Vorwort

Poppersches Falsifikationsprinzip: »Nur solche Wissenschaften verdienen das Prädikat ›wissenschaftlich‹, die auch die Möglichkeit enthalten, widerlegt zu werden.«

Im 18. Jahrhundert haben sich im europäischen Mächtegeflecht unter dem Einfluß liberaler philosophischer Ideen dynastische, machtpolitische und soziologische Veränderungen vollzogen, mit deren Bewältigung die beiden folgenden Jahrhunderte voll beansprucht waren und es noch immer sind. In der Mitte Europas überschritt Frankreich den Höhepunkt seiner Macht und verlor unter König Ludwig XV. seine Großmachtstellung.

Österreich und das Haus Habsburg zeigten als Gegenmacht zu Frankreich deutliche Verfallserscheinungen und wurden nach Südosten hin zum Balkan verdrängt.

Die Balkanmacht, das Osmanische Reich, verlor in Kriegen mit wechselndem Kriegsglück gegen Österreich, die Republik Venedig und Rußland unter den Sultanaten von Ahmed III., Mahmud I., Osman, Mustafa III. Abdulhamid I. und Selim III. zwischen 1703 und 1789 einen Großteil seiner Ländereien auf dem europäischen Kontinent.

Das Kurfürstentum Brandenburg hatte sich nach den schlimmen Heimsuchungen im Dreißigjährigen Krieg unter der Regierung des Großen Kurfürsten aus seiner unbedingten Loyalität und Vasallentreue gegenüber dem deutschen Kaiser emanzipiert, gewann zunehmend Einfluß auf die Politik des Reiches und stieg als Königreich Preußen unter Friedrich dem Großen zu einer gleichrangigen Großmacht auf.

England verdrängte Frankreich aus seinen überseeischen Besitzungen und stieg zur größten Kolonialmacht auf, während sich zur gleichen Zeit die Armeen der Kontinentalmächte in kräftezehrenden Kriegen bekämpften. Rußland vergrößerte seit Peter dem Großen sein Territorium nicht nur nach Osten bis an die Behringstraße, es drängte auch nach Westen und suchte den geographischen und geistigen Zugang zum europäischen Kulturkreis.

Das Königreich Polen war für Rußlands Westpolitik die geographische, politische und kulturelle Barriere. Aus der politischen Sicht der westlich gelegenen Großmächte war es als Schutzwall gegen die von Osten aus dem asiatischen Raum vordringenden Völkerschaften uninteressant geworden. Die territoriale Größe Polens und dessen Einwohnerzahl machten diesen Vielvölkerstaat zwangsläufig auch zu einer Großmacht. Es hat aber nicht vermocht, seinen politischen Einfluß, seine Macht und sein Ansehen bei seinen großen Nachbarn respektgebietend umzusetzen. So geriet auch dieses Großreich zunehmend in den Strudel des Untergangs. Erfolglose Kriege und ständige innenpolitische Spannungen markierten diesen Weg, bis das Land für die europäischen Großmächte kein ernstzunehmender Machtfaktor mehr war. Der dritte Teilungsvertrag vom 3. Januar 1795 und die Abdankung des letzten Königs Stanislaus II. August Poniatowski am 25. Juni 1795 besiegelten sein Schicksal. Es verschwand als selbständiges politisches Gebilde, als souveräner Staat, von den Landkarten des 18. und 19. Jahrhunderts.

Das Königreich Polen teilte in dieser Zeit sein Schicksal mit anderen Staaten. Die tausendjährige Republik Venedig fiel an Österreich, das Königreich Neapel verlor 1735 für achtzig Jahre seine Souveränität und ging 1859 endgültig in dem von Cavour neu geschaffenen italienischen Staat auf. Ebenso haben die Generalstaaten, Schweden und die Türkei Veränderungen ihrer Staatsgrenzen hinnehmen müssen und die Aufteilung der Landkarte verändert, wie man es unter damaligen dynastischen Gesichtspunkten nur zeittypisch nennen kann.

Sein besonderes historisches Gewicht bekam der Untergang des Königreichs Polen im nachhinein nur deshalb, weil es in seiner neunhundertjährigen Geschichte zwar nicht ein Gliedstaat des Heiligen Römischen Reiches Deutscher Nation gewesen ist, aber dennoch politisch, religiös und dynastisch in vielfältiger Weise mit ihm verflochten war. Dadurch wurde die Macht des polnischen Königtums so lange gestärkt, wie die Macht des deutschen Kaisers ebenfalls noch ungebrochen war. Als dann die politischen Spannungen in und um Polen ihrem Höhepunkt zustrebten, war die ›Erste Teilung‹ zunächst gar nicht so spektakulär; aber damit verbunden waren natürlich machtpolitische Veränderungen, die dieses Ereignis in besonderem Maße in das Blickfeld der Geschichte rückten. Schon vor der Französischen Revolution wurden in Polen nationalstaatliche Ideen virulent und beschleunigten dadurch seinen Untergang, machten andererseits daraus aber auch ein Politikum mit Langzeitwirkung.

Wir verfügen über eine umfangreiche Quellenliteratur, und die Historiker haben sich immer von neuem unter den wechselnden Aspekten der Zeitströmungen speziell mit diesen Ereignissen in Polen beschäftigt. Nachhaltig beeinflußt wurde diese Bewertung, als das Land 1918 durch den Versailler Friedensvertrag seine staatliche Existenz für zwei Jahrzehnte zurückgewann. Der Hitler-Stalin-Pakt und der Beginn des Zweiten Weltkrieges beendeten zunächst einmal mit dem Friedensschluß von Brest im Jahre 1939 diesen Zeitraum der eigenstaatlichen Existenz.

Von 1945 bis 1989 hatte die Volksrepublik Polen zwar wieder einen Staat in eigenen Landesgrenzen, aber keine volle Souveränität. Unter sowjetrussischer Vorherrschaft war das Land in dieser Zeit nicht viel mehr als ein Vasallenstaat im machtpolitischen Vorfeld, im Cordon sanitaire der UdSSR. Erst mit dem schnellen Machtverfall des Sowjetstaates erlangte es seine volle Souveränität zurück.

Als Ergebnis des Zweiten Weltkrieges erlangte das Territorium der Republik Polen eine gewaltige Westverschiebung seiner Grenzen. Mit ca. 310.000 Quadratkilometern Fläche und ca. 30 Millionen Einwohnern hat es heute annähernd die Größe der Bundesrepublik Deutschland mit ca. 360.000 Quadratkilometern und ca. 78 Millionen Einwohnern. Frankreich besitzt ca. 550.000 Quadratkilometer mit ca. 46 Millionen Einwohnern, und im Vereinigten Königreich England leben auf einer Fläche von ca. 245.000 Quadratkilometern jetzt ca. 55 Millionen Menschen.

Die Republik Polen ist 1989 als ein beachtlicher politischer Machtfaktor in die europäische Geschichte zurückgekehrt, und es ist selbstverständlich, daß die geschichtliche Vergangenheit dieses Landes von polnischen und ausländischen Historikern aus dem Blickwinkel unserer Zeit erneut betrachtet wird.

Die Zeitspanne von 1770 bis 1800, in der die Adelsrepublik Polen unterging, wurde von den Dynastien der Habsburger, der Hohenzollern, der Romanows und der Bourbonen in besonderem Maße bestimmt. Deshalb war der Anreiz sehr groß, die Originalquellen und die Quellenliteratur auf staats- und machtpolitische Ziele dieser Staaten und die Strategien, mit denen sie versuchten ihre Ziele zu erreichen, zu durchforsten. Bei diesem Streifzug ist nicht daran gedacht, die Fachliteratur der Historiker zu bereichern; aber es wird versucht, für geschichtsinteressierte Leser das Material mit großer Sorgfalt so aufzubereiten, daß ein tieferer Einblick in die Ursachen, in die Gedanken der Monarchen, die ihrer Regierungen und das politische Umfeld dieser Zeit gewonnen werden kann – vielleicht auch, um das eigene Geschichtsbild über diese Zeit zu überprüfen. Wir, die Deutschen, als direkte Nachbarn Polens sind naturgemäß in besonderem Maße an dem Anteil interessiert, den Preußen und sein König Friedrich II. an diesen Ereignissen hatten.

Dieser König Friedrich II. von Hohenzollern, den Voltaire Frédéric le Grande genannt hatte, wurde am 17. August 1991 auf der Schloßterrasse von Sanssouci in Potsdam in die Gruft gelegt. So hatte er es bereits in seinem Testament verfügt. Seine herausragende geschichtliche Bedeutung ist so unbestritten wie die Anfechtungen, die ihm auch noch mehr als zweihundert Jahre nach seinem Tode zuteil werden. Hans-Joachim Schoeps schreibt in seinem Buch »Preußen – Geschichte eines Staates«[1] im Vorwort: »Vorurteile, Sentiments und Ressentiments der nationalliberalen Historikergeneration haben das preußische Geschichtsbild stark verzerrt.« Er beklagt »Klischeevorstellungen« und »konformistische Farblosigkeit«. Der moralisierende Umgang mit unserer eigenen Geschichte in der zweiten Hälfte dieses Jahrhunderts birgt in sich die Gefahr, daß die breite öffentliche Meinungsbildung zu schwerwiegenden Fehlurteilen auch in aktuellen politischen Situationen verleitet werden kann. Wir alle sind Zeitzeugen von historischen Erschütterungen in der Weltpolitik, auf die eine nüchternsachliche Geschichtsschreibung viel besser hätte vorbereiten können. Kaum anders als eben auch als ein zeittypisches Phänomen ist die große Überraschung zu verstehen, als das sowjetrussische Imperium zusammenbrach. Es wurde zu einem Ereignis, das nach dem geltenden Politik- und Geschichtsverständnis meinungsbildender Persönlichkeiten gar nicht hätte stattfinden dürfen. Wir haben miterlebt, wie die Hoffnung der Menschen auf eine Wiedervereinigung als ›Lebenslüge‹ abgetan wurde, und dennoch fiel das in drei Jahrzehnten geformte Geschichtsbild wie ein Phantom zusammen. Um diese Erfahrung bereichert, scheinen Zweifel angebracht, ob wir der heranwachsenden jungen Generation das richtige historische Bildungsfundament anbieten, auf dem sie ihr eigenes Urteil gründen wird.

Auch Thomas Nipperdey[2] hat in diesem Sinne reflektierend über die deutsche Geschichte nachgedacht. Aus seinen tief in der Psyche forschenden Gedanken bereichert uns unter anderem die Rückschau auf die Entwicklung der historischen Wissenschaft. Die Historia magistra vitae hat nach seiner Analyse schon um 1800 – und sicher auch dies unter dem geistigen Einfluß der Aufklärung – die Änderung der historischen Fragestellung erfahren. »Wie« Vergangenheit präsentiert wird und »wozu«, das seien zwar kompatible Vorgänge; sie haben aber diese Wissenschaft grundlegend verändert, die »Revolution des Historismus« herbeigeführt. Das »Wie« stellte die Geschichtswissenschaft in Frage, das »Wozu« führte aber zu einer Neudefinition der »Geschichte als Lebensmacht«. Es beansprucht, über »den Schlüssel zu den Geheimwissenschaften der Vergangenheit zu verfügen, die die Offenbarung der Gegenwart sind. Geschichte verbindet sich mit Ideologie, mit ganz bestimmten Interessen, Ansichten und Wertungen und wird damit in den Dienst solcher Ideologie gestellt. »Dadurch« – so argumentiert Nipperdey – »schiebt sich eine sekundäre Welt von ›wissenschaftlich erzeugten Erinnerungen‹ vor unsere Normalwelt«, ein Vorgang, der »in den letzten fünfzig Jahren *Macht* geworden ist und *Heerscharen von Sinnvermittlern* hervorgebracht hat, die uns das Leben schwermachen«. Dieser Prozeß wird noch dadurch begünstigt, daß wir zwar »immer mehr von immer weniger wissen; wir liefern Fragmente statt einer Gesamtschau, keine Einerseits-andererseits-Antworten auf große Fragen«, und schließlich entspricht das »Bild von der Vergangenheit der eigenen Perspektive. Jeder ist sein eigener Historiker. Die Geschichte vermittelt nur noch relative und subjektive Bilder, sagt aber nicht mehr, wie es eigentlich gewesen ist.« So scheint es an der Zeit, zurechtzurücken, daß »der Historiker nicht der Interpret, sondern der Sachwalter des Erbes ist«.

Das scheinen kritische und hart formulierte Gedanken eines Historikers mit einem langen wissenschaftlichen Lebensweg zu sein, aber gerade deshalb treffen sie auch im wesentlichen die Wirklichkeit.

Macht und Ohnmacht eines Staates und seines Herrschaftssystems sind für ein Volk immer schicksalhafte Perioden seiner Geschichte. Es macht dabei nur einen qualitativen Unterschied, ob es sich bei den Herrschenden um Monarchen, vom Volk auf Zeit gewählte Regierungschefs, durch Revolten an die Macht gelangte Potentaten oder um Statthalter einer fremden Macht handelt. Macht und Ohnmacht begrenzen für jede Regierungsform das Kräftefeld, in dem politische Handlungen vollzogen werden, die letztlich in die Geschichte eingehen. Dieses Kräftefeld gibt auch die Koordinaten vor, in denen die Leistungen von Staatsmännern und Politikern zu messen sind, und wie sie es vermocht haben, in ihrem politischen Umfeld ihre eigenen Ziele durchzusetzen. Namen wie Richelieu, Talleyrand, Metternich, Bismarck und viele andere vor ihnen und danach bis in unsere Zeit fügen sich in diese Betrachtungsweise. Im 18. Jahrhundert weist die Landkarte aus, wie die Herrscherpersönlichkeiten es verstanden haben, ihre Vorteile nutzend die Grenzen ihrer Länder zu verschieben.

Natürlich sind *Macht* und *Ohnmacht* schillernde Begriffe. Sie schließen selbstverständlich die Nutzung des technischen Fortschritts und vieles andere ein; aber *Macht* wird ganz wesentlich auch durch das Wort, die *Droge der Politik mit Langzeitwirkung*, ausgeübt.

Das *Wort* ist eine allmächtige Waffe in den Religionen. Es hat den Geist der Aufklärung in die Französische Revolution getragen, die als nationalistische Idee bis in unsere Zeit fortlebt. Der Sozialismus mit seiner Überhöhung als Kommunismus ist das bisher letzte Produkt einer geschichtsträchtigen Wegbestimmung durch das *Wort*.

Der Machtverfall Sowjetrußlands hat Deutschland die Vereinigung beider Teile des Landes gebracht. Brandenburg, Sachsen, Sachsen-Anhalt, Thüringen und Mecklenburg-Vorpommern wurden mit der Bundesrepublik zu einem Staat zusammengeführt. Auch dieser Vorgang war auf der politischen Ebene, also beim Aushandeln der Staatsverträge, ein Wechselspiel von Macht und Ohnmacht. Mit dem Abschluß des deutsch-polnischen Vertrages von 1990 wurden die Grenzmarkierungen der Besatzungsmächte, wie sie bei der Potsdamer Konferenz von 1945 beschlossen worden waren, zwischen der Republik Polen und der Bundesrepublik Deutschland als Staatsgrenze entlang der Oder und der Lausitzer Neiße festgeschrieben. Schon gleich mit der Besetzung der ostdeutschen Gebiete begann 1945 und in den Jahren danach durch Ermordung und Vertreibung der alteingesessenen Bevölkerung das, was viereinhalb Jahrzehnte später als ethnische Säuberung in den Sprachgebrauch kam. Anders als bis ins 19. Jahrhundert, als monarchische Dynastien durch Kriege oder Heiraten ihren Herrschaftsbereich durch territorialen Zugewinn erweiterten und die dabei hinzugewonnene Bevölkerung als Bereicherung zu schätzen wußten, wurde die Politik im 20. Jahrhundert von der nationalistischen Ideologie beherrscht.

Polen hat als Herzogtum und Königreich eine mehr als neunhundertjährige Geschichte. Im 15. und 16. Jahrhundert hatte der Vielvölkerstaat seine größte territoriale Ausdehnung und einen großen politischen Einfluß. Durch dreimalige Aufteilung des Landes unter seinen Nachbarn im 18. Jahrhundert hatte das Königreich Polen für einhundertzwanzig Jahre seine eigenstaatliche Existenz, aber zu keiner Zeit seine ethnische Identität verloren. Zwar hatte es als Kongreßpolen weiter Bestand, gehörte aber zum russischen Reich. Von dieser Zeit wird aus keiner historischen Quelle berichtet, daß die physische Existenz der polnischen Bevölkerung bedroht war. 1918 und 1945 erlebte Polen in zwei Schüben seine staatliche Wiedergeburt. Die französische Politik hat an beiden Schüben nicht nur mitgewirkt, sondern auf diese Entwicklungen auch erheblichen Einfluß genommen. Verständnis bzw. eine Erklärung für dieses französische Engagement ist zu finden, wenn man die europäische Geschichte weit zurück bis in die erste Hälfte des 18. Jahrhunderts verfolgt. Trifft diese Erklärung zu, dann ist sie ein Lehrbeispiel dafür, daß Politiker in Regierungsverantwortung über sehr intime und vor allem ideologiefreie Geschichtskenntnisse verfügen müssen.

Als der französische König Ludwig XV. mit Maria Leszczyńska, der Tochter des nach Frankreich geflohenen polnischen Königs Stanislaus I. Leszczyński, verheiratet wurde, war das eine auf die innenpolitische Machtverteilung ausgerichtete Entscheidung des herrschsüchtigen Kabinettschefs M. le Duc. An die Möglichkeit einer politischen Einflußnahme in Polen hatte niemand gedacht. Aber im machtpolitischen Pokerspiel sollte diese ›mariage‹ sich sehr bald als nützlich erweisen. Die Grundprinzipien der französischen Politik waren schließlich seit Ludwig XIV. darauf gerichtet Österreich aus seiner Vormachtstellung in Europa zu verdrängen. Um diesem Ziel näher zu kommen, konnte sich auch Polen als ein nützliches Vehikel erweisen.

In Polen hatte sich der dem Epikuräertum zugewandte Adel zu dieser Zeit bereits das Hofleben von Versailles zu eigen gemacht. Diese Heirat hatte aber eine mentale Anbindung der Adelsschicht an Frankreich zur Folge, die eine bis heute wirksame geistige und Frankreichs Globalinteressen dienende politische Partnerschaft zur Folge hatte.

Nicht nur für Untersuchungen, die sich mit dieser strategisch-mentalen Linie befassen, sondern ganz allgemein ist die Literatur der zweiten Hälfte des 20. Jahrhunderts wenig ergiebig, wenn man der vereinfachenden Klischeevorstellung nicht folgen will, das Königreich Polen sei von seinen drei übermächtigen Nachbarn vorsätzlich und zielstrebig amputiert und schließlich gänzlich aufgeteilt worden. Werden die innenpolitische Zerstrittenheit der Adelsschicht, der Herrschaftsanspruch der katholischen Bevölkerung und der moralische Verfall in die Untersuchung als wesentliche Faktoren mit einbezogen – alles Eigenschaften, die ein Land schnell zum Spielball der politischen Interessen der Nachbarn werden lassen –, dann erscheint dieser ganze Vorgang nicht nur in einer anderen Perspektive, er gibt auch Einblick in die Kabinettspolitik und die Diplomatie in dieser spätabsolutistischen Zeit. Hierzu gehört auch die Frage, was den Preußenkönig Friedrich II. bewogen haben mag, sich an dem riskanten Abenteuer einer Teilung Polens zu beteiligen. Er war ja eben erst aus dem Dritten Schlesischen Krieg vom Schicksal begünstigt als Sieger nach Potsdam zurückgekehrt. Sein Land war wirtschaftlich verwüstet, die Menschen waren sehr arm geworden. Hat ihn Machthunger angetrieben, diese Politik mitzutragen, obwohl die Wunden des letzten Krieges in seinem Königreich gerade erst anfingen zu vernarben? Oder die andere Frage: War das Königreich Polen zu der Zeit schon ein so machtloses Gebilde, daß man es politisch nicht mehr ernst nahm, daß es nach damaligem Herrschaftsverständnis als Verfügungsmasse zur Disposition stand und die Nachbarstaaten die von ihnen begehrten Landesteile annektieren konnten?

Die Archive in Petersburg und Moskau, das polnische Archiv Wybicki, das Preußische Staatsarchiv und das Archiv der Wiener Hofburg vermitteln, von sehr unterschiedlichen Ausgangspunkten ausgehend, einen recht umfassenden Einblick in Politik und Diplomatie. Ein anderer glücklicher Umstand ist es, daß die Menschen vor zweihundert Jahren ein so großes Bedürfnis hatten, sich schriftlich mitzuteilen. Allein die »Politische Correspondenz« von Friedrich dem Großen umfaßt viele tausend Schriftstücke. Nicht viel geringer war der Schreibeifer der Kaiserin Katharina II. Beim Durchsehen dieser Dokumente verwundert es, daß noch Zeit geblieben ist zum Regieren, für Konferenzen, Empfänge und die Geselligkeit, denn das Hofleben in allen seinen Schattierungen war auch eine unverzichtbare Visitenkarte des Monarchen. Im Spätabsolutismus hat es nicht nur seinen besonderen schillernden Glanz bekommen. Seine Akteure waren keineswegs nur die Mitglieder der Königsfamilie. Der Klerus, Fürsten, Adligen, die Künstler und Literaten und die schönen Frauen aller Gesellschaftsschichten am Hofe waren Angehörige dieses Staates im Staate. Der Hof war aber nicht nur Symbol der Geselligkeit und des Vergnügens. Mindestens gleichrangig mußte er als ein Instrument für politische Machtausübung im Staate und damit als eine Gegenmacht zum Herrschaftsanspruch des absolutistischen Monarchen gesehen werden. Wir können auch heute noch mit nachgestellten Bildern Szenen aus dieser Zeit wiederbeleben. Es wird uns aber nicht gelingen, das ganz anders geartete Lebensgefühl zu vermitteln. Wir denken und fühlen in unserer Zeit, und was wir reproduzieren, sind Momentaufnahmen, die uns nicht viel mehr als eine Illusion vermitteln. Das gilt auch, wenn wir Geschichte gewordene politische Vorgänge unter das Urteil unserer Zeit zwingen wollen.

Schon bald nach dem Tode Friedrichs des Großen wurde begonnen, die Dokumente zu sichten und sein Lebenswerk zu beschreiben. Eustache Graf von Goertz hat zwischen 1801 und 1828 mehrere auf Quellen gestützte Bücher geschrieben. Der Mme. de Stael[3] verdanken wir um 1815 ein sehr wohlwollendes Abbild des friderizianischen Preußentums. Dabei schwang bei ihr wohl das Gefühl mit, in Friedrich einen Monarchen zu haben, der ganz auf seinen Staat Preußen fixiert war und einen Nationalstaat Deutschland ablehnte. Fünfzig Jahre nach dem Tod des Königs wurde auch der Briefwechsel mit seinem Bruder Heinrich zur historischen Auswertung freigegeben. Es folgte Schlözers Buch »Catharina und Friedrich« und 1873 »Die erste Teilung Polens« von Adolf Beer. Der sachlichste Spiegel der Regierungsarbeit des Preußenkönigs ist die »Politische Correspondens Friedrichs des Großen«, die Gustav Bertold Volz in sechsundvierzig Bänden ediert hat. Danach entstanden im wesentlichen die interpretierenden und wertenden Werke und eine immer weiter ausufernde Literatur, die vor und nach der Jahrhundertwende zu einem mehrfachen Wechsel des Urteils über diesen König geführt hat, und, wie von Aretin schreibt, »auch die Umbrüche des 20. Jahrhunderts spiegeln sich in der Urteilsbildung über Leistung und Persönlichkeit des Monarchen«.[4]

Die Herrschaftsstrukturen sind von den geistigen Strukturen nicht zu trennen, wenn der geschichtliche Rückblick annähernd zutreffend beschrieben werden soll. Die gesellschaftlichen Verhältnisse der führenden Schichten in den Völkern in der Mitte des 18. Jahrhunderts können deshalb nicht unbeachtet bleiben. Im Absolutismus, so sagt es das Wort, wurden die Staatsziele vom Monarchen zumindest repräsentiert, formuliert wurden sie nicht unbedingt von ihm. Soweit sie in der Tradition des Herrscherhauses standen, wurden sie durch Erziehung mündlich weitergegeben oder in den politischen Testamenten niedergeschrieben.

Der philosophische Hintergrund dieser Staatszielbestimmungen läßt sich mit einer vergröbernden Optik großen geschichtlichen Zeiträumen recht gut zuordnen. Lassen wir die polytheistische Antike außer Betracht, dann folgen anderthalb Jahrtausende, in denen die Herrscher und ihre Kriegsheere unter dem Banner ihrer monotheistischen Religionen aufeinander einschlugen, um den jeweiligen Feind und Ungläubigen *mit dem Schwert* zu bekehren. Das zugehörige Land wurde bei solchen Gelegenheiten stets gleich mit in Besitz genommen. 1492 gab es mit der Entdeckung Amerikas einen tiefen Einschnitt. Auf der anderen Hälfte des Globus befand sich eine riesige Landmasse, von der die Menschen Besitz ergreifen konnten, und sie taten es mit großem Eifer. Der Beherrschungsanspruch der Europäer über die Urbevölkerung Nord-, Mittel- und Südamerikas erfolgte dort zunächst zwar immer noch unter dem kirchlichen Banner des weltumspannenden Katholizismus, aber in Europa wurde mit dem Absolutismus die religiöse Zielsetzung der Machtausübung durch weltliche Machtvorstellungen ersetzt. Der Globus wurde neu verteilt, und damit standen auch in Europa die Landesgrenzen zur Disposition. Gleichzeitig damit erlangten Sprache, Kultur und Nationalität einen höheren Wert, und so kann es nicht überraschen, daß diese intellektuellen Ressourcen machtpolitisch umgesetzt wurden. Diese Idee der Macht und Einfluß steigernden Politik wurde unter Ludwig XIV. zu einer dynamisch vorangetriebenen Staatszielbestimmung. Sie war im ganzen 18. Jahrhundert wirksam und ist in machtpolitischen Handlungen nachvollziehbar. Im Grunde sucht erst die Politik am Ende des 20. Jahrhunderts nach einem neuen ideellen Ansatz, weil die Bevölkerungszunahme auf der Erde und die verfügbaren Ressourcen nationalistisch motivierte Machtveränderungen nicht mehr zuzulassen scheinen.

Kehrt man von Globalbetrachtungen in großen Zeiträumen in den schmalen Ausschnitt der Geschichte zwischen 1765 und 1775 zurück, findet man – dieser geschichtsphilosophischen Linie folgend – unter den Monarchen mit Katharina, Maria Theresia und Ludwig XV. drei Vertreter, die zur Verteidigung oder Vergrößerung ihrer Machtposition eine expansive Politik betrieben. Friedrich II. hat sein Herrschaftsamt unbestritten mit den gleichen Zielsetzungen angetreten. Nach dem Abenteuer der Schlesischen Kriege fühlte er sich aber vom Schicksal gewarnt und setzte auf Status quo, auf Konsolidierung und Stabilisierung.

Das politische Gleichgewicht war zu dieser Zeit – und sicher ist das immer so – in hohem Maße stabilitätsgefährdend. Den eigenen Machtbereich auszudehnen war und ist eine allzu menschliche Eigenschaft, denn die Geschichtsschreibung zeichnete nur den aus, der es verstand, den eigenen Ruhm und die Größe seines Landes zu mehren. Gegen dieses Machtprinzip hat menschliche Weisheit das Moralprinzip gesetzt, letztendlich verankert in der christlichen Religion. Im 18. Jahrhundert übten christliche Religion und Ethik noch einen erheblichen Einfluß aus. Die christlich-sittlichen Normen wurde den Menschen über den Einfluß der Kirche bereits von früher Jugend an und im Verlauf der Erziehung eingepflanzt und sicher um so nachhaltiger, je höher die gesellschaftliche Stellung angesiedelt war. In katholischen Königshäusern war es eine Selbstverständlichkeit, daß der Thronfolger unter dem Einfluß eines Priesters oder Kardinals auf sein späteres Amt vorbereitet wurde.

Dem menschlichen Streben nach Macht und Ruhm war natürlich nicht nur durch den anerzogenen Kodex von Moral und Gottesfurcht Grenzen gesetzt. Sehr viel nachhaltiger waren dem Monarchen Grenzen durch die Ressourcen in seinem Lande gezogen, und sie zwangen ihn zur Mäßigung, wenn sein Ehrgeiz die Grenzen des noch Machbaren zu überschreiten drohte, und das Risiko unangemessen hoch wurde.

Für die Beschreibung langfristiger Staatsziele sind die »Politischen Testamente« der Hohenzollern einerseits für die Geschichtsschreibung beispielhaft. Sie sind Rechenschaftsbericht des Verstorbenen und Zielvorgabe für den Thronfolger. Andererseits wurden sie für die Hohenzollern zu einer gefährlichen Quelle geschichtlicher Verurteilung, weil in ihnen staatspolitische Ziele oftmals langfristig vorgegeben waren. Herrscher und Politiker, die ihre Gedanken und Ziele nicht schriftlich sorgfältig formuliert preisgaben, sind vor dem Urteil der Nachwelt in Fragen der Moral oftmals in der besseren Position.

Noch bis zur Französischen Revolution waren Kriege nur in wenigen Ausnahmen völkisch-emotionale Angelegenheiten. Es waren im wesentlichen kriegerische Auseinandersetzungen zwischen den Herrscherhäusern. Das Volk war dabei die erforderliche Verfügungsmasse, aber eben auch das Kapital, mit dem sorgfältig umgegangen werden mußte. Einen Krieg gewinnen oder verlieren war gleichbedeutend mit dem Gewinn oder Verlust von Landesteilen. Damit verbunden war stets aber auch für den Sieger die willkommene Beute der Bewohner dieser Gebiete. Das Vertreiben, das Unterdrücken oder die physische Vernichtung ganzer Volksgruppen wäre damals sinnlos gewesen und wird auch nur in ganz seltenen Fällen berichtet. Nicht einmal der eingesessene Landadel hatte Nachteile zu ertragen, wenn man von einzelnen opponierenden Personen oder Familien absieht. Die Regel war es, daß sich Adel und Großgrundbesitzer schnell und geflissentlich mit dem neuen Landesherrn arrangierten. Meist hatten sie ein gutes Gespür, wo für sie der persönliche Vorteil zu erwarten war. Die geistigen und kulturellen Vernetzungen dieser Adelsfamilien reichten damals auch meist weit über die Landesgrenzen, weil das Heiratsgeschäft es zwingend so besorgte.

Als Polen bei der ersten Teilung große Landgebiete an die drei Nachbarn verlor, war die adlige Führungsschicht im Lande davon kaum betroffen. Sie folgte dem zeittypischen Muster von opportunistischem oder auch lebensklugem

Verhalten. Wie beim Wechsel der Staatszugehörigkeit der Einwohner in den spanischen Niederlanden, in Lothringen oder im Elsaß hatte auch die polnische Bevölkerung keine Torturen zu ertragen, sondern sich einfach in neue Verwaltungsstrukturen zu fügen.

Es gab allerdings schon nach wenigen Jahren unterschiedliche Entwicklungen im wirtschaftlichen und sozialen Bereich. Das polnische Restreich und die abgetretenen Gebiete drifteten unterschiedlich stark auseinander. In Westpreußen und der Neumark wurde das Fronbauerntum abgeschafft, die Schulpflicht und vieles andere eingeführt. Die Landwirtschaft entwickelte sich gut und entfaltete bald eine Sogkraft, die das verkleinerte Königreich Polen genauso beunruhigen mußte wie die Schatten, die der Französischen Revolution besonders in Polen vorauseilten und die Unzufriedenheit der Menschen dort anheizten.

Sobald der Alltag eingekehrt war, wurden die neuen Untertanen in Rußland, Österreich und Preußen mit viel Konzilianz behandelt. Polen hatte von den ursprünglichen siebzehn Millionen Einwohnern ungefähr fünf Millionen abgetreten. Für die neuen Landesherren waren diese Menschen ein wertvolles Geschenk. Sie wurden für das Aufblühen der Wirtschaft gebraucht und natürlich als Soldaten in den Armeen. Mitteleuropa war durch Kriege und Seuchen entvölkert worden. Weite Gebiete waren überhaupt nicht mehr besiedelt. Preußen hatte zur Mitte des 18. Jahrhunderts nur noch 2,2 Millionen Einwohner.[1] Den größten Bevölkerungszuwachs aus der ersten Teilung Polens hatte Österreich. Preußen bekam nur ca. achthunderttausend Menschen hinzu, die aber zu vier Fünftel deutsch sprachen und im Zuge der Besiedlungspolitik des Deutschen Ritterordens ins Land gekommen waren.

Es ist das Anliegen dieses Buches, die erste Teilung des polnischen Königreiches eingebettet in die Politik der europäischen Großmächte zu untersuchen. Jedes dieser Länder war groß und mächtig genug, die anderen Staaten von Handlungen abzuhalten, die ihre eigenen Interessen verletzt hätten. Aber Polen war für keines dieser Länder einen Streit wert. Die absolutistischen Monarchen und ihre Staatskanzler haben aus sehr gegensätzlichen Interessen eine Politik betrieben, die dann, als die Zeit reif dafür war, das Schicksal Polens in wenigen Wochen besiegelte. Alle beteiligten Politiker haben mit ihrer Macht, ihrem Ansehen, ihrer Persönlichkeit den Lauf der Geschichte fast ein halbes Jahrhundert geprägt. Um den individuellen Anteil jedes einzelnen geht es in diesem Buch.

Die Staaten

Die Geschichte darf nicht von rückwärts gelesen und interpretiert werden.

Beim Eintritt in das 18. Jahrhundert herrschte in Europa Krieg. Im Nordosten begann der Nordische Krieg (1700–1721). Schweden war als Sieger und mit Frankreich als Garantiemacht für den Westfälischen Frieden aus dem Dreißigjährigen Krieg hervorgegangen und hatte sich mit seinem Dominium maris Baltici in die Reihe der europäischen Großmächte eingereiht. Mit seinem König Karl XII. erklomm es nach der siegreichen Schlacht von Narwa den Höhepunkt seiner Macht. Nur neun Jahre danach waren mit der Schlacht von Poltawa Glorie, Glanz und Macht wieder verloren. Die baltischen Länder und Hinterpommern mußten an Rußland und an Kurbrandenburg abgetreten werden, und Rußland unter seinem Zaren Peter dem Großen begab sich von nun ab zielstrebig auf den Weg zu einer europäischen Großmacht.

Zur gleichen Zeit wurde Mitteleuropa von einem elf Jahre dauernden, blutigen Krieg um die spanische Erbfolge heimgesucht. König Karl II. von Spanien starb am 1. November 1700. Er hatte keine Kinder und hatte in seinem ersten Testament[5] den Kurprinzen Joseph Ferdinand von Bayern aus dem Hause Wittelsbach als Universalerben für ein ungeteiltes Königreich Spanien eingesetzt. Der Kurprinz starb aber schon im Alter von sechs Jahren am 6. Januar 1699. Damit war der Konflikt um die Nachfolge bereits zu Lebzeiten des spanischen Königs vorprogrammiert.

Karls Vater, König Philipp IV., hatte drei Kinder. Als er 1665 starb, trat sein damals kränklicher Sohn aus zweiter Ehe als Karl II. die Nachfolge an. Die Töchter Philipps aus seiner ersten Ehe, Margret Theresia und Maria Theresia, wurden mit Kaiser Leopold I. von Österreich und König Ludwig XIV. von Frankreich verheiratet. Maria Theresia, nun Königin von Frankreich, mußte im Ehevertrag aus dynastischen Gründen auf alle Erbansprüche auf den spanischen Thron verzichten. Dieser Verzicht hinderte den jungen König Ludwig nicht daran, kaum, daß Philipp gestorben war, vom spanischen König Karl II. die spanischen Niederlande als Erbe seiner Frau einzufordern. Den Ehevertrag ignorierte er und berief sich auf das ›Brabanter Erbrecht‹, dem zufolge die Kinder aus der ersten Ehe den anderen Nachkommen vorzuziehen waren.

Für Ludwig XIV. blieb es nicht bei dieser Forderung. Er fing sofort seinen ersten, den Devolutionskrieg an. Dieser junge Monarch begann seine Regierungszeit mit hochgesteckten staatspolitischen Zielen. Er wollte Frankreich nicht nur durch Heirat und Krieg vergrößern und gewissermaßen arrondieren, er beanspruchte für Frankreich die Vormachtstellung in Europa. Zur Verwirklichung dieses Zieles war ihm das Deutsche Reich mit den Habsburger Kaisern im Wege. Die Folge waren drei blutige Kriege: der erste Eroberungskrieg von 1667 bis 1668 – auch ›Devolutionskrieg‹ genannt –, der zweite Eroberungskrieg von 1672 bis 1679 – als Holländischer Krieg in die Geschichte eingegangen. In beiden Kriegen war der Landgewinn für Frankreich gering, aber Spanien konnte zumindest politisch und militärisch geschwächt werden. 1688 überfiel Frankreich im dritten Eroberungskrieg, dem Guerre de la ligne d'Augsbourg oder der ›Augsburger Allianz‹, die Pfalz. Diesmal nahm Ludwig XIV. den Tod des Heidelberger Kurfürsten Karl II. von Pfalz-Simmern zum Anlaß, den Allodialnachlaß für seine Schwägerin, Elisabeth Charlotte von Orleans, einzufordern, obwohl auch in diesem Heiratsvertrag ausdrücklich auf die Erbfolge verzichtet worden war. Elisabeth Charlotte, die Liselote von der Pfalz, mußte vom Versailler Hof aus miterleben, wie der unrühmliche französische General Melác in den Jahren 1689 und 1693 brandschatzend durch die Pfalz und danach durch Württemberg zog und die Länder verwüstete. Als Kriegsbeute nahm sich Frankreich das Elsaß, während das Herzogtum Lothringen seine Selbständigkeit bewahren konnte. Dieses Land nahm Ludwig XV. erst in Besitz durch die Heirat des Herzogs Franz von Lothringen mit Maria

Theresia und die daran gebundene Erklärung, daß dieser auf sein angestammtes Herzogtum zugunsten des aus seinem Land vertriebenen Polenkönigs Stanislaus Lesczczyński verzichten würde. Mit dessen Tod 1766 fiel Lothringen dann endgültig an Frankreich. Der kinderlose spanische König Karl II. hatte vorausgesehen, daß sein Tod einen Machtkampf der beiden rivalisierenden Herrscherhäuser auslösen würde, an dessen Ende die Zerstückelung des großen spanischen Territorialreiches stehen würde. Er wollte das unbedingt verhindern, und daß seine Befürchtungen nicht unbegründet waren, bestätigte sehr bald die geheime Hofdiplomatie. Kaum war der bayerische Kurprinz und designierte Thronfolger Joseph Ferdinand gestorben, gelang es Ludwig XIV., die Seemächte England und Holland, den Habsburger Kaiser Joseph I. und Prinz Eugen von Savoyen für eine geheime Vereinbarung über die Aufteilung des spanischen Reiches nach dem Tode des Königs, den sogenannten Zweiten Teilungsvertrag, zu gewinnen. Karl II. ahnte zunächst nichts von diesem im März 1700 abgeschlossenen Vertrag, den man als ein Paradebeispiel intriganter Kabinettspolitik in damaliger Zeit einstufen kann. Das wichtigste Anliegen Frankreichs war es, zunächst zu verhindern, daß Österreich und Spanien noch einmal unter einem Habsburger, wie zuvor unter Karl V., zusammengefügt werden konnten. Das war natürlich ganz im Sinne der Seemächte, und damit machte sich Ludwig XIV. überhaupt erst verhandlungsfähig, denn auf die Erbansprüche seiner Frau Maria Theresia auf spanische Lande hatte er im Ehevertrag verzichtet. Ganz anders stellte sich das vermutlich für den Habsburger dar. Dieser allzu friedfertige und etwas naive Kaiser fühlte sich bedrückt von der Befürchtung, von diesem Franzosenkönig in einen brutalen Krieg verwickelt zu werden, wenn in Spanien die Thronfrage geregelt werden mußte. Die vorausgegangenen drei Eroberungskriege hatten eine allzu blutige Spur durch Europa gezogen.

Dieser Zweite Teilungsvertrag sah vor, daß der Habsburger Erzherzog Karl, der zweite, nicht für die Thronfolge in Österreich bestimmte Sohn, den größten Teil der spanischen Länder erhalten sollte. Ausgenommen waren Neapel,

Sizilien und Mailand, die Frankreich bei diesem Geschäft für sich beanspruchte, aber mit dem längerfristigen Plan, diese Erwerbungen bei einer günstigen Gelegenheit gegen die habsburgischen Herzogtümer Savoyen und Lothringen einzutauschen. Dieser Vertrag war für alle Beteiligten zunächst einmal ein guter ›deal‹.

Den Strich durch die Rechnung machte der noch lebende spanische König, ohne von diesem konspirativen Machwerk etwas zu ahnen. In einem zweiten Testament bestimmte er den habsburgischen Erzherzog Karl zum Thronfolger und Universalerben des ungeteilten Spanien, verfügte aber auch, daß die beiden Habsburger Königshäuser, das österreichische und das spanische, nicht vereinigt werden dürften.

Als der Inhalt dieses Testaments am Versailler Hof bekannt wurde, war klar, daß die Geheimvereinbarung damit unvereinbar war. Ludwig XIV. fühlte sich zum Handeln herausgefordert und nutzte die Diplomatie von Hof zu Hof und auch seinen Einfluß auf den Kronrat und den spanischen Klerus, um Informationen über die Existenz der Geheimvereinbarung zum König durchsickern zu lassen. Die Reaktion Karls II. war von ihm gut kalkuliert und vorhersehbar. Des Königs Zorn richtete sich nicht gegen die Seemächte oder Frankreich, sondern ausschließlich gegen Kaiser Leopold I. und das ganze Haus Habsburg. Schon auf dem Sterbebett, bedrängten ihn die frankophilen Adligen an seinem Hofe, sein Testament unter den gegebenen Umständen nochmals abzuändern. Kardinal Porto Carrero[6] diktierte ihm das dritte Testament mehr, als daß er es aus eigenem und freiem Willen aufgeschrieben hätte. In diesem letztgültigen Testament[5] setzte er Prinz Philipp von Bourbon, Herzog von Anjou und Neffe von Ludwig XIV., als seinen Nachfolger auf dem spanischen Königsthron ein. Er sollte der Erbe des gesamten, ungeteilten Königreichs sein. Karl II. verfügte aber auch in diesem Testament, daß das spanische Königreich niemals mit der französischen Krone vereinigt werden dürfe. Man konnte in Versailles zufrieden sein. Die Hofintrige war ein voller Erfolg für König Ludwig XIV. Die Folgen dieses Geniestreiches sollten Europa aber schon bald in den vierten, blutigen Erbfolgekrieg stürzen.

König Karl II. von Spanien starb einen Monat nach der Niederschrift seines dritten Testamentes. Die Testamentseröffnung überraschte Wien und Versailles gleichermaßen. Kaiser Leopold I. hatte an einen Bourbonen auf dem spanischen Thron überhaupt nicht gedacht, und König Ludwig XIV. war mit dem Vereinigungsverbot der beiden bourbonischen Königshäuser nicht einverstanden. Doch solche Vertragsmarginalien hatten ihn schon vorher nicht hindern können, nach eigenen Absichten zu handeln. An den europäischen Königshöfen muß die Bekanntgabe der letztwilligen Verfügung des spanischen Königs ein spürbares Knistern verursacht haben. Die Geschichte hielt für einen ganz kurzen Augenblick den Atem an, und der französische König hielt die Waage für Krieg oder Frieden in Europa in der Hand. Hinter dem Rücken des spanischen Königs hatte er den Teilungsvertrag mit Österreich und den Seemächten inszeniert und konnte nun mit dem Testament in der Hand seine Vertragspartner düpieren. Seine Entscheidung kam unverzüglich. Am 15. November 1700 betrat er den großen Audienzsaal des Schlosses von Versailles zusammen mit seinem Neffen Philipp und verkündete: »Messieurs, je vous présente le roi d'Espagne, Philippe V. de Bourbon.« Das war der Beginn des ›Spanischen Erbfolgekrieges‹.

Kaiser Leopold I. schickte seinen Feldmarschall Prinz Eugen von Savoyen unverzüglich mit einem Heer nach Oberitalien und ließ das Reichslehen Mailand einziehen, das mit dem Tode Karls II. wieder an Österreich zurückfiel. Mit den Seemächten England und Holland nahm er Bündnisverhandlungen auf und schloß die ›Haager Allianz‹, der sich mit Ausnahme der Kurfürsten von Bayern und Köln alle Reichsfürsten anschlossen. Selbstverständlich hatte diese Unterstützung des Kaisers einen politischen Preis. Der brandenburgische Kurfürst Friedrich III. verknüpfte seine Bereitschaft, Truppenkontingente in den Spanischen Erbfolgekrieg zu entsenden, mit der Zustimmung von Kaiser und Reich, für die brandenburgischen Länder außerhalb des Deutschen Reiches die Königswürde annehmen zu können. Am 18. Januar 1701 ließ sich der Kurfürst von Brandenburg in Königsberg als Friedrich I. von Hohenzollern, König in

Preußen, die Krone aufs Haupt setzen. Damit hatte er im Status der Fürstenhöfe die Ranggleichheit gegenüber dem Kurfürsten von Sachsen und König von Polen wiederhergestellt.

Der deutsche Kaiser erklärte nach ergebnislosen Verhandlungen mit Frankreich am 15. Mai 1701 den Reichskrieg. Am 7. September 1701 wurde die Haager Allianz abgeschlossen.

Nicht häufig begegnet man in der Geschichte Situationen, die, mit Intrigen und Vertrauensbrüchen gesteuert, sich wahrhaft turbulent verselbständigen und einen lang andauernden Krieg auslösen, der die Kontrahenten fast bis zur Erschöpfung ausbluten läßt. Sieben Jahrzehnte später kam es zur ›Ersten Teilung‹ des Königreichs Polen. Wieder wurde mit allen Mitteln der Diplomatie Politik gemacht. Entscheidend für Europa aber war in diesem Falle, daß daraus kein europäischer Krieg entstanden ist. Abstrahiert man den Vergleich beider Ereignisse bis auf das Kernproblem des Machtkampfes, dann wollte Frankreich im Spanischen Erbfolgekrieg alles haben, und die anderen sollten *außen vor* bleiben; bei der Aufteilung polnischen Reichsgebietes haben sich die direkt beteiligten Mächte die von ihnen begehrten Gebiete untereinander nicht streitig gemacht. Das hatte einen für Europa vielleicht verheerenden Krieg nicht stattfinden lassen. Beiden Ereignissen ist aber gemeinsam, daß zu Zeiten des absoluten Monarchentums Königreiche, Herzogtümer und Fürstentümer Objekte im machtpolitischen Kalkül der Souveräne und ihrer Hausmachtpolitik waren. Der Mensch, die Bewohner dieser Länder waren in diesem Schachspiel der Staaten kein Faktor. Es ist schwer vorstellbar, daß auch die Gefühle der Bevölkerungsmehrheit ausgedrückt worden sind, wenn uns durch die Literatur Vorstellungen von der damaligen Zeit übermittelt werden, die uns ein nationales oder emotionales Aufbegehren glauben machen wollen. Wir können heute nicht mehr in die Herzen der Menschen in Spanien, in Polen oder in Oberitalien hineinschauen, können andererseits aber doch zu Recht vermuten, daß den Bürger, den Bauern oder den Kaufmann die Alltagsfragen voll in Anspruch genommen haben und ihre Zugehörigkeit zu dem einen oder dem anderen Herrscherhaus nur dann bedeutsam wurde, wenn sie mit den Lasten von Kriegen beladen wurden, oder vielleicht noch, wenn Fragen der Religion in ihr ganz persönliches Leben eingriffen. Die Nationalstaatsidee war die Schöpfung der Aufklärung und erfuhr ihre Verwirklichung in der Französischen Revolution. Dieses Ideengut führte in der historischen Nachbetrachtung dazu, daß die Geschichte neu oder umgedeutet wurde unter der Vorgabe, nationalstaatliche Forstellungen, Forderungen oder auch nur Gefühle seien ein besonders hochrangiges Gut im Bewußtsein des Volkes. Diesem neuen historisch-wissenschaftlichen Ansatz folgend, wurden frühere Entscheidungen und Handlungen nach neuen Gesichtspunkten bewertet. Befreit man sich von diesen moralisierenden Denkansätzen der Moderne, dann werden die Kriege Ludwigs XIV. mit dem Ziel der Arrondierung Frankreichs oder die Politik Friedrichs des Großen, aus dem brandenburgisch-preußischen Flickenteppich einen zusammenhängenden Staat zu formen, oder die politischen Rahmenbedingungen um die Teilung Polens ganz einfach nur zeitgemäße Selbstverständlichkeiten.

Der zeitweise heftige und blutig ausgetragene Spanische Erbfolgekrieg dauerte elf Jahre. Am 11. April 1713 wurde er mit dem Frieden von Utrecht und zehn Einzelverträgen beendet. Folgeverträge waren unter anderem der Vertrag von Rastatt mit Österreich oder der von Baden mit dem Deutschen Reich. Es war ein Krieg mit wechselndem Schlachten- und Kriegsglück, das sich aber am Ende der Allianz des Kaisers und dessen Feldherrn Prinz Eugen von Savoyen, dem Großherzog Ludwig Wilhelm von Baden und dem Herzog von Marlborough zuneigte. Ein unerwarteter Todesfall bewahrte Ludwig XIV. vor einer völligen Niederlage und veränderte die politische Lage grundlegend zugunsten des französischen Königs. Die siegreichen Heere der Allianz vertrieben zunächst den jungen spanischen König Philipp von seinem gerade erworbenen Thron. Erzherzog Karl von Habsburg wurde von den Kaiserlichen als Karl III. zum König von Spanien proklamiert und zog mit der siegreichen Armee in Madrid ein. In Wien starb 1705 der alte Kaiser Leopold I., und sein ältester Sohn Joseph I. folgte ihm auf dem Kaiserthron; aber er starb bereits nach nur sechs Jahren Regierungszeit im Jahre 1711, und seine Ehe war kinderlos geblieben. In der dynastischen Erbfolge mußte nun der spanische König Karl III. als Zweitgeborener den Thron des deutschen Kaisers als Karl VI. von Habsburg annehmen, nachdem ihn der Deutsche Reichstag gewählt hatte. Die Vereinigung beider Herrschaftsgebiete war ausgeschlossen, denn keiner der Verbündeten in diesem Krieg gegen Frankreich wollte das Habsburger Reich Karls V. wiedererstehen lassen. Vor allem die Engländer drängten nun auf eine schnelle Beendigung des Krieges und waren auch bereit, dem bereits besiegten Frankreich günstige Friedensbedingungen zu geben. Aber auch Österreich selbst war an dieser recht unberechenbaren Machtfülle nicht interessiert. Karl VI. wäre nach eigenem Willen nur zu gern König von Spanien geblieben, weil er sich dort heimischer fühlte als in Wien.

Der Spanische Erbfolgekrieg hat die Machtstrukturen auf dem Kontinent nachhaltig verändert. Frankreich, am Ende des 17. Jahrhunderts unter der Regentschaft König Ludwigs XIV. bereits die Hegemonialmacht, verlor nun seine dominierende Stellung. Der Friede von Utrecht stellte das Machtgleichgewicht wieder her. Frankreich war durch den langen Krieg verarmt, der Staat bankrott, das Land ausgeblutet. Liselotte von der Pfalz wußte uns zu berichten, daß am Hof von Versailles sogar das gesamte Tafelsilber eingeschmolzen wurde. Die inflationäre Geldpolitik erreichte schließlich auch die privilegierten Schichten.

Dem nun siebenundsiebzig Jahre alten König nahm der Tod nach fünfundfünfzig Jahren der Herrschaft das Zepter aus der Hand. Was er in dieser Zeit an Macht, Größe und Einfluß für Frankreich durch eine teils rigide und brutale Kriegspolitik, teils aber auch durch kluge Diplomatie gewonnen hatte, ist ihm als machtpolitisches Werkzeug am Ende seines Lebens wieder entglitten. Sein Überlegenheitsgefühl hat ihn beim Inszenieren seines letzten Krieges – es sollte wohl auch sein größter Coup werden – zu maßloser Selbstüberschätzung verleitet.

Geblieben ist aus dieser Epoche, und bis heute spürbar, der geistige Einfluß. Französisch war die Sprache in den Fürstenhäusern, in den Kabinetten, in der Diplomatie und in den Salons. Philosophie, Kunst und Lebensart nach dem Vorbild von Versailles prägten den Stil der Zeit und blieben in Europa noch ein ganzes Jahrhundert vorherrschend. In dieser Zeit entwickelte sich aber auch der aufbegehrende Geist, die intellektuelle Opposition des gebildeten Bürgertums und der Aristokratie gegen die Allmacht des Souveräns. Sozialpolitische Erschütterungen im Geiste der Aufklärung, die Revolution und das Ende der absolutistischen Monarchien folgten fast zwangsläufig.

Als der König zu Grabe getragen wurde, begleitete ihn das Volk auf der Straße mit Hohn und groben Witzen. Ihm folgte für die lange Regierungszeit von neunundfünfzig Jahren König Ludwig XV. und die Geschichte wartete voll Neugierde auf diesen Nachfolger und auf einen neuen Zeitabschnitt, dem wir uns zuwenden wollen.

Österreich konnte aus dem Spanischen Erbfolgekrieg mit Gewinn hervorgehen. Es vergrößerte seinen Territorialbesitz mit dem Erwerb der Spanischen Niederlande – dem späteren Belgien –, Mailands, Sardiniens und Neapels. Seine Machtstellung war gestärkt. Nach Kriegsende und zu Beginn des 18. Jahrhunderts war das Reich der Habsburger und der Kaiser des »Heiligen Römischen Reiches Deutscher Nation« wieder das Machtzentrum in der Mitte Europas.

Im Norden Europas hatte sich hinter dem Pulverdampf des Spanischen Erbfolgekrieges eine andere wichtige Machtverschiebung vollzogen. Schweden, die nordische Großmacht, ist vom Rußland Zar Peters des Großen durch den Nordischen Krieg von 1701 bis 1721 aus dem Kräfteparallelogramm herausgeworfen worden und wetterleuchtete fortan nur noch als Drohpotential bei den machtpolitischen Operationen und Veränderungen im Mittel- und Osteuropa des 18. Jahrhunderts. Rußland, das unendlich weite und unbekannte Land im Osten, betrat die politische Bühne Europas. Zar Peter der Große ist der machtbewußte Akteur, und Zarin Katharina II. wird fünfzig Jahre später sein politisches Credo vollstrecken.

Preußen fiel mit dem Niedergang der französischen und der schwedischen Machtposition unter seinem König Friedrich Wilhelm I. größere Souveränität, aber auch ein bedeutender Zugewinn an Land und Menschen zu. Am 14. August 1688 geboren, regierte er das Königreich Preußen vom 25. Februar 1713 bis zum 31. Mai 1740. In dieser Zeit formte er den ganz auf König und Reich verpflichteten Staatsdiener, den legendären preußischen Beamten, schuf die disziplinierte preußische Armee, sorgte für die Entwicklung der Wirtschaft, u. a. durch die Ansiedlung der Salzburger Exulanten im Jahre 1732, und konnte so den Wohlstand seiner Untertanen beträchtlich mehren und die Staatskasse auffüllen. Es gelang ihm in seiner ganzen Regierungszeit, sich aus größeren kriegerischen Verwicklungen herauszuhalten und sich ganz der inneren Festigung seines Staates zu widmen. In der Außenpolitik war er ein zuverlässiger Gefolgsmann des Habsburger Kaisers, allerdings ohne großen Anteil an den kriegerischen Handlungen des Reiches zu nehmen. Die militärische Unterstützung des Kaisers im Spanischen Erbfolgekrieg, wozu sich noch sein Vater, König Friedrich I., verpflichtet hatte, brachte ihm die Dividende. Im Friedensvertrag von Utrecht mußten Frankreich und Spanien die Königswürde des Preußen anerkennen. Außerdem wurden Preußen das ehemals spanische Geldern, Lingen und Moers sowie Neuenburg in der Schweiz zugesprochen. Bedeutender war die Kriegsallianz mit Rußland gegen Schweden. Sie vergrößerte Preußen am Ende des Nordischen Krieges im Friedensvertrag von Stockholm im Jahre 1720 um das begehrte Vorpommern einschließlich Stettin aus schwedischem Besitz.

England zog erheblichen Nutzen aus dem Spanischen Erbfolgekrieg. Zunächst mußte Frankreich die Herrschaft des Hauses Hannover als englisches Königshaus anerkennen und sich verpflichten, den Stuart-König Jakob II. nicht mehr zu unterstützen. Für die Festigung der Stellung Englands als Seemacht war von großer Bedeutung, daß Frankreich »auf immer« Verzicht darauf leistete, Spanien in Personalunion zu regieren. Außerdem mußte Frankreich in Kanada die Hudson Bay, Neuschottland und Neufundland an England abtreten.

Dieser kurze Abriß dramatischer geschichtlicher Ereignisse vermittelt einen Einblick in den Geist dieser Zeit, in die moralischen Antriebskräfte und das Spiel der Herrscher mit der Macht um des Machtgewinns willen. Vom Willen des Volkes ist in dieser Epoche kaum die Rede. Durch Heirat und Kriege wechselten große Bevölkerungsgruppen mit ihrem Land von einem Herrscherhaus zum anderen. Die heute gängige Geschichtsbetrachtung nimmt dies ohne moralisierende Apostrophierung einfach als Faktum, als Ergebniss von Machtkämpfen, hin. Es liegt wohl auch in der Kontinuität geschichtlicher Vorgänge, daß die ›von Gott‹ zum Herrschen Auserwählten weit abgehoben waren von den Völkern, über die sie herrschten, die wie eine Dispositionsmasse dem Willen des Herrschers Gehorsam schuldig waren. So konnten große Länder wie Brabant, das Elsaß, Lothringen, die norditalienischen Fürstentümer und viele andere von einem Königreich zum anderen überführt werden.

Einem moralisierenden Aufbegehren begegnen wir erst, als der maroden Adelsrepublik Polen ein Teilungsschicksal widerfuhr, das andere Länder vorher ohne aufbegehrende Nachrufe über sich ergehen lassen mußten. Diese unterschiedliche Geschichtsbeurteilung wirft die Frage auf, ob sich erkennbare Veränderungen vom 17. zum 18. Jahrhundert hin vollzogen haben.

Nach dem Ende des römischen Weltreiches rund um das Mittelmeer haben sich auf europäischem Boden Großreiche gebildet, regiert von Kaisern und Königen von Gottes Gnaden. Diese Herrschaftsgebiete wurden über Jahrhunderte von der Gott-Kaiser-Idee zusammengehalten und mehr von religiösen als von völkischen Motiven getragen. Die Spaltung der katholischen Welt im 16. Jahrhundert durch den nüchternen, mehr dem Weltlichen zugewandten Protestantismus hat im Bewußtsein der politischen Führungsschicht sicher auch ein verstärktes weltliches Begehren nach größerer Macht gefördert. Das mußte insbesondere bei den regierenden Fürstenhäusern das Verlangen verstärken, ihre weltliche Macht zu vergrößern. Es ist deshalb nachvollziehbar, daß sich aus diesen zu Anfang mehr religiös strukturierten Herrschaftsgebieten über ein Zwischenstadium, das durch blutige Kriege gekennzeichnet war, neue Machtzentren herausbildeten. Expansionshunger und Kriegsbereitschaft wurden bei diesem politischen Umformungsprozeß um so ausgeprägter, je mehr sich die Machtposition eines Staates gefestigt hatte. Die absolutistischen Monarchien im 17. und 18. Jahrhundert sind eine beispielhafte und zwingende Folge dieser dynastischen Prozesse. Als das 18. Jahrhundert in seine zweite Hälfte eintrat, hatte diese Entwicklung hin zur Machtverfestigung in Europa fast ihren Höhepunkt erreicht. Die großen Herrscherhäuser, durch Heiraten vielfach untereinander vernetzt, kontrollierten sich mit Argwohn gegenseitig. Versuche, das eigene Herrschaftsgebiet zu erweitern und Grenzen zu verändern, veranlaßten die anderen Herrscherhäuser sofort zu heftigen Reaktionen und großen diplomatischen Aktivitäten. Dann wurden Allianzen geschlossen und Beistandsverträge vereinbart, die oft bis an den Abgrund kriegerischer Handlungen führten. Die großen Mächte Österreich, Frankreich, Rußland, Preußen und Großbritannien wußten voneinander, daß jedes dieser Länder über eine kampfstarke Armee verfügte. Aber auch gerade wegen dieser Gleichgewichtigkeit fürchteten sie es, diese militärische Macht für ihre politischen Ziele einzusetzen. Das Risiko, am Ende mehr zu verlieren als zu gewinnen, war den Herrschern in Europa nach dem Spanischen und dem Österreichischen Erbfolgekrieg und den Schlesischen Kriegen eine geschichtliche Lektion. Leider war sie kaum zwei Generationen danach schon wieder vergessen.

Als der Dritte Schlesische Krieg vorüber war und Katharina als Zarin Rußlands das Zepter in die Hand genommen hatte, herrschte für eine kurze Zeit in Europa so etwas wie eine Machtbalance unter den Großmächten. In dieses empfindliche Mächtediagramm hinein begann der Problemfall Polen politische Dimensionen anzunehmen. Wie so häufig in der Vergangenheit – und bei dynastischen Herrschaftsstrukturen vielleicht unvermeidlich – war der Tod des sächsischen Polenkönigs August III. der Auslöser für den sich über dreißig Jahre hinziehenden Zerfallsprozeß des Landes. Ohne daß die Menschen bereit waren, die letzte politische Karte, den Krieg, auszureizen, begann unter den beteiligten Mächten ein politisches und diplomatisches Vabanquespiel mit immer höher geschraubten Gewinnerwartungen, bis zum Schluß das Objekt Adelsrepublik Polen von der Landkarte verschwunden war.

Rußland, Österreich und Preußen vergrößerten ihre Territorien und ihre Macht. England hielt sich bei diesem kontinentalen Verteilungsspiel in Übersee schadlos. Nur Frankreich, geographisch von Polen getrennt und machtlos gegenüber England, stand abseits und ging diesmal leer aus. Dafür konnte es aber seine kulturelle Autorität um so heftiger zur Meinungsbildung in die Waagschale werfen und die anderen Staaten mit moralischer Entrüstung an den Pranger der Öffentlichkeit und der Geschichte stellen. Österreich, zu dieser Zeit Frankreichs Bündnispartner, hatte keine Hemmungen, sich vom *polnischen Kuchen* das größte Stück herauszuschneiden, wenngleich Maria Theresia unter großen moralischen und Seelenqualen litt. Nein, Frankreichs Zorn richtete sich gegen Katharina II., und die sündige Wiener Staatskanzlei beteiligte sich nach Kräften an dieser französischen Entrüstungskampagne, hatte sich allerdings Preußen für ihre diplomatischen Kampagnen ausersehen. Es war die verspätete Rache am Preußenkönig für drei verlorene Kriege um den Besitz von Schlesien.

Die Beseitigung des polnischen Staates kann man zeitlich sowohl rückwärts- wie vorwärtsgewandt geschichtlich betrachten. Am Ende des 17. Jahrhunderts war eine solche politische Operation rein dynastischer Natur, und Polen wäre praktisch geräuschlos von der Landkarte verschwunden. Einhundert Jahre später waren die kommunikativen Hilfsmittel bereits deutlich weiter entwickelt und beeinflußten selbstverständlich auch die Geschichtsschreibung, zumal sich dieses 18. Jahrhundert auf einen Zeitraum von nur fünfundsiebzig Jahren, vom Ende des Spanischen Erbfolgekrieges und dem Tode Ludwigs XIV. im Jahre 1715 bis zum Aufflammen der Französischen Revolution 1789, verkürzen läßt.

Europa hat in diesen fünfundsiebzig Jahren seine politische Ordnung tiefgreifend verändert. Die sittlichen und intellektuellen Qualitäten der Monarchen und ihrer meist adligen Führungsschicht wurden mit der Elle des absolutistischen Machtanspruchs gemessen. Wie und mit welchen Methoden sie regierten, verrät uns ein Blick in die damaligen Machtzentren, die Königshöfe in Versailles, London, Istanbul, Wien, Warschau, Petersburg und Potsdam.

Frankreich

In Frankreich hatte man am 1. September 1715 keinen Anlaß, einen Festtag zu feiern, als der Duc de Bouillon frühmorgens den Höflingen in Versailles verkündete: »König Ludwig XIV. ist tot. – Es lebe König Ludwig XV.«

Diese Mitteilung öffnete den Vorhang der politischen Bühne für ein Regenten-Schauspiel, an dessen Ende nach neunundfünfzig Jahren Frankreichs Machtposition in Europa beschädigt und vermindert war.

An diesem 1. September 1715 war der Thronfolger und Urenkel des Sonnenkönigs gerade erst fünf Jahre alt. Das königliche Testament bestimmte einen Regentschaftsrat, der die Regierungsgeschäfte bis zur Volljährigkeit des Kindes mit sechszehn Jahren wahrnehmen sollte. Das französische Parlament ignorierte jedoch diese Verfügung im Testament und setzte den Herzog Philipp von Orleans für das folgende Jahrzehnt als Regenten ein. Er bestimmte die Politik des Landes.

Ludwig XIV. hinterließ seinem Land eine Schuldenlast von mehr als drei Milliarden Livres und an den anderen Königshöfen ein kompromittiertes Ansehen. Die Sorge Philipps von Orleans um Frankreich wurde zusätzlich vergrößert, weil König Philipp V. von Spanien eigene Ambitionen auf die Thronfolge in Frankreich bekundete.[5] So vergaß er zunächst einmal alte Rivalitäten und die Erbfeindschaft mit England, verständigte sich mit König Georg I. und schloß am 10. Oktober 1716 mit ihm die sogenannte Verständigung von Hannover ab. Sie gewährte den Mittelmächten in Europa fast zwanzig Jahre lang Stabilität und eine relative Friedlichkeit. Die *politische Heirat* Ludwigs XV. mit

Maria Lesczcyńska, der Tochter des polnischen Interimkönigs Stanislaus Lesczcyński (von 1704 bis 1709), wurde dann aber zum Initialzünder des polnischen Thronfolgekrieges (von 1733 bis 1738), nachdem August II., Kurfürst von Sachsen und von 1697 bis 1733 König von Polen, gestorben war. Dessen Regierungszeit war während des Nordischen Krieges für fünf Jahre unterbrochen worden, als ihn Schwedens König Karl XII. aus dem Lande gejagt und den Woiwoden von Posen, Stanislaus Lesczcyński, als König von Polen eingesetzt hatte.

Nachdem der Königsthron nun vakant war, machte die französische Königin polnischer Abstammung ihren Einfluß geltend, und die französische Diplomatie in Gemeinschaft mit England setzte durch, daß Marias Vater Stanislaus Leszczyński erneut zum polnischen König gewählt wurde. Das politische Ziel dieser diplomatischen Aktion war ein deutliches Signal an Polens Nachbarn: Gegen Rußland und Österreich sollte ein machtvolles Bollwerk errichtet werden, das voll unter französischem Einfluß stand. Es erwies sich aber als ein politischer Schachzug, der durch die Entwicklung nach dem ›Nordischen Krieg‹ bereits seine Aktualität verloren hatte. Rußland war bereits zu einem politischen Faktor herangewachsen und durch die französische Kabinettspolitik nicht mehr einzudämmen. Andererseits war Kurfürst August III., der sächsische Thronfolger, klug genug, sich des Beistandes von Rußland und vor allem Österreichs zu versichern. Es kam im polnischen Parlament zu einer Wiederholung der Königswahl, diesmal allerdings unter Aufsicht des russischen Militärs. August III. wurde, wie geplant, zum König gewählt. Stanislaus I. floh aus Warschau und fand Unterschlupf bei seinem königlichen Schwiegersohn in Frankreich.

Damit war diese diplomatische Affäre nicht beendet. Sie wurde politisch, und Frankreich erklärte Österreich und Rußland den Polnischen Erbfolgekrieg. Frankreich fühlte sich nach der wirtschaftlichen und politischen Restauration unter der Regentschaft des Herzogs von Orleans so weit von der Erblast Ludwigs XIV. befreit, daß der inzwischen dreiundzwanzig Jahre alte König sich stark genug fühlte, Österreich in Oberitalien und in Lothringen herauszufordern. Doch gerechterweise darf ihm dieser Krieg nicht eigentlich angelastet werden.

König Ludwig XV. wurde 1726 volljährig und übernahm offiziell die Regierungsgeschäfte. Beratend stand ihm sein väterlicher Freund und Lehrer, der Kardinal Fleury, siebzehn Jahre lang zur Seite. Dieser Mann war schon wegen seines bereits hohen Alters in seinen Entscheidungen vorsichtig, ausgewogen und friedfertig. Diesen polnischen Thronfolgekrieg hat er aber mit ganz nüchternem Kalkül inszeniert. Ihm blieb nicht verborgen, daß sich am Wiener Hof eine Ehe zwischen der Erzherzogin und Thronprätendentin Maria Theresia und Herzog Karl von Lothringen anbahnte. Kam sie zustande, dann wäre Lothringen in die Habsburger Stammlande eingegliedert worden, und Frankreich mußte nicht nur die gemeinsame Grenze mit Österreich fürchten, es hätte auch keine Chance mehr gehabt, selbst in den Besitz dieses begehrten Landes zu kommen. Diese Frage mußte deshalb auf dem Schlachtfeld mit Österreich ausgefochten werden.

Am Ende dieses für Österreich nicht sehr glorreichen Krieges bot Kardinal Fleury einen Kompromißfrieden an. Frankreich verzichtete auf seine Bollwerkstrategie in Polen, stellte sich nicht mehr hinter den Anspruch von Stanislaus Leszczyński auf den polnischen Königsthron und erkannte August III. als rechtmäßigen König der Polen an. Als Gegenleistung stimmte Österreich zu, daß Franz von Lothringen auf sein Herzogtum verzichten müßte, wenn er Maria Theresia heiraten und damit in die Habsburger Dynastie aufgenommen würde. Stanislaus Leszczyński erhielt das Herzogtum Lothringen, durfte aber den Titel eines polnischen Königs bis zu seinem Lebensende weiter führen. Nach seinem Tode fiel das Herzogtum Lothringen endgültig an Frankreich.

Der Polnische Thronfolgekrieg wurde 1735 mit dem Friedensschluß, den Wiener Präliminarien zwischen Frankreich und Österreich beendet. Im endgültigen Wiener Frieden von 1738 wechselten auch noch Landgebiete der Lombardei, Mailand, Sardinien und Neapel ihre Landesherren. Aber

Kardinal Fleury hatte das genau kalkulierte Ziel seines Krieges erreicht.

Von 1715 an unter der Regentschaft Philipps von Orleans und ab 1726 von Kardinal Fleury regiert und eingebunden in den französisch-englischen Bund der Seemächte, gewann Frankreich bis 1740 in Europa wieder Macht und Einfluß. Als der für Rußland unglücklich verlaufene Krieg gegen die Türkei beendet werden mußte, übernahm Frankreich sofort die Aufgabe des Mediators, aber voll zugunsten der Türkei. Österreich hatte an der Seite Rußlands an diesem Krieg teilgenommen und mußte im Vertrag von Belgrad alle Gebiete wieder an die Türkei zurückgeben, die Prinz Eugen zuvor von den Türken erobert hatte. Rußland mußte die Walachei und Serbien abtreten.

Der von Philipp von Orleans aus Notwehr gegen Spanien mit England geschaffene Bund der Seemächte hatte sich über fünfundzwanzig Jahre für beide Länder bewährt und sich zu einem gemeinsamen Machtinstrument der englisch-französischen Allianz entwickelt. Großmachtambitionen Österreichs und Spaniens wurden abgewehrt, die türkische Macht auf dem Balkan wurde restituiert und Rußland nach Osten zurückgedrängt. So erschien Europa um die Mitte des Jahrhunderts in seinem Machtgleichgewicht einigermaßen stabilisiert und friedlich gestimmt.

Auch in der Innenpolitik wirkten sich die Regentschaft Philipps von Orleans und die des Kardinals Fleury günstig auf das Land aus. Der königliche Absolutismus Ludwigs XIV. wurde in den Köpfen der Verwaltungen zurückgedrängt; das Land erhielt eine neue, schon der Aufklärungsidee aufgeschlossene Orientierung. Der Wiedergewinn von Macht und Ansehen in Verbindung mit den größeren Freiheiten führte aber auch zu einer fast selbstverständlich zu erwartenden Polarisierung zwischen dem wirtschaftlich prosperierenden Bürgertum und dem inzwischen schon dreißig Jahre alten König. Das Bürgertum schätzte die Allianz mit England, wollte diese Zusammenarbeit in einer maritim orientierten Politik weiter festigen und ausbauen. Der junge König genoß die neu erworbene Machtfülle auf seine Weise und wurde darin von seiner Umgebung bestärkt. Er suchte Anschluß an die politische Idee des Frankreich von Ludwig XIV. Absolutistische Allüren wurden wieder hervorgekehrt, und das Land bewegte sich zurück zur unseligen dynastischen Machtpolitik des 17. Jahrhunderts. Die über fünfundzwanzig Jahre bewährte Allianz mit England wurde vom König beendet, und bald darauf kam es zum völligen Bruch. Der Ehrgeiz des Königs, beeinflußt vom Glanz und der höfischen Ausstrahlung wiedergewonnenen Ansehens, beherrschte mehr und mehr seine Gedanken und sein Streben nach der Vorherrschaft auf dem Kontinent. Selbst der kluge, nun bald neunzig Jahre alte Kardinal Fleury konnte und wollte sich diesem Traum französischer Großmachtpolitik nicht verweigern. So schien es folgerichtig, daß Frankreich in den Kolonialkonflikt an der Seite Spaniens gegen England eingriff, um damit den Engländern für die Zukunft jede Einflußnahme auf dem Kontinent zu nehmen. Dieser Frontenwechsel im Bündnis hat das Verhalten beider Regierungen über mehr als eineinhalb Jahrhunderte bestimmt und die politische Stabilität Europas erheblich beeinträchtigt.

So ungefähr muß man sich Kontinentaleuropa im Jahre 1740 vorstellen: Auf dem Kontinent stand dem französischen Vormachtstreben das Habsburger Reich im Wege. Bereits mit dem Frieden von Belgrad begann unter der geschickt friedensstiftenden Vermittlung des französischen Gesandten Villeneuve die Macht Österreichs zu bröckeln. Der Tod Kaiser Karls VI. am 20. Oktober 1740 führte dann geradewegs in einen Krieg, in dem es aus Sicht der französischen Politik um nichts Geringeres als um die Zerstörung der Machtstellung des Habsburger Kaiserhauses in Europa ging. In den sich aus diesem Todesfall entwickelnden Teilkriegen stand Frankreich diplomatisch und mit seinen Armeen auf seiten der Gegner Österreichs. Man glaubte diesen Staat in Auflösung begriffen und meinte, in Versailles nur geschickt zugreifen zu müssen. Zwar mahnte Fleury, der seine Lektionen aus der Zeit des Sonnenkönigs nicht vergessen konnte, zu friedlichem und vorsichtigem Taktieren, aber sein Rat und sein Einfluß hatten an Gewicht verloren. Der junge König wollte jetzt Machtwillen demonstrieren, und sein General Belle-Isle bestärkte ihn darin. So schaffte es Ludwig XV., ungestüm und unbedacht handelnd, in wenigen Jahren das politische Kapital zu verspielen, das zuvor in fünfundzwanzig Jahren kluger Politik geschaffen worden war.

Kardinal Fleury starb 1743, und danach konnte das Land dreißig Jahre lang in der Außenpolitik nur Mißerfolge verbuchen. Im Lande, in den Adels- und Bürgerschichten vollzog sich zur gleichen Zeit ein Bewußtseinswechsel im liberalen Selbstverständnis, in der Hinwendung zum Lebensgenuß, zum Schönen und zum ideenschwangeren Diskurs. Diese Entwicklung, aus der Distanz von zwei Jahrhunderten betrachtet, zielte beunruhigend auf den beginnenden Zerfall der gesellschaftlichen Strukturen. Ein anderes Symptom solcher Entwicklungsprozesse ist die fortwährende Bekundung einer tiefempfundenen Friedenssehnsucht von der politisch führenden Gesellschaftsschicht. Und das Volk glaubte das und genoß den Tag. Ludwig XV. und seine Mme. de Pompadour schwammen in dieser friedenssüchtigen Woge nicht nur mit, beide lebten sie mit ihrem Lebensstil den Bürgern im Lande vor. Diese Gefühlslage von König und Volk steht nur scheinbar im Widerspruch zur Außenpolitik und den kriegerischen Aktivitäten gegen Österreich. Gegen ein einsatzwilliges Offizierskorps und gut geführte Soldaten hätte Maria Theresia keine Chance gehabt, den Erbfolgekrieg zu ihren Gunsten zu entscheiden.

Der Österreichische Erbfolgekrieg begann im Juli 1741 mit dem Überfall der Truppen des Wittelsbacher Kurfürsten Karl Albrecht von Bayern auf Passau, und er endete am 18. Oktober 1748 mit dem Aachener Frieden. Den Widerspruch von Selbstüberschätzung König Ludwigs XV. einerseits und den kriegerischen Leistungen seiner nicht gerade erfolgreich kämpfenden Armee andererseits zeigt die Serie zum Teil verheerender Niederlagen bei den Kämpfen um Prag, wo die Armee Broglies eingeschlossen und zur Kapitulation gezwungen wurde, bei Dettingen unter dem Befehl Noailles oder bei Pfaffenhofen im Jahre 1745. Frankreichs Politik kam in diesem Erbfolgekrieg dem machtpolitischen

Ziel, Habsburgs Stellung in Europa zu erschüttern, um keinen Schritt näher.

Die Mißerfolge im Krieg gegen Österreich waren mit ein Grund für Frankreich, sich mit dem sieggewohnten Preußenkönig Friedrich II. zu verbünden. Im Erbfolgekrieg bekamen die Österreicher zunächst Hilfe durch das Eingreifen der Seemächte England und Holland. Frankreich war dadurch gezwungen, in dem bisher nicht erklärten Krieg an der Seite Bayerns regulär in den Krieg einzutreten. Im Juni 1744 wurde dann mit dem Preußenkönig der Offensiv-Allianz-Vertrag abgeschlossen, und Preußen begann den Zweiten Schlesischen Krieg als Entlastungsoffensive zugunsten der bedrängten Bayern und Franzosen. Nun gelang es auch der französischen Armee unter dem Oberbefehl des Herzogs Moritz von Sachsen, siegreich gegen eine englisch-holländische Armee in den österreichischen Niederlanden zu kämpfen und Gebiete zu erobern. Im Frieden von Aachen mußten diese aber wieder an Österreich zurückgegeben werden.

Als dieser Krieg zu Ende war, stand das Habsburger Imperium unversehrt. In Frankreich war der Staatshaushalt wieder einmal hoch verschuldet, die Armee hatte an Kampfkraft eingebüßt, die Wirtschaft hatte Schaden genommen, und dann mußten auch noch Landesteile französischer Sprache und Kultur in Oberitalien an den spanischen Infanten Philipp abgetreten werden. Allein dies war ein schwerwiegender Verstoß gegen das Testament Ludwigs XIV. Ludwig XV. mußte am Ende dieses Abenteuers teuer dafür bezahlen, den klugen und zur Mäßigung ermahnenden Rat des greisen Kardinals Fleury nicht befolgt zu haben.

Mit dem Abschluß des Aachener Friedens 1748 hatte die Kaiserin Maria Theresia den Kampf um die Anerkennung der Pragmatischen Sanktion und den Fortbestand des Habsburger Reiches zwar gewonnen, aber der Aufstieg Preußens zu einer gleichrangigen Macht mußte von Österreich und von Frankreich hingenommen werden.

Als der Österreichische Erbfolgekrieg zu Ende war, kehrte in Europa kein Friede ein. Innere Reformen wurden in Angriff genommen und alle Energien darauf verwendet, mit intensiver Geheimdiplomatie neues Unheil vorzubereiten.

Zwischen 1750 und 1756 wurden mit Hof- und Kabinettspolitik Bündnisse geschmiedet, um den Gegner schon im Frieden so einzukesseln, daß ihm beim Beginn des ›heißen‹ Krieges möglichst keine Chance mehr bleiben sollte. Am Ende dieser Aktivitäten standen 1756 die Umkehr der Allianzen und der Beginn des Siebenjährigen Krieges.

Der österreichische Staatskanzler Graf Kaunitz wollte ein bis dahin noch nicht vorstellbares Bündnissystem gegen den Preußenkönig Friedrich II. schaffen. Frankreich, Rußland und Österreich, aber auch England, Hannover und Sachsen sollten zu einem kontinentalen Block zusammengeschlossen werden. So war es sein Plan. Als emotional antreibende Kraft hinter dieser *Vernichtungsallianz* stand der Haß der Kaiserin Maria Theresia. Das Königreich Preußen sollte niedergeworfen und zerstückelt werden. Den Preußenkönig wollte sie bedingungslos vernichten.

Frankreichs Diplomatie operierte gegenüber der Wiener Staatskanzlei zurückhaltend. Man war noch mit Preußen im Bündnis, und im Hinblick auf die eigene Vormachtpolitik waren die Interessen auch ganz anders gelagert. Dem Pariser Hof konnte eine erneut erstarkende Zentralmacht Österreich gar nicht genehm sein. Deshalb bemühte man sich in Versailles um eine Liga mit den Staaten Sachsen, Polen, der Türkei und Schweden. Vordergründig sollte sie gegen den Expansionsdrang Rußlands gerichtet sein. Uneingestanden zielte diese diplomatische Aktivität gegen Österreich. Deshalb war auch der Beitritt Preußens erwünscht, um Österreich in diesem Kräftevieleck zu neutralisieren. Ludwig XV. wollte also mit dieser Bündnispolitik einen Friedenspakt erreichen, und Österreich wollte das genaue Gegenteil davon.

Der österreichische Bündnisplan versuchte das Unmögliche, die unversöhnlichen Gegner Frankreich und England zu Bündnispartnern zu machen. Dem weltweiten Expansionsdrang Englands stand aber die Kontinentalmacht Frankreich entgegen. Deshalb herrschte auch Kriegszustand zwischen beiden Ländern und seit 1739 auch zwischen England und Spanien, das politisch vom französischen Königshaus nachhaltig beeinflußt wurde. England führte in einer für das Land politisch günstigen Zeit den Krieg um die Herrschaft der Meere mit aller Härte, kompromißlos, ohne Skrupel und ohne Respekt vor allgemeinen Rechtsnormen. Frankreichs Absichten waren in diesem Krieg dagegen auf den Kontinent fixiert. Das Land hatte auch keine Schiffe, die gegen die britische Kriegsflotte hätten bestehen können. Auch diese nachteilige Situation war durch politische Fehlentscheidungen Ludwigs XV. zustande gekommen.

Das Haus Hannover war 1714 durch Heirat und Erbschaft auf den englischen Königsthron gelangt. Als englischer König gleichzeitig auch der Kurfürst von Hannover, beanspruchte Georg II. eine Art Schiedsrichterrolle auf dem Kontinent. So glaubte er die Politik in der Mitte Europas von der Insel aus beeinflussen zu können. Folgerichtig stand England im Österreichischen Erbfolgekrieg an der Seite Österreichs gegen das französisch-preußische Offensivbündnis. Die von Wien geplante Vernichtungsallianz paßte aber gar nicht in das politische Konzept von London. Eine Allianz mit Frankreich gegen Preußen konnte für England auf dem Kontinent gefährlich werden und war mit den kolonialen Weltinteressen überhaupt nicht in Einklang zu bringen. In der zweiten Jahreshälfte 1755 kam es sehr plötzlich zu folgenschweren Verschiebungen der Mächtegruppierungen, der Umkehr der Allianzen. England paktierte mit Preußen. Frankreich beendete des Offensivbündnis und schloß am 1. Mai 1756 den Vertrag von Versailles mit Österreich gegen Preußen.

Als diese Umorientierung der alten Bündnispartner erfolgte, fühlten sich die Betroffenen gegenseitig überrumpelt; aus der geschichtlichen Distanz und der Kenntnis der politischen Aktivitäten an den Königshöfen kann im nachhinein eigentlich nur noch die Spontaneität des Handelns erstaunen. König Georg II. hatte in Frankreich seinen Widersacher in den Kolonien, in Indien und in Amerika. Wollte er dort mit seinen strategischen Zielsetzungen vorankommen, mußte er versuchen, das französisch-preußische Bündnis zu zerstören. Nur so konnte es gelingen, Frankreich mit seiner ganzen Finanz- und Kriegsmacht auf dem Festland anzubinden. In dieser Zeit würde er dann in Übersee die Dinge im

Sinne Englands regeln können. Dem Preußenkönig sind die gegen sein Land gerichteten diplomatischen Aktivitäten des Wiener Hofes selbstverständlich nicht verborgen geblieben, so daß ihm die Avancen Londons gerade recht kamen, um die Einkreisungspolitik Wiens wenigstens teilweise aufzubrechen. Frankreich war ihm als Bündnispartner schon seit geraumer Zeit zu unsicher und zu unbeständig. So hatten beide Vertragspartner ein Interesse daran, ihre Bündnisse neu zu orientieren, und das geschah sehr schnell und nach nur kurzen Verhandlungen. Im Januar 1756 wurde das preußisch-englische Abkommen von White Hall, der Westminster-Vertrag, abgeschlossen. Obwohl diese Konvention zunächst nur den Charakter eines Defensivbündnisses hatte, gab sich Frankreich düpiert und verbündete sich mit Österreich in der Erwartung, mit der großen und schlagkräftigen Armee Österreichs einen Bündnispartner zu haben, der Frankreich genügend freie Hand für einen geplanten Krieg mit England lassen würde.

Der Staatskanzler Kaunitz konnte sich am Ziel seiner diplomatischen Bemühungen fühlen. Mit dem Vertrag von Versailles war das Reversement des Alliances vollzogen. Rußland trat dem Pakt bei, und Ludwig XV. hoffte nun, mit den Armeen Österreichs und Rußlands im Rücken seine militärische Macht voll gegen England einsetzen zu können. Doch dieses Kalkül ging nicht auf. Während im Siebenjährigen Krieg Frankreichs Armeen von den Preußen besiegt wurden, zerbröselte das französische Kolonialreich erst in Indien und dann auch in Nordamerika. Die geschickte Politik Colberts hatte unter Ludwig XIV. ein mächtiges Kolonialreich heranwachsen lassen, das schon nach kurzer Zeit dank einer klugen Administration zu hoher Blüte und Macht gelangte. Ruhmreiche Forscher und auch Abenteurertypen wie Pater Marquette, der Chevalier de la Salle und d'Iberville in Nordamerika und die Gouverneure Dumas und Duplaix in Indien waren hieran beteiligt.

Zu gleichzeitigen Kriegen auf dem Kontinent gegen Preußen und in Indien und Amerika gegen England war das Frankreich Ludwigs XV. nicht fähig. Am 10. Februar 1763, also noch fünf Tage vor dem Frieden von Hubertusburg zwischen Preußen und Österreich, mußte Frankreich den Friedensvertrag von Paris mit England abschließen. Bei aller Bedeutung des Siebenjährigen Krieges für die preußische und die österreichische Geschichte, war im Ergebnis nicht der Krieg zwischen diesen beiden Staaten das vorrangige Ereignis. Historisch dominant war der Krieg zwischen England und Frankreich mit dem für Frankreich verhängnisvoll verlustreichen Ausgang. Es verlor einen großen Teil seines Kolonialreiches: Kanada, Louisiana, Indien, einen Teil der Antillen und Senegal. Die Situation des Landes in diesem Jahr 1763 war durchaus vergleichbar mit dem Zustand Frankreichs beim Tode Ludwigs XIV. [7,8]

Dem französischen König blieben noch zehn Jahre Regierungszeit. Das Land war ausgeblutet, wie schon fünfzig Jahre vorher, und finanziell bankrott. Politisch auf eine mittelmäßige Macht abgesunken, blieben die politischen Aktionen des Königs ohne große Resonanz. Österreich blieb auch weiterhin sein Bundesgenosse. Zu einem erneuten Waffengang mit Preußen war Frankreich allerdings nicht mehr bereit. Die alte Beziehunge zum türkischen Hof in Konstantinopel wurde zwar gemeinsam mit Wien gepflegt und die Feindschaft zu Rußland immer wieder angeheizt, aber zum militärischen Beistand in einem Konfliktfall war man in Frankreich nicht mehr bereit.

So sah es in Europa aus, als im Osten die Adelsrepublik Polen nach dem Tode Augusts III. Auflösungssymptome erkennen ließ.

Großbritannien

Durch sein kurfürstliches Haus Hannover verschaffte sich Großbritannien auf dem Kontinent im 18. Jahrhundert einen nicht geringen Einfluß. Seiner Politik der *Balance of Power* konnte es mit dem eigenen politischen Gewicht immer wieder klug Geltung verschaffen. Aus dieser Politik entwickelte sich aber auch die Inselmentalität, die Abkoppelung vom Kontinent. Englands politische Führung hatte den Blick auf die Herrschaft der Meere gerichtet und begann den Staat zu schaffen, der in der Geopolitik als das British Empire seinen Platz für zwei Jahrhunderte einnehmen sollte.

Der Durchsetzung dieses Zieles standen die Seemacht Spanien und die Kontinentalmacht Frankreich im Wege, das seit Ludwig XIV. auch noch zur größten Kolonialmacht herangewachsen war. Die politische Strategie mußte sich konsequenterweise gegen beide Staaten richten. Die Zielstrebigkeit, mit der im 18. Jahrhundert vorgegangen wurde, war bemerkenswert und bestimmte die Weltpolitik mit bis in unser 20. Jahrhundert. Der Aufstieg Englands begann schon im 17. Jahrhundert mit dem Seekrieg gegen Holland, der das Land bereits zu einer bedeutenden Seemacht machte; aber damit wurden nur die Voraussetzungen für den Status einer Weltmacht geschaffen.

Machtbewußte politische Strategien folgen im allgemeinen einem langfristigen Plan, der oft von einer Ideologie getragen wird. Aber nur selten bestätigt die wirkliche Geschichte, daß sie logisch-intellektuell *gemacht* worden sei. Das Einwirken unkalkulierbarer Einflüsse ist über längere Zeiträume viel zu groß. Deshalb ist der gern benutzte Ausspruch »Die Zeit war reif« für schwerwiegende geopolitische oder soziopolitische Umbrüche wenig überzeugend. Die Stabilität aller politischen Systeme müssen wir als begrenzt hinnehmen. Sie ist oftmals von nicht faßbaren Einflüssen abhängig. Religiöse oder philosophische Ideenströme gewinnen kaum vorhersehbar Macht über das politische Verhalten der Menschen; oder sie folgen den Glücksverheißungen der großen oder kleinen Revolutionäre, wie uns die Weltgeschichte immer wiederkehrend belehrt. Sieg und Siegesrausch, Niederlage und Verzweiflung, Verarmung und das Wiedererstarken in neuem Wohlstand folgen oftmals nur kurz hintereinander. Diese Wechsel folgen nicht den Gesetzen einer höheren Gewalt, sie sind im Menschen selbst begründet. Auch das Auf und Ab im historischen Geschehen vollzieht sich stets im Herrschaftsanspruch eines oder mehrerer Menschen. Kraft ihrer Persönlichkeit und Klugheit, ihres Charismas oder auch ihrer Skrupellosigkeit im Umgang mit der Macht bestimmen sie in ihrem Land, ihrem Herrschaftsbereich die Richtung. Das ist im Guten wie im Bösen zu verstehen, zumal ja jede Um- oder Neuverteilung der Macht Gewinner und Verlierer zur Folge hat. Unter diesem Gesichtspunkt ist die Zeitspanne vom 17. auf das ganze folgende 18. Jahrhundert wegen der Vielzahl der Machtverschiebungen besonders augenfällig und instruktiv. Wenn wir nicht bewerten und urteilen, sondern einfach nur *betrachten* wollen, ist uns dabei die große zeitliche Distanz hilfreich.

In England wurde das Haus Hannover 1714 mit Georg I. auf den Königsthron gewählt. Dieser und seine Nachfolger hatten weniger Anteil als herausragende Staatsmänner als Walpole (1721–1742) oder William Pitt (1756–1761), die England mit zielstrebiger Politik unter Einsatz aller ihnen verfügbaren Mittel zum British Empire, zur seebeherrschenden Weltmacht formten. Die wechselnden Allianzen mit Österreich, Rußland und Preußen dienten nur diesem einen Ziel. Der einzige wirkliche Gegner war Frankreich. Es war deshalb für London eine Conditio, gegen die französisch-preußische Allianz zwischen 1750 und 1755 Politik zu machen und, als der Zeitpunkt günstig schien, durch den Abschluß der Westminster Convention Preußen zu sich hinüberzuziehen.

Preußens König Friedrich II. hatte kaum einen gefühlsmäßigen Zugang zur englischen Mentalität. Er war über die Sprache der französischen Geisteswelt so zugewandt, daß er niemals den intellektuellen Zugang zur englischen Sprache gefunden hat. Um so überraschender war dieser Entschluß politischer Klugheit, sich von dem französischen Bundesgenossen zu lösen. Die Konvention von Westminster war von seiner Seite zunächst nur eine Defensivvereinbarung, von der sich Friedrich erhoffte, Rußland, das ebenfalls mit England verbündet war, von einem Angriff auf Preußen an der Seite Österreichs abhalten zu können. Diese im Grunde noch ganz milde Erschütterung des bestehenden Mächtegerüstes brachte es bereits zum Einsturz und offenbarte nur, daß das ganze Vertrags- und Bündnisgeflecht brüchig geworden war. Die Umkehr der Allianzen war dann nichts anderes als die Verknüpfung einer neuen Macht- und Interessenstruktur in Kriegsbündnissen.

Preußen war für die englische Politik ein sehr wichtiger militärischer Machtfaktor. Das Potential der preußischen Armee auf seiner Seite zu wissen und gegen Frankreich mobilisieren zu können, das war für England über alle Maßen verlockend, und es ist ihm sehr schnell gelungen, diesen Partner als Verbündeten an sich zu binden. Für Friedrich II. war diese Konstellation im Sommer 1756 günstiger als jedes andere Konzept. Wenigstens hatte er in dem erwarteten Krieg mit Österreich das Kurfürstentum Hannover in seinem Rücken. Rußland mit Hilfe von England draußenzuhalten, durfte er zumindest für den Anfang hoffen, und daß England unverzüglich nach dem Bekanntwerden des österreichisch-französischen Versailler Allianzvertrages den Krieg gegen Frankreich eröffnete, brachte Verwirrung und ermöglichte es ihm, sein Vorgehen sorgfältig vorzubereiten.

Der Verlauf des Krieges offenbarte dann, daß man in London die Kriegspotentiale gut eingeschätzt hatte. Das Kalkül war raumgreifend und erfüllte sich für die Engländer vollständig.

Die kriegerischen Abschnitte der englischen Machtausbreitung werden hier nicht nachgezeichnet. Als der Unruheherd Polen im letzten Drittel des Jahrhunderts virulent wurde, hat England auf diese Vorgänge kaum einen Einfluß genommen. Man beobachtete von dort nur die Machtbalance mit dem Ziel, Frankreich und Spanien größtmöglich geschwächt zu halten. Am Ende des 18. Jahrhunderts war die Bilanz der englischen Politik als außerordentlich positiv zu bewerten. Spanien hatte seine maritime Vorherrschaft verloren. Frankreich hatte nach der Kapitulation der Truppen Lally-Tolendals 1761 in Pondichéry die Herrschaft in Indien eingebüßt. In Amerika mußte es nach der verlorenen Schlacht um Quebec ganz Kanada und im Süden Florida aufgeben. Im englisch-französischen Frieden von Paris, der bereits am 10. Februar 1763 geschlossen wurde, sind die Abtretungen festgeschrieben worden.

Die Adelsrepublik Polen war für Englands Politik kein Objekt, äußerstenfalls ein Vehikel zum Ausbalancieren des kontinentalen Kräftegleichgewichts. Nichts charakterisiert diese Einstellung besser als die britische Regierungserklärung anläßlich der Parlamentseröffnung im Sommer 1772, in der die Veränderungen in Polen nicht einmal Erwähnung fanden. Von König Georg III. ist nur die lakonische Bemerkung überliefert, er wolle voraussetzen, daß die drei Höfe von der Gerechtigkeit ihrer Ansprüche überzeugt seien.

Polen

Das Schicksal Polens im letzten Drittel des an Dramatik reichen 18. Jahrhunderts macht einen kurzen geschichtlichen Rückblick unverzichtbar, wenn man die aus der Geschichte des Landes gewachsenen Gründe für das Ende der polnischen Adelsrepublik verstehen will.

Als staatliches Gebilde tritt Polen in der zweiten Hälfte des 10. Jahrhunderts in die Geschichte ein. Die Piastenherzöge vereinigten westslawische Volksstämme, die Wislanen, die Masowier, die Kujawier, die Polanen, die Leczykanen, die Schlesier und die Pomorzanen zu einem Staat und nahmen unter Herzog Boleslaw II. (992–1025) den Königstitel an. Die Piasten unterstanden noch bis in das 13. Jahrhundert der Lehnsherrschaft des Deutschen Kaisers.

Im Jahre 1225 rief Herzog Konrad von Masowien den Deutschen Orden zu Hilfe gegen den Volksstamm der heidnischen Prußen. Als Gegenleistung bot er dem Orden das Kulmer Land an, wie das im Kruschwitzer Privileg von 1230 beurkundet ist. Diese Schenkung des Kulmer Landes ist auch in einer zweiten Urkunde von 1230 besiegelt[9]. Die Prußen widersetzten sich der Missionierung zum Christentum hartnäckig und mit allen ihnen verfügbaren Mitteln, fielen mit ihren Kriegerscharen in Masowien ein und wurden für Boleslaw zu einer Bedrohung seines Landes, die er mit eigenen Mitteln nicht mehr abwehren konnte.

Bevor der Hochmeister des Deutschen Ordens, Herrmann von Salza, mit seinen Ordensrittern den Kampf gegen die Prußen aufnahm, ließ er sich von Kaiser Friedrich II. diese Schenkung 1226 in der Goldenen Bulle von Rimini bestätigen. Dieses kaiserliche Traktat sicherte dem Deutschen Orden über die Schenkung des Kulmer Landes hinaus die Besitzrechte für alle Landeroberungen zu, die künftighin außerhalb der Grenzen des Deutschen Reiches im heidnischen Prußen und im Missionskrieg gegen die anderen heidnischen Volksstämme gemacht wurden. Auch der Papst gab seine Zustimmung, stellte das Kulmer Land und Preußen unter päpstlichen Schutz und rief die Christen 1230 zum Kreuzzug gegen die Heiden im Osten Europas auf.

Der Christianisierungsfeldzug des Deutschen Ordens begann 1231. Die eroberten Gebiete nahm der Orden in seine Verwaltung und begann mit der wirtschaftlichen Erschließung. Städte wurden gegründet, Handelsplätze eingerichtet und Neusiedler ins Land geholt, die auf eigenem Grund und Boden nach dem Kulmer Landrecht in großer Freiheit ihren Besitz bewirtschaften konnten. Für die Verwaltung wurde der Ordensstaat in Komturen, Vogteien und Pflegen aufgeteilt und den Ordensrittern die Verwaltung der Komturen übertragen. Einhundert Jahre nach seiner Gründung war der Ordensstaat ein festgefügtes Machtgebilde, dessen Reichtum den der Fürstentümer des Reiches übertraf. Zum Gebiet des Staates gehörten Kurland, Preußen, Samogitien, Pomerellen, Livland und Estland.

Die Piasten auf dem polnischen Königsthron nahmen diese Dynamik, diesen Expansionsdruck des Ordensstaates mit großem Unbehagen zur Kenntnis. Um diese Entwicklung zu steuern, begannen sie die Kulmer Schenkung dahingehend umzuinterpretieren, daß der Deutsche Orden nur auf Zeit ins Land gerufen worden sei, um den Kampf des Königreiches gegen die Heiden mit seinen Ordensrittern zu unterstützen. Im Norden hatten zwar die Ordenskrieger die Litauer noch nicht bekehren können, aber die anderen heidnischen Völker waren christianisiert. Dieser Auftrag konnte damit aus polnischer Sicht als abgeschlossen gelten, und als neues Kampffeld des Ordens für die Christianisierung schienen dem König die heidnischen Feinde im Süden und im Südosten seines Landes günstig. Inzwischen war aber der Orden seßhaft geworden und hatte seinen Landgebieten seine Strukturen aufgeprägt und es sogar geschafft, die ethnische Vielfalt der Urbevölkerung mit den Neusiedlern, den *Deutschen*, wie die Zuwanderer von den Einheimischen genannt wurden, zu verschmelzen. So ist das aufsässige und kriegerische Volk der Prußen fast vollständig assimiliert worden. Seine Sprache und Kultur war ohne administrative Gewalt schon im 15. Jahrhundert verschwunden.

Für die beiden Staaten war es unvermeidlich, daß sie sich politisch auseinanderlebten. Zu einer richtigen Feindschaft geriet dieses Verhältnis beim Streit um den Besitz Pomerellens. Nach dem Tod des letzten Pomerellen-Herzogs Mestwin II. gerieten Polen, Brandenburg und der König von Böhmen um die Nachfolge in Streit. Polen bat den Orden um militärischen Beistand, der auch sofort gewährt wurde. Die Ordensritter besetzten nicht nur Danzig, sondern brachten auch weite Teile Pomerellens in ihren Besitz und kauften den brandenburgischen Markgrafen deren Besitzrechte ab. Die Folge war eine kriegerische Auseinandersetzung, die 1343 mit dem Frieden von Kalisch beendet wurde. Der polnische König Kasimir III. erkannte den Besitz Pomerellens als Ordensland an und bestätigte nochmals die Schenkung des Kulmer Landes.[10] Damit war der Streit aber nicht ausgestanden. Am Ende des Jahrhunderts wurde er erst richtig virulent. Die Vereinigung des polnischen Königreiches mit Litauen hatte nicht nur zur Voraussetzung, daß Herzog Jagiello zum Christentum konvertierte, er verpflichtete sich auch in einem Vertrag, den er 1385 mit den polnischen Magnaten abschloß, die verlorenen Gebiete für die Krone Polens zurückzuholen.[11]

Im Ordensstaat war 1309 die weitere Entwicklung in Polen zwischen dem König und dem Adel nicht vorauszusehen. König Wladislaw Lokietek konnte das Machtgeflecht vorübergehend zugunsten des Königtums verändern, aber im Sozialgefüge des Landes ging das Ringen um Vorrechte und um Einfluß weiter. Die Nobiles, der Hochadel und die Magnaten, aber auch die Milites, der Dienstadel, versuchten die Machtstellung des Königtums zu begrenzen und erwarben sich in diesem Streit immer weiter gehende Freiheiten. So wurde schließlich auch die Erblichkeit des Dienstadels durchgesetzt. Bei diesem Wandel der gesellschaftlichen

Strukturen geriet der zunächst noch freie Bauernstand immer stärker in die Hörigkeit des Adels und am Ende vollends in Leibeigenschaft.

Im Ordensstaat lief die Entwicklung in die entgegengesetzte Richtung. Dort galt für die Neusiedler aus dem Deutschen Reich das Kulmer Recht, das dem Recht im Kaiserreich entsprach, und für die Einheimischen galt das Polnische Recht, das sie in der Rechtsprechung, aber auch im Besitzerwerb einschränkte. Jedoch waren die Lebens- und Rechtsverhältnisse dieser Menschen nicht vergleichbar mit der Leibeigenschaft polnischer Bauern jenseits der Grenze des Ordensstaates. Alle Einwohner waren rechtlich freie Menschen. Der Ordensstaat kam zu wirtschaftlicher Blüte. Siedlungswillige Bauern aus Thüringen, Sachsen, Hessen und Westfalen kamen, wie von einem Magneten angezogen, in dieses fast menschenleere Land. Das ›Deutsche Recht‹ galt aber auch für Siedler, die in das ebenfalls fast menschenleere Königreich Polen nach Schlesien und in das Gebiet von Großpolen zogen. Dort siedelten sie, zunächst unberührt von den Vorrechten des Adels, und hatten einen nicht geringen Anteil an der wirtschaftlichen und kulturellen Erschließung des Landes. Die Städte Gnesen, Posen und Krakau waren deutsche Städtegründungen und überwiegend auch von Deutschen bewohnt.

Fleiß und Ordnungssinn verhalfen diesen Siedlern schon bald zu einem abgehobenen Wohlstand. Der polnische Landadel wollte diese freien und selbstbewußten Bauern nicht tolerieren. Er sah seine Machtstellung gegenüber den unfreien polnischen Bauern beeinträchtigt. Zunehmende Spannungen im Zusammenleben waren unvermeidlich, und gemeinsam mit dem König Wladislaw Lokietek (1305–1333) hatte der Landadel schließlich die Machtposition, durch restriktive gesetzliche Beschlüsse diesen Fremdkörper mit seinem rechtlichen Sonderstatus zu beseitigen. Die freien deutschen Siedler wurden vor die Wahl gestellt, sich entweder als hörige Bauern dem Adel und dessen Gerichtsbarkeit zu unterwerfen, oder sie wurden mit aller Brutalität, wie sie bis dahin nur von den Landsknechten im Kriege praktiziert worden war, aus dem Lande getrieben oder erschlagen. Wer sein nacktes Leben retten konnte, floh in den Ordensstaat oder nach Brandenburg. Den Besitz konfiszierte der adlige Grundbesitzer. Mit dieser Vertreibungsaktion wurde in wenigen Jahren zerstört, was in den Jahrzehnten davor an Wohlstand geschaffen worden war. Die im Land zurückgebliebenen Bauern verloren ihren reichsunmittelbaren Rechtsstatus und wurden vom Polentum assimiliert.

Eine Korrektur dieser frühnationalistischen Politik führte der nachfolgende König Kasimir III. (1333–1370) wenigstens teilweise durch. Er schuf die rechtlichen Bedingungen – zum Teil unter dem Druck des brandenburgischen Kurfürsten –, daß die Siedler im Lande wieder als deutsche Bauern dort leben und Wohlstand schaffen konnten. So räumte er den Konfliktstoff mit Brandenburg aus, an Böhmen trat er den schlesischen Landesteil ab, und der Ordensstaat bekam 1343 im Frieden von Kalisch die Pomerellen. Diese Konzessionen machten ihm den Rücken frei für die Kämpfe, die er an seiner Ostgrenze mit den Tataren und den noch heidnischen Litauern führen mußte. Als Kriegsbeute vergrößerten Galizien und Wolhynien das polnische Königreich.

Unter der Regierung von Kasimir »dem Großen« blüten Handel und Gewerbe, Kunst und Wissenschaft auf. In Krakau wurde von den deutschen Einwohnern 1364 die erste polnische Universität gegründet. Die Kaufleute und Bauern standen unter Kasimirs besonderem Schutz vor der Rechtsanmaßung des Adels. 1368 ordnete er die Rechtsverhältnisse zwischen Adel und Bauernstand mit dem Statut von Wislica. Dieses Statut war auch Teil einer Reform der gesamten Rechtsordnung und Verfassung des Landes. Fortan sollte der Staat von der idealistischen Staatsidee ›Ein Fürst – ein Recht – ein Reich‹ regiert werden. In dieser neuen Verfassung blieb aber das kirchliche Recht des Klerus unangetastet. Die Juden behielten ihren rechtlichen Sonderstatus im Lande, und auch in der eigenen Gerichtsbarkeit der deutschstämmigen Bevölkerung gab es keine diskriminierenden Beschränkungen mehr.

Das wirtschaftlich aufblühende Polen entwickelte sich gut neben dem benachbarten Ordensstaat. Mit der Wirtschaft entfaltete sich auch das politische Machtbedürfnis, und so blieben Rivalitäten und Spannungen nicht aus, die sich aber zunächst noch nicht in kriegerischen Handlungen entluden. Solange Kasimir III. das Land regierte, lebten beide Staaten gut miteinander. 1370 starb der König ohne Nachkommen und beendete nach vierhundert Jahren die Piasten-Dynastie.

Als Nachfolger auf dem Thron wollte der Adel nun keinen *starken* König mehr dulden. Man bot Ludwig I. von Ungarn aus dem Hause Anjou die Krone an und wählte mit Vorbedacht diesen führungsschwachen Mann, der schon bei Übernahme des Amtes zu weitreichenden Zugeständnissen bereit war. Der Adel bekam, was er forderte. Vor allem erhielt er die Privilegien der adligen Gerichtsbarkeit zurück und auch die Steuerfreiheit. Als Ludwig I. 1386 starb, hinterließ er ein Land, das schon wieder begonnen hatte, sich in Machtkämpfen zwischen König und Adel aufzureiben. Er hinterließ aber auch noch eine Tochter, die der Adel als Thronerbin anerkennen wollte, wenn sie einwilligte, den litauischen Herzog Wladislaw Jagiello zu heiraten. Mit diesem Verlangen bewies der Adel durchaus sein Gespür für Großmachtpolitik, denn der Zusammenschluß des Königreiches mit dem Herzogtum Litauen formte einen Staat von riesigen Ausmaßen. Die Heirat erfolgte 1386 und begründete die Jagiellonen-Dynastie, die das Königreich Polen für zweihundert Jahre bis 1572 prägte. In dieser Zeit wurde Polen-Litauen ein Vielvölkerstaat mit gewaltiger territorialer Ausdehnung und großer Machtentfaltung.

Wladislaw II. Jagiello regierte das Land als machtbewußter König von 1386 bis 1434. Er veränderte in seiner Regierungszeit die Landkarte im Osten Europas. Der Ordensstaat konnte dem Druck, der von der Macht dieses polnisch-litauischen Staates ausging, nicht widerstehen. In der Schlacht bei Tannenberg im Jahre 1410 erlitt das Ordensheer gegen die zahlenmäßig weit überlegenen polnischen Streitkräfte eine verheerende Niederlage, die aber im Ergebnis des Ersten Thorner Friedens von 1411 noch keine politisch-territorialen Konsequenzen hatte. Viel bedeutsamer war, daß der Orden wegen seiner Abhängigkeit von den Ständen von innen heraus zu zerfallen begann.

1414 flammte der Krieg mit kleineren Scharmützeln wieder auf, jedoch erst 1422 erklärte der polnische König dem Deutschen Orden den Krieg. Zu großen Kriegshandlungen kam es nicht, weil die Stände vom Orden abzufallen drohten und ihn damit zwangen, im Vertrag vom 27. September 1422 endgültig auf Samaiten und andere, kleinere Landgebiete zu verzichten. Dieser Vertrag wurde im Frieden von Melnosee 1423[12] beurkundet. Der Nicht-Kriegszustand währte nur dreißig Jahre. 1454 erklärte der polnische König erneut den Krieg. Die preußischen Stände kündigten dem Hochmeister den Gehorsam auf, und ein dreizehn Jahre währender Krieg begann. Mit dessen Ende war die Unabhängigkeit des Ordensstaates verloren. Im Zweiten Thorner Frieden von 1466 mußte der Orden Pomerellen, das Kulmer Land und große Teile Preußens abtreten. Dem Orden blieben nur noch Gebiete Preußens, Samland und Pomesanien. Sitz des Hochmeisters wurde Königsberg, und er selbst wurde als polnischer Reichsfürst in die Abhängigkeit zur Krone gebracht. Dem König von Polen mußte der Hochmeister Ludwig von Erlichhausen den Treueeid schwören und ihm Heerfolge leisten. Dem Ritterorden selbst war die Pflicht auferlegt, bis zur Hälfte Polen als Ordensbrüder aufzunehmen.

Noch einmal unternahm es der letzte Hochmeister des Ordens, Albrecht von Brandenburg-Ansbach, das Schicksal seines Landes zu wenden. Er verweigerte dem Polenkönig Sigismund II. August, der durch Heirat einer Cousine sein Vetter geworden war, den Treueeid und begann 1519 den Reiterkrieg. Seine Ritter schlugen sich tapfer, aber wieder waren es die preußischen Stände, die ihm die finanzielle Hilfe verweigerten, so daß dem Hochmeister 1521 buchstäblich das Geld ausging, um seine Söldner zu bezahlen und den Krieg siegreich zu Ende zu bringen. Auch vom deutschen Kaiser Karl V. wurde ihm keine Hilfe zuteil; allerdings gab dieser ihm vermittelnd Beistand beim Zustandekommen des Friedens von Krakau am 8. April 1525.

Der Friedensschluß beendete die Existenz des kirchlichen Ordensstaates und stellte den bisherigen Hochmeister Albrecht von Brandenburg-Ansbach unter polnische Lehenshoheit. Albrecht konvertierte unter dem Einfluß von Martin Luther zum protestantischen Glauben und erhielt als Herzog von Preußen sein Land vom polnischen König zum Lehen. Die preußischen Stände widersetzten sich nicht, und auch die Bischöfe von Samland, Georg von Polenz, und von Pomesanien, Erhard Queis, schlossen sich der Säkularisierung an. Es war eine spektakuläre Entscheidung des Herzogs, hatte aber im Deutschen Reich keine überschäumende Erregung zur Folge. Der Grund mag gewesen sein, daß in Deutschland die blutig ausgetragenen Bauernkriege tobten, die den Kaiser und den Papst weit stärker beschäftigt haben müssen. Dieses erbliche Lehen war aber noch mit der geschickten Klausel versehen, daß es nur in direkter, männlicher Linie vererbt werden durfte. Würde diese Linie wegen fehlender Nachkommenschaft verlöschen, würde das Lehensgebiet an den König zurückfallen. Vom deutschen Kaiser ist der Vertrag von Krakau nicht anerkannt worden. Nach dem Rechtsstandpunkt des Deutschen Reiches hat demzufolge zu keiner Zeit ein Lehensverhältnis des Ordensstaates oder, in dessen Nachfolge, des Herzogtums Preußen zum polnischen König bestanden.

Das polnisch-litauische Königreich hatte nun sein großes politisches Ziel erreicht. Es hatte Zugang zur Ostsee im Norden und zum Schwarzen Meer im Süden. Im westlichen Landesteil war die Hauptstadt des Königreiches, Warschau, eingebettet in die Gebiete von Großpolen, Pomerellen, Kulmer Land und Ermland. Kleinpolen hatte die alte Krönungsmetropole Krakau als Hauptstadt. Das flächenmäßig dreimal so große Herzogtum Litauen erstreckte sich östlich des Bugs von Sanogitien im Norden fast bis Smolensk im Osten und bis zur Ukraine im Süden. Zwischen Dnjepr und Dnjestr hatte es Zugang zum Meer.

Als der letzte Jagiellone, Sigismund II. August, 1572 ohne Nachkommen starb, hinterließ er einen Staat, der in Europa respektvolles Ansehen genoß. Das Land hatte kulturelle Ausstrahlung und besaß Macht und Einfluß in der internationalen Politik. Der König stand im Ruf, liberal und tolerant zu sein. Das Bürgertum hatte sich unter seiner Herrschaft selbstbewußt entfalten können, und auch dem Adel hatte er zunehmend größere Freiheiten gewährt. Aber schon am Ende seiner Regierungszeit hatte er erfahren müssen, daß diese Liberalität nicht ein besseres, dem Staat ergebeneres Gemeinwesen zur Folge hatte. Selbstsüchtig wurde von den Freiheiten Gebrauch gemacht und versucht, zu Lasten des Staates die eigenen Rechte weiter auszudehnen. Noch zu den Lebzeiten des Königs war erkennbar, daß dieser Staat mit einer so zahlreichen Völker- und Glaubensvielfalt nur schwer zusammenzuhalten war.

Sigismund II. August hatte zwei Schwestern. Anna heiratete den Siebenbürger Woiwoden Stephan Bathory, der dem nur zwei Jahre zaghaft und schwach regierenden französischen Wahlkönig Heinrich von Valois auf den Thron folgte. Heinrich kehrte 1574 nach Frankreich zurück und wurde als König Heinrich III. Thronfolger seines schon mit vierundzwanzig Jahren verstorbenen Bruders Karl IX. Stephan Bathory war elf Jahre lang, von 1575 bis 1586, König von Polen. Sigismund II. Augusts jüngere Schwester Katharina wurde mit dem Schwedenkönig Johann III. verheiratet. Sie war eine tiefgläubige Katholikin und gewann sehr bald auch einen großen Glaubenseinfluß auf den König. Noch größer war ihr Einfluß auf ihren Sohn und Thronfolger Sigismund, der seine Religiosität fast zum Fanatismus steigerte. Wie verhängnisvoll sich diese Erziehung im katholischen Glauben auswirkte, erwies sich schon bald nach der Thronbesteigung als Schwedenkönig Sigismund III. im Jahre 1592.

Die Religiosität und die Bindung an die römisch-katholische Kirche ist durch die ganze Geschichte Polens zu verfolgen, und es drängt sich die Frage auf, wie es zu dieser festen Glaubensverbindung gekommen ist. Man muß bis in das Jahr 966 zurückgehen, als der Piasten-Herzog Mieszko zum katholischen Glauben übertrat und sich taufen ließ. Für ihn war das wohl am allerwenigsten ein Glaubensakt, aber für das Fortbestehen seines Landes eine Überlebensstrategie und ein nüchternes machtpolitisches Kalkül. Mieszko mußte sich immer wieder gegen die Einfälle der Tataren und anderer Volksstämme aus der Tiefe Asiens zur Wehr setzen. Auf Hilfe und Beistand aus dem Deutschen Reich konnte er nicht zählen. Aber das Papsttum in Rom war zu dieser Zeit noch wehrhaft und mächtig, und die Missionsidee war das kirchenpolitische Ziel. Nur der Papst konnte seinen Glaubensgenossen außer dem göttlichen Segen auch weltlichen Schutz geben. So kam im Jahre 992 der Vertrag zustande, in dem der Kirchenstaat dem Polen-Herzog den kirchlich-militärischen Beistand beim Abwehrkampf gegen die heidnischen Völker im Osten und natürlich auch deren Bekehrung zum alleinigen katholischen Glauben zusicherte. Als Gegenleistung erklärte sich Polen »für alle Zeiten« dem Papst tributpflichtig. Polen stand von nun an unter dem Schutz des Heiligen Stuhls. Dieses anfangs rein politisches Kalkül gewann sehr bald Macht über die religiösen Gefühle des Volkes und entwickelte sich in den folgenden Jahrhunderten im Osten Europas zu einem Bollwerk des christlichen Glaubens. In dieser Glaubensabhängigkeit liegt aber auch die polnische Mentalität begründet, Gott und der Papst würden es für sie schon richten, wenn es dem Land einmal schlecht erging.

Mit der fortschreitenden Bekehrung der slawischen Völker zum Christentum wandelte sich auch die Bollwerkfunktion Polens gegenüber den Ungläubigen im Osten; Polen entwickelte sich zu einer Glaubensfestung der römisch-katholischen Kirche gegen die byzantinisch-orthodoxen Christen, die missionierend von Konstantinopel nach Osten vordrangen. Im Konzil zu Konstanz wurde 1418 zwar die Vereinigung der Kirchen von Kiew und Rom beschlossen und im Konzil zu Florenz 1439 vollzogen, aber der Kampf beider Kirchen gegeneinander ging auf polnischem Boden noch bis zum Ende der polnischen Adelsrepublik weiter.

Mit dem Ende der Jagiellonen-Dynastie hatte das Land auch den Höhepunkt seiner staatlichen Macht überschritten. Heinrich von Valois war ein sehr *schwacher* König, der vom Parlament mit Bedacht ausgewählt worden war. Unter dem Druck des Adels gab er dem Land eine neue Verfassung, die Pacta Conventa. Sie machte aus dem Königreich eine Adelsrepublik mit einem Wahlkönigtum. Der verfassungsrechtliche Kern war das Liberum Veto. Es forderte einstimmige Beschlüsse des Parlaments, räumte andererseits aber jedem Landboten, also dem Abgeordneten, das Recht ein, mit seinem Veto jeden Reichstagsbeschluß zu blockieren. Dieses Liberum Veto blieb nicht nur bis zum Untergang Polens in Kraft, es war der entscheidende Verfassungsartikel, der die Auflösung des Staates herbeigeführt hat. Die Souveränität des Herrschers wurde aufgehoben. Der Adel *bestellte* den König, der von nun an meist nicht mehr polnischer Abstammung war. Heinrich von Valois war der erste polnische Wahlkönig ohne monarchisches Format und Charisma. Auch Stephan Bathory lebte nach der Thronbesteigung nur noch elf Jahre, dann rief der polnische Reichstag den schwedischen Thronfolger Sigismund auf den polnischen Königsthron zurück. Nur fünf Jahre danach starb sein Vater, der Schwedenkönig Johann III. Sigismund wurde dadurch zum Herrscher über zwei große Reiche, aber auch zur Schicksalsfigur. Er war unfähig, beide Staaten unter Wahrung ihrer sozialen und religiösen Eigenheiten zusammenzufügen. Statt dessen trug er den Geist der Gegenreformation nach Schweden. Er wollte die Menschen vom ketzerischen Protestantismus befreien und wieder in den Schoß der katholischen Kirche zurückführen. In den sieben Jahren seiner Herrschaft über Schweden von 1592 bis 1599 brachte er es zuwege, den Menschen einen tiefsitzenden Haß auf die katholischen Polen in die Herzen einzupflanzen, der sich ein Menschenalter später im Schwedisch-Polnischen Krieg mit aller Grausamkeit entlud. Nach sieben Herrscherjahren machten die Schweden mit ihrem polnischen König kurzen Prozeß, zwangen ihn, abzudanken, und jagten ihn zurück in sein katholisches Königeich Polen. 1632 starb Sigismund III. Sein Sohn Wladislaw IV. regierte bis 1648. Er eroberte einige Gebiete von Rußland, die er nach dem Frieden von Poljanowka auch behalten durfte. Aber auf den Zarentitel mußte er verzichten. Am schwedischen Horizont begann das Wetterleuchten, aber es gelang ihm, 1635 bei Stühmdorf einen ›Waffenstillstand für sechsundzwanzig Jahre‹ mit den Schweden zu vereinbaren, der aber keinen Bestand haben sollte. Den Verzicht des polnischen Königs auf den schwedischen Thron zu leisten war Wladislaw nicht bereit.

Nach Wladislaw IV. folgte 1648 sein jüngerer Bruder auf dem polnischen Thron. Johann Kasimir (1648–1668) war der letzte Thronerbe aus dem Hause Wasa. Er darf wohl zu Recht als der unglücklichste aller Polenkönige bezeichnet werden. Die Auflösung dieses Vielvölkerstaates mit damals ungefähr siebzehn Millionen Einwohnern nahm ihren Anfang. Ständige, eigennützige Streitereien des Adels destabilisierten die innere Ordnung und zerstörten die Kampfbereitschaft nach außen. Zwanzig Jahre erfolgloser Kriege von 1648 bis 1667 gegen Schweden, Rußland und die Türkei haben das Land verwüstet und zusammenschrumpfen lassen. 1654 ging die Ukraine an die Kosakenrepublik des Hetman Bogdan Chmelnycky verloren. 1656 besiegte eine schwedisch-brandenburgische Armee den Polenkönig bei Warschau mit der Folge, daß das Herzogtum Preußen kurzzeitig von der polnischen in die schwedische Lehnshoheit geriet, bis sich der Große Kurfürst Friedrich Wilhelm als Herzog von Preußen 1657 endgültig von dieser Bürde befreien konnte.[8] 1660, im Frieden von Oliva, wurden Livland und Estland schwedisch, und Johann Kasimir mußte auf alle Ansprüche auf den schwedischen Thron verzichten. 1667 holte sich Rußland die Gebiete östlich des Dnjestr einschließlich Smolensk und Kiew. Die brandenburgische Souveränität über das Herzogtum Preußen wurde anerkannt. 1668 war es dann soweit. König Johann Kasimir resignierte und dankte ab. Polen hatte sich selbst destabilisiert, und sechs Jahre lang bekämpften sich die Adelsparteien um die Thronfolge.

Die polnische Geschichte von 1587 bis 1668 wird von den Historikern sehr unterschiedlich dargestellt. In der zweiten Hälfte des 19. Jahrhunderts wurden die Ereignisse sehr nüchtern, dokumentarisch beschrieben[13], und es bleibt dem Leser überlassen, die politischen Antworten selbst zu finden. Die Geschichtsschreibung in unserer Zeit verengt diesen Abschnitt auf 1648 bis 1667 und die *Kriege der blutigen Sintflut*, wie sie in der polnischen Geschichtsschreibung genannt werden. Die bedrückenden Grausamkeiten und die wahllose Ermordung der vielen Menschen werden als wesentliche Ereignisse dieser Kriege, insbesondere des Schwedisch-Polnischen Krieges, herausgearbeitet, aber der Frage, wann und wie diese Haßpotentiale aufgestaut wurden, bevor sie in den Kriegen zur Entladung kamen, wird nicht mehr nachgegangen, so daß sich der Leser sein Urteil nur auf dieser gefühlsbetonten Ebene bilden kann.[8]

Während Polen mehr und mehr in die Abhängigkeit seiner Nachbarn geriet und deutliche Auflösungserscheinungen erkennen ließ, erreichte Schweden unter Karl X. Gustav den Höhepunkt seiner territorialen Ausdehnung und seiner politischen Macht. Der Schwedenkönig war wahrscheinlich auch der erste, der Überlegungen anstellte, die Adelsrepublik Polen als souveränen Staat gänzlich aufzulösen. Keine schriftlichen Zeugnisse verraten uns, welche Gründe ihn zu diesen Überlegungen veranlaßt haben, aber die traumatischen Erfahrungen, die die Schweden mit ihrem polnischen König Sigismund III. gemacht haben, könnten aus dem Unterbewußtsein noch immer nachgewirkt haben.

Einige Jahre später hatte Rußlands Zar während des Russisch-Polnischen Krieges die gleichen Gedanken, wenn auch bereits konkreter. Damals widersetzte sich der Wiener Hof. Wie sehr Johann Kasimir vor seiner Abdankung von solchen Befürchtungen um sein Land geplagt wurde, hat er uns ahnend überliefert: »Gebe Gott, daß ich ein falscher Prophet bin, aber ich meine, der Moskowiter werde Litauen, der Brandenburger Großpolen und Preußen und Österreich wird Krakau und die angrenzenden Länder nehmen.«

Der Zerfall des polnischen Reiches von Sigismund III. bis Johann Kasimir ist aus heutiger Sicht deshalb so bemerkenswert, weil sich zur gleichen Zeit Mitteleuropa im Dreißigjährigen Krieg ausblutete und Rußland überhaupt noch kein politischer Machtfaktor war. Ein in diesem geschichtlichen Abschnitt einiges und mächtiges Polen hätte wohl die danach nicht mehr wiederkehrende Chance gehabt, den ganzen Ostraum unter seine Kontrolle zu bringen und Moskau und Kiew von Warschau aus zu beherrschen. Die Landkarte Europas würde sich gänzlich anders gestaltet haben. Doch während im Westen die Heere aufeinander einschlugen, führte Polen im eigenen Staat einen gegenreformatorischen Religionskrieg. Die protestantischen und calvinistischen Ketzer wurden bekämpft. Das allein hat den Staat noch nicht gefährdet. Verhängnisvoller für die innenpolitische Polarisierung des Staates war die Unterdrückung und Entmachtung des litauischen Adels. Besonders folgenreich entwickelte sich der Glaubensfeldzug gegen die Orthodox-Gläubigen im Osten des Reiches und in der Ukraine. Dort wurde die Auflösungslawine losgetreten, als die Kosaken des Hetman Bogdan Chmelnycky Hilfe beim russischen Zaren gegen die polnischen Glaubenskrieger suchten und sich unter seinen Schutz stellten.[14] Dieser Glaubenskrieg, den die Adelsparteien aus selbstsüchtigen Motiven untereinander ausfochten, wurde zur härtesten Hypothek während der Zerfallszeit des polnischen Reiches, obwohl doch alle Voraussetzungen gegeben waren, wenn nicht zu noch größerer Macht zu gelangen, so doch wenigstens die eigene Position unter den europäischen Großmächten zu festigen.

Johann Kasimirs Nachfolger Michael Viesnoviecki konnte sich bei der Königswahl zwar gegen seinen Konkurrenten, den Herzog von Condé d'Enghie, durchsetzen, aber die verhängnisvolle Entwicklung im Lande war nicht mehr aufzuhalten. Während sich die Parteien in bürgerkriegsähnlichen Auseinandersetzungen befehdeten, okkupierten die Türken zwischen 1668 und 1674 Podolien, die Ukraine und die Grenzfeste Kamieniek.

1674 bestieg Johann Sobieski den polnischen Königsthron. Als Feldherr im Kampf gegen die nach Norden vordringenden Türken hat er sich weit über sein Land hinausgehenden Ruhm erworben. Mit dem Sieg über die Türken 1683 in der Schlacht am Kahlenberg vor den Toren Wiens, den er gemeinsam mit dem Herzog Karl von Lothringen errungen hat, hat er sich in das europäische Geschichtsbuch eingetragen. Seinem eigenen Land konnte er in den zweiundzwanzig Jahren seiner Regierungszeit den inneren Frieden nicht geben. Gegen die nicht endenden Streitigkeiten und Machtkämpfe im Lande war er machtlos.

Mit großen Mengen an Bestechungsgeldern vom kursächsischen Herrscherhaus gekauft, aber auch vom Haus Habsburg politisch unterstützt, wurde der Wettiner Kurfürst August II. »der Starke« am 15. September 1697 vom polnischen Reichstag zum König von Polen gewählt. Der Protestant mußte zuvor seinen Glauben wechseln und zum Katholizismus konvertieren. Die polnische Aristokratie versprach sich vom reichen Kurfürstentum Sachsen kräftigen finanziellen Nutzen, erwartete aber auch eine Neubegründung der Machtstellung Polens. Österreichs Politik wollte mit diesem König-Kurfürsten außerhalb des Reichsgebietes nicht nur Einfluß auf dieses ständig unruhige Land gewinnen, es brauchte ihn auch als kämpferischen Bundesgenossen gegen Schweden und dessen König Karl XII.

Die Königswahl erwies sich für die Polen für die nächsten fünfzig Jahre als eine unheilträchtige Entscheidung. Aber zunächst einmal griff August an der Seite Zar Peters des Großen in den Nordischen Krieg gegen Schweden ein, wie das der polnische Adel von ihm erwartet hatte. Der Schwedenkönig Karl XII. war aber der weitaus bessere Heerführer. In Narwa fügte er der russischen Armee mitsamt den polnischen Verbänden eine vernichtende Niederlage zu und trieb die polnischen Soldaten durch Kurland und ganz Polen bis nach Schlesien und Sachsen. August »der Starke« floh erst aus Warschau und dann aus Dresden. Karl XII. setzte ihn als König von Polen ab und ließ den Woiwoden von Posen, Stanislaus Lesczcyński, 1704 vom Reichstag zum König wählen. 1706, im Frieden von Altranstädt mußte der sächsische Kurfürst zugunsten von Stanislaus Leszczyński auf die polnische Königskrone verzichten. Drei Jahre später hatten sich die schwedischen Truppen im Kriege abgenutzt, andererseits war die russische Armee inzwischen reorganisiert worden. Erneut begann der Krieg und endete mit der Schlacht von Poltawa. Diesmal erlitt die schwedische Armee eine vernichtende Niederlage. Der Schwedenkönig floh zu den Türken, und auch Stanislaus mußte sein Heil in der Flucht suchen. Von Warschau über Danzig kam er als Flüchtling nach Schweden und wurde von dort nach Frankreich abgeschoben. In Straßburg fand er mit seiner Familie eine bescheidene Unterkunft. In Warschau setzte Peter der Große die Krone Polens August II. »dem Starken« zum zweitenmal aufs Haupt. Es erwies sich als Danaergeschenk, wie die weitere Geschichte zeigen sollte, denn von nun an war Polen bis zu seinem Ende vom russischen Zaren abhängig. Während Augusts Regierungszeit wurde 1724 in Warschau das grausame Todesurteil gegen Thorner Bürgermeister und Ratsherrn gefällt, die zum lutherischen oder calvinistischen Glauben standen. Es ging als Thorner Blutgericht in die Geschichte ein und stigmatisierte das katholische Polen wegen seiner religiösen Intoleranz.

Nachdem August II. 1733 gestorben war, kam Stanislaus Leszczyński, inzwischen Schwiegervater des französischen Königs, noch einmal nach Polen zurück und ließ sich, großzügig von Frankreich unterstützt, vom polnischen Reichstag zum König wählen. Die Landboten gaben ihm sechzigtausend Stimmen, während der Gegenkandidat, Kurfürst August von Sachsen, nur viertausend Stimmen auf sich vereinen konnte. Diese Wahl war aber ganz und gar nicht im Sinne Rußlands und Österreichs. Beide Länder ließen ihre Truppen ins Land einmarschieren, und Schmiergelder leisteten ihren Beitrag, um den polnischen Reichstag bei einer Wiederholung der Königswahl auf August III. umzustimmen und einzuschwören. Stanislaus wurde zugestanden, in Frankreich weiterhin als ›Titularkönig von Polen‹ zu leben. Doch schon bald darauf wurde er in Frankreich ein regierender Fürst und Herzog von Lothringen.

Der Polenkönig August III. blieb dreißig Jahre lang bis zu seinem Tode am 5. Oktober 1763 in diesem Amt. Wenn ihn der Siebenjährige Krieg nicht gezwungen hätte, aus Dresden nach Warschau zu fliehen, wäre er vermutlich niemals in dieses Land gereist, um wenigstens dessen Bewohner kennenzulernen. Nachdem er aber einmal nach Warschau gekommen war, kehrte er nicht wieder nach Dresden zurück und wurde auch gleich dort begraben. Seine Regierungszeit ging, ohne Spuren zu hinterlassen, an Polen vorüber. Der Graf Brühl besorgte dort, wie auch in Dresden, die Regierungsgeschäfte. Weitere Ländereien hat Polen in dieser Zeit an seine Nachbarn nicht verloren. Das war aber kein Verdienst des Königs, sondern die Folge anderer Konflikte, und dann war Polen sowieso teilweise von russischen Truppen besetzt und das ganze Land unter der Kontrolle der Zarin Elisabeth II. Obwohl also Polen im Windschatten der anderen ohne aufregende Ereignisse dahinzusegeln schien, hatten die Jahre von 1762 bis 1764 doch Folgen mit Langzeitwirkung:

1762 starb Zarin Elisabeth, und Katharina II. kam auf den

Zarenthron. 1763 starb August III. von Polen, und Friedrich II. von Preußen beendete den Dritten Schlesischen Krieg für sein Land erfolgreich.

1764 wurde Stanislaus II. August Poniatowsky König von Polen.

Bis zum Ende der Regierungszeit der sächsischen Kurfürsten in Warschau mußte das Land dank des Schutzes durch dritte Mächte nicht um seine Existenz fürchten, und seine Bürger, insbesondere der Adel, genossen mit Blick auf Versailles die Freuden des Lebens.

Ein von der Führung angestrebtes Staatsziel ist für Polen in diesem Stadium nicht mehr erkennbar. Die Adelsherrschaft, im wesentlichen gespalten in zwei sich heftig bekämpfende Gruppierungen, trachtete nach dem größten individuellen Freiraum für sich selbst und suchte den materiellen Vorteil. Peter der Große hat die politischen Möglichkeiten wohl sehr zutreffend in seinem politischen Testament eingeschätzt: »Polen teilen, indem man die Wirren und ständigen Eifersuchten schürt und hineinträgt, weil der Besitz eines Stückes Polens Rußland an Europa annähert.« Die Zarin Katharina II. hat dieses Testament bedachtsam und konsequent vollstreckt.

Österreich

Das Haus Habsburg fand sich in Deutschland und in Europa in einer grundlegend veränderten Situation wieder, als der Dreißigjährige Krieg zu Ende war. Das Heilige Römische Reich Deutscher Nation mit dem von den Kurfürsten gewählten deutschen Kaiser als höchste Reichsinstanz blieb formal noch erhalten. Der Wittelsbacher aus Bayern hatte die achte Kurfürstenwürde erlangt, und alle Kurfürsten gemeinsam hatten sich die absolute Unabhängigkeit ihrer Kurwürde garantieren lassen. Macht und Unabhängigkeit des Reichstages zu Regensburg waren gewachsen, und er gebot nun über Krieg und Frieden, über das Heer und die Steuern des Reiches. Der Kaiser war der Träger eines Titels; trotzdem besaß er aber im Konvent der Fürsten eine herausragende Machtstellung, denn er konnte sich auf die Habsburger Dynastie und den großen Landbesitz der Habsburger stützen.

Der westfälische Friedensschluß im Jahre 1648 brachte die endgültige Teilung Deutschlands in den Corpus Catholicorum, den vorwiegend katholischen Teil, und den Corpus Evangelicorum, die andere, evangelische Hälfte. Der Versuch Österreichs, die religiöse Einheit des Reiches wiederherzustellen, war gescheitert.

Frankreichs Kardinal Richelieu (1585–1642) und sein König Ludwig XIII. hatten sich den Plan des Kardinals Berullé, ein katholisches Christentum von einer Liga katholischer Staaten unter der Vormacht Frankreichs zu schaffen, politisch zu eigen gemacht und französisch-nationalistisch modifiziert. Dieser Idee folgend, waren in diesem Religionskrieg nicht die protestantischen Staaten seine Gegner, sondern Österreich, das er zum höheren Ruhme Frankreichs zu vernichten trachtete oder aber wenigstens stark beschädigen wollte. So verstand es sich, daß das katholische Frankreich auf seiten der protestantischen Kriegspartei zu finden war, als auf dem Staatsgebiet des Kaiserreiches die Armeen aufeinander einschlugen. Als der Krieg schließlich zu Ende war, hatten die Habsburger Ferdinand III. (1637–1657) und Leopold I. (1658–1705) zwar noch die Kaiserwürde, aber keine gesamtstaatliche Macht mehr über die Fürsten.[15] James Bryce[16] beschrieb die Lage in Europa so: »Die westfälische Entscheidung fiel durch die Schwächung des Kaisertums und die Begünstigung der ständestaatlichen Entwicklung zugunsten der europäischen Staaten (Frankreich und Schweden) aus«, trotzdem »erhielt sich die kaiserliche Autorität, weil niemand erschien, sie zu stürzen. Wir müssen uns ferner von den einseitig positivistisch-machtstaatlich orientierten Wert- und Urteilsmaßstäben geschichtlicher Vorgänge lösen, um die historische Realität des Reiches besser begreifen zu können. Wenn Schutz und Schirm eine der vornehmsten Aufgaben spätmittelalterlich-frühmoderner Herrscher war, so ist diese Pflicht vom Kaiser stets bejaht, wenn auch nicht immer erfüllt worden.«

Bei realistischer Einschätzung ihrer Möglichkeiten konnten die Habsburger nach 1648 nichts anderes tun, als Macht und Einfluß in dem von ihnen beherrschten Österreich zu festigen und den Landbesitz nach Möglichkeit zu mehren.

Die Konfrontation mit dem Herrschaftsanspruch Frankreichs und dessen König Ludwig XIV. erscheint uns rückblickend als unvermeidlich[17], und es kam ja auch sehr bald nach dem Vorgeplänkel in den drei Erbfolgekriegen im Spanischen Erbfolgekrieg zur Entladung des europäischen Spannungsfeldes. Daß Ludwig XIV. zunächst versuchte, in dem Krieg gegen Spanien (1667–1668), dann dem gegen Holland (1672–1678) und schließlich dem gegen die Pfalz (1688–1697) sein Staatsgebiet zu vergrößern, scheint der von Richelieu nationalpolitisch umgedeuteten Grundidee von Berullé mit dogmatischer Konsequenz zu folgen, wenn auch mit der Ludwigschen Variante, daß Gebiete, in denen vorrangig Französisch gesprochen wurde, auch dem Königreich eingegliedert werden müßten. Um dabei von den Habsburgern nicht gestört oder behindert zu werden, schürte er mit allen diplomatischen Mitteln den Konflikt zwischen der Türkei und Österreich auf dem Balkan. In dieser Zeit konnte er widerstandslos Straßburg (1681) in Besitz nehmen.

Österreich ist in diesen Türkenkriegen nicht, wie erhofft, geschwächt worden. Im Frieden von Karlowitz (1699) mußte Mohammed IV. Ungarn, Siebenbürgen und Teile von Slowenien und Kroatien an Österreich abtreten. Im Krieg gegen die Republik Venedig verloren die Türken im Frieden von Passarowitz auch Belgrad und den größten Teil Serbiens an Österreich. Unverkennbar ist die Schwerpunktverlagerung und Balkanisierung Habsburgs. Obwohl also Österreich erfolgreich war, hat die französische Politik trotzdem ihr Ziel erreicht, Österreich ein Stück weiter aus Europas Mitte zu verdrängen.

Als um die Wende vom 17. in das 18. Jahrhundert der Thronwechsel in Spanien akut wurde, ging es für die französische Politik entsprechend ihrer Staatsphilosophie darum, die Habsburger aus Spanien zu verdrängen. Für diese so wichtige Sache für sein Vormachtstreben kämpfte Ludwig

XIV. mit allen Mitteln der Diplomatie einschließlich der Diffamierung und der Negierung des Teilungsvertrages, der von ihm selbst mit den anderen Monarchen ausgehandelt worden war.

Als König Karl II. von Spanien am 3. Oktober 1700 kinderlos starb, konnte die Thronfolge sowohl nach dem letzten Testament des Königs als auch nach dem zwischen Frankreich, Österreich, Holland und England abgeschlossenen Teilungsvertrag geregelt werden. Der Unterschied war fundamental, denn es stand die Frage an, zu entscheiden, ob Spanien künftig von Bourbonen oder von Habsburgern regiert werden sollte. Wie ungeniert Ludwig XIV. seinen Neffen Philipp als König von Spanien ausrief, wurde bereits vorher berichtet. Der daraufhin folgende Spanische Erbfolgekrieg hatte für Frankreich nur das eine Ziel, die Hegemonie über Mittel- und Westeuropa zu erringen. Das muß für Frankreichs Könige eine wahrhaft prickelnde Staatsidee gewesen sein, die einhundert Jahre später unter Napoleon ihren Machthöhepunkt erreichte. In Spanien schien sich der Krieg aber zunächst für Frankreich zu einem Desaster zu entwickeln. Österreich hatte den Reichskrieg erklärt, und seine vereinigten Heere brachten der französisch-bayerischen Armee empfindliche Niederlagen bei. Erzherzog Karl, der zweite Sohn des österreichischen Kaisers Leopold I., wurde 1703 als Karl III. zum spanischen König gekrönt, und nur der schicksalhaft frühe und unerwartete Tod des österreichischen Kaisers Joseph I. (1705–1711) brachte für Ludwig XIV. die günstige Wende dieses Krieges. England widersetzte sich der plötzlichen Machtfülle, die Karl III. als Thronfolger auf dem deutschen Kaiserthron bekommen sollte. Mit dem Frieden von Utrecht und Rastatt wurde der Spanische Erbfolgekrieg 1714 beendet. Frankreich verlor keine früheren Eroberungen an seine Kriegsgegner, und der Bourbone Philipp von Anjou kehrte nunmehr endgültig als Philipp V. von Spanien nach Madrid zurück. Nur Österreich wurde in diesem Friedensschluß für seine Kriegslasten von Spanien mit Mailand, Toskana, Sardinien, dem Königreich Neapel und den spanischen Niederlanden entschädigt.

In Österreich war dem Kaiser Leopold I. zunächst Joseph I. (1705–1711) und dann dessen Bruder Karl VI. (1711–1740) auf dem Habsburger Thron gefolgt. Dieser hatte im Vertrag von Rastatt auf seinen Anspruch auf die spanische Krone verzichtet, aber fortan lebte er in einem inneren Konflikt, der ihn Spanien nicht vergessen ließ. Andererseits wollte aber auch Philipp V. von Spanien die ehemals spanischen Besitzungen in Italien, also Neapel, Sizilien, Sardinien und Mailand, nicht für immer verloren geben. Der politische Himmel über Europa war nach der friedensvertraglichen Bereinigung explosionsgeladen. In dieser kriegsbereiten Situation fühlten sich Frankreich und England mehr von Österreich bedroht, das mit dem Erwerb der spanischen Niederlande sich anschickte, auch eine Seemacht zu werden. Dieser Traum ließ sich aber nur sechs Jahre, von 1715 bis 1731, träumen, dann mußte sich Österreich im Vertrag von Wien gegenüber England und Frankreich verpflichten, die Schiffahrtsgesellschaft von Ostende wieder aufzulösen. Nachdem diese Politik, der kontinentalen Machtstellung auch eine einflußreiche Seemachtstellung zur Seite zu stellen, von den Habsburgern nicht durchsetzbar war, wandte sich Wien wieder ganz den kontinental-imperialistischen Zielen zu. Als Karl VI. am 20. Oktober 1740 starb, war auch eine wichtige Phase des politischen Übergangs von der gesamtdeutschen Herrschaftsstruktur des Kaiserhauses und des »Heiligen Römischen Reiches Deutscher Nation« hin zur Hausmacht der Habsburger in österreichischen Staatslanden abgeschlossen. Österreich war in Europa eine Großmacht. Für die fremden Staaten unverkennbar war aber auch, daß das dynastische Band, das die Reichsländer, also einen Vielvölkerstaat, zusammenhielt, viele und sehr empfindliche Bruchstellen besaß. So ist wohl festzustellen, daß sich in den zurückliegenden neunzig Jahren nach dem Dreißigjährigen Krieg das Haus Habsburg mit gutem Erfolg aus dem Nachlaß des Krieges als österreichisch-habsburgische Großmacht herausgeschält hat. Diese Staatsstruktur gründete sich nicht auf ein überwiegend einheitliches, völkisches Fundament mit gemeinsamer Sprache, Kultur und Religion. Es war letztlich die nach innen ausgeübte, den Bewohnern des Habsburger Reiches zugewandte tolerante Regierungskunst, die dieses Territorium zusammenhielt.

Kaiser Karl VI. hatte keinen männlichen Thronerben, sein früh verstorbener Bruder Joseph I. ebenfalls nicht. Damit erlosch die männliche Linie der Habsburger. Zur Regelung der Nachfolge durch seine Tochter Maria Theresia ersetzte Karl den 1703 von seinem Bruder geschaffenen geheimen Familienkontrakt, den Pactum mutuae Successionis, durch die Pragmatische Sanktion von 1713.

Der Pactum mutuae Successionis verfügte den absoluten Vorrang des leopoldinischen (Leopold I.) Mannesstammes vor dem karolinischen (Karl VI.) in der Thronfolge, sowohl in Deutschland als auch in Spanien. Sollten beide Männerstämme aussterben, würden die gesamten habsburgischen Lande an den josephinischen Weiberstamm fallen, also an die Töchter Kaiser Josephs I. Diese Erbfolge hätte nach dem Pactum mutual Successionis. mit dem Tode Kaiser Karls VI. – er hatte keine männlichen Nachkommen – wirksam werden müssen. Um seiner eigenen Tochter Maria Theresia aber dennoch die Thronfolge zu sichern, änderte er mit der Pragmatischen Sanktion, die er 1724 gleichzeitig für das Haus Habsburg zum *Grundgesetz der Unteilbarkeit habsburgischer Lande* erklärte, die Erbfolge für seine Tochter. Die Fürstenhäuser des Deutschen Reiches waren bereit, diese Pragmatische Sanktion anzuerkennen; nur Bayern und Sachsen widersetzten sich. Der bayerische Kurfürst Karl (VII.) Albrecht machte Ansprüche geltend, die sich auf das bald zweihundert Jahre zurückliegende Testamentskodizill (1547) von Kaiser Ferdinand I. beriefen. Der Kurfürst August III. von Sachsen hatte die älteste Tochter – und nach dem Pactum mutuae Successionis die Thronerbin – Kaiser Josephs I. geheiratet. Sie wurde durch die Nachfolgeregelung in der Pragmatischen Sanktion enterbt. Die Konfliktsituation war gegeben, und der nächste Erbfolgekrieg nach dem Tode Karls VI. vorhersehbar. Die europäischen Herrscherhäuser konnten sich frühzeitig darauf einstellen und sich überlegen, welche politischen Ziele für sie erreichbar oder durchsetzbar sein konnten, wenn ihnen dieser bevorstehende Krieg dafür den willkommenen Anlaß bieten würde.

Maria Theresia war gerade dreiundzwanzig Jahre alt, als sie am 20. Oktober 1740 den Habsburger Thron bestieg. Seit vier Jahren war sie mit Franz von Lothringen verheiratet. Die zuvor von Kaiser Karl VI. mühsam und mit vielen Konzessionen an die deutschen Fürsten ausgehandelte Pragmatische Sanktion wurde von Bayern, Sachsen, Mainz und Frankreich nicht anerkannt, und die junge Kaiserin sah sich einer machthungrigen Kriegsallianz gegenüber. Der Wittelsbacher Kurfürst Karl Albrecht wollte die ganze Macht des deutschen Kaisers und wurde in der Zeit, als der Krieg günstig für ihn verlief, auch von 1742 bis 1745 von seinen Bundesgenossen zum Kaiser gewählt. Sachsens Kurfürst und Polenkönig August III. kämpfte auf seiner Seite. Der Machtwille dieses Fürsten, der lieber geruhsam, lustvoll und den schönen Künsten zugewandt lebte, war aber nicht stark genug entwickelt, um sich mit allen Kräften an diesem Krieg zu beteiligen.

Für Maria Theresia sehr viel bedrohlicher war der Kriegsgegner Spanien. Philipp V. hatte im Frieden von Utrecht die italienischen Besitzungen nur widerstrebend an Österreich abgetreten. Nun sah er mit dem Österreichischen Erbfolgekrieg seine Chance gekommen, sich diese Gebiete zurückzuholen.

Kur-Köln stand stark unter französischem Einfluß, ebenfalls Schweden, und beide schlossen sich wie selbstverständlich der Kriegsallianz an. Das Königreich Neapel wollte auch lieber zu Spanien gehören, und Frankreich leistete seinen Beitrag zunächst als Waffengefährte des Bayern, ohne aber Österreich den Krieg erklärt zu haben. Ludwig XV. sah seine Chance – und darin ermutigte ihn sein General Belle-Isle –, das österreichische Imperium zu zerstören.

Ein stiller Parteigänger dieser Allianz war sicher auch Friedrich II. Die heraufziehende Konfliktsituation war ihm so geläufig wie allen anderen Fürstenhöfen auch, und so wird er sich seine Gedanken gemacht haben, wie diese politische Lage für Preußen genutzt werden könnte, und da stand der Erwerb von Schlesien ganz vorne auf der Liste politischer Zielsetzungen. Bei der Begründung hohenzollernscher Ansprüche konnte man sich in Berlin auf mindestens so fundierte, alte Dokumente stützen wie die Bayern bei ihrem Anspruch auf das gesamte habsburgische Erbe.

Maria Theresia konnte sich auf Rußland sowie England und die Niederlande, die Generalstaaten, stützen. Diese Bundesgenossen hatten aber höchst eigene Interessen. Nachdem Ludwig XV. in neu gewonnenem Machtgefühl den Bund der Seemächte mit England aufgekündigt hatte, der sich fünfundzwanzig Jahre so gütlich und friedenserhaltend ausgewirkt hatte, war Frankreich für England und seine weltweite Kolonialpolitik der potentielle Gegner, bei jeder sich bietenden Gelegenheit einen Krieg zu beginnen. Die Niederlande suchten Schutz bei den Engländern vor den Aggressionen und dem Expansionsdrang Frankreichs gegen ihr Land. Und Rußland war nicht verborgen geblieben, daß hinter seinem natürlichen Feind, der Türkei, die französische Diplomatie ihre Aktivitäten entfaltete und zu kriegerischen Aktionen ermunterte.

Der Preußenkönig eröffnete das Kriegsinferno zwei Monate nach dem Tode Karls VI. und verteidigte die Annexion Schlesiens in zwei weiteren Kriegen gegen Österreich. In der gleichen Zeit mußte Maria Theresia ihren Anspruch auf das Habsburger Erbe im Österreichischen Erbfolgekrieg durchsetzen. Das Schlachtenglück wechselte, neigte sich jedoch nach den Anfangserfolgen der Bayern mehr den österreichischen Streitkräften zu, nachdem die Ungarn Maria Theresia die Stephanskrone aufs Haupt gesetzt und sich zu tatkräftigem Beistand verpflichtet hatten. Am 18. Oktober 1748 war der Krieg mit dem Aachener Frieden zu Ende. Österreich hatte zum Schluß die *stärkeren Bataillone,* aber da die Bundesgenossen England und Rußland immer um das Machtgleichgewicht bemüht waren, nahm deren Zuverlässigkeit in dem Maße ab, wie Österreich stärker wurde. So kam dieser für Österreich günstige Friedensschluß zustande. Maria Theresia durfte sich als die Siegerin fühlen. Der bittere Wermutstropfen waren die Niederlagen ihrer Armeen gegen den Preußenkönig. Auf dem Thron der Habsburger hatte sie sich behauptet. Die Pragmatische Sanktion wurde von allen Kriegsparteien anerkannt. Ihr Mann war 1745 vom Reichstag zum deutschen Kaiser gewählt worden. Frankreich mußte die im Krieg besetzten Generalstaaten wieder räumen und an Österreich zurückgeben, und abtreten mußte sie nur die wenig bedeutenden Herzogtümer Parma und Piacenza in Oberitalien. Das konnte sie leicht verschmerzen. Vorteile brachte der Krieg auch für England. Frankreich wurde im Kampf um die koloniale und maritime Vorherrschaft gehörig geschwächt und mußte die Erbfolge des Hauses Hannover anerkennen und garantieren. Damit war Ludwig XV. die Möglichkeit genommen, mit dem in Frankreich asylierten englischen König Jakob II. weiterhin gegen England Politik zu machen.

Die beiden verlorenen Kriege um den Besitz von Schlesien schmerzten Maria Theresias Stolz und plagten ihre Eitelkeit nach dem Hochgefühl, den Erbfolgekrieg gegen eine fast übermächtige Allianz relativ siegreich durchgestanden zu haben. An ihrem frisch gewonnenen Selbstvertrauen nagten Haß und Rachegefühle auf den »Baron von Potsdam«, und so fügte es sich, daß sie im Grafen Kaunitz genau den Mann fand, der es verstand, den Zorn seiner Herrscherin politisch umzusetzen. Der Aachener Friede wurde deshalb nicht viel mehr als eine notwendige Kampfpause der vom Krieg erschöpften Parteien.

Nach der erfolgreich bestandenen Machtprobe fühlten sich Österreich, Maria Theresia und mit ihr der Wiener Hof seelisch gestärkt, und der agile Kanzler Kaunitz konnten unverzüglich beginnen, in geheimer Diplomatie Pläne für Allianzen gegen Preußen zu schmieden. Seine politisch-strategische Idee war es, einen kontinentalen Block zu bilden, der sich auf Frankreich und Rußland stützen, aber von Österreich geführt werden sollte. Des traditionellen Beistands Englands glaubte er sich in seinem Konzept sicher. Es sollte ein feingesponnenes Netz über den gefährlichen Gegner geworfen, das Land von allen Seiten eingeschlossen werden, um dann zum richtigen Zeitpunkt gemeinsam über den Preußenkönig herzufallen. Das Kriegsziel sollte für ihn und seine Kaiserin der totale Sieg sein. Der Hohenzollernkönig sollte verjagt, Brandenburg-Preußen zerstückelt und aufgeteilt und natürlich Schlesien wieder zurückerobert werden.

Wie so vieles dieses inzwischen in den Fürstenstand erhobenen Kanzlers Kaunitz war das politische Konzept vielleicht zu intelligent, zumindest aber so raffiniert ausgeklügelt, daß sein Schöpfer in sich überschätzender Eitelkeit verkannte, daß jeder seiner Wunsch-Bundesgenossen genauso selbstsüchtige nationale Ziele in einer solchen Kriegsallianz verfolgen würde, wie Österreich es beabsichtigte.

Rußlands Zarin Elisabeth stand zwar im Österreichischen Erbfolgekrieg als verläßlicher Partner zu Österreich, aber die völlige nationale Auflösung des preußischen Staates konnte nicht die interessenverbindende Gemeinsamkeit sein. Elisabeth wollte das Osmanenreich auf dem Balkan und vom Schwarzen Meer verdrängen. Polen war bereits unter Kontrolle und kein Kriegsgrund mehr; aber von Norden wurde das noch immer mächtige Schweden als Bedrohung empfunden und mußte als Großmacht ausgeschaltet werden. Alle diese Ziele standen in Übereinstimmung mit dem Politischen Testament von Peter dem Großen, und die vier Zarinnen von 1725 bis 1796 richteten ihr politisches Handeln danach.

Georg II., Englands König und Kurfürst von Hannover, stützte zwar die Kontinentalmacht Österreich, aber schließlich nur, um Frankreich auf dem Kontinent zu beschäftigen und militärisch zu binden. Als Seemacht und in den überseeischen Kolonien war es so am mühelosesten zu verdrängen. Für dieses Vorhaben rüstete man zunächst einmal seine Kriegsflotte auf, um für den Waffengang vorbereitet zu sein.

Ludwig XV. war von Mentalität, Gefühl und Lebenseinstellung her des Kämpfens eher überdrüssig. Unter dem Einfluß seiner Mätresse Madame de Pompadour tat er im Lande alles für seinen Ruf, ein Monarch zu sein, der mit Leidenschaft für den Erhalt des Friedens eintrat. Als Beweis seines Friedenswillens gab er im Aachener Frieden mehr preis, als die Kriegsgegner von ihm forderten. Nur sehr langsam und gegen Widerstände konnte der Kriegsminister die Armee modernisieren und Infanterie und Artillerie nach fortschrittlichen Erkenntnissen reorganisieren. So einfache Dinge wie einheitliche Uniformen für die Truppeneinheiten konnte er nur nach mühsamen Auseinandersetzungen um die dafür erforderlichen Gelder einführen. Als der Siebenjährige Krieg verheerend über Europa hereinbrach, war Frankreichs Armee auf diesen Waffengang überhaupt nicht vorbereitet.

Diese kurze Analyse politischer Zielsetzungen der Bündnispartner Österreichs erlaubt uns zu beurteilen, wie sehr Fürst Kaunitz mit seiner kriegsvorbereitenden Diplomatie und Politik in seinen Illusionen und seiner Selbstüberschätzung gefangen war. Allein sein Plan, England und Frankreich als Bündnispartner zu gemeinsamem Handeln gegen Preußen zusammenzubringen, entbehrte jeder Realität und läßt sein Unverständnis für die wirkliche Interessenlage der Großmächte in seiner Zeit erkennen.

Trotzdem kündigten diese Aktivitäten Gefahren an, und dem aufmerksamen und immer gut unterrichteten Preußenkönig blieb der geschäftige Eifer des Wiener Hofes nicht verborgen. Der geplante Würgegriff beunruhigte ihn und veranlaßte ihn zu der Bemerkung, alle Gegner zusammen in offener Feldschlacht würde er nicht fürchten, aber von allen Seiten gleichzeitig angegriffen, fühlte er sich chancenlos. Daß er sich auf den Beginn dieses Krieges vorbereitet hat, wissen wir heute, und seine Gegner haben es am ersten Kriegstag erfahren. Hätte er sich von den Österreichern überrumpeln lassen, wäre er als blauäugiger, leichtfertiger und verantwortungsloser König in die Geschichte eingegangen.

Als die Mitte des 18. Jahrhunderts überschritten war, muß Europa einen aufregenden politischen Wetterhorizont geboten haben. Gefahrdrohend und gewitterschwer ballten sich die Wolken immer dunkler zusammen, und ein kaltes Wetterleuchten mit grollendem Donner aus der Ferne begleitete die diplomatischen Aktivitäten und Intrigen.

Zwanzig Jahre später hatten sich die Gewitter im westlichen Teil Europas entladen. In den betroffenen Staaten blieben große Verwüstungen bei den Menschen, den Sachwerten und in der Wirtschaft zurück. Unbeschädigt blieben nur England und Rußland. Maria Theresia hatte keines ihrer Kriegsziele erreicht. Schlesien und Glatz waren für Habsburg endgültig verloren. Der dynastische Traum, die Habsburger Länder zu mehren, konnte nur noch an der Adriaküste und auf dem Balkan verwirklicht werden. Dort hatte Österreich das brüchig werdende Osmanische Reich zum Gegner und traf sich hier auch mit den gleichgerichteten Interessen Rußlands. Aber auch im Osten boten sich dem österreichisch-ungarischen Kaiserreich Möglichkeiten, das Territorium zu vergrößern. Der innenpolitische Zerfall der polnischen Adelsrepublik war zwar zunächst noch kein Anreiz für österreichische Expansionspolitik, solange man selbst die türkische Seite gegen Rußland unterstützte und Polen auch von außen in Uneinigkeit gehalten werden konnte. Erst als auch diese Politstrategie brüchtig wurde, standen Kaiserin und Staatskanzler vor der selbsterrichteten Barriere, sich mit dem vielgehaßten Preußenkönig verständigen zu müssen.

Osmanenreich

Nach dem Sieg über die Kreuzritterheere war die Türkei zur beherrschenden Macht in Vorderasien aufgestiegen. Zu Beginn des 13. Jahrhunderts fielen die Mongolen Dschingis-Khans in das Osmanische Reich ein, und erst zum Ende des Jahrhunderts war es gelungen, sie wieder in die asiatische Steppe zu vertreiben. Der Sieg über die Steppenvölker belebte aber den Eroberungsdrang der Türken so sehr, daß sie nun von Kleinasien nach Europa hinüberzugreifen begannen. Sultan Osman (1288–1326), genannt der »Beinbrecher«, rückte mit seinen kämpferischen Janitscharen gegen das griechische Byzanz vor. Sein Angriff wurde aber zunächst unterbrochen, weil die Mongolen unter Timur Lenk um die Wende zum 15. Jahrhundert noch einmal in die Türkei einfielen. Byzanz und seine Verbündeten bekamen ein halbes Jahrhundert Atempause, die sie aber für die Organisation eines schlagkräftigen Heeres nicht genutzt haben, um auf einen erneuten Angriff der Türken vorbereitet zu sein. So gab es beim zweiten Angriff der Türken auf Byzanz keinen kraftvollen Widerstand, und ohne allzu große Anstrengungen nahmen sie 1453 die Hauptstadt Konstantinopel in Besitz. Der Sultan machte die Stadt am Bosporus zu seinem Regierungssitz, und von dort aus schoben die Türken durch ständige Kriege ihre Landesgrenze auf dem Balkan und in der Ukraine weiter nach Norden und nach Osten. Erst 1683 kam diese Eroberungswelle vor Wien zum Stillstand, als sie mit der Schlacht am Kahlen Berge die entscheidende Niederlage hinnehmen mußten, die auch den Wendepunkt der osmanischen Expansionspolitik markierte. Im Zenit ihrer Macht erstreckte sich dieses riesige Reich rund um das Schwarze Meer. Von der Donez-Mündung und Asow verlief die Landesgrenze nach Westen an den Dnjestr, schloß die Fürstentümer Moldau und Siebenbürgen und fast das gesamte Königreich Ungarn ein und erreichte die Adriaküste beim heutigen Triest. Dieser Staat auf europäischem Boden wurde von einer rigorosen theologischen Staatsidee getragen, verzehrte sich aber am Höhepunkt der Macht und seiner territorialen Ausdehnung an seinen inneren Spannungen. Während dieses Osmanische Reich zerfiel, begann der Aufstieg Rußlands unter Zar Peter dem Großen zu einer europäischen Großmacht. Diese Entwicklung verlief teilweise auch zu Lasten der Osmanen. In den Türkenkriegen unter dem österreichischen Marschall Prinz Eugen von Savoyen holte sich Österreich im Frieden von Karlowitz (1699) das Königreich Ungarn, Siebenbürgen, Kroatien und Slawonien wieder zurück. Polen profitierte mit dem Erwerb von Podolien und einem Teil der Ukraine.

Siebzig Jahre später war der osmanische Zerfallsprozeß schon erheblich fortgeschritten, als das orthodoxe Rußland zwischen 1768 und 1791 zwei Kriege gegen die Türkei führen mußte. Inzwischen hatte die einstmals überlegene und gefürchtete türkische Armee ihren Schrecken beim Gegner verloren. Sogar die berüchtigten Janitscharen-Elitetruppen besaßen nicht mehr die ursprüngliche Kampfmoral. Sultan Mustafa III. ließ sich in beinahe bedrückender Hilflosigkeit von der französischen und der österreichischen Diplomatie in den Krieg gegen Rußland schicken.

Während das Osmanenreich Stück für Stück seines Landbesitzes in Europa verlor, klammerten sich die Konföderierten Polens in ihrem Partisanenkrieg gegen die russischen

Nachschubwege zur türkischen Kriegsfront an dieses dem Zerfall geweihte Land. Es ist im Rückblick kaum zu verstehen, was dem König und seinem Adel den Glauben eingegeben hat, die Türkei könnte Rußland in diesem Krieg in die Knie zwingen und Polen dadurch in die Lage versetzen, sein altes Imperium wiedererstehen zu lassen.

Das *stille Bündnis* Polens mit der Türkei hat fast Symbolcharakter für die beiden zerfallenden Staaten. Die politischen Gründe der schicksalhaften Entwicklung waren für beide zwar verschieden, aber zumindest das Herrscherproblem hatten sie gemeinsam. Sultan und König waren in der Ausübung ihrer Herrschaft nicht mehr souverän. Die adlige Führungsschicht regierte gegen ihre Herrscher, und sie waren untereinander zerstritten. Der Versuch von König Stanislaus II. August, sein Land mit türkischer Hilfe vom russischen Einfluß zu befreien, verrät seine Orientierungslosigkeit und mangelnde Führungsqualität. Die Türkei konnte in diesem Krieg gegen Rußland zwar militärische Kräfte binden, aber ein Sieg über Rußland blieb ihr versagt. Die Konsequenzen für Polen konnten nur fatal sein. Als Partisan-Verbündete der Türkei hatten sie 1771 den Zorn Katharinas so sehr auf sich gezogen, daß dieser Türkenkrieg am Ende auch ihr eigenes Schicksal bestimmte. Sie verspielten in diesem Polit-Poker ihre nationale Souveränität.

Rußland

Als Rußland in der zweiten Hälfte des 17. Jahrhunderts in die europäische Politik einzugreifen begann, hatte es bereits eine geschichtlich lange Wegstrecke zurückgelegt. Politik ist immer zielgerichtet, und deshalb konnte der Eintritt Rußlands in die Politik Europas auch nur bedeuten, daß von nun an das Zarenhaus auf Europa gerichtete Ambitionen verfolgen würde.

Im 9. und 10. Jahrhundert drangen schwedische Normannen in das Gebiet vom Ilmensee bis zum Dnjepr vor und gründeten unter der Herrschaft der Ruriks das Reich der Rus. Es war das Rußland. Hauptstützpunkte und Städte waren Nowgorod im Norden als wichtigster Handelsplatz und Kiew am Dnjestr als Hauptstadt und religiöses Zentrum dieses Rus-Reiches. Mehr als zweihundert Jahre blieben der politische Einfluß von Byzanz und die mystische Religiosität beherrschend, nachdem die Rurik-Dynastie zum Christentum übergetreten war. Von Konstantinopel übernahm das Land die Idee der Staatskirche. Der griechisch-orthodoxe Glaube wurde von hier aus noch viel stärker mit mystischen Inhalten ausgeformt, als es beim römischen Katholizismus schon der Fall war, und so konnte es nicht ausbleiben, daß sich beide Kirchen voneinander abgrenzten und schließlich sogar bekämpften.

Während sich diese Entwicklung in Rußland vollzog und sich unter der Herrschaft der Rus eine Staatsidee zu formen begann, herrschte in Polen der Piasten-Herzog Mieszko. Er geriet an seiner Ostgrenze in fortwährende Bedrängnis, weil die Rus-Völker aus ihren Siedlungsräumen nach Westen und nach Süden vordrangen. Herzog Mieszko trat deshalb zum Christentum über und versicherte sich des Schutzes und Beistandes der Kirche und des Papstes in Rom. Als Gegenleistung wurden die Volksgruppen seines Herzogtums zum römisch-katholischen Glauben bekehrt, und der Herzog verpflichtete sein Land, »auf ewig« dem Heiligen Stuhl einen Tribut zu zahlen. War es anfangs nur das Schutzbedürfnis eines Fürsten, so entwickelten sich in den folgenden Jahrhunderten zeitweilig dramatische mental-religiöse Gegensätze zwischen den orthodoxen Russen und den katholischen Polen. Ganz abhängig von der jeweiligen Machtlage, war die gegensätzliche Glaubensrichtung für die Polen und die Russen immer wieder Anlaß oder Vorwand zu politischen Gewaltakten, sei es, daß die Polen die Orthodoxen bekehren oder zurückdrängen wollten, oder sei es, daß die Russisch-Orthodoxen den verhaßten Katholizismus zurückdrängen oder vertreiben wollten.

Rußlands erste staatliche Entwicklungsphase in bezug auf die Wirtschaft, die Rechtsordnung, die Kunst und die Kultur fand ein dramatisches Ende, als die Tataren unter dem Dschingis-Khan Temudzin in drei Wellen in den Jahren 1223, 1236 und 1241 in das Land einfielen. Die Bewohner dieser Gebiete hatten den Tataren harte Tributzahlungen zu leisten und blieben für mehr als zweihundert Jahre kulturell und wirtschaftlich von der Entwicklung im westlichen Europa isoliert.

Erst unter den Zaren Iwan III. (1462–1505), Wassilij (1505–1533) und Iwan IV. (1533–1584) formte sich das russische Reich von neuem. Zuvor an das Herzogtum Litauen verlorene Gebiete wurden zurückerobert, die Wolga-Tataren wurden besiegt, Kasan und Astrachan erobert. Die Kosaken drangen nach Osten über den Ural bis zu den Flüssen Ob und Irtysch vor, und 1584 wurde das sibirische Gebiet unter die Verwaltung des Zaren gestellt.

Zar Iwan IV. hat dem russischen Reich und seiner politischen Ausformung Richtung, Form und Inhalt gegeben. Es wurde ein zentralistisch geführtes Staatswesen geschaffen und von einer besoldeten Beamtenschaft verwaltet. Ein nicht erbliches Lehenswesen hielt die Bojaren, den Adel, dem Zaren verpflichtet und in ständiger Abhängigkeit. Sie waren auch verpflichtet, dem Lande Kriegsdienste zu leisten. Seiner Armee widmete der Zar seine besondere Aufmerksamkeit und hielt sie auf einem technischen Stand, der sich mit den Armeen der westeuropäischen Staaten messen konnte. Das russische Reich dehnte sich zunächst in die unermeßlichen Weiten des fast menschenleeren Gebietes östlich des Ural bis zur Behringsee aus. Die zuvor von den mongolischen Tataren beherrschten Gebiete wurden erobert. Im 17. Jahrhundert wandten die Zaren ihren Blick nach Westen, um dort den begehrten Anschluß an Politik, Wirtschaft, Kultur und Zivilisation Europas zu finden, obwohl sich das Land unablässig auf die gar nicht oder kaum bewohnten Gebiete im Osten ausweitete.

Diese machtpolitische Schwerpunktverlagerung vollzog sich fast zeitgleich mit dem Aussterben des Herrschergeschlechts der Ruriks. Zar Iwan IV. war der letzte Zar aus der Rurik-Dynastie. Ihr folgten ab 1613 die Romanows. Zar Peter der Große (1689–1725) setzte die Expansionspolitik Iwans IV. nach einer hundertjährigen Ruhephase fort. Sein Verdienst aus Sicht der russischen Expansionspolitik war es vor allem, daß er die Vormachtstellung Schwedens in der östlichen Ostsee gebrochen und die von Schweden kontrollierte baltische Ostseeküste in Besitz genommen hat.

Nach der Ermordung Peters des Großen folgten ihm drei Frauen auf dem Zarenthron: Katharina I. von 1727 bis 1729, Anna »die Blutige« von 1730 bis 1740 und Elisabeth von 1740 bis 1761. Alle drei haben dem Staat keine bemerkenswerten innerstaatlichen oder imperialen Anstöße oder Veränderungen gegeben. Von diesen Frauen ist in bezug auf die innerrussischen Verhältnisse nur Elisabeth aus dem Schatten der Bedeutungslosigkeit herausgetreten. Sie bemühte sich, in vorsichtigen Entwicklungsschritten das Land zu einem aufgeklärten Absolutismus hinzuführen. Damit machte sie sich den allgemeinen Trend an den europäischen Fürstenhöfen zu eigen, der Idee der Aufklärung vorsichtig nachgebend zu folgen. In der internationalen Politik stellte sich Elisabeth im Österreichischen Erbfolgekrieg gemeinsam mit England an die Seite der jungen Kaiserin Maria Theresia. Aus dieser sicher auch gefühlsbestimmten Parteinahme entwickelte sich die österreichisch-russische Allianz gegen Preußen im Siebenjährigen Krieg, die König Friedrich II. um den Hauch einer Schicksalssekunde in die Katastrophe geführt hätte. Elisabeths Tod am 25. Dezember 1761 rettete Preußen.

Nur wenige Monate dauerte die Regierungszeit des Zaren Peter III., dann bestieg seine Frau, eine Anhalt-Zerbster Prinzessin, den Thron als Zarin Katharina II., die sehr bald »die Große« genannt wurde. Sie gewann in vierunddreißig Regierungsjahren durch Reformen in Rußland und eine konsequente Außenpolitik einen wesentlichen Einfluß auf die politische Gestaltung Europas und die daran arbeitenden Kräfte. In verläßlicher und ohne Zweifel bevorzugter Partnerschaft mit Preußen, einer großen Distanz zu Frankreich und vorsichtiger Zurückhaltung gegenüber der Wiener Hofburg und den diplomatischen Aktivitäten des Fürsten Kaunitz vollzog sie ihre politische Linie gradlinig und ohne Hintertreppendiplomatie.

Als die Zarin Katharina die Große 1796 das Zepter aus der Hand legen mußte, war die Schwarzmeerküste von Georgien bis Bessarabien und zum Fluß Pruth russisches Staatsgebiet. Rußland und Preußen hatten von Oberschlesien bis zur Memel eine gemeinsame Landesgrenze. Im Nordosten war Rußland an die Ostseeküste vorgerückt, und Litauen, Samogitien und Kurland bis hinauf nach Wiborg und Frederikshaven am Finnischen Meerbusen waren russisch geworden.

Vergleicht man den Grenzverlauf Rußlands im Jahre 1796 mit dem der UdSSR von 1945, so ist er entlang dem Bug- und dem Memelflußbett fast identisch. Nur das Gebiet Lemberg und die Karpato-Ukraine hatte Stalin sich zusätzlich einverleibt.

Katharina II. gilt sicher zu Recht als die konsequente Vollstreckerin der machtpolitischen Visionen und Zielsetzungen Peters des Großen. Das gibt noch keine Antwort auf die Frage, ob für sie die Eingliederung eines großen Teils des polnischen Königreiches wirklich von Anbeginn ein politisches Ziel gewesen ist. Die Zarin Elisabeth hatte bereits das ganze polnische Staatsgebiet mitsamt dem führungsschwachen Sachsenkönig August III. unter ihrem Einfluß. Als Katharina ihren Geliebten Stanislaus Poniatowski zum König von Polen machte, war es eine feste Größe in ihrem Kalkül, das Land ohne eine endgültige Annexion noch fester an das russische Imperium zu binden.

Die Teilung Polens konnte aus der Sicht der russischen Zarin kaum als territorialer Zugewinn angesehen werden. Zutreffender scheint wohl die Bewertung, daß die zuvor uneingeschränkte Einflußzone Rußlands nun unter drei Staaten aufgeteilt wurde. Dieses Zugeständnis ist wohl nur zu verstehen, wenn berücksichtigt wird, daß Polen zu dieser Zeit ein unberechenbarer Unruheherd und damit auch eine Gefahr für die benachbarten Länder geworden war.

Preußen

Der dynastische Ahnherr Preußens war der Burggraf von Nürnberg, Friedrich IV. von Hohenzollern. Ihm verlieh der Luxemburger Kaiser Sigismund 1415 die Kurfürstenwürde für die Mark Brandenburg, um in diesem von Raubritterfamilien heimgesuchten Reichsland den Reichsgesetzen Gültigkeit zu verschaffen. Zwei Jahre später, am 18. April 1417, erhielt er als Kurfürst Friedrich I. und Markgraf von Brandenburg auf dem Konzil zu Konstanz vom Kaiser dieses Land als kaiserliches Lehen. Damit war Friedrich I. auf den höchsten Fürstenstand im Reich erhoben worden, der in der ›Goldenen Bulle‹ von 1356 festgelegt war. Er war nun einer der vier weltlichen und drei geistlichen »Kurfürsten«, die die Pflicht und das Recht hatten, den Kaiser des »Heiligen Römischen Reiches Deutscher Nation« zu küren. Brandenburg war zu dieser Zeit – verglichen mit den westlichen Ländern, die ihre Kultur und die zivilisatorischen Einrichtungen von den Römern übernommen hatten – ein kaum erschlossenes Gebiet, in dem nur eine kleine Zahl von Menschen in Stammesgemeinschaften lebte. Raubritterfamilien hatten ihre Gebiete abgesteckt, entschieden, was rechtens ist, herrschten uneingeschränkt und kontrollierten die Händlerstraßen, sobald sie ihr Herrschaftsgebiet durchquerten. Diesen gesetzlosen Zustand beendete schon Kurfürst Friedrich I. in seiner Regierungszeit von 1417 bis 1440.

Als sie mit Brandenburg belehnt wurden, waren die Burggrafen von Nürnberg auch die Herren über die Grafschaften Ansbach und Bayreuth. Brandenburg selbst hatte damals eine Fläche von ca. dreißigtausend Quadratkilometer. In der West-Ost-Ausdehnung erstreckte es sich von Lüchow-Dannenberg-Salzwedel bis etwa fünfzig Kilometer östlich von Frankfurt an der Oder. Von Nord nach Süd war der Landstreifen im Mittel achtzig Kilometer breit.

In der Kaufmanns- und Hansestadt Nürnberg, einem Schnittpunkt der großen Handelsstraßen des Mittelalters, herrschten die Hohenzollern als ein sehr wohlhabendes Grafengeschlecht. Ihr Reichtum war sicher auch ein Grund, warum der schlimm verschuldete, immer in Geldnöten regierende Kaiser Sigismund dem Hohenzollern die brandenburgische Grafschaft gab, um so seine Schulden abzutragen. Daraus entstand eine Dynastie, die über fünfhundert Jahre in ununterbrochener Herrscherfolge dem Land zwanzig Kurfürsten, Könige und Kaiser gegeben hat.

Geld spielte auch eine Rolle, als Kurfürst Friedrich II. (1440–1470) die Neumark, ein ca. achttausend Quadratkilometer großes Gebiet nördlich der Netze und der Warthe, vom Deutschen Ritterorden zurückkaufte. Der Orden kämpfte zu dieser Zeit gegen den polnischen König um seine Existenz. Er war deshalb in größten Geldnöten und brauchte das Geld zur Finanzierung der Kriegskosten. Vom deutschen Kaiser war keine Unterstützung zu erwarten, zumal der Ordensstaat ja nicht zum Gebiet des Deutschen Reiches gehörte. Friedrichs II. Nachfahren Albrecht Achilles (1570–1586), Johannes-Cicero (1486–1499), Joachim I. (1499–1535) und Joachim II. (1435–1471) regierten das Land ganz in der Nürnberger Tradition des »guten Kaufmanns«. Die Finanzen wurden mustergültig in Ordnung gehalten. Joachim I. mußte sich zwar noch immer mit den Raubritterfamilien und einem verwilderten Junkertum befehden, aber in Kriegshandlungen mochten sie sich nicht verwickeln lassen. Johannes-Cicero schrieb hierzu für seinen Thronerben in sein Testament: »Vom Kriegführen halte ich nichts. Es bringt nichts Gutes. Wenn man nicht zur Beschützung des Vaterlandes und um eine große Unbilligkeit abzuwenden den Degen ziehen muß ...« Er empfahl Gottesfurcht und räumte der Ausbildung seiner Untertanen einen hohen Stellenwert ein. Die gleichen sittlichen Ziele verfolgte auch Kurfürst Joachim I. Er wurde zum Gründungsvater der ersten Universität in seinem Lande, der VIADRINA in Frankfurt an der Oder. Den kämpferischen Ideen des Reformators Martin Luther begegnete er noch mit entschiedener Gegnerschaft, aber bereits Kurfürst Joachim II. trat mit seinem Land zum reformierten Glauben über.

Die Regierungszeit von Kurfürst Johann Sigismund (1609–1618) war für die Entwicklung Brandenburg-Preußens von außerordentlicher Bedeutung. Zunächst brachte seine Frau, Anna von Preußen, 1594 die Anwartschaft auf die Grafschaften Jülich, Kleve und Berg mit in die Ehe. Anna war ein Kind aus der Ehe des kranken Herzogs Albrecht Friedrich von Preußen mit Marie Eleonore von Jülich-Kleve. Zwanzig Jahre danach kam es 1614 zum Jülich-Kleveschen Erbstreit, als die männliche Linie ausgestorben war. Johann

Sigismund setzte sich mit den Erbansprüchen seiner Frau durch und erwarb die Grafschaften Kleve, Mark und Ravensberg für sein Kurfürstentum. Folgenreicher für Brandenburg-Preußen und in seinen Auswirkungen nicht vorhersehbar war die tragische Situation von Annas Vater. Er verfiel zunehmend einer Geisteskrankheit. Erste Anzeichen bemerkte man schon bei dem fünfzehnjährigen Jungen. Zwanzigjährig wurde er mit der zwei Jahre jüngeren Marie-Eleonore verheiratet. Im dritten Jahr dieser Ehe kam Anna zur Welt, und bereits ein Jahr danach machte seine Erkrankung einen solchen Schub, daß Albrecht Friedrich von Preußen sein Herzogtum nicht mehr regieren konnte. Sein polnischer Lehnsherr, König Stephan Bathory, bestellte deshalb Markgraf Georg Friedrich von Brandenburg-Ansbach zum Administrator dieses preußischen Lehens.

Georg Friedrich ist eine interessante und in seiner Zeit einflußreiche Persönlichkeit[18], bei der es lohnt, im Hinblick auf später virulent werdende geschichtliche Ereignisse kurz zu verweilen. Er gehörte der fränkischen Linie der Hohenzollern an, die aber bereits mit ihm in der männlichen Erbfolge ausstarb. Seine Grafschaft Ansbach-Bayreuth regierte er in erblicher Sekundogenitur, aber nach seinem Tode wurde der Geraer Hausvertrag vom 29. April 1599 wirksam. Dieser Vertrag regelte die Erbfolge der Hohenzollern und sollte die Unteilbarkeit des Kurfürstentums Brandenburg gewährleisten. Der regierende Kurfürst hatte Anspruch auf die Unteilbarkeit aller Länder bzw. Marken und die Anwartschaften der Hohenzollern, und so fiel vertragsgemäß auch die Sekundogenitur der Grafschaft Ansbach mit dem Tode des Markgrafen Georg Friedrich an den Kurfürsten von Brandenburg zurück.

Die staatsrechtliche Bedeutung dieses Geraer Hausvertrages ist beachtenswert: Der letzte Hochmeister des Deutschen Ritterordens, Markgraf Albrecht von Brandenburg-Ansbach (1490–1568), hatte im Reiterkrieg von 1520 bis 1521 vergeblich versucht, die Lehnsabhängigkeit vom Polenkönig abzuschütteln. Das Reich und der Kaiser ließen ihn in diesem Kampf allein, und so mußte er sich schließlich trotz aller Tapferkeit im Frieden von Krakau unterwerfen und die Lehnshoheit des polnischen Königs Sigismund anerkennen. Dieser König war aber auch sein Oheim, und von ihm erhielt er nun als *Herzog von Preußen* das Land als erbliches Lehen. Die Vertragsparteien gelobten sich in diesem Dokument den »Ewigen Frieden« und legten fest, daß das Herzogtum Preußen endgültig an Polen fallen sollte, wenn das Haus Hohenzollern in Brandenburg einmal aussterben würde. Dieses Dokument verletzte nach der Auffassung des deutschen Kaisers die Rechte des Reiches. Kaiser Karl V. erklärte diesen Vertrag für nichtig, und damit war er für alle Fürsten und Landesherrn des Deutschen Reiches nach verbindlichem Reichsrecht unwirksam.

Markgraf Georg Friedrich hat die Regentschaft für Herzog Albrecht Friedrich vom polnischen König trotz des kaiserlichen Verdikts übernommen und damit eine Entscheidung getroffen, die 1657 zur Beendigung der Lehnshoheit des polnischen Königs über das Herzogtum Preußen geführt hat. Der Kaiser aber ahndete den Ungehorsam des Markgrafen gegen sein kaiserliches Verdikt. Zur Grafschaft Georg Friedrichs gehörte auch Jägerndorf in Schlesien. Als der Markgraf gestorben war, verfügte der Kaiser eigenmächtig über dieses Land und verletzte nun seinerseits das ›Geraer Hausrecht‹ der Hohenzollern. Die Folge hiervon waren schließlich die Schlesischen Kriege. Doch zunächst waren Persönlichkeit, Ansehen und Autorität dieses Georg Friedrich notwendig, um die Erbansprüche der Kurfürstin Anna im Jülich-Kleveschen Erbfolgestreit auf friedlichem Wege durchzusetzen.

Er starb 1603, und es folgten ihm aufgrund des Friedens von Krakau die hohenzollernschen Kurfürsten Joachim Friedrich und 1608 Johann Sigismund. Es war eine ungewöhnliche Zwitterstellung, die auch in keiner Weise durch Macht und Einfluß gedeckt war. Als Kurfürsten waren sie dem Kaiser untertan und an das Nichtigkeitsgebot dieses Krakauer Vertrages gebunden, als Vormund und Administrator des geisteskranken Herzogs von Preußen standen sie nun aber auch in Lehnsabhängigkeit vom polnischen König, und der bestätigte 1611 die Vormundschaftsbestellung noch einmal ausdrücklich. Der dem Schwachsinn verfallene Herzog und Schwiegervater des brandenburgischen Kurfürsten

Johann Sigismund lebte noch bis zum 27. August 1618. Die Nachfolge auf dem Herzogstuhl trat nun auch offiziell der Kurfürst an und stellte sich damit unter die Lehnshoheit des polnischen Königs. Damit war eine für alle Beteiligten sehr schwierige latente Konfliktgefahr gegeben. Der Polenkönig hatte nun einen mächtigen Vasallen gewonnen, der aber noch mächtiger war als er selbst, hatte über den Kurfürsten auch *ein Bein in der Tür* zum Deutschen Reich; auf der anderen Seite stand ein Kaiser, der dieses ganze Arrangement nicht billigte, nicht zuletzt deshalb, weil er den Brandenburger nicht zu mächtig werden lassen wollte.

In deutschen Landen herrschte zu Beginn des 17. Jahrhunderts als Folge der Reformation Martin Luthers ein spannungsgeladener Zustand, der der Explosion zustrebte. Johann Sigismund war bereits 1613 zum Calvinismus übergetreten, seine Frau Anna war lutherisch. Er verzichtete auch auf das landesfürstliche Regalrecht des Jus Reformandi: »cuius regio eius religio« und verstand es klug, die glaubensbedingten Spannungen in seinem Lande zu verringern. Er berief einen reformierten Kirchenrat als oberste Behörde in Glaubensfragen, und für sich selbst gab er die Toleranzerklärung ab, daß »seine kurfürstlichen Gnaden keinen Untertanen wider seinen Willen zum calvinistischen Bekenntnis zwingen wolle«, bewahrte damit seinem Lande den inneren Frieden und konnte die Huldigung der lutherischen Stände entgegennehmen. Die Provinzstände in Brandenburg und die Landstände in Preußen waren überwiegend Lutheraner.

Der kurfürstliche Herzog war ohne Zweifel ein außerordentlich kluger und maßvoller Mann, der es verstand, die risikobeladenen Zeitströmungen zum Vorteil seines Landes zu nutzen. Mehr als alle anderen Streitigkeiten säten Religionsfragen Zwietracht, Haß und Feindschaft unter den Herrscherhäusern und den Menschen, die sich sehr bald im Dreißigjährigen Krieg entladen sollten. In diesem Umfeld war die Toleranzbereitschaft des brandenburgischen Kurfürsten um so bemerkenswerter. Sie fand einhundertdreißig Jahre später unter dem Hohenzollernkönig Friedrich dem Großen geradezu ein staatsprägendes Dogma in dem Bekenntnis, daß »jeder Bürger seines Landes nach seiner eigenen Fasson selig werden solle«.

Kurfürst Johann Sigismund hinterließ seinem Nachfolger 1618 – er starb am 23. Dezember 1619 – einen Staat fast schon im Geiste der Aufklärung mit einer sehr selbstbewußten ständischen Organisation, mit geordneter Verwaltung und gesunden Finanzen. Die zu Beginn seiner Regierungszeit ca. vierzigtausend Quadratkilometer kurfürstliches Brandenburg waren durch Erbfolgen ohne Kriege auf ca. einundachtzigtausend Quadratkilometer kurfürstlich-brandenburgischen und herzoglich-preußischen Landbesitz angewachsen. Die Bevölkerung wird auf ungefähr achthunderttausend Menschen geschätzt.

Das Recht zur Aufstellung einer eigenen Armee stand den Kurfürsten zu der Zeit noch nicht zu. Erst nach dem Westfälischen Frieden in dem Jüngsten Reichsabschied vom 17. Mai 1654 werden die »Untertanen und Landstände ... auf die Unterhaltspflicht eigener Garnisonen« verpflichtet und damit die Führungsrolle des Reiches gespalten. Dieser Reichsabschied gibt den Landesfürsten erst die Möglichkeit, eine eigene Wehrhoheit zu begründen oder zu legitimieren.

Das Reichsrecht war es also, das den so weitsichtigen und klugen Johann Sigismund hinderte, für den Schutz seines Landes eine angemessene Streitmacht aufzubauen. Ein anderes unglückliches Zusammenspiel des Schicksals war es aber auch, daß dem erfolgreichen Vater ein sehr schwacher Sohn, der Kurfürst Georg Wilhelm, folgte. Dessen Regierungszeit fällt von 1618 bis 1640 in ganzer Länge in die Turbulenzen des Dreißigjährigen Krieges, in dem sich jedes von diesem Krieg heimgesuchte Land nur einen starken Landesfürsten wünschen konnte. Zu Beginn dieses Krieges hatte Brandenburg keine eigenen Truppen. Die mächtigen Stände verweigerten dem Kurfürsten das dafür erforderliche Geld unter Berufung auf das Reichsrecht. Er selbst war nicht durchsetzungsfähig genug, den Widerstand zu brechen. Als die Heere von Mansfelds und Wallensteins in Brandenburg einfielen, konnte er ihnen keine eigene Streitmacht entgegenstellen. Zu Beginn des Krieges stellte er sich auf die Seite seines Schwagers, des Schwedenkönigs Gustav Adolf, dann wechselte er die Fronten und stand bei den Kaiserlichen. Zögerlich und immer unsicher, kamen seine politischen Entscheidungen ganz wesentlich unter dem Einfluß des katholischen Grafen von Schwarzenberg zustande. So wurde Brandenburg immer abwechselnd von feindlichen Truppen verwüstet, ausgeplündert und gebrandschatzt. Nach der Schlacht am Weißen Berge (1620) hatte Kaiser Ferdinand II. die Gelegenheit gefunden, den Ungehorsam des Markgrafen Georg Friedrich zu ahnden und den Hohenzollern-Herzog Johann Georg von Jägerndorf mit der Aberkennung seines Herzogtums zu bestrafen, weil er zu Beginn des Krieges für den Winterkönig Partei ergriffen hatte. Dieses Dekret verletzte den Grundgedanken des Geraer Hausvertrages und lieferte König Friedrich II. die rechtliche Begründung für die Schlesischen Kriege.

Aus dem Unglück, das der Dreißigjährige Krieg über Kur-Brandenburg gebracht hat, haben die Hohenzollern-Nachkommen die Lehre gezogen, daß nur *das Schwert das Schwert in der Scheide* zu halten vermöge. Es war eine kriegerische Lektion, die den Staat Preußen in den folgenden Jahrhunderten geprägt hat. Warum die Hohenzollern durch die konsequente Nutzanwendung ihrer Erfahrungen von Historikern und Publizisten so herabwürdigende Urteile erfuhren und das Land bis zum Militärstaat hochstilisiert wurde, bleibt ein subjektiv-soziologisches Phänomen unserer neuen Geschichte. Einer objektiven Nachprüfung im Vergleich mit den anderen Staaten in dieser Zeit hält der Militarismus-Vorwurf nicht stand. Im Gegenteil, und vermutlich gerade wegen seiner Abwehrbereitschaft, hat es Brandenburg-Preußen besser verstanden, den Frieden für sein Land zu bewahren, als die anderen Staaten. Wurde es aber herausgefordert, dann hat es bis zum Beginn des 20. Jahrhunderts diese Kriege auch siegreich bestanden.

Kurfürst Friedrich Wilhelm übernahm 1640 von seinem Vater mitten im Krieg ein schweres Erbe. Er war erst zwanzig Jahre alt, nahm aber die Regierungsgeschäfte sofort energisch in die Hände. Er führte die Akzise, eine Verbrauchssteuer auf alle Waren, ein, beschränkte die Macht der Provinzialstände und brachte den Landadel durch Gewährung von Rechtsgarantien in seine Abhängigkeit. 1643 begann er ein eigenständiges, stehendes Heer – das miles perpetuus – aufzubauen. Nach einer langen Regierungszeit fand er 1688 seinen Platz in der Geschichtsschreibung als der »Große Kurfürst«. Dieses Attribut ist historisch so fest verankert, daß auch *die Moderne* daran nicht zu rütteln vermag.

Friedrich Wilhelm war der elfte Kurfürst von Brandenburg und der erste Hohenzoller, der aus der geschichtlichen Lektion seines Vaters gelernt hatte, daß er nicht nur »mit seinem Schwert das Schwert des Gegners in der Scheide halten sollte«. Als der große, imperiale Religionskrieg 1648 zu Ende ging, hatten der deutsche Kaiser und das Reich ihre ordnende Funktion verloren. Der Westfälische Friede verlieh eine Landeshoheit, das »librum juris territorialis tam in ecclesiasticis quam in politicis exercitium«. Es heißt im Vertrag, daß »alle und jede Kurfürsten, Fürsten, Stände des Römischen Reichs in ihren alten Rechten ... und der freien Ausübung der Landeshoheit ... so befestigt seien, daß sie von niemandem jemals unter irgendeinem Vorwand gestört werden dürfen ...«. Auf dieser Vertragsgrundlage hat der Große Kurfürst aus Kur-Brandenburg einen starken und unangreifbaren Staat geformt.

Sein politisches Testament, das er 1667 für seinen Sohn aufgeschrieben hat, beinhaltet sein gesamtes sittliches und politisches Credo: Dem Fürsten ist die Herrschaft von Gott übertragen. – Die Außenpolitik muß friedlich sein. – Der Friede ernährt, der Krieg aber verzehrt. – Der Friede liegt nicht in der Hand der deutschen Kleinfürsten, deshalb muß er (der Kurfürst) Macht und gegebenenfalls den Mut besitzen, sie auch anzuwenden. – Das eigene Land darf nicht zum »theatrum werden, darauf man die Tragoedi spiele«.

Der Sieg über die Schweden in der Schlacht von Fehrbellin im Jahre 1675 hat ihm größte Anerkennung gebracht, vor allem aber den Ruhm der preußischen Armee begründet. Von Vorpommern Besitz zu ergreifen ist ihm nicht gelungen. Trotzdem konnte er, genau wie sein Großvater Johann Sigismund, seinen Staat erheblich vergrößern. Im Westfälischen Frieden wurden ihm Hinterpommern, das Fürstentum Halberstadt, Minden, Kamin und Magdeburg zugesprochen. In den Verträgen von Wehlau (19.9.1657) und Bromberg (6.11.1657) und schließlich im Frieden von Oliva (3.5.1660) erreichte Brandenburg die Beendigung der Lehnsabhängigkeit und die volle Souveränität für das Herzogtum Preußen. Im Vertrag von Wehlau war eine für das Kurfürstentum Brandenburg in damaliger Zeit politisch nicht ungefährliche Klausel enthalten, die festlegte, daß nur »direkte männliche Nachkommen des Kurfürsten« erbberechtigt sein sollten. Stürbe die männliche Linie aus, würde das Herzogtum Preußen wieder an die polnische Krone zurückfallen. König Friedrich Wilhelm I. verweist in seinem »Politischen Testament von 1722«[19, 20] auf diese Klausel. Erst 1772 wird sie durch den Vertrag von Petersburg aufgehoben.[21] Während der Regierungszeit des Großen Kurfürsten hatte Brandenburg-Preußen sich um ca. dreißigtausend Quadratkilometer auf einhundertzehntausend Quadratkilometer vergrößert, und die Einwohnerzahl erhöhte sich trotz des verlustreichen Krieges auf etwa eineinhalb Millionen.

Dem Großen Kurfürsten wurde in seiner Zeit ein hohes Ansehen zuteil. Unter seinesgleichen war er allseits ein gern bemühter Schiedsrichter, und im Urteil seines Urenkels König Friedrich II. war er »der Neubegründer und Verteidiger seines Vaterlandes und Schöpfer von Brandenburgs Macht«. Sein Sohn, Kurfürst Friedrich III., konnte 1688 ein gutes Erbe antreten. Vierzig Jahre nach dem Ende des Krieges war Brandenburg-Preußen ein gut organisiertes Staatswesen. Die Wirtschaft blühte auf, die Staatsfinanzen waren geordnet, und der Staatsschatz wuchs stetig.

Wie ist die schnelle wirtschaftliche Rehabilitation auch nach den schlimmsten Verwüstungen im Kriege zu verstehen; und muß sie uns heute nicht oftmals wie ein Wunder erscheinen? Oft wird nur von Zeiträumen von drei bis vier Jahren berichtet, die benötigt wurden, um wirtschaftliche Schäden und ruinierte Staatsfinanzen wieder in Ordnung zu bringen.

Das findet seine Erklärung in der Wirtschaftsstruktur im 17., 18. und noch am Anfang des 19. Jahrhunderts, als der Reichtum des Staates aus der Landwirtschaft gezogen wurde. Auch das Handwerk leistete seinen Anteil an dem, was wir heute das Bruttosozialprodukt nennen. Aber das Handwerk war zu der Zeit kaum ein volkswirtschaftlich unabhängiger Produktionsfaktor, weil seine Leistungs- und Ertragskraft nur auf der Produktivität der Landwirtschaft gedeihen konnte. Geht man von diesem wirtschaftlichen Ansatz aus, dann war bei kluger Finanzverwaltung der wirtschaftliche Regenerationsprozeß nur eine Frage der jährlichen Erntezyklen, wenn nicht die »höhere Gewalt« durch Mißernten und klimatische Einflüsse eingriff. Infrastruktur und Logistik, die heute unverzichtbar und entscheidend für die Beseitigung materieller Schäden an den Produktionsmitteln sind, deren Wiederherstellung oftmals viel Zeit benötigt, waren damals bedeutungslos. Was in dieser Zeit notwendig war, waren möglichst ertragreiche Ackerböden und die Menschen, um dieses Land zu bearbeiten. Und wir wissen, daß gerade Brandenburg als die Streusandbüchse apostrophiert wurde. Sicher auch ein wichtiger Grund, warum Preußen die Kriege mit Österreich um das fruchtbare Land Schlesien riskiert hat.

Diese kurze wirtschaftliche Betrachtung mindert nicht die Aufbauleistung, die der Große Kurfürst nach dem Dreißigjährigen Krieg in seinem Land vollbracht hat. Eher im Gegenteil wird seine Leistung noch besonders herausgehoben, denn alle anderen ebenfalls mehr oder weniger vom Krieg heimgesuchten Länder mit viel günstigeren landwirtschaftlichen Voraussetzungen haben es nicht vermocht, einen vergleichbaren wirtschaftlichen Aufschwung zu erreichen.

Der wirkliche Reichtum seines Landes waren für den Großen Kurfürsten die Menschen in seinem Lande, seine Untertanen. Mit dieser Einstellung stand er in seiner Zeit ganz im Gegensatz zu den merkantilistischen Vorstellungen des Franzosen Colbert, für den Reichtum gleichbedeutend war mit Geld. Ganz im Sinne seiner Wohlstandsphilosophie holte er die calvinistischen Hugenotten ins Land und garantierte ihnen nicht nur Religionsfreiheit, sondern auch andere intellektuelle Privilegien. Mit der gleichen Einstellung für die individuelle Freiheit öffnete er das Land auch für den Zuzug der Juden, Waldenser und Mennoniten. Diesen

Neubürgern in Brandenburg billigte er selbstverständlich auch ihre ethnische Identität zu. Der Erfolg dieser Bevölkerungspolitik ließ nicht lange auf sich warten. Die Einwohnerzahl stieg nicht nur an. Mit diesen Menschen kamen nicht nur ihre Kenntnisse ins Land, ihre Erfahrungen belebten auch das Handwerk, den Handel, und bald dienten die Kinder der ersten Einwanderergeneration auch im Offizierskorps der Armee.

In seiner Außenpolitik zeigte der Kurfürst nicht viel weniger Gespür und Geschicklichkeit. Die bedrückenden Erfahrungen seines Landes im Dreißigjährigen Krieg ließen es ihm opportun erscheinen, sich anzulehnen, und damit ist er zunächst politisch nicht schlecht gefahren. Erst als der Franzosenkönig in seinen Erbfolgekriegen immer militanter wurde, hat er einen Frontwechsel vollzogen, der dann seinem Sohn Friedrich III. zugute kommen sollte. Im bald danach ausbrechenden Spanischen Erbfolgekrieg stand Kur-Brandenburg als verläßlicher Bundesgenosse zu Kaiser Leopold I., und damit war die wichtigste Voraussetzung für die preußische Staatsgründung geschaffen. Der Ausgleich dynastischer Interessen war ein wesentlicher Teil der Politik, und so holte sich Kurfürst Friedrich III. von Kaiser Leopold I. die Zustimmung, sich in Königsberg zum *König in Preußen* krönen zu lassen, während er dem Kaiser Truppen für den Erbfolgekrieg zur Verfügung stellte.

Diese Königskrönung hatte viele Facetten. Stellt man die Eitelkeit des Monarchen hintan, dann war es zunächst staatspolitisch wichtig, zu dokumentieren, daß der »Herzog in Preußen« die polnische Lehnsabhängigkeit unwiderruflich abgelegt hatte. Nun gehörte Preußen zwar nicht zum Gebiet des Heiligen Römischen Reiches Deutscher Nation, aber ein Kurfürst des Deutschen Reiches konnte nur mit Zustimmung des deutschen Kaisers und des Reichstags in den Königsstand erhoben werden. In dieser Entwicklung war Brandenburg-Preußen auch nicht der Vorreiter der Eitelkeit. Der sächsische Kurfürst hatte schon 1697 die Zustimmung erhalten, außerhalb des Reiches den Königstitel zu tragen, und das kurfürstliche Haus Hannover schickte sich an, die englische Königskrone anzunehmen. Der Absolutismus strebte in dieser Zeit seinem Höhepunkt zu, und es scheint so, daß er aus sich selbst heraus ein Differenzierungsbedürfnis *gegen unten* entwickelt hat.

Dieses *aus sich selbst heraus* – sollte es so gewesen sein – ist natürlich eine Folge des Bewußtseinswandels, der bereits von dem Gedankengut der späteren Aufklärung beeinflußt wurde. Nach dem Dreißigjährigen Krieg gewann der Stoizismus wieder Einfluß auf Denken und Verhalten der Menschen. Eine moderne Sozialethik löste sich zunehmend von der kirchlich-christlichen Grundlage ab, beschritt den Weg zu einem System natürlicher Gesetze und schuf die Voraussetzungen zu einer *natürlichen* Religion. Die *Würde des Menschen* stand ganz im Vordergrund philosophisch-anthroposophischer Betrachtungen und gewann bald als die zentrale Idee der Aufklärung ihre Ausformung. An den Adelsschichten und Herrscherhäusern liefen diese philosophischen Strömungen ganz und gar nicht vorbei, ohne Spuren zu hinterlassen. Die Antwort von den Höfen war zunächst der ganz dem Weltlichen zugewandte Absolutismus in seinen allzumenschlichen Äußerungsformen.[22] Jedenfalls muß sich zu dieser Zeit in den Köpfen der Herrschenden etwas bewegt haben. Eitelkeit allein als Antrieb ist keine ausreichende Erklärung.

Am 18. Januar 1701 ließ sich der Kurfürst Friedrich III. in Königsberg als Friedrich I., König in Preußen, die Krone aufs Haupt setzen. Daß sich aus diesem Krönungsakt schließlich die preußische Staatsidee entwickelte, hat dieser König sicher nicht vorausgesehen. Seine Verdienste, die er sich um seinen Staat erworben hat, liegen in der Förderung der Künste und der Wissenschaft. Brandenburg ist in seiner Regierungszeit durch Erbschaft und Landkauf nur um einige Quadratkilometer größer geworden, aber in der Pflege der königlichen Repräsentation und höfischer Eitelkeiten hat er eine glückliche Hand bewiesen. So war seine Entscheidung, aus Anlaß der Königskrönung die Ordensritter-Tradition mit der Stiftung des ›Ordens vom Schwarzen Adler‹ wiederzubeleben, durchaus symbolträchtig. Der Orden hatte für Preußen sehr bald mehr als Symbolwert und wurde für das Haus Hohenzollern mit seinem Wahlspruch »suum cuique«

eine bleibende Verpflichtung. Von den Persönlichkeiten in Wirtschaft, Verwaltung und Militär, die den Staat durch ihre Leistung mitgeprägt haben, ist das Ordensdekor nicht wegzudenken. Für die preußisch-deutsche Geschichte hat dieser Orden sicher eine größere Bedeutung erlangt als der vierzig Jahre später für militärische Verdienste gestiftete Orden »Pour le mérite«. Dieser Orden wird noch heute in der Friedensklasse für wissenschaftliche Verdienste verliehen.

Der Große Kurfürst hatte einen intellektuell nicht überragenden, aber sehr kunstsinnigen Nachfolger, der mit seinem großen Baumeister Andreas Schlüter einen wesentlichen Anteil am barocken Preußen hatte. Sein Nachfolger, König Friedrich Wilhelm I., hatte weder mit der politischen Persönlichkeit des Großen Kurfürsten noch mit seinem kunstsinnigen Vater Gemeinsamkeiten. In seiner Regierungszeit von 1713 bis 1740 hat er als anspruchsloser, sittenstrenger Pietist seinen Untertanen, insbesondere aber seiner Administration rigoros Pflichtbewußtsein, Zuverlässigkeit und selbstloses Dienen abverlangt und damit nachhaltig den Menschentyp geprägt, der ein *preußischer Beamter* genannt wurde. Was letztlich diesen Charakter geprägt hat, ist oft und gern untersucht und literarisch behandelt worden.[23] Prunksucht, Schöngeisterei und Verschwendung am Hofe seines Vaters haben den Kronprinzen nicht in den Strudel des Lebensgenusses hineingezogen. Im Gegenteil schuf diese Erfahrung eine Abkehr von diesen Formen eines fröhlichen Lebens hin zu einem einfachen, unprätentiösen Lebensstil, wie er nur seiner Veranlagung entsprechen konnte. So lebte er seine Maxime der Sparsamkeit, Pünktlichkeit, Disziplin und Zuverlässigkeit seinen Untertanen vor, und die strenge Erziehung, die er seinem Sohn, dem Kronprinzen, zuteil werden ließ, verriet sicher auch die Furcht, der Kronprinz könnte zu viele Eigenschaften von seinem Großvater Friedrich I. geerbt haben. Kaum anders ist die Ermahnung an seinen Sohn in seinem politischen Testament zu verstehen, »nicht zu faulenzen, sondern zu arbeiten und seine Länder zu regieren«.

Zur makellosen Administration hat er seinem Staat eine Verwaltungsorganisation mit integrierten Kontrollinstanzen gegeben und die Preußische Oberrechnungskammer zur höchsten Finanzkontrollbehörde gemacht. Aufbau und Drill in seiner Armee sind in der Geschichts- und Romanliteratur bis zur Figur des *Soldatenkönigs* stilisiert worden. Seine Vorliebe für seine Soldaten, seine Armee, findet ihren Ursprung zunächst sicher in seinem Hang zur totalen Disziplin, aber genauso sicher war ihm das politische Testament des Großen Kurfürsten ein Richtmaß seines Handelns, daß, um den Frieden zu bewahren, der König die Macht besitzen und den Mut haben muß, sie auch anzuwenden. Trotz seiner beeindruckenden Armee war der Soldatenkönig in keiner seiner politischen Handlungen ein kriegslüsterner Monarch. Davor bewahrte ihn schon seine pietistische Gottesfurcht und sein Glaube, einst vor Gott Rechenschaft über sein Tun auf der Erde ablegen zu müssen.

An einem Krieg aber hat er sich doch beteiligt, als er die Möglichkeit sah, erbrechtliche Ansprüche gegen Schweden durchzusetzen. Gerade erst König geworden, verband er sich 1714 im Nordischen Krieg mit dem russischen Zaren Peter dem Großen gegen Karl XII. von Schweden. Im Frieden von Stockholm 1720 erhielt Preußen das lange begehrte Vorpommern mit den Inseln Usedom und Wollin und Stettin. Danach hat der König keinen Krieg mehr geführt mit dem Ziel, sein Land zu vergrößern. Im Gegenteil begann er in seiner tiefen Religiosität, über den *ungerechten Krieg* nachzudenken. Nach seiner Auffassung war jede Kriegshandlung und deren Ausgang dem Gottesurteil unterworfen, und davor könne ein *ungerechter Krieg* nicht bestehen. Diesen wahrhaft religiösen Standpunkt hat er auch in seinem Testament[19] hinterlassen. Auf der gleichen sittlichen Ebene lag auch sein Treueverhältnis zu Kaiser und Reich. Als Kaiser Karl VI. bei den Kurfürsten um die Zustimmung zu seiner Pragmatischen Sanktion und für die Thronfolge seiner Tochter Maria Theresia warb, stimmte Friedrich Wilhelm I. sofort zu und stand auch bis zu seinem Tode zu dieser Zusage. Gelohnt hat ihm der Kaiser diese Treue nicht und schon bei nächster Gelegenheit sein Versprechen gebrochen, die Grafschaften Jülich und Berg Preußen zu geben.

Das Gerechtigkeitsgefühl des Preußenkönigs ist durch

diese Untreue zutiefst verletzt worden, und fortan herrschte zwischen Berlin und Wien eine gereizte, feindselige Atmosphäre. Überliefert sind uns des Königs schicksalhafte Worte zu diesem Vertrauensbruch, auf seinen Sohn weisend: »Da steht einer, der mich rächen wird.«

Als König Friedrich Wilhelm I. am 31. Mai 1740 starb, hinterließ er seinem Thronerben den zu dieser Zeit bestorganisierten und -verwalteten Staat. In den Friedensverträgen von Utrecht 1713 und Stockholm (1720) hatte er ca. siebentausend Quadratkilometer Land hinzuerworben. Sein Herrschaftsgebiet umfaßte nun eine Fläche von ungefähr einhundertzwanzigtausend Quadratkilometer auf der 2,4 Millionen Menschen lebten. Im Berliner Schloß hortete der König einen Staatsschatz von zehn Millionen Talern.

An diesem 31. Mai 1740 wurde der Kronprinz als Friedrich II. preußischer König. Es war wohl ein Streich des Schicksalsrouletts, daß im gleichen Jahr, am 20. Oktober 1740, der Habsburger Kaiser Karl VI. starb und mit der Pragmatischen Sanktion das Kriegskarussell um die österreichische Erbfolge in Gang setzte. Maria Theresia, die gerade erst dreiundzwanzig Jahre alte Thronerbin, bestieg den österreichisch-ungarischen Kaiserthron. In diesen fünf Monaten hatte der junge König Zeit, die politischen Absichten und Ziele der anderen Staaten zu erkunden. Er wußte, daß er vom Vater über einen großen Staatsschatz und über eine hervorragend ausgebildete Armee verfügen konnte. Klug und belesen, wie er war, hat er sich nicht nur mit der französischen Literatur beschäftigt, sondern sich auch die politischen Testamente, insbesondere seines Urgroßvaters, des Großen Kurfürsten, zu eigen gemacht. Dazu gehörten auch die beschwörenden Worte des väterlichen Testaments: »Mein lieber Nachfolger, ich bitte Euch, keinen ungerechten Krieg anzufangen, denn Gott hat ungerechte Kriege verboten, und Ihr müßt immer Rechenschaft ablegen … haltet Euer Gewissen rein vor Gott, dann werdet Ihr eine glückliche Regierung führen.«[17]

Ein gläubiger Christ war Friedrich II. im Sinne seines pietistischen Vaters wahrlich nicht, aber von der lenkenden Hand Gottes hat er sich in gefühlsbetonten Situationen und in kritischen Augenblicken während seiner Kriege nicht frei gefühlt. Das findet man weniger in seinen Worten, wohl aber in seiner verantwortungsvollen Regierungsarbeit bestätigt. Für den Umgang mit der Macht zur Sicherung, Konsolidierung und Erweiterung des Staatsgebietes waren für ihn seine Vorfahren eine gute Quelle, aber auch aus dem machtpolitischen Handeln anderer Herrscher und Staatsrechtsphilosophen zog er für sich Konsequenzen.

Insbesondere aus Montesquieus »De l'Esprit des Lois«[24] muß er sein Verhalten hergeleitet haben, wie es Edith Simon in ihrem Buch »Friedrich der Große«[25] aufgrund von Originalberichten belegt. Der junge König war, als er den Thron bestieg, ein unerfahrener, ein unfertiger Mensch, und sicher viel mehr als bei seinen Zeitgenossen, war sein ideelles Gerüst theoretisch und geliehen bei den einschlägigen Philosophien und Staatsrechtslehren. Deshalb überrascht im Grunde nicht, daß sein erstes, selbstverantwortliches Handeln bei Montesquieu[24] nachzulesen ist. Er schreibt in »De l'Esprit des Lois« im 2. Kapitel des 10. Buches »Über den Krieg«: »Das Leben der Staaten ist wie das der Menschen. Sie haben im Falle der Selbstverteidigung das Recht zu töten. Jene haben zur Selbstverteidigung das Recht, Krieg zu führen.

Werde ich zur Selbstverteidigung gezwungen, habe ich das Recht zu töten, weil mein Leben mir gehört, so, wie das Leben dessen, der mich angreift, ihm gehört: Desgleichen führt ein Staat Krieg, weil sein Bestehen ebenso gerecht ist wie das jedes anderen auch.

Unter Bürgern zieht das Recht auf Selbstverteidigung den Angriff nicht notwendig nach sich. Statt anzugreifen brauchen sie sich nur an die Gerichte zu wenden. Sie dürfen deshalb das Recht auf Selbstverteidigung nur dann anwenden, wenn sie beim Warten auf die Hilfe der Gesetze verloren wären. Aber zwischen den Staaten schließt das Recht auf Selbstverteidigung manchmal die Notwendigkeit des Angreifens ein, wenn ein Volk erkennt, daß ein längerer Frieden einem anderen die Überlegenheit geben würde, es zu zerstören, so daß der Angriff zu diesem Zeitpunkt die einzige Möglichkeit ist, die eigene Zerstörung zu verhindern.

Hieraus folgt auch, daß kleine Staaten häufiger das Recht

zum Angriff haben als die großen, weil sie befürchten müssen, zerstört zu werden. Das Recht auf Krieg begründet sich deshalb aus der Notwendigkeit und damit dem strenggenommen Richtigen. Wenn diejenigen, die das Gewissen der Fürsten und ihrer Berater beeinflussen, sich daran nicht halten, ist alles verloren. Und wenn man sich auf die zwiespältigen Prinzipien des Ruhmes, der Selbstzufriedenheit oder der Nützlichkeit stützen würde, überschwemmten Ströme von Blut die Erde.

Man spreche vor allem nicht vom Ruhm der Fürsten. Sein Ruhm wäre sein Stolz, und das ist eine Leidenschaft, aber kein legitimes Anrecht. Es ist wahr, daß die Größe seiner Macht die Stärke seines Staates steigern könnte, aber der Ruf seiner Gerechtigkeit würde es genauso tun.«

Es ist überraschend, festzustellen, wie groß die Übereinstimmung der politisch-militärischen Entscheidungen des jungen Königs Friedrich II. mit dieser ethischen Rechtfertigung für Kriegshandlungen ist, denn genau nach diesem Schema begann zumindest der Siebenjährige Krieg.

Als sich das Unheil des Österreichischen Erbfolgekrieges am europäischen Himmel zusammenbraute, muß er das als schicksalhafte Chance gedeutet haben. Das bayerisch-französische Kriegsziel, die Vormachtstellung der Habsburger in Europa zu brechen, war für ihn kein Geheimnis. Er trat dieser Allianz nicht bei, sondern stand zu der Zustimmung zur Pragmatischen Sanktion, die König Friedrich Wilhelm I. dem Kaiser gegeben hatte. Aber der Vertrauensbruch des Kaisers bezüglich der Erbschaft von Jülich und Berg war für den jungen König bei passender Gelegenheit zu ahnden; und beim Herzogtum Jägerndorf war eine weitere Rechnung zu begleichen. So eröffnete er aus seiner Sicht den ›Ersten Schlesischen Krieg‹ als Nebenkriegsschauplatz, während Österreich sich der Gegner im Westen erwehren mußte. Erst in der Vorbereitung und dann im Siebenjährigen Krieg bekam Preußen, das inzwischen eine Großmacht geworden war, die diplomatische, politische und militärische Macht Österreichs zu spüren. Preußen stand 1761 am Abgrund. Geschick, Tüchtigkeit und Fortüne waren in dieser kritischen Lage die Bundesgenossen des Preußenkönigs, die verhinderten, daß am Ende einer sich über fünfundzwanzig Jahre hinstreckenden kriegerischen Periode weder das Habsburger Kaiserreich von den Franzosen noch Preußen von Österreich zerstört und von der Landkarte getilgt wurde. Niemand kann posthum noch im Herzen des Königs lesen, ob er die Krise als schicksalhafte Prüfung *vor Gott* empfunden hat und diese Kriege um den Besitz von Schlesien von Gott nicht als *gerecht*, aber nach vielen harten Prüfungen doch zu seinen Gunsten entschieden wurden. Seine große Friedensarbeit danach in seinem Land und sein Zögern, seine Abneigung, sich noch einmal in Kriege verwickeln zu lassen, scheinen die gefühlsmäßig-moralische Bewertung zu bejahen.

Aber eine nüchtern-sachliche Bewertung dieser Ereignisse ist auch angebracht. Als Folge des Dreißigjährigen Krieges haben sich in Europa die Machtstrukturen restituiert oder an neuen Zentren orientiert. Die Herrscherhäuser waren auch die Machtzentren. Das Volk, der Untertan, ließ sich bis zum 17. Jahrhundert für Glaubenskriege begeistern. Im 19. und 20. Jahrhundert zog das Volk als Folge des Nationalgedankens in *vaterländische* Kriege. Im 18. Jahrhundert war das Volk wohl eher als erduldender Teilnehmer an Kriegen zu beschreiben, wobei der Untertan oder der Söldner mehr Objekt als Subjekt war. Beim Kampf verfeindeter Herrscherhäuser um den Besitz seines Landes und ihn selbst, war für ihn vor allem die verinnerlichte Frage wichtig, *unter welcher Obrigkeit* es ihm besser ergehen würde. Von wem durfte er erwarten, daß seine Individualrechte eher gewährleistet und die Steuern und Abgaben am geringsten sein würden. Unter welcher Herrschaft durfte er hoffen, aus seiner harten Arbeit auch einen angemessenen persönlichen Nutzen ziehen zu können. Diese opportunistische Betrachtungsweise macht es verständlich, warum Schlesiens Bevölkerung schon nach wenigen Jahren zum Preußentum konvertierte und danach immer etwas *preußischer* geblieben ist als die Brandenburger oder die Ostpreußen.

In der zweiten Hälfte des 18. Jahrhunderts war das Heilige Römische Reich Deutscher Nation als ordnende Kraft in der Mitte Europas de facto zerfallen. Die Staaten innerhalb und außerhalb des Reichsgebietes waren bestrebt, aus dem Nachlaß des Reichsgebietes soviel wie irgend möglich zu bekommen. Die Habsburger versuchten entsprechend ihrer politischen Tradition, Österreich als einen Vielvölkerstaat territorial zu vergrößern. Frankreichs Politik lag noch voll auf der Linie des von Ludwig XIV. vorgegebenen Staatszieles, sich bei passender Gelegenheit alle Gebiete einzuverleiben, in denen Französisch gesprochen wurde, und in diesem Mächte-Parallelogramm konnte auch Preußen keine andere Politik betreiben, als bei jeder sich bietenden Gelegenheit den auf der Landkarte verteilten Flickenteppich des preußischen Staatsgebietes zu arrondieren. Auch England strebte nach territorialer Expansion und nach dem Erwerb von Rohstoffquellen, nur lagen seine Aktivitäten nicht in Europa, sondern in Übersee.

Der Erwerb der seit über dreihundert Jahren nicht mehr zum Reichsgebiet gehörenden Pomerellen hatte schon den Großen Kurfürsten beschäftigt. Als der Ordensstaat entstand, wurde dieses Gebiet von Siedlern aus dem Deutschen Reich wirtschaftlich erschlossen. Da sich dort zuvor nur wenige Menschen slawischer Herkunft angesiedelt hatten, war es sehr bald ganz überwiegend von deutschen Zuwanderern bewohnt. Sie haben dieses Gebiet, das später Westpreußen genannt wurde, mit ihrem Volkstum, ihrer Sprache geprägt, obwohl es nach dem Untergang des Ordensstaates lange Zeit zum Königreich Polen gehörte.

Als die lehnsherrschaftliche Abhängigkeit des Herzogtums Preußen vom polnischen König 1660 beendet wurde, mußte es für die Hohenzollern in ihrer Staatszielsetzung sehr bald zu einer vorrangigen Aufgabe werden, beide Landesteile zusammenzuführen. Es bleibt um so erstaunlicher, mit welcher gutnachbarschaftlichen Toleranz und Friedfertigkeit beide Königreiche, Polen und Preußen, über einhundert Jahre miteinander lebten. Ein ganz wichtiger Grund war sicher auch, daß der polnische König der Kurfürst von Sachsen war. Nimmt man aber die imperiale Machtpolitik Ludwigs XIV. zum Modellfall, hätte es sicher sehr schnell einen Anlaß gegeben, diese Angelegenheit durch einen Krieg zu bereinigen.

Der Lauf der Geschichte hatte es Friedrich dem Großen vorbehalten, beide Landesteile durch die Annexion Pomerellens zum preußischen Staat zu vereinigen. Diese Aufgabe war ihm schon im Politischen Testament des Großen Kurfürsten vorgegeben worden. Als die Zeit für diese Entscheidung gereift war, hat er anfangs dennoch nur zögernd und eher dazu gedrängt nach dem Zipfel gegriffen, den ihm das Schicksal hingehalten hat. Bis zuletzt hat er sich im Grunde hinter Rußlands Zarin Katharina bedeckt gehalten. Das Erlebnis des letzten Schlesischen Krieges hat in der Psyche dieses Königs sehr viel tiefere Spuren hinterlassen, als ihm die Geschichtsschreibung zubilligen mochte. Obwohl militärisch vorbildlich und für seine potentiellen Feinde abschreckend organisiert, war seine Bereitschaft, politische Streitfälle durch Krieg zu lösen, aufgebraucht, wie man in zahllosen Dokumenten von ihm nachlesen kann. Es wirkt manchmal schon komisch, wie dieser *große* König, der als junger Monarch mit hoher analytischer Intelligenz seiner Zeit klug, mutig und entschlossen vorausgedacht und seine Chancen wahrgenommen hat, später, vom Schicksal gebeutelt, sich fast ängstlich hinter Katharina II. zu verbergen suchte; und sie war ja sein Landeskind, ein Produkt des geistig-erzieherischen Rahmens, den er seinem Staat aufgeprägt hatte.

Die regierenden Königshäuser von 1750 bis 1780

»Natürlich kommt auf jeden Historiker, der seinen Standpunkt vertritt, einer, der anderer Meinung ist.«

(Gordon A. Craig[26])

Als sich die historische Zeitskala dem Ende des Königreiches Polen näherte, wird das politische Geschehen auf dem europäischen Kontinent markant nur von vier regierenden Königshäusern beeinflußt. Sieht man von den Entwicklungen und Spannungen gesellschaftlich-innenpolitischer Art in diesen Ländern ab, dann war der Zerfall des polnischen Staates in dieser Zeitspanne das Ereignis der europäischen Politik an sich.

Der Versuch, diese Zeitspanne posthum noch einmal nachzuerleben und eine Antwort auf die Frage zu finden, wer denn die lenkenden Geister im Dunkeln der Diplomatie waren und was sie angetrieben hat, einen Weg zu beschreiten, der letztlich Geschichte geworden ist – dieser Versuch kann nur zu Erkenntnissen führen, wenn man sich nachdrücklich mit den Charakteren der regierenden Fürsten beschäftigt. Oder war das alles nur eine Vernetzung von Einzelereignissen, die – von den Regierenden nur geringfügig beeinflußbar – teleologisch zur Auflösung dieses Staates führen mußten?

Unterstellen wir einmal unvoreingenommen, daß beide Kräfte, der menschliche Macht- und Geltungstrieb und eine ›höhere‹ Schicksalsmacht, am Werke waren, drängt unser Fragen und Suchen um so mehr danach, diese Herrscherfiguren anzuschauen. Die Akteure in dieser Handlung waren die Zarin Katharina II., die Kaiserin Maria Theresia und die Könige Friedrich II. und Ludwig XV. Dazu gehören die Menschen, die ihnen zur Seite standen, die Mentoren waren, politische Ratgeber oder, verborgen hinter der Autorität ihres Monarchen, selbst die Akteure, die mit ihrem Einfluß Macht ausüben konnten. Je stärker beeinflußbar die Majestäten waren, um so reizvoller waren diese Persönlichkeiten für die historisierende Nachwelt. Gerüchte, Geschichten, Widersprüchlichkeiten und Skandale belebten das Leben an diesen Höfen voller sprudelnder Lebensfreude und bildeten den Kontrast zu dem Herrscher *ohne Nischen*, der für intellektuelle Gedankenspielchen oder die Ausdeutung seines Handelns weniger und sogar unergiebig bleiben mußte.

Für solche Betrachtungen sind unsere vier Herrscherpersönlichkeiten in gegensätzlichster Weise ein ergiebiger Literaturstoff. Ohne die Einflußnahme *stiller Mitregenten* ist dieser geschichtliche Abschnitt so nicht vorstellbar mit seinen amourösen Abhängigkeiten oder der Standeseitelkeit und Herrschsucht, der inneren Partnerschaft zum Epikureertum und den giftigen Feindschaften bei Hofe.

Es war wahrhaftig eine ungewöhnliche Quadriga, die den Streitwagen der Geschichte zog: DREI FRAUEN UND EIN MANN. Dem französischen König Ludwig XV. geschieht wohl kein Unrecht, wenn er in dieser Quadriga hintan gestellt wird, denn der Einfluß der Madame de Pompadour auf die politischen Geschäfte war beherrschend. Die Ambivalenz, mit der man sich gegenüberstand, verrät uns eine charakterisierende Bemerkung Friedrichs des Großen über Kaiserin Maria Theresia: »Im Betstuhl macht sie fromme Sprüche über Menschlichkeit und Gottesfurcht und läßt anschließend durch herzerweichendes Wegschauen Länder annektieren und die Menschen dem Habsburger Reich einverleiben«[27], während sie ihn überheblich den »Marquis von Brandenburg« tituliert hat und ihre Vernichtungsallianz gegen ihn schmieden ließ. War sie doch zutiefst überzeugt, daß es »richtig ist, daß Preußen muß über den Haufen geworfen werden, wenn das Erzhaus auferstehen soll …«.

Marcus Tullius Cicero hat uns in seiner Staatslehre ›De res publica‹ eine Norm überliefert, der die Konsuln genügen mußten, die im Rom um 100 v. Chr. aus der Adelsschicht gewählt werden wollten. Dieser »vita contemplativa« und dem »otium cum dignitate« dürfte vermutlich keiner der vier Fürsten entsprochen haben, doch kam der philosophische Preußenkönig trotz aller Rastlosigkeit diesen Ansprüchen noch am nächsten.

Das Schrifttum über Katharina, Maria Theresia, Ludwig XV. und die Pompadour ist vom Volumen und vom Inhalt her nicht vergleichbar mit dem, was über Friedrich II. geschrieben wurde; und man ertappt sich selbst, wenn man über diese fünf Menschen zu schreiben beginnt: Der *Stoff* über die ersten vier scheint unausschöpfbar und fließt in reiner Erzählerfreude aus der Feder, und die Figuren bekommen im fortgesetzten Widerspruch ihres Denkens und Handelns ihr menschliches Antlitz. Es läßt sich aber, wie man es auch betrachtet und wendet, nicht in klaren Konturen fassen. Fast möchte es scheinen, daß diese Charaktere, die gläubig-hingebungsvoll, in lebensbejahender Absolutheit, im Machtgefühl und heuchlerischer Gewalttätigkeit, aber in der inszenierten Selbstdarstellung überzeugend charismatisch sein können, den ungleich größeren literarischen Anreiz verursachen und dafür mit viel Toleranz und verständnisvoll kommentierender Nachsicht belohnt werden. Das galt schon zu ihren Lebzeiten und hat in den historisch-biographischen Nachbetrachtungen das überlieferte Persönlichkeitsbild geschaffen.

Ganz anders erleben wir den Preußenkönig in den posthumen Darstellungen. Was immer über ihn mit bewunderndem Urteil oder mit gezielt herabwürdigenden Absichten geschrieben wurde, es kommt immer wieder ein Mensch zum Vorschein, der in der Rationalität seiner Gedanken und der Kausalität und Logik seines Handelns dem Betrachter keinen Zugang zu seiner Seele öffnet. Er ist klug; er ist schöpferisch; er ist entscheidungsfreudig; er ist weitsichtig, scheint manchmal beinahe unfehlbar zu sein; er ist auch musisch und kontemplativ, ein kaum zu übertreffender Staatsmann und brillanter Diplomat, ein strategisches Genie und Schlachtenlenker, tapfer, mutig und risikofreudig – und trotz all dieser hervorragenden Eigenschaften bleibt ›der Mensch‹ verborgen. Ist er nicht unter seinesgleichen wahrhaftig die vollkommene Inkarnation der Idee der Aufklärung, so daß er seinen Biographen und der Nachwelt nur wie eine seelenlose, logisch-kausal gesteuerte Maschine faßbar wird? Sie mag den Betrachter faszinieren, aber den Empfindungen von menschlicher Zuneigung und Liebe ist sie nicht mehr zugänglich. So erklärt es sich vielleicht, daß auch die gewissenhaftesten Biographien über ihn immer den sachlichen Hauch der Gefühlskühle ausatmen. War er es nicht selbst, der von sich sagte: »Wer mich nicht liebt, der soll mich wenigstens fürchten«? Aber auch dann, wenn dieser Ausspruch nicht der seine ist, sondern von Friedrich Wilhelm I. im Zorn gesprochen sein sollte, beschreibt er doch einen Teil seiner vielschichtigen und doch in sich konsistenten Persönlichkeit.

Folgt man diesem Gedanken über eine aus der Philosophie, dem Geist der Aufklärung geformte Herrscherpersönlichkeit bis hin zum modernen Menschen, fragt man sich, ob diese Aufklärung die Menschheit nicht nur beschenkt und von inneren und äußeren Zwängen befreit, sondern sie auch des Irrationalen beraubt hat, was in der Menschheitsgeschichte davor so stark mit Leben erfüllt und auf seine Weise faszinierend war.

König Friedrich II. von Preußen

Wille ist die Triebkraft zur Macht.
Wissen führt zu immer größerer Bescheidenheit.

»Maria Theresia und Friedrich der Große sind unstreitig die bedeutendsten und interessantesten Persönlichkeiten ihrer Zeit. Die genaue Bekanntschaft mit ihnen ist nicht nur zum Verständnis der politischen Geschichte notwendig ..., das Studium ihrer Individualitäten, die psychologische Vertiefung in ihre Naturanlage und ihren herausgebildeten Charakter (gewährt) einen großen Reiz. Erst wenn wir uns in die individuellen Details vertiefen, sind wir im Stande, uns ein plastisches Bild jener Persönlichkeiten zu verschaffen, die ihrer Zeit vielfach das Gepräge gegeben haben ...«[28]

Die bisher veröffentlichten Dokumente über und von Friedrich dem Großen zeigen ihn uns als Feldherrn und Staatsmann, als Dichter und Geschichtsschreiber. Hier lernen wir ihn von einer neuen Seite kennen, als Diplomaten.

»Friedrich sprach gerne und viel bei den Audienzen ... er berührte bald den einen, bald den anderen Punkt, der gerade auf der Tagesordnung stand, um auf diese Weise seinem Gegenüber keinen Moment der Ruhe und Sammlung zu gönnen, sondern durch ein unermüdliches, bohrendes Fragen den eigentlichen Intentionen auf den Grund zu kommen. Eine Art Aufrichtigkeit und Offenheit zur Schau tragend, suchte er den ihm gegenüberstehenden Diplomaten in volle Sicherheit einzuwiegen, um ihm sein Geheimnis zu entlocken und die wahren Gründe der ihm erteilten Aufträge kennenzulernen. ›Sagen Sie mir Ihre Meinung, Ihre eigene Meinung, als Herr Soundso, nicht als Gesandter‹, war seine stehende Redensart, wohl wissend, daß nur wenige ihr eigenes Ich von ihrer Funktion loszuschälen im Stande sind und daher, indem sie ihre eigenen Ansichten wiedergeben, doch nur die Gesichtspunkte ihres Auftraggebers darlegen. Die Diplomatie des 18. Jahrhunderts war zum Theil eine solch' verlogene, daß sie zumeist das Gegentheil dessen als wahr ansah, was man ihr sagte, sie witterte überall Hintergedanken, selbst wo keine zu suchen waren. Auch Friedrich war von der Sucht nicht ganz frei, aber in den meisten Fällen traf er das Richtige und erfaßte mit intuitivem Scharfsinn den eigentlichen Sachverhalt. Gewohnt, seinen Minister, den Grafen Finkenstein, schriftlich von den Vorfällen des Tages zu unterrichten, sind wir in der Lage, den König zu controllieren und seine Auffassung der Sachlage kennenzulernen ...«

(A. Beer: Friedrich II. und van Swieten, 1873)[13]

Wir dürfen annehmen, daß der preußische Kronprinz Friedrich, dieser hochintelligente, ganz von den Idealen der Aufklärung gefangene junge Mann, als er am 31. Mai 1740 den Thron bestieg, sein königliches Amt mit nüchtern abwägendem Verstand angetreten hat. Seinem Freund Voltaire schrieb er kurz darauf: »Ab jetzt ist das Volk, das ich liebe, der einzige Gott, dem ich diene.«

Die politischen Vorgaben, wie sie in den Testamenten der Hohenzollern aufgeschrieben waren, sind die Staatsziele für das Königreich Preußen gewesen. Wenn immer ihn jugendlich eitle Ideen beflügelt haben, dann die, den Staatszielen nahezukommen oder sie zu erreichen. Diese Vorgaben waren zu Beginn seiner Regierungszeit ein Programm, dessen Durchführung nur die Geduld erforderte, den rechten Zeitpunkt im politischen Orchester Europas abzuwarten und den richtigen Einsatz zu finden. Ganz vornean wurden seine Gedanken beherrscht von einem Ausspruch seines Vaters: »Da steht einer, der mich rächen wird.« Gemeint war damit der mehrfache Treuebruch der Habsburger mit dem Verrat Karls VI. in der Jülich-Zusage und dem Jägerndorf-Dekret, das den Geraer Hausvertrag der Hohenzollern in seinem Kern, der Unteilbarkeit brandenburgischen Landes, verletzte.

Das zielstrebige und entschlossene Handeln des jungen Königs ist kaum in eine Kontinuität zum Charakter des Kronprinzen zu bringen, wie er uns immer wieder beschrieben worden ist. Seine Aufsässigkeit ist in der historischen

Belletristik überreichlich behandelt worden; und dazu gehört das Psycho-Gemälde vom Vater-Sohn-Konflikt, der seinen Höhepunkt erreicht haben soll, als der achtzehnjährige Friedrich in der *Katte-Affäre* sein Leben dem begütigenden Zuspruch des deutschen Kaisers und Habsburgers Karl VI. verdankt haben soll.[25] Sein weiteres Leben offenbart uns, daß der junge Mann aus den pädagogischen Konflikten mit seinem Vater einen lebenslangen seelischen Schaden nicht davongetragen hat. Auch sein distanziertes Verhältnis zum weiblichen Geschlecht findet in diesem Konflikte keine psychologiegerechte Erklärung. Zumindest die Schauspielerin Barberina wäre wohl imstande gewesen, ihm den Kopf zu verdrehen. Doch als Jüngling darf man sich ihn mit seinen philosophischen und musischen Interessen nicht unrichtig als introvertiert und vom aufklärerischen Gedankengut fasziniert vorstellen. Das mußte ihn zwangsläufig mit dem pietistisch-gläubigen Vater und seiner um Ausgleich bemühten, sehr gebildeten Mutter Sophie Dorothea – sie war die Tochter des Kurfürsten von Hannover und englischen Königs Georg I. – in Widerspruch bringen. Im Grunde hat ihn seine vom Vater so verfügte Erziehung – bis zum siebten Lebensjahr von der Hugenottin Madame de Rocoulle und danach von dem gelehrten Offizier hugenottischer Herkunft, Jacques Egid Duhan de Jandune – zu dem intellektuell aufsässigen jungen Mann gemacht, die den König später so in Harnisch gebracht hat.[24]

Gerade noch während der letzten, sehr unbeschwert freien Jahre bis zur Regierungsübernahme, die er im Schloß Rheinsberg verbrachte, hing er dieser liberalen, menschheitsträumerischen Philosophie an. Es entstand sein »Antimachiavell«. Wie dann aber sein späterer Weg zeigte, war das väterlich-hohenzollernsche Erbgut in seinem Denken und Handeln doch stärker ausgeprägt. Der traditionalistische Geist der Hohenzollern widerstand seinem Wissensdrang, alles Neue aufzusaugen und sich damit auseinanderzusetzen, und der hieß: Pflichtgefühl, Gesetzestreue und Gehorsam, bedingungsloses Dienen, Gerechtigkeit gegenüber den Untertanen, Treue und Hingabe an Preußen. Das waren die Forderungen, Ermahnungen und Verpflichtungen, die in den

Politischen Testamenten wie ein Katechismus des Regierens immer wiederkehren. Der junge König hat sich widerspruchslos darein gefügt.

In unserer jüngsten Geschichte wird von Journalisten, Politikern, Literaten und Historikern ein Abbild vom jungen König Friedrich vermittelt, das ihn der jüngsten Generation darstellt als einen Mann, der sofort mit der Thronbesteigung aus überzogenem Geltungsdrang, intellektuellem Überlegenheitsgefühl, Machtgier und getrieben von seinem militanten Charakter sein Land unverzüglich in eine Folge von blutigen Kriegen stürzte. Das schafft ein böses, ein ›negativ besetztes Urteil‹ über einen Abschnitt unserer eigenen Geschichte und einen König, der im Wettstreit mit den anderen Herrschern seiner Zeit zu einer überragenden Persönlichkeit wurde. Dieses negative Abbild ist aus den vielen uns verfügbaren Quellen weder zu belegen noch zu rechtfertigen. Es ist unredlich.

Der Wahrheit näher kommt man[24], wenn dem siebenundzwanzigjährigen Kronprinzen zugebilligt wird, daß er sich schon vor der Thronbesteigung sehr gründlich mit den politischen Kraftfeldern und Konstellationen beschäftigt hat, wie sie zu dieser Zeit in Mitteleuropa bestanden haben. Dazu gehörten auch die Bündnis- und Erbrechtsverträge, erfüllte und gebrochene Vereinbarungen, und er hatte in Rheinsberg auch die Muße, ganz im stillen daraus seine Schlüsse zu ziehen, die sein Handeln als König leiten sollten.[24] Diese Vorbereitung auf sein königliches Amt würde seiner Klugheit gerecht und kann dann nur zu einem sehr pragmatischen Geschichtsurteil über sein erstes Jahr als preußischer König führen. Aus der Geschichtsschreibung wissen wir aber nur zu gut, daß seine politischen Gegner publizistisch ein Bild von ihm geformt haben, das mit Fleiß bis zu seinem Tode gepflegt wurde und bis heute immer wieder aktualisiert worden ist.

Daß Friedrich in der französischen Sprache parlierte, philosophierte und regierte, sie in gewissem Sinne regierungsoffiziell machte, ist ihm nicht als Eitelkeit vorzuhalten. Auch sein Vater Friedrich Wilhelm I. bevorzugte die französische Sprache, wenn er sie auch in dem harten Akzent seines hugenottischen Lehrers gebrauchte. Es war zu dieser Zeit also keine außergewöhnliche Attitüde. In der gehobenen Verwaltung, im Alltag des Adels wurde das Französiche verwendet, und der Volksmund übernahm es in vielen bis heute lebendigen Wortschöpfungen. Nicht nur in Potsdam, an allen Höfen Europas von Petersburg bis Wien, ausgenommen London, war Französisch die Umgangssprache und die Sprache der Diplomatie. Selbst aus unserer Sicht heute ist das nicht verwunderlich, weil Dokumente z. B. von Friedrich II. an Maria Theresia, in deutscher Sprache abgefaßt, nur schwer verständlich waren. Es gab für die deutsche Sprache keine allgemeingültigen Regelungen, und die Linguistik war in ständigem Wandel. Erst Jacob Grimm hat in der Mitte des 19. Jahrhunderts eine allgemeinverbindliche Grammatik geschaffen, und dann vergingen noch einmal fünfzig Jahre, bis zum Ende des Jahrhunderts, bis die deutschen Fürstenstaaten bereit waren, die von Duden erarbeitete einheitliche Rechtschreibung hinzunehmen, und am Ende unseres Jahrhunderts scheint sie noch immer nicht zu einer Kontinuität zu finden.

Ganz anders hat sich die französische Sprache entwickelt. Schon damals zeichnete sie sich durch große Klarheit des Ausdrucks aus und hat seitdem kaum Veränderungen oder gar Anpassungen an die Zeitmoden erfahren. Über die Kontinuität der französischen Sprache wacht bis heute die Academie Française. Sie wurde 1635 von König Ludwig XIII. eigens mit dem Auftrag gegründet, dem Schutz und der Pflege der Sprache verpflichtet, über deren Kontinuität zu wachen. So wurde erreicht, daß sich auch heute noch, nach dreihundert Jahren, französische Texte lesen lassen, als seien sie erst jetzt aufgeschrieben worden.

Dieses statische Fundament der französischen Sprache ist mit ein Grund dafür, daß sie bis in die Neuzeit zur führenden europäischen Sprache wurde. Nach Gründen oder einer Erklärung zu suchen, warum sie dennoch im 19. Jahrhundert so sehr an Einfluß verloren hat, wäre eine historisierende Untersuchung wert.

Für den Kronprinzen Friedrich war sein Urgroßvater, der Große Kurfürst, die Leitfigur. Er hat ihm auch die politische Vorgabe gemacht, Schlesien zu einer preußischen Provinz zu machen, wenn es die Zeitumstände und bestimmte politische Voraussetzungen ergeben sollten. In seinem Politischen Testament können wir seine Gedanken »zur Erwerbung von Schlesien«[19] nachlesen: »Wenn man Seine Kirche auß der Trangsall des Pabstumbs erretten kan, Demnach nun weltkundig ist, auf Was schwachen fussen das Hauß Osterreich bestehet, vndt das zu befahren, das selbiges Hauß durch absterben vndt nicht hinterlassung einiger Erben abgehen mochte, vndt Ich darnehbenst in erfahrung kommen bin, Wie das schon bey lebendigem Leibe des itzigen Keisers andere auf sothanen Vnnerhoften fall einige Theillung vnter sich gemacht, Wie sie die Konigreiche vndt lande vnter sich vertheillen wolte, So hahb Ich solchem Wercke eine geraume Zeitt vielfeltig nachgedacht, vndt befunden, das Wan es ja zu einer solchen Theillung kommen sollte, das das Hauß Brandenburg billig für andere, ja auch jedermenniglich, Welche Sich der Succession annehmen mochten, mitt allem recht die negsten erben zu der Schlesie seien, vndt solches vnter anderen auß diessen Vrsachen ...«

In diesem Dokument blickt der Große Kurfürst auch zurück auf Verrats- und Unrechtshandlungen der Habsburger, daß dem Haus Brandenburg vom »Hause Osterreich gegen alle recht vndt Billigkeit nuhmer bey 50 Jahren das Fürstenthumb Jagerndorff vorenthalten« wurde. Dem »Hausse Cleve« sei vom »Kayser Carell das Fürstenthumb Gelderen« ebenfalls »mitt gewalt abgenommen« worden. Und »das Haus Brandenburg« habe »ville ansehnliche Stücke mehr in der Schlesie in possession gehabt vndt daraus verdrungen ist«.

Kurfürst Friedrich III. ermahnt seinen Nachfolger: »Ich vermahne meinen Successor, daß Er sich gahr wol hüte keinen unbesonnenen krieg anzufangen ...«[19] Und später, als König Friedrich I., warnt er seinen Successor noch mal ausdrücklich davor, nur aus eitlem Landerwerb mit dem Nachbarn einen Krieg anzufangen. Der König und Kurfürst regiere ein Land mit sehr verstreutem Besitz, müsse im Kriegsfall die Feindschaft der Nachbarn bedenken und könne so leicht

Schaden nehmen. Trotz aller Friedfertigkeit müsse aber die Armee ständig auf hohem Standard gehalten werden.

Friedrich Wilhelm I. hat diese Ermahnung seines Vaters bezüglich der Armee sorgfältig beachtet und befolgt. Aus seiner »Instruktion König Friedrich Wilhelms I. für seinen Nachfolger«[29] – er hat sie unter dem Datum vom 22. Januar 1722 aufgeschrieben, der Kronprinz war gerade erst zehn Jahre alt – sind einige Abschnitte wegweisend und wurden in der Tat geschichtsträchtig. So lesen wir:[30]

»Wen Mein Successor sich in Preußen wierdt huldigen laßen, mus er es heim(lich) an den Ilgen und Kniphaußen sagen, das sie euch in Preußen huldigen laßen in der geschwindigkeit, das Kein Polnischer Magnat dabey erscheine und die huldigung so abgehe als wie ich eingehuldiget worden, sondern ist ein Polnischer Magnat dabey ist eine schlimme consequance, das werdet Ihr im archiff finden, laßet aufsuchen die huldigung von mein Vatter und Grohsvatter, da werdet Ihr sehen was das vor eine importance ist und nicht eine ceremonie ... Auf die finckische und Donaische familie mus mein Successor ein wachsames Auge hahben, sonsten sie mit mein Successor mit Regiren werden, und die beiden familien die alte Preußische Polnische Privilegia noch im hertzen hehgen, das seit versichert ...«

Zur Ausweitung des preußischen Staatsgebietes beschreibt er die legalen Anrechte:[31]

»Erst(lich) die Pretencionen, die dar in unsern hauße legithim sein, ist die Succession von Jülich und bergen, die ostfrisische expectantz, die Succession auf Mecklenburg, die Pretencien sein Klahr im Geh(e)imten archiff, wen der Kasus in wehrende enere Regirung sich solte ereigenen, müßet Ihr die gerechte Pretencionen Sutteniren mit ener gantze macht und es nicht abandoniren, den sie gerecht sein und Gott die gerechten sachen beystehen ... an euch mein lieber Successor ist was eure vorfahren angefangen zu Sutteniren ... und fanget niemahlen ein ungerechten Krieg an ...«

Und weiter schreibt er:

»Ihr mußt eure Armeé stehs zusammen behalten, alsden werdet Ihr sehen wie von allen Pussancen der weldt Ihr rechergiret werden wierdt und werdet in eurohPa die Ballance in die weldt halten kahn ist ümer wahs dabey zu Profittieren vor eure lender und Respectable vor eure freunde und formidable vor eure feinde ist«, und:[32] »... Paing de Pais Poing de Prussien ...« (point de paix, point de Prussien).

Auch über den polnischen Nachbarn hat er eine Empfehlung an den Kronprinzen: »Mit der Republicke Pohlen ist guht (in guter) freundschaft (zu) lehben und sie ein guht vertrauen bezeugen und auf den Reihtag euch bestendig eine Party zu machen (im Reichstag eine freundschaftlich gesinnte Partei zu halten), das Ihr den reihtag brechen Könnet, wen Ihr es ener interesse apropos findet. Ihr müßet mit aller macht bearbeitten, das es eine Republicke bleibe und das nicht ein Suwerener König seyn, sondern bestendig eine freie Republicke verbleibe ...«

Der Soldatenkönig hat seine »Instruktion« 1722 aufgeschrieben. Dieses Datum liegt ein Jahr nach dem Ende des zweiten Nordischen Krieges und den Friedensschlüssen von Stockholm und Nystad. Zu dieser Zeit war der Polenkönig August der Starke von Sachsen zwar vom Zaren Peter dem Großen wieder auf seinen Königsthron gesetzt worden, aber in seinem Land hatte er nichts mehr zu bestimmen. Die politische Rolle, die Polen in den kommenden fünf Jahrzehnten noch spielen sollte, war im Machtkalkül Rußlands, Österreichs und Preußens berücksichtigt. An eine Amputation polnischen Gebietes oder gar an die Aufteilung des ganzen Staates hat aber noch keiner der Monarchen gedacht. Diese »Instruktion« ist jedoch auch deshalb ein lesenswertes Dokument, weil sie trotz der schwerverständlichen deutschen Sprache einen tieferen Einblick in Charakter, Geist und die sittliche Bindung dieses Königs vermittelt. Er hat unwidersprochen eine zahlenmäßig große und disziplinierte Armee geschaffen, die die Nachbarstaaten nicht zu Angriffen auf Preußen eingeladen hat. Er vollzog damit, was den Hohenzollern vom Großen Kurfürsten testamentarisch aufgetragen worden war. Und er konnte sich das finanziell ohne Schaden für seine Untertanen erlauben, denn Handwerk, Industrie, Handel und Landwirtschaft entwickelten sich mustergültig. Diese Wirtschaft konnte sich in dem vom Staat vorgegebenen gesetzlichen Rahmen frei entfalten und wurde von einer sparsamen, pflichtbewußten Verwaltung kontrolliert. Diese Regeln der Sparsamkeit galten vorbildhaft, fast schon spartanisch, für den königlichen Hof. In Preußen vermehrte sich der Staatsschatz, die anderen Staaten verschwendeten das Geld für Repräsentation, aufwendige Bauwerke und im Lebensgenuß.

Mit diesen Eigenschaften stand Friedrich Wilhelm I. ganz im Gegensatz zur Selbstherrlichkeit und Militanz Ludwigs XIV. oder zum Bonvivant und Adonis Ludwig XV. Sein politisches Urteil und seine Handlungsfähigkeit hat er zu Preußens Vorteil im Nordischen Krieg unter Beweis gestellt. Er verbündete sich mit Peter dem Großen gegen Schweden und brachte im Frieden von Stockholm Stettin, Rügen und Vorpommern als reiche Ernte ein. Die verächtliche, intellektuelle Nachrede an den anderen Fürstenhöfen – insbesondere in Versailles – mußte er für sein sparsames, ganz auf Effizienz ausgerichtetes Hofleben und Regieren von denjenigen in Kauf nehmen, die es verstanden, locker-ironisch mit dem Wort umzugehen, dabei fröhlich-verschwenderisch lebten und das Volk in Armut hielten.

Diese »Instruktion« ist auch ein Schlüssel zum Verständnis, warum sein Successor Friedrich II. unverzüglich mit dem Tode Kaiser Karls VI. den Schlesischen Krieg begannn. Er muß – abgesehen vom verstandesmäßigen Kalkül – gefühlt haben, daß er in diesem Augenblick nicht zu spät kommen durfte, wollte er nicht von der Geschichte bestraft werden.

Am 28. Mai 1740, drei Tage vor seinem Tode, rief der König seinen Sohn, den Kronprinzen, zu sich, um ihm im Beisein des Staatsministers Graf von Podewils und des Etatministers von Thulemeier den letzten Stand seiner politischen Geschäfte zu erläutern.[33] In dieser Tour d'horizon durch die europäischen Fürstenhöfe beginnt er mit der als Verrat empfundenen Erbfolgeregelung der Herzogtümer Jülich und Berg und kommt am Ende seines Diskurses noch einmal darauf zurück. Der Wortbruch des Kaisers Karl VI. muß ihn zutiefst getroffen haben. 1728 hatte er dem Kaiser das Versprechen gegeben, die Pragmatische Sanktion zur Regelung der Habsburger Thronfolge anzuerkennen, wie Karl VI. es entschieden hatte. Er erhielt dafür die Zusicherung, daß Preußen diese Herzogtümer nach dem Tode des Pfalzgrafen Kurfürst Karl Philipp erhalten würde. Elf Jahre später hat dieser Kaiser in dem 1739 unterzeichneten Vertrag die Herzogtümer Jülich und Berg dem Pfalzgrafen Karl Theodor übertragen. Der sterbende König verband diese Angelegenheit mit einem grundsätzlichen Urteil über den kaiserlichen Hof in Wien; es sei »dem Kayerlichen Hoff im geringsten nicht zu trauen, Sie hätten solches in vielen Fällen erfahren, das Haus Österreich würde nach seinem eigenen Interesse allemahl dahin streben undt arbeiten, daß die Macht und das Ansehen des Königlichen Churhauses eher mehr und mehr beschnitten und verringeret als vermehret werden möge. Von dieser invariablen Maxime würde man zu Wien nimmer abgehen ...«

Diese Gesprächsaufzeichnung des Grafen Podewils offenbart den tiefen Vertrauensbruch und die vergiftete Atmosphäre, die der Kronprinz zu Beginn seiner Regierung vorfand. Die nüchterne Gewissenhaftigkeit der Hohenzollern mußte mit dem unzuverlässigen maghrebinisch-wienerischen Charme auch unweigerlich in Konflikt geraten, je mehr Brandenburg-Preußen zu einem eigenständigen Machtfaktor heranwuchs. Das Glück des Hauses Hohenzollern war es, daß es in einer entscheidenden politischen Situation den vielleicht besten Mann in der langen Ahnenreihe auf dem Königsthron hatte.

Ganz im Sinne seines königlichen Vaters konnte bei dieser Sachlage der bald beginnende Schlesische Krieg nur ein *gerechter* sein, und auch die zweite Bedingung schien zum Ende des Jahres 1740 fast schicksalhaft ideal erfüllt, daß der habsburgische Vielvölkerstaat mit dem Ausbruch des Österreichischen Erbfolgekrieges zerbrechen würde. Für den jungen König Friedrich II. war Schlesien nicht nur ein willkommener, sondern auch ein rechtmäßiger Anspruch und eine günstige Gelegenheit, einen Anteil aus der *Habsburger Erbmasse* zu erhalten. Um seinen spontanen Entschluß, den Krieg gegen Österreich zu beginnen, auch aus seinem Charakter zu verstehen, bediente sich die Geschichtsschreibung gern des objektivsten Mittels, man suchte in den Quellen, was er dazu über sich selbst aufgeschrieben hat. Und er teilte sich gern schriftlich mit, war also eine dankbare Quelle. Im Sommer 1742 schrieb er in den »Denkwürdigkeiten« über den ersten Schlesischen Krieg: »Die Minderjährigkeit des jungen Zaren Iwan ließ mich hoffen, daß Rußland sich mehr um seine inneren Angelegenheiten bekümmern würde als um die Garantie der Pragmatischen Sanktion. Außerdem war ich im Besitz schlagkräftiger Truppen, eines gut gefüllten Staatsschatzes und von lebhaftem Temperament; das waren die Gründe, die mich zum Kriege mit Therese von Österreich, der Königin von Böhmen und Ungarn, bewogen. ... Der Ehrgeitz, mein Vorteil, der Wunsch, mir einen Namen zu machen, gaben den Ausschlag, und der Krieg ward beschlossen.«

Von dieser ersten Fassung sind aus dem Nachlaß von Voltaire nur Fragmente und das Vorwort überliefert, und er hat sofort erkannt, daß mit solchen Offenbarungen hervorragend Diffamierungspolitik zu betreiben war. Da diese »Denkwürdigkeiten« von Friedrich nicht veröffentlicht wurden und erst, von dem gereiften König gründlich überarbeitet, 1775 in der »Geschichte meiner Zeit«[34] Verwertung fanden, dürfen wir wohl annehmen, daß Voltaire ein nicht autorisiertes Manuskript in seinen Besitz gebracht hat. Doch wie immer die Umstände gewesen sein mögen, der Text kam aus dem Kopf und der Feder des Königs. Mit allen Erfahrungen, die wir in unserer Zeit in der politischen Szene mit dreißigjährigen Menschen machen, drängt sich auf, diese spontan geschriebenen Gedanken nicht überzubewerten. Dieser junge König kam gerade als überlegener Sieger aus dem Krieg nach Berlin zurück. Der Vorfriede von Breslau war am 11. Juni 1742 abgeschlossen worden, und er hatte Niederschlesien, Glatz und Teile von Oberschlesien in Besitz genommen. Als er im Glanze seines jungen Ruhmes sofort nach Kriegsende diese selbstbewußte Rechtfertigung seines Verhaltens aufgeschrieben hat, fühlte er sich noch ganz im Siegesrausch und verdiente sicher Nachsicht. Berglars (S. 331) kritische Anmerkung zu diesem Zitat, es sei eine »beispiellose Unverfrorenheit« gewesen, ist mehr als überzogen, wenn man sich ein Bild von der Persönlichkeit dieses Königs machen möchte; aber bei Voltaire hätte Berglar sicher süffisante Zustimmung gefunden.

Im Gespräch[33] mit seinem Sohn auf dem Sterbebett ließ Friedrich Wilhelm auch Polen nicht aus, maß diesem Land aber eine politische Bedeutung nicht mehr zu. Graf Podewils hielt in seiner Niederschrift als die letzten Worte des Königs fest, die »Republique Pohlen« erfordere »keiner sonderlichen Consideration, undt brachen sie (Anm. König und Kronprinz) über dieses Sujet wie den beyden obigen Nordischen Crohnen in ihrem Discurs kurtz ab«, und sie endet: »Sr. Königl. Mayestät, welche bey Dero Unpäßlichkeit von diesem langen Discurs etwas fatiguiret schienen, brachen hierauff ab …«

König Friedrich II. hat seinem Nachfolger zwei politische Testamente hinterlassen. Es sind, wie alle Hohenzollern-Testamente, Dokumente sehr persönlicher Art und von großer Vertraulichkeit. Passagenweise erscheinen sie dem Leser wie ein dem Nachfolger vorgegebenes Regierungsprogramm, gehen aber auch weit darüber hinaus, wenn Gedanken über fernere Aufgaben, zu erwartende politische Entwicklungen und daraus für das eigene Land zu ziehender Nutzen oder auch nur menschliche Animositäten aufgeschrieben werden. Für die Öffentlichkeit, gewissermaßen zur Befriedigung menschlicher Eitelkeiten, wurden sie sicher nicht gemacht, weil der politische Inhalt eine geradezu selbstmörderische Offenbarung für den Gegner gewesen wäre. Wegen dieser hohen Vertraulichkeit darf man zu Recht davon ausgehen, daß der jeweilige Monarch sein Vermächtnis mit größter intellektueller Sorgfalt und Redlichkeit formuliert hat. Die Frage nach Charakter und Persönlichkeitsprofil wird deshalb aus den Testamentsquellen in besonderem Maße schöpfen können.

Das erste Testament Politique wurde vom König von April bis Juli 1752 aufgeschrieben. Uns Heutige überrascht der Zeitpunkt, denn er war doch gerade erst vierzig Jahre alt. Vor zweihundertfünfzig Jahren hatte man ein anderes Verhältnis zum eigenen Alter und zu seinen Lebenserwartungen. Abgesehen vom Persönlichen, verstand es der Preußenkönig auch, die Zeichen der Zeit richtig zu deuten. Die zunehmende diplomatische Aktivität des Wiener Hofes kündigte an, daß Österreich aus Rache oder als Vergeltung – wie immer man die Zeitdokumente deuten will – für zwei verlorene Feldzüge den nächsten Krieg vorbereitete. Gültige Friedensverträge und die Garantien anderer Mächte für die Einhaltung der Verpflichtungen standen im Ernstfall immer hinter den Eigeninteressen zurück. Kam es aber erneut zu einem Krieg mit Österreich, dann sah der König seinen Platz nur bei seinen Soldaten auf dem Schlachtfeld und teilte alle Lebens- und Gesundheitsrisiken mit ihnen. Deshalb war es notwendig, rechtzeitig für seinen Nachfolger sein Haus zu bestellen.

Das Testament Politique beginnt in der Einleitung[19, 35] mit seinem Credo: »Die erste Pflicht eines Bürgers ist es, seinem Vaterland zu dienen; das ist eine Verpflichtung, die ich in allen verschiedenen Lagen meines Landes zu erfüllen mich bemüht habe ... Selbst Recht zu sprechen ...«, sei nicht Sache des Königs, aber er dürfe auch »die Rechtsprechung nicht vernachlässigen«. Deshalb war eine Rechtsreform unter der Federführung seines Großkanzlers Cocceji dringend notwendig. Die Richter waren an dieses kodifizierte Recht gebunden und wurden alle drei Jahre von zwei Räten des Obersten Gerichts kontrolliert.

»Wenn das Land glücklich sein soll, der Fürst geachtet sein will, ist es nötig, daß er Ordnung in seinen Finanzen hält ... Die Zerrüttung, in der Kaiser Karl VI. seine Angelegenheiten hinterließ, als er starb, (zwang) die Königin von Ungarn, englische Subsidien aufzunehmen, die sie zur Sklavin des Königs Georg (von England) werden ließen, und sie die Abtretung einiger schöner Provinzen sowohl an uns (Schlesien) als auch an den König von Sardinien (westliche Lombardei) kosteten.« Und: »Sachsen hätte ... in dem Krieg, der 1740 begann, eine Rolle spielen können; aber, verschuldet, verdingte es sich dem Meistbietenden und wurde auf allen Seiten unglücklich (Polen). August III. gewann nichts mit uns und den Franzosen, er wurde erdrückt, weil die englischen Subsidien ihn gegen Preußen aufgebracht hatten ...« Holland, noch im Erbfolgekrieg ein politischer Faktor, war

»mit Schulden überhäuft« und »ohne Kredit«. Wenn »Frankreich fortfährt, sich zu zerrütten ..., wird es trotz seiner großen Macht in Verfall geraten ...«. Für sein Land ohne natürliche Ressourcen, »weder in Peru, noch reiche Handelsgesellschaften, noch Banken ...« bleibt nur der »innere Reichtum Preußens«, sein Gewerbefleiß.

Das Testament befaßte sich dann recht ausführlich mit der Einnahmen- und Ausgabenseite des Staatshaushaltes: Gutsherrn und Bauern zahlten Steuern nach abgestuften Tarifen an den Steuereinnehmer der Provinz. Dem drohte er bei nachweislichen Verfehlungen die Todesstrafe an. Auf Luxusgüter wurden Akzisen gezahlt. Diese Steuerart belastete nicht die Armen im Lande, denn »das Brot, das Fleisch, das Bier müssen preiswert sein«. Diese Akzisen-Steuer hat er zu einem Steuerungsinstrument für die wirtschaftliche Entwicklung des Landes, insbesondere der Manufakturen, ausgestaltet »aus folgenden Gründen: 1) Wenn Ihr bei Euch herstellt, was Ihr sonst beim Nachbarn kaufen müßtet, bleibt Euer Geld im Lande; 2) Ihr könnt Eure Produkte an Eure Nachbarn liefern, so an Polen, Rußland, Schweden, Dänemark, und ihnen eine Art freiwilliger Steuer auferlegen, die sie an Eure Industrie zahlen; 3) Ihr laßt bei Euch Leute leben, die Untertanen Eurer Nachbarn waren, was die Fremden ernähren würde; 4) Durch Eure Arbeit zieht Ihr während des ganzen Jahres große Summen ins Land; 5) Ihr bevölkert die Städte, Ihr gewinnt neue Untertanen, dies aber ist der wahre Reichtum des Fürsten; 6) Ihr vermehrt die Einkünfte der Akzise durch den Verbrauch dieser neuen Arbeiter, was noch hinzukommt«. Dieses ›wirtschaftspolitische Manifest‹ liest sich wie das Konzept der ›sozialen Marktwirtschaft‹ von Ludwig Erhard im Jahre 1949. Der Mensch, sein Untertan, stand im Mittelpunkt von Denken und Handeln des Königs. Gleich welcher Nationalität, für sein Land war er das Kapital, der Reichtum des Fürsten. Aus des Untertans Gewerbefleiß regenerierte sich selbstschöpferisch die Entwicklung des ganzen Landes zu Wohlstand.

Bei den Domänenkassen empfahl der König »in der Verwaltung der Güter sehr darauf zu achten, daß der Pächter den Bauern nicht unterdrückt«. Die Anzahl der Pächter, also der Landadel, sollte nicht erhöht werden, weil er einen »zahlreichen Adel braucht, der in der Armee dient«. Von »fremdem Adel« hielt er nicht viel und merkte an, solche Pächter würden bei »einem Dienst, der so streng ist wie der unsere ... sich rasch den Appetit verderben und ... den Abschied nehmen und in andere Dienste gehen, die sie dann mit unseren Kenntnissen bereichern«.

Salzsteuer, Flußzölle und Posteinkünfte waren weitere Einnahmequellen, die, klug verwaltet, weiteren Wohlstand ins Land brachten.

Ein ganz besonderes Faszinosum muß das Münzwesen für ihn gewesen sein. Dahinter witterte er nicht nur Wirtschaftswachstum und Wohlstand, sondern finanzpolitische Macht im internationalen Geschäft. Verteilt über das ganze Land, in Königsberg, Stettin, Breslau, Berlin, Magdeburg, Kleve, Aurich und in Neuchâtel, ließ er Münzstätten einrichten. Durch eine ausgewogene Preispolitik beim Verkauf der Münzen hoffte er, den Wechselkurs zu beeinflussen und schließlich die europäische Geldmarktpolitik marktbeherrschend an sich zu ziehen. Eine Million Taler jährlich hoffte er aus diesem Geschäft in seine Staatskasse zu bringen. Dieses Vorhaben gelang ihm nicht. Die anderen Staaten, insbesondere Frankreich, waren auf diesem Sektor potenter.

Aber ein großer finanzpolitischer Erfolg war die Gründung der Preußischen Staatsbank Seehandlung. Sie hat für die wirtschaftlich-industrielle Entwicklung Preußens Hervorragendes geleistet und mußte erst 1945 ihre Tätigkeit einstellen.

Der wirtschaftlichen Entwicklung der so unterschiedlichen preußischen Provinzen galt die besondere Aufmerksamkeit des Königs. Er bereiste sie häufig und analysierte sie hinsichtlich Geographie, Bevölkerung, Fruchtbarkeit der Böden, ihrer Rohstoffquellen und Manufakturbetriebe und kommt zu dem Schluß, daß jede seiner Provinzen dezentral von den Regierungspräsidenten verwaltet werden müsse. Dafür erhielten sie vom König Instruktionen, die jedem jedoch reichlich Spielraum für eigene, schöpferische Ideen ließen und tunlichst nicht ständig geändert oder ergänzt werden sollten. Die Urbarmachung des versumpften Oder-

Netze-Gebietes war ein Teil dieser Kultivierungsarbeit, um die er sich besonders gekümmert, die er finanziell und steuerlich kräftig gefördert und den Fortgang der Arbeiten sorgfältig kontrolliert hat. Seine Aufzeichnungen über »gewonnenes Land« und die Ansiedlung »williger Seelen« in neu gegründeten Dörfern waren von bemerkenswerter Genauigkeit. Von 1746 bis 1752 sind einhundertzweiundzwanzig neue Dörfer für dreißig- bis vierzigtausend Seelen in gesicherter Existenz entstanden. Die Bevölkerung Preußens war damals nach dem Erwerb Schlesiens auf viereinhalb Millionen Einwohner angewachsen, und die Besiedlungspolitik in Verbindung mit der guten wirtschaftlichen Entwicklung im Lande muß einen kräftigen Sog auf die Nachbarländer, insbesondere aber das verarmte und moralisch heruntergekommene Polen, ausgeübt haben. Hunger, Not und Elend waren auch in Frankreich, Sachsen und Österreich groß, so daß Preußen sich doch spürbar von diesem schlechten Sozialniveau abgehoben hat. Aus alten Budgetaufzeichnungen ist nachvollziehbar, wie schnell sich Schlesien unter preußischer Verwaltung in nur wenigen Jahren in ein blühendes Land verwandelt hat. Das Oder-Netze-Warthe-Gebiet wurde in dieser Zeit vor allem von polnischen Zuwanderern durchsiedelt, und in unserer Zeit ist es polnisches Staatsgebiet geworden.

Österreich hat zum wirtschaftlich aufblühenden Preußen nicht mit Wohlgefallen hinübergeschaut, konnte sich aber dieser Dynamik nicht entziehen. Maria Theresia sammelte fleißig Informationen und begann, für ihr Habsburger Reich die Verwaltungs-, Wirtschafts- und Militärreformen von diesem *Marquis von Brandenburg* zu übernehmen und selbstverständlich mit einem eigenen Etikett zu versehen. Auch Frankreichs König Ludwig XV. wollte sich an diesem aufblühenden Preußen nicht freuen. Die eigene Wirtschafts- und Finanzmisere brachte ihn in die Zwangslage, seinem Bündnispartner die Erfolge zu mißgönnen; und für den Nachbarn im Osten war die Lage ganz besonders prekär, denn es begann nun eine polnische Wanderungsbewegung gen Westen nach Brandenburg. In unserer Zeit nennt man das die *Abstimmung mit den Füßen.*

So waren die Spannungen zwischen den Staaten sowohl politisch wie auch wirtschaftlich aufgeladen, als Kanzler Kaunitz begann, die österreichische Vernichtungsallianz gegen den Preußenkönig einzufädeln. Der erkannte diese Aktivität sehr bald und verfügte über ausreichend Zeit und eine gutgefüllte Staatskasse, um seine Armee dem Bedrohungspotential angepaßt zu halten.

Theoretisch und leider müßig ist das Gedankenspiel, welchen sozial- und machtpolitischen Weg die Staaten Mitteleuropas von der Mitte des 18. Jahrhunderts gegangen wären, wenn die Staaten friedlich neben- und miteinander gelebt und ihre Kraft für Sozialreformen eingesetzt hätten. ›De facto‹ wurde Preußens Organisations- und Verwaltungsprinzip ja von seinen Nachbarn und Gegnern in allen Bereichen der Administration, der Rechtsprechung und des Militärwesens kopiert, aber letztlich doch mit dem Ziel, diesen Staat als Störenfried auszulöschen. Ohne dieses feindliche Klima wäre Polens Schicksal als souveräner Staat vermutlich anders verlaufen. Der Russisch-Türkische Krieg, der Tod des Polenkönigs August III. und die Thronfolge durch Stanislav Leszczyński waren unvermeidliche Ereignisse, aber sie mußten nicht zum Verlust polnischer Provinzen führen, wie es dann im Ersten Petersburger Vertrag festgeschrieben worden ist. Die finalen Teilungen Polens in den Jahren 1793 und 1795 waren allerdings Koppelereignisse mit der Französischen Revolution, weil Polens Nachbarstaaten befürchten mußten, daß die sozialen Unruhen und Revolten auf ihre Länder übergreifen könnten. Dieses revolutionäre Potential in der polnischen Volksseele sorgte auch im 19. Jahrhundert für viel Unruhe, aber nun stand das Land ja unter der Kontrolle der Polen beherrschenden Regierungen. Auch für Frankreichs Monarchie war diese Entwicklung schicksalhaft, denn ein rechtzeitig sozial befriedetes Europa hätte sicher auch unter einem schwachen Ludwig XVI. von der Französischen Revolution verschont bleiben können.

Eine umfangreiche Literatur hat Generationen von uns mit dem unterdrückten Kronprinzen fühlen lassen, der unter einem gnadenlosen Vater leiden mußte. Als dieser bedauernswerte Jüngling König geworden war, hat er über sich selbst nachgedacht. Im »Prinzen von Geblüt« können wir das nachlesen[36], daß diese Spezies eine »Art von Zwitterwesen« sei, die sich »gelegentlich sehr schwer regieren« lassen. Aus eigener Erfahrung erkennt er »einen gewissen Hochmut, ... der ihnen den Gehorsam unerträglich und jede Unterwerfung verhaßt macht«, an. Ihm selbst wird als König sehr bald bewußt geworden sein, daß nur die notwendige Strenge und der erzieherische Zwang, sich in die Staatsräson zu fügen, aus dem unbotmäßigen Jüngling einen König »Friedrich der Große« gemacht haben.

Einblick in sein Denken, aber auch seine Sozialverantwortung gibt uns die Frage, die er sich selbst stellte: »Soll ein Fürst geizig oder verschwenderisch sein? Ich glaube, es paßt für einen Herrscher ebensowenig geizig wie verschwenderisch zu sein; aber er muß sparsam und freigebig sein, weil er der Verwalter der Güter des Staates ist, weil das Geld, was er erhält, Blut und Schweiß seines Volkes ist, das er zum Besten des Ganzen verwenden muß; dieses Geld in Friedenszeiten schlecht angelegt ... zu vergeuden und gezwungen zu sein, das Volk mit neuen Steuern zu drücken, wenn der Staat angegriffen wird, heißt unvernünftig und mehr als Tyrann wie als Vater des Volkes handeln.«

Diese kategorische Kantsche Ethik hat sein Urteil über die Verschwendung an den anderen Königs- und Fürstenhöfen in Europa nachhaltig beeinflußt, und es konnte nicht verwundern, daß er, nicht in seiner Zeitströmung treibend, mit bitterböser Kritik bedacht wurde. War er so souverän, sie mit Ovids »Froschgesang«[37] zu kommentieren: »Quamvis sint sub aqua sub aqua male dicere temptant«?

Die Politische Correspondenz[38] umfaßt rund achtzehntausend Schriftstücke seiner sechsundvierzigjährigen Regierungszeit. Diese Dokumente zeigen beeindruckend, daß es »in einem Staat wie diesem nötig ist, daß der Fürst seine Geschäfte selber führt ... Er muß seine Politik selbst lenken, seine Bündnisse schließen, wie sie ihm passen, selbst seine Pläne entwerfen und seine Partie in den empfindlichen und heiklen Konjunkturen selbst spielen«, und seine Art zu regieren beweist, daß bei ihm Wort und Tat gleich sind. Wie anders wird im Gegensatz zu ihm das Geschäft des Regierens von den Kabinetten in Versailles und in Wien gehandhabt! Ob er auch bedacht hat, daß sein autokratischer Umgang mit der Regierungsmacht seinen Kritikern über zweieinhalb Jahrhunderte hinweg reichlich Stoff gibt, ihn je nach der politischen Zeitströmung herabzuwürdigen? Er hat darauf sicher keinen Gedanken verschwendet, es sei denn den der ›quakenden Frösche‹.[37] Der autokratische Stil wird dann zwingend, wenn die gesamte und alleinige Verantwortung nur auf eine Schulter geladen ist. Er hat sie bereitwillig getragen. Aber ist es ein faires historisches Urteil, ihn je nach den politischen Zeitströmungen mit Negativattributen herabzuwürdigen? Diese Frage stellte sich damals nicht. Wenngleich die Monarchen des Absolutismus mit den Mitteln der spitzen Feder oft heftig angefeindet wurden, blieben sie zu ihren Lebzeiten davon doch unberührt. Andererseits ist dieser Herrschaftsstil unverzichtbar, wenn Entscheidung und Verantwortung ein Leben lang nur von einer Schulter getragen werden. Aus diesem Pflichtgefühl heraus reflektierte er über die Ämterteilung bei Frankreichs König Ludwig XV. oder allgemeiner über unfähige Fürsten, die »auf dem Thron vegetieren, unfähig, ihn zu besitzen, nur damit in Anspruch genommen, sich selbst zu befriedigen«. Sein souveräner Wille, alles Wichtige selbst und in völliger Abschirmung gegen Indiskretionen und Intrigen zu entscheiden, bietet den großen Vorteil, Strukturen der Persönlichkeit und der Gedanken Friedrichs II. anhand eines umfangreichen persönlichen Schriftgutes genauer nachzuzeichnen, als es bei den gleichrangigen Fürsten seiner Zeit möglich ist. Sein unbestechlicher Vertrauter – »ich habe nur einen Sekretär, dessen Treue ich versichert bin … wenn man mich nicht selbst besticht, ist es unmöglich, daß man meine Pläne auskundschaftet« – war August Friedrich Eichel. Schon als Sekretär von seinem Vater übernommen, wurde er der »schreibende Verstand« des Königs.

Neben Friedrich II. war nur die Zarin Katharina II. eine wirklich absolutistisch herrschende Monarchin; alle anderen haben in barocker Manier die Politik von ihren Kanzlern oder Staatsministern machen lassen und lediglich legalisiert, was sie in Ermangelung eines fundierten eigenen Urteils und fehlender Klugheit oder Durchsetzungsfähigkeit nicht zu leisten vermochten. Nur im höfischen Leben und seiner ausgeklügelten Etikette erstrahlte ihr absolutistischer Glanz. Von diesem schillernden, affärenbeladenen und beliebig ausdeutbaren Glanz zehren bis heute viele historisierende Romane. Diesen dankbaren Stoff konnten die nicht liefern, die diese Charakternischen nicht bieten konnten, in denen es reizte und lohnte, nach dem *Unerforschlichen* zu graben. Zu diesen Leuten gehörte der Preußenkönig.

»Politik ist die Wissenschaft, die stets durch angemessene Mittel in Übereinstimmung mit den eigenen Interessen zu handeln und … die Sicherheit des Staates zu befestigen, wie die Zahl der Besitzungen, die Macht und das Ansehen des Fürsten, soweit möglich (durch gebräuchliche und erlaubte Wege), zu erweitern hat.« So beginnt der Abschnitt »Über die äußere Politik«[39] im ›Politischen Testament‹ von 1752, in dem das politische Umfeld und die Verschiebung der Machtgleichgewichte durchforscht werden, die zwanzig Jahre später zur Teilung Polens führten. Es sollten nur noch vier Jahre bis zum Beginn des ›Siebenjährigen Krieges‹ vergehen, deshalb ist die sachlich-nüchterne Analyse besonders bemerkenswert. Österreich charakterisiert er als »unstreitig ehrgeizigste unter den (europäischen) Mächten« mit dem Ziel, »Deutschland zu unterwerfen«, um die Macht des Hauses Habsburg wieder zu vergrößern. Dieser politischen Leitlinie stünde nur Preußen als Hindernis entgegen. Daraus, aus dem Verlust von Schlesien und dem dadurch erlittenen Autoritätsverlust, erklärte er die haßerfüllte Feindschaft. Dem diplomatischen Bemühen, ein Geflecht von Beistandsverträgen zu schaffen, mit dem Ziel, den Staat Preußen zu vernichten, gehörte in diesem Dokument seine besondere Aufmerksamkeit. Er wußte, daß dieses Vorhaben für ihn schon recht bedrohlich gediehen war, und hat in diesem Zusammenhang das Treiben seines Widersachers, des Staatskanzlers Kaunitz, vollständig durchschaut. Emotionslos nannte er diese Diplomatie, »ein politisches Meisterstück … der Wiener Hof (ist) zu klug, Preußen unmittelbar anzugreifen«. Mit der zu erwartenden Vakanz des polnischen Königsthrones nach dem Tode Augusts III. sollte Karl von Lothringen, der Schwager Maria Theresias, König von Polen werden. Sollte er, der Preußenkönig, sich dem widersetzen, was nur mit Gewaltanwendung möglich war, dann hätte Österreich den erstrebten Kriegsgrund, den ›casus belli‹, geschaffen. Würde er diesen Thronwechsel zulassen, dann wäre Preußen an allen seinen Grenzen von dem österreichischen Bündnissystem eingeschlossen. Die Falle zur Vernichtung des Widersachers im Kampf um Deutschland könnte zuschnappen, und von allen Seiten würde man dann in Preußen einfallen. Es ist eine erstaunlich zutreffende Analyse.

In diesem strategischen Poker spielte die Republik Polen in den Überlegungen des Preußenkönigs noch keine Rolle, wie er sich auch zwanzig Jahre später unter einer ganz anderen Mächtekonstellation nur langsam und vom Petersburger Hofe und seinem Bruder, Prinz Heinrich, gedrängt, dem Gedanken des Erwerbs von Westpreußen als Landbrücke zu Ostpreußen annäherte. Für ihn hält Polen »an der alten, feudalen Regierungsform fest, die alle anderen Mächte Europas schon abgeschafft haben ... Die Republik wird nur bei Gelegenheit einer Königswahl beunruhigt. In zwei mächtige Parteien gespalten, ist sie für niemanden gefährlich ...«

Die Lagebeurteilung Friedrichs II. bezüglich der machtpolitischen Zentren in Europa mag uns auf den ersten Blick überraschend erscheinen. Er sagt, Europa sei eine »Republik von Souveränen, die in zwei mächtige Parteien geteilt sind, Frankreich und England ...«. Sie garantierten das Machtgleichgewicht und würden Machtverschiebungen unterbinden. Diese Politik »verhindert große Eroberungen und hält die Kriege erfolglos ...« Entgegen anderen geschichtsanalytischen Betrachtungen waren England und Frankreich tatsächlich die Hauptkontrahenten im Ringen um die Vormacht; England als die expandierende Überseemacht mit nicht geringem Einfluß auf den Kontinent kraft der Position des englischen Königs als Kurfürst von Hannover und Frankreich als schrumpfende Überseemacht, mit seinem hegemonialen Anspruch auf den Kontinent.[67] So zerstörerisch und blutig der Siebenjährige Krieg für Preußen und Österreich gewesen sein mochte, seine Schlachtfelder waren doch nur Nebenkriegsschauplätze. Frankreich war am Ende der große Verlierer, während das Habsburger Reich seine europäische Vormachtstellung im Grunde bereits unter den Kaisern Joseph I. und Karl VI. verloren hatte; nur wollte man das am Wiener Hof noch nicht wahrhaben. Der Glanz des Hauses Habsburg verblaßte langsam. Die raffinierte, aber großmachtpolitisch falsche diplomatische Aktivität des österreichischen Staatskanzlers Kaunitz operierte noch im Schatten dieser verlorengehenden Autorität. Friedrich verhielt sich in Abwehr dieser Politik folgerichtig und schloß mit London den Westminster-Vertrag ab, der das Reversement des Alliances nach sich zog. Vermutlich war dieser Frontwechsel im allerletzten Moment die bedeutendste politische Leistung des Preußenkönigs überhaupt, viel weniger seine gewonnenen Schlachten und Kriege, weil er sich für den preußischen Staat als existentiell erweisen sollte. Allein für diese Entscheidung gebührt ihm der Titel »Der Große«.

Der dritte Krieg gegen Österreich begann vehement. Kritiker, die in der vorteilhaften Lage sind, niemals verantwortlich handeln zu müssen, beschuldigen den Preußen des Neutralitätsbruchs, wollen aber die gefährliche strategisch-politische Lage bei Kriegsbeginn nicht zur Kenntnis nehmen. Sachlich-nüchtern schreibt dagegen Thomas Mann:[40] »Eine wahre und redliche Neutralität gab es nicht zu verletzen. Mit dem Herzen, mit seinem bösen Willen, stand Sachsen auf seiten der Koalition. Tat Friedrich dem Buchstaben nach Unrecht, brach er eine Neutralität, die auf dem Papier stand und deren Verrat nicht auf dem Papier stand, so handelte er in bitterster Notwehr.« Thomas Mann hatte mit seinem Urteil recht, hätte aber auch Montesquieu[24] zitieren müssen, dessen Gedanken zu dieser Zeit für aufgeklärte Monarchen nicht so sehr philosophische Ideen, als vielmehr sittliche Rechtfertigung für ihr Handeln waren. Der erste Angriff preußischer Truppen richtete sich primär nicht gegen Sachsen, sondern gegen die Habsburger Vernichtungsallianz. 1752 bezeichnete Friedrich II. die politische Konspiration des Grafen Kaunitz noch als ein »Meisterstück«, als es aber ernst wurde, übertraf er ihn an politischer und strategischer Klugheit bei weitem. Es war Teil seiner Begabung und seines Naturells, alle gegnerischen diplomatischen Aktivitäten an den anderen Fürstenhöfen sorgfältig beobachtend, immer zum Sprung in das Unvermeidliche, den Krieg, bereit zu sein.

Doch 1752 war seine politische Lagebeurteilung noch abwartend unterkühlt. Er stand zum Bündnis mit Frankreich und machte sich sogar Gedanken, ob er »im Bündnis mit Frankreich im Kriegsfall auf Eroberungen hoffen« könne, »sofern das Glück die Anstrengungen unserer Waffen begleitet«. Dieses Gedankenspiel bezog sich sicher auf Gebiete von Sachsen. Landerwerb bei diesem südlichen Nachbarn Preußens hatte einen gewissen Vorrang vor allen anderen Überlegungen, während der Bündnispartner Frankreich die Absicht verfolgte, den Prinz Conti als Nachfolger von August III. zum König von Polen zu machen. Aber genauso nachdrücklich bekennt Friedrich auch, »mein jetziges System beruht darauf, den Frieden zu erhalten, solange es möglich ist ... Es steht uns nicht an, erneut einen Krieg anzufangen«, und sollte Krieg unvermeidlich werden, so rät er, »die kriegerischen Parteien ihr erstes Feuer ausspeien zu lassen und die Waffen nicht eher in die Hand zu nehmen, als bis die anderen vom Kampf ermüdet sind ...«. In diesem Punkt allerdings irrte er gewaltig, denn Habsburg konnte sich 1752 keinen anderen Kriegsgegner denken als das verhaßte Preußen. Und das bedeutete für die Hohenzollern »risquer le tout pour le tout«.

»Politische Träumereien« überschreibt er einen Abschnitt seines politischen Testaments und nennt sie selbst schimärisch, eine Metaphysik. Erwerbungen, die Preußen durch Erbfolge zu machen hofft, mochten noch im Bereich des Realen gelegen haben, aber »Erwerbungen durch das Recht der schicklichen Gelegenheit« sind doch erstaunliche Gedankenspiele. Hat er beim Niederschreiben an noch fernliegende Entwicklungen gedacht, vielleicht sogar an einen sich auflösenden polnischen Staat? Oder hat er das einfach nur mal so als einen politischen Merkposten seinem Nachfolger mitgeben wollen? Immerhin bemüht er für seine Schimärismen bezüglich Polnisch-Preußens den König Victor Amadeus von Sardinien mit dem Zitat: »Mein Sohn, man muß Mailand essen wie eine Artischocke, Blatt für Blatt, und meint durch unsere Neutralität bald eine Stadt, bald einen anderen Bezirk zu gewinnen, bis alles geschluckt ist.« Für sich selbst transponiert er das: »Ich glaube, wenn man die friedliche Eroberung Preußens machen will, müßte man unbedingt Danzig als letztes Stück aufheben, weil diese Eroberung die Polen aufschrecken ließe, die ihr ganzes Getreide über Danzig ausführen und die mit Recht fürchteten, in Abhängigkeit von Preußen durch die Zölle zu geraten, die diese auf der Weichsel und dem Hafen von Münde (Festung an der Weichselmündung) auf alle Waren erheben würden, welche die Herren Sarmaten an andere Nationen verkaufen.« Zwanzig Jahre später, beim Aushandeln des ersten Petersburger Teilungsvertrages 1772/1773, wird diese Danzig-Frage zu einem kritischen Punkt. Preußen hat denn auch die wirtschaftliche Bedeutung dieser Stadt für Polen berücksichtigt und auf den Anschluß Danzigs verzichtet.

Schwedisch-Pommern gehörte auch zur angestrebten Arrondierung des Staatsgebietes und kam 1815 beim Wiener Kongreß durch friedlichen Landtausch zu Preußen.

Ein Alleinherrscher, ein im wahrsten Sinne des Wortes *Mon-Arch*, war Friedrich II. ohne jeden Zweifel. Mit ihm hat die absolutistische Monarchie aber auch ihren Höhepunkt hinter sich gelassen. Er distanzierte sich nachdrücklich vom Regierungsstil der anderen Herrscherhäuser und der dort gepflegten Kabinettspolitik. Eine so beherrschende Führerpersönlichkeit muß Visionen gehabt haben, und wie lassen sie sich beschreiben?

Heute fragen wir unsere Politiker gern nach ihren Visionen, und prüfen wir sie ganz sachlich auf den wirklichen Gehalt an Substanz, dann zeigt sich schnell, daß politische Visionen keine zeitlosen Träumereien sind, sondern mit den Zeitströmungen in Wechselwirkung stehen. Sie sind nichts anderes als wohlfeile sprachliche Konstruktionen, die sich auf zeitbedingte Wunschideen gründen und mit Hilfe kommunikativer Mittel in das Bewußtsein der Menschen gebracht und dort fixiert werden müssen. So definiert, wird erkennbar, wie groß die Veränderungen waren, die durch politische Visionen in den vergangenen zweihundertfünfzig Jahren das geschichtliche Terrain verändert haben. Geblieben ist in unserer Zeit die populistische Seite, die Menschen emotional zu erreichen. Sind es in unserem von Demokratien geprägten Jahrhundert Begriffe wie Frieden, Freiheit, Freizeit, soziale Gerechtigkeit, Umwelt usw., oft noch in eine diffuse Verantwortungsethik eingehüllt, mit denen die Gemüter in Bewegung gehalten werden, so begegnen uns in der Mitte des 18. Jahrhunderts visionäre Triebkräfte und Ziele ganz anderer Natur. Sofern ein Landesfürst überhaupt vorgab, Visionen zu haben, an denen er seine Herrschaft ausrichtete, zielten sie auf Strukturen der dynastischen Machtsicherung oder Machterweiterung. Erst mit der Französischen Revolution wurde das Volk wieder zum Medium für den visionären Rausch. In dieses Denkschema eingeordnet, hatte Friedrich der Große eine ganz außerordentliche Vision vom makellosen Untertan in seinem Königreich Preußen. Im Sinne dieser Vision versuchte er vorrangig den Adel, aber auch die Bürger und das Landvolk zu einer staatstragenden Gemeinschaft zu erziehen, die sich mit König und Staat identifizierte und beiden nach Möglichkeit mit Leib und Seele verschworen sein sollte. Vorbild waren sein und seiner Vorfahren Pflichtgefühl, Rechtschaffenheit, Zuverlässigkeit und Verantwortungsbewußtsein, die zum sittlichen Gut aller Bürger werden sollten. Rückblickend kann man ihm wohl heute bestätigen, daß er viel von seinen staatsbürgerlichen Visionen auf seine Untertanen übertragen konnte, und das so nachhaltig, daß diese preußischen Tugenden mehr als einhundertfünfzig Jahre Bestand hatten und erst in unserer *Zeit der Selbstverwirklichung im Individualismus* absterben.

Von ganz anderer Qualität war sein visionärer Blick in die Zukunft politischer Entwicklungen, in »Veränderungen, die in Europa eintreten könnten«. Die Habsburger Dynastie schien ihm ganz auf die Stärkung der Hausmacht fixiert, starrsinnig, mit Überheblichkeit und verächtlich auf ihre Verbündeten herabblickend, wankelmütig in der Zuverlässigkeit, ohne Geschmeidigkeit in ihren Verhandlungen und ohne Anmut in ihren Manieren. Die Kaiserkrone glaubte er auch künftig fest im Besitz der Habsburger. Auch das Deutsche Reich sah er in seinem Zusammenhalt trotz aller bizarren Mängel nicht gefährdet, meinte allerdings, die Anzahl kleiner Fürstentümer, Herzogtümer und Grafschaften würde durch Aussterben der regierenden Häuser abnehmen. »Es ist nur wahrscheinlich, daß die Macht des Kaisers sich ständig verringert, weil die Kurfürsten, inzwischen mächtige Fürsten geworden, die Autorität und kaiserliche Macht ausbalancieren können, indem sie sich vereinigen und sich an Frankreich anlehnen.« Trotz des offensichtlichen Machtverfalls glaubte er, »man wird das Haus Habsburg nicht so bald vom Kaiserthron verdrängen können«, und stellte sich selbst die ambitionierte Frage, ob denn Preußen nicht die kaiserliche Würde an sich bringen sollte.[41] Heute ist uns der Lauf der Geschichte bekannt, aber der Preußenkönig konnte zu dieser Frage an die Zukunft nur seine Phantasie oder seinen pragmatischen Sinn für die Realitäten walten lassen. Und in diesem Sinne gab er sich auch die Antwort, »diese höchste Verpflichtung (nicht) zu erstreben ... ein König von Preußen muß sich mehr anstrengen ... den Staat zu der Größe zu bringen, von der ich Euch ein ideales Bild gemacht habe ..., als sich mit einem leeren Titel zu schmücken und ... der Eitelkeit zu opfern«.

Die politische Zukunftsvision ist ein nachlesenswertes Dokument. Es ist ein wirklicher Spiegel des Zeitgeschehens und gibt uns einen Einblick in die Gedanken und Urteile der regierenden Fürsten. Das nicht mehr sehr ferne Datum der Französischen Revolution fand als Möglichkeit oder als Schreckensvision nicht einmal Erwähnung. Der Geist der Aufklärung begann zwar, sich in den Köpfen der Führungsspitzen festzusetzen, das sich verändernde Bürgerbewußtsein wurde aber noch nicht als eine Gefahr für die Regierenden ausgemacht. Fünfzig Jahre später war man in Europa wesentlich klüger, und Friedrichs politischen Zukunftsvisionen erwiesen sich schlichtweg als falsch. Er war aber selbst auch nüchtern genug, sie von vornherein zu relativieren: »Ich hüte mich wohl, den Wahrsager zu spielen, überlasse Nostradamus seinen Zenturien und den Propheten die Dunkelheit ihrer heiligen Rätsel«, denn »alles ist den unverhofften Zufällen ausgesetzt«.

Unsere Generation, die seit 1989 diese unverhofften Zufälle mit weltpolitischen Erdrutschen erlebt und erfährt, kann den Gedanken dieses Preußenkönigs nur zustimmen, daß sich die Zukunft nicht voraussehen ließe, aber ein gut geführter Staat müsse immer vorbereitet sein, sich seiner Haut erfolgreich wehren zu können: »Führt eine weise Finanzwirtschaft ... schließt keine Bündnisse ab außer mit denen, die genau die gleichen Interessen haben wie Ihr; macht niemals Verträge, um Einfluß auf weitentfernte Ereignisse zu haben.« Friedrich der Große hat insbesondere in den vergangenen hundert Jahren von Schriftstellern und Historikern Ruhm und Tadel erfahren als ein genialer Feldherr, als Zuchtmeister seiner Armee, des Adels und der Staatsbeamten, als der Philosophen-König oder als Herrscher zwischen Macht und Moral. Er konnte zu diesen Urteilen ganz unterschiedlicher Kategorien nicht gefragt werden, kann sich dagegen nicht zur Wehr setzen, obwohl seine eigenen Aufzeichnungen, wie auch diese, »Preußen ist von mächtigen Nachbarn und einem unversöhnlichen Feind, dem Hause Österreich, umgeben. Dies mag Euch darauf vorbereiten, häufig Krieg zu erwarten. Daraus ergibt sich auch, daß dem Militär der erste Rang im Königreich zukommen muß ...«, einen Einblick in die tiefen und sich überdeckenden Schichten seines Denkens ermöglichen. Er war ein Herrscher *ohne Nischen* und vielleicht gerade deshalb verdächtig?

Sechzehn Jahre später, unter dem Datum des 7. November, hat Friedrich der Große in Sanssouci sein zweites Politisches Testament aufgezeichnet. Erfahrungen, harte Prüfungen und Erfolge haben in der Zwischenzeit sein Leben ausgefüllt, und natürlich fragt man sich beim Nachlesen, ob sich sein Urteil über andere Herrscherhäuser und die Politik ihrer Staaten geändert hat, ob er für die Zukunft andere Schwerpunkte der Innen- wie der Außenpolitik setzte.

Dieses Testament ist eher eine Bilanz seiner Agrar-, Wirtschafts- und Finanzpolitik. Auf diesen Politikfeldern trat er hinter die Leistungen zurück, die der Staat Preußen aufzuweisen hatte und die er zur pfleglichen Weiterentwicklung an seinen Nachfolger weitergab. Er berichtete wie ein Geschäftsführer über Finanzen, Domänen, Land- und Waldwirtschaft und das staatliche Postmonopol. Als Fehlschlag erkannte er sein Ziel, das Münzwesen mit dem Preußen-Taler zu einer Art europäischen Leitwährung zu machen. Dazu war Preußen wirtschaftlich nicht stark genug, und die hochgespannten Gewinnerwartungen für seine Finanzkasse blieben unerfüllt. Viel Raum bekam der Sozialbericht mit zum Teil ganz detaillierten Einzelfällen. Wo einzelne Familien, ganze Dörfer und Städte in Not geraten sind, hat er Vorsorge aus einem Sonderbudget getroffen.

Der Staatshaushalt war nur fünf Jahre nach dem ›Siebenjährigen Krieg‹ vorbildlich budgetiert. Die Kriegslasten von einhundertfünfzig Millionen Talern waren abgetragen. Einkünfte und Ausgaben des königlichen Besitzes wurden – wohl einmalig in damaliger Zeit – detailliert ausgewiesen und vom Staatsbudget getrennt. »Ein Souverän mit ehrenhaften Grundsätzen darf niemals an den staatlichen Einkünften rühren und sollte sie nur zum Besten dieses Staates verwenden.«

Im Jahre 1768 verbuchte er die Einnahmen des Staates mit 21,7 Millionen Talern[42], die Gesamtausgaben mit 16 Millionen Talern, so daß ein Gewinn blieb von 5,7 Millionen Talern. Diese Zahlen besagen uns zunächst nicht sehr viel, aber immerhin war der Gewinn fast fünfundzwanzig Prozent der Einnahmen. Die Gewinnverwendung war in dieser Bilanz ein noch interessanterer Posten. Es wurden nämlich zwei Millionen in den Staatsschatz – wir nennen das heute Rücklagen – eingestellt, und 3,7 Millionen Taler erhielt das Sozialbudget für Landverbesserungen, Subsidien, einmalige Sozialleistungen u. v. a. m. Dazu vermerkte der König, daß »die Staatseinnahmen seit dem Kriege ungeheuer gewachsen« seien. 1784 war der »Staatsschatz« auf über fünfzig Millionen Taler angewachsen.

Sein Rechenschaftsbericht im Testament von 1768 über den inneren Zustand seines Staates, seiner Provinzen und auch seine außenpolitische Analyse zeigten weder Schwerpunktveränderungen noch bemerkenswert neue Gesichtspunkte.

Obwohl in Polen zu dieser Zeit die Entwicklung schon auf eine Entscheidung zudrängte, machte er noch keine Andeutungen, ob und welche Vorteile er aus dem möglichen Zerfall dieser königlichen Adelsrepublik zu ziehen gedachte. Lediglich sein moralisches Urteil wurde noch negativer.[26] »Polen kann sich kaum zu den europäischen Mächten zählen ... (Es) wäre vor langer Zeit (schon) unterjocht worden, wenn nicht die Eifersucht seiner Nachbarn, die gegen den Ehrgeiz der Fürsten, die es unterwerfen wollten, zu den Waffen gegriffen, diese in die Schranken der Mäßigung gewiesen hätten ... Der Adel ist hochfahrend, ja arrogant in seiner Wohlhabenheit, im Unglück feige, gierig nach Bestechungsgeldern und ebenso unfähig, herzhafte Entschlüsse zu fassen wie sie auszuführen ...«[43]

Österreich blieb auch nach dem dritten Krieg für ihn eine Staatssache besonderer Aufmerksamkeit. Die Leistung Maria Theresias, den Habsburger Staat geordnet und organisatorisch umgestaltet zu haben, erkannte er sehr nüchtern an. In ihrem Kabinett seien »Fürst Kaunitz und Hatzfeld die besten Minister«, Lacy und Laudon geschätzte und berühmte Generäle. Schwieriger war sein Urteil über den Sohn und Kronprinzen, den Erzherzog Joseph. Er mißtraute ihm, obwohl er bis dato nicht mit ihm zusammengetroffen war und nicht aus dem Gespräch einen persönlichen Eindruck gewinnen konnte. Dessen Ideen, das Staatsgebiet Habsburgs zu erweitern, sich das Kurfürstentum Bayern oder – mit dem Recht der bien séance – die Republik Venedig einzuverleiben, beunruhigten ihn.

Auch Frankreich war im Urteil Friedrichs des Großen weiter zurückgefallen. Bei Staatseinnahmen von hundert Millionen Talern und vierzig Millionen Talern Zinsausgaben für die Bedienung der Staatsschulden konnte er aus seiner Sicht nur feststellen, daß sich das Land in einem bedauernswerten Zustand befand. Noch härter urteilte er 1784 in »De la Politique«.[44] Darin bezeichnete er Frankreich als nicht mehr bündnisfähig, eine »heruntergekommene Macht«, die den »Intrigen der Höflinge und der Damen von Versailles preisgegeben ist«. Das Schicksal des Landes sei den Launen der Königin (Marie-Antoinette) unterworfen, und er endete mit:

»O Richelieu! O Mazarin! O Ludwig XIV., was würdet Ihr angesichts der Schmach Eurer Nachfolger sagen?«

Friedrich der Große war siebzig Jahre alt, und sein Leben neigte sich dem Ende zu, als er in den »Betrachtungen über den politischen Zustand Europas«[45] seine Befürchtungen über die Gefährdungen des Staates Preußen aufschrieb. Die geschichtliche Entwicklung war schon bald danach andere Wege gegangen, aber dieses Dokument spiegelte seine Sorgen um die Zukunft des Staates wider. Nach allen Erfahrungen mit dem Machtanspruch und der haßerfüllten Habsburger Hausmachtpolitik war es die Furcht, die ihn umtrieb, der Herrschaftsanspruch über ganz Deutschland könnte die Existenz Preußens gefährden. Nach dem Tode Maria Theresias im Jahre 1780 war Joseph II. nicht mehr nur Mitregent. Er begann sofort, Preußen diplomatisch einzukreisen. Dazu mußte er zunächst das preußisch-russische Bündnis aufbrechen. Hilfreich für diese Ziele war ihm auch die bewährte Heiratspolitik. Eine Prinzessin von Württemberg, die dem Kaiser Joseph II. nach Ansicht von Friedrich dem Großen »in Liebe verbunden« war, heiratete den russischen Großfürsten Paul, der 1796 als Paul I. den Zarenthron bestieg. Der Erzherzog Franz von Österreich nahm die andere Württembergerin, die Prinzessin Elisabeth, zur Frau. Franz sollte 1792 deutscher Kaiser werden und bis 1806 regieren. . Im Mai 1781 schloß Kaiser Joseph II. mit Rußland den Defensivbündnis-Vertrag und konnte dadurch in die preußisch-russische Allianz einbrechen.

Bella gerant alii, tu, felix Austria, nube – Teil des Distichons auf Kaiser Maximilians I. Heiratspolitik[46] – hat dem Glauben Vorschub geleistet, Österreich habe sich in seiner Politik ganz der Liebe verschrieben und wolle jeden Krieg vermeiden. Schaut man sich diese Politik aber genauer an, wird deutlich, daß unter dem Mantel dieses Wahlspruchs die Kriege eher vorbereitet oder angezettelt als vermieden wurden.

Die Zukunftssorgen des Preußenkönigs sind in dem Satz voll beschrieben: »Auch wenn man weder Gott noch Prophet ist, läßt sich leicht erraten, daß er (Kaiser Joseph II.) sich vorgenommen hat, die ganze preußische Monarchie vollständig zu vernichten, um dann ohne Widerstand seine despotische Herrschaft in ganz Deutschland zu errichten, er wartet ruhig meinen Tod ab, um dann die Hand ans Werk zu legen.«

Wir kennen heute die Geschichte. Die Französische Revolution hat ihr eine andere Richtung gegeben, aber dieses epochale Ereignis entzog sich noch 1782 jeglicher Vorausahnung der regierenden Fürsten. Friedrich blieb in seiner Vorausschau und seinem Handeln auf dem Boden seiner Realität, das heißt, bei dem, was er aus eigener Kenntnis der Verhaltensweisen an den Fürstenhöfen beurteilen zu können glaubte. Und da war einiges klar auszumachen: Die österreichische Kabinettspolitik hatte die kurfürstlichen Erzbischöfe von Köln, Mainz und Trier, den Kurfürsten von der Pfalz und den Herzog von Württemberg aus dem Widerstand der Landesfürsten gegen den Machtanspruch Habsburgs auf das ganze Deutschland herausgebrochen. Nur Sachsen, Hannover und Preußen blieben als Widerstandslinie gegen diese Politik, und am 23. Juli 1785, in seinem letzten Lebensjahr, schuf Friedrich den Deutschen Fürstenbund, der sich zur Aufgabe gesetzt hatte, in gegenseitiger Verpflichtung »den gegenwärtigen Zustand des Deutschen Reiches« zu bewahren. Dies war die Antwort auf die Absicht Kaiser Josephs II., die österreichischen Niederlande aus dem Habsburger Reich zu entlassen und gegen Bayern einzutauschen. Für dieses Vorhaben hatte er sich schon die Zustimmung der Zarin Katharina II. und die Billigung des Pfälzer Kurfürsten Karl Theodor eingeholt. Mit der Gründung des Fürstenbundes wurde der Allmachtanspruch Kaiser Josephs II. wirkungsvoll verhindert.

Der Deutsche Fürstenbund war die letzte große politische Leistung Friedrichs des Großen. Wie alle Staaten im 18. Jahrhundert war auch Preußen kein festgefügtes, sondern ein zerbrechliches Gebilde. Die Zerbrechlichkeit war kein Produkt innerer Instabilitäten. Rivalitäten, erbrechtliche Vernetzungen und eine am Ende unselige Heiratspolitik mit dem ausschließlichen Ziel von territorialem Machtgewinn waren gefährlich für jeden Staat in diesem Konzert der Mächte, der es versäumte, sich wehrhaft zu halten und zu zeigen. Friedrich wußte das alles, und seine Sorgen um den Bestand Preußens hat er nicht mit in sein Grab genommen. Sie blieben bei den Lebenden zurück und sollten sehr bald Gestalt annehmen, als er die Augen schloß: *»La montagne est passée; nous irons mieux« – Der Berg ist überschritten; es wird uns besser gehen.*

Kaiserin Maria Theresia von Österreich

Jede Zeit bringt ihr gemäße Herrscher hervor, und die Herrscher drücken ihrer Zeit den Prägestempel auf, ziehen Furchen, hinterlassen Spuren, die ihre Untertanen zu Wohlstand oder Not, zu Kultur und Freiheit oder in die Katastrophe führen können.

Eine selbstkritische Zurückhaltung des Historiographen ist geboten, wenn ein gerechtes oder auch nur ausgewogenes Urteil über ihr Tun in eine vergleichende Bewertungsskala eingeordnet werden soll. Unsere Monarchen repräsentierten nicht nur ihre Staaten ein halbes Jahrhundert lang; wichtiger ist es, festzustellen, wie stark sie selbst bestimmte politische Entwicklungen beeinflußt oder gar bestimmt haben.

Alle, von Ludwig XV. und Friedrich II. über Maria Theresia bis zu Katharina II., haben mehr als vier Dezennien regiert, und Europa und die Neue Welt haben sich in dieser Zeit gewaltig verändert. Mehr noch, das Werk dieser Veränderungen im Gleichklang mit dem sozialphilosophischen Aufklärungsgedanken hat im Bewußtsein der Menschen, der Bürger, einen Wandel vorbereitet, der sich zur Wende zum 19. Jahrhundert wie ein Orkan, zerstörerisch und doch Neues schaffend, über Menschen, Länder und Staaten hinweggewälzt hat.

In diesem erst später erkannten und analysierten politisch-sozialen Spannungsfeld hatte auch Maria Theresia ihr Herrschaftsmonopol auszuüben. Vierzig Jahre hat sie regiert; siebzehn Jahre davon befand sich ihr Land in Kriege verwickelt. Ihr großer Gegenspieler Friedrich II. hat sechsundvierzig Jahre regiert, und davon zwölf Jahre im Kriege. Beide Majestäten haben ihren Armeen, ihrer Ausrüstung und ihrer Kampfkraft besondere Aufmerksamkeit gewidmet. Befand sich das Land im Kriege, war der Preußenkönig bei seinen Soldaten und hatte oft in vorderster Linie Anteil am Kampfgeschehen. Die Kaiserin nahm auch großen Einfluß auf das Kriegsgeschehen, gab detaillierte Weisungen und erteilte Befehle an ihre Generäle und Marschälle, aber nie hat sie Wien verlassen, selber den Pulverdampf gerochen und mit persönlichem Risiko am Kampf teilgenommen. Gewiß, wird man einwenden, sie war eine Frau, aber wo verschwinden die Grenzen dieses Vorrechtes, wenn die Führerschaft eines Monarchen auf der Waage der Geschichte gewogen werden soll?

Ihr Vater hinterließ Maria Theresia ein sehr schweres Erbe. Allem voran stand die Frage, ob sie überhaupt rechtmäßig den Herrschaftsanspruch stellen durfte, denn die Pragmatische Sanktion war nicht von allen deutschen Fürsten, und auch nicht von Frankreich, anerkannt worden. Davon aber abgesehen, befand sich das Habsburger Reich insgesamt in keinem guten Zustand. Das Herrscherhaus hatte in Europa viel an Ansehen und Respekt verloren.

Im Polnischen Erbfolgekrieg war Neapel an Frankreich verloren worden. In diesem Kriege hatte Österreich gemeinsam mit Rußland den Thronanspruch Augusts III. von Sachsen unterstützt, aber gar nicht zur Kenntnis genommen, daß es sich hochpolitisch um einen Stellvertreterkrieg handelte, der in Oberitalien ausgefochten wurde. Nach dem Tode Augusts II. ›des Starken‹ besetzte zunächst einmal Stanislaus Leszczyński den polnischen Königsthron mit dem massiven Beistand von Frankreich, Spanien, Piemont und Sardinien, bis er endgültig aus Warschau vertrieben werden konnte. Mit dem Frieden von Wien wurde dieser Konflikt zwar beendet, aber Österreich mußte – bis auf Piemont und Mantua – den gesamten italienischen Besitz abtreten.

Genauso unglücklich war der Verlauf des Krieges gegen die Türken. Nur um den Frieden zu erlangen, unterwarf sich Kaiser Karl VI. am 18. September 1739 im Frieden von Belgrad dem Schiedsspruch des Franzosen Villeneuve und mußte alle Gebiete an die Türken wieder zurückgeben, die zuvor von Prinz Eugen erobert worden waren.

Österreichs politischer Einfluß fiel in dieser Zeit deutlich gegenüber England und Frankreich zurück, und der Wiener Friede rundete diesen Niedergang Habsburg-Österreichs nur ab.

Die historisch größte und folgenreichste Fehlleistung dieses Kaisers war sein opferbereites Ringen um die Anerkennung seiner Pragmatischen Sanktion, die seiner geliebten Tochter Maria Theresia die Thronfolge sichern sollte. Daß diese Thronprinzessin auch noch bis über beide Ohren in Herzog Franz von Lothringen verliebt war und Karl VI. ohne Rücksicht auf die Staatsräson dieses Glück nicht verweigern oder zerstören wollte, drängte Österreich endgültig in die politische Defensive. Um von Frankreich wenigstens eine unbestimmte, nicht tragfähige Zusage zu erhalten, daß es die Pragmatische Sanktion anerkennen würde, mußte er seinen künftigen Schwiegersohn, den Erzherzog Franz Stephan von Lothringen, zum Verzicht auf seine Erblande zwingen. Nur dann war der Kaiser bereit, seine Zustimmung zu dieser Heirat zu geben. Vielleicht dachte er, dermaleinst deutscher Kaiser sein zu dürfen, würde dem Erzherzog mehr bedeuten, als nur ein Großherzog von Lothringen zu sein. Lachender Gewinner dieses sonderbaren politischen Handels blieb Frankreich. Der Ex-Polenkönig Stanislaus Leszczyński bekam das Herzogtum Lothringen. Nach seinem Tod, so war es festgelegt, würde Lothringen »auf immer und ewig« an Frankreich fallen. Franz Stephan erhielt noch als kleine Entschädigung das Großherzogtum Toskana zugesprochen, nachdem der letzte Medici im Jahre 1737 gestorben war.

Die Erzherzogin Maria Theresia wurde am 13. Mai 1717 geboren. Sie hätte noch einen älteren Bruder, Leopold, haben können, aber der starb schon als Säugling; und einen weiteren Sohn als Thronfolger hatte dem Kaiser das Schicksal versagt. Nach Maria Theresia kamen aber noch zwei Töchter zur Welt, zuerst 1718 Maria Anna und 1724 Maria Amalia. Auch dieses Mädchen starb schon als Kind.

Als die erst achtzehnjährige Thronfolgerin den neun Jahre älteren Großherzog Franz Stephan von Lothringen 1735 heiratete, war das für die großmachtpolitische Szene in Europa viel mehr als ein mit sympathischer menschlicher Wärme aufgenommenes Ereignis an der Wiener Hofburg. Mit Maria Theresia als Thronfolgerin starb das Haus Habsburg in der männlichen Linie aus. Als Kaiser Karl VI. am 20. Oktober 1740 im Alter von nur fünfundfünfzig Jahren starb und sie ihm auf dem Thron nachfolgte, war die Habsburger Dynastiekette abgebrochen, die seit Rudolf von Habsburg 1273 fast fünfhundert Jahre lang regiert und dem Deutschen Reich und Spanien einundzwanzig Kaiser und Könige gegeben hatte. Die Ehe mit Franz Stephan begründete nicht nur das Herrscherhaus Habsburg-Lothringen, es hätte auch zur Folge gehabt, daß fortan Lothringen ein Stammland von Habsburg-Lothringen geworden wäre. Frankreichs politisches Ziel, dieses begehrte Lothringen dem eigenen Staatsgebiet einzuverleiben, wäre durch diese Eheschließung unerreichbar geworden. Aber Frankreichs Kanzler-Kardinal Fleury war klug genug, die Politik im Sinne Frankreichs zu steuern, als nach Versailles durchsickernde Gerüchte über die Liebesgeschichte an der Hofburg Gefahr signalisierten. So kam es zu der für Franz-Stephan ausweglosen Situation, die der Minister Graf Barttenstein in die ganz nüchtern-sachliche Bedingung kleidete: »Keine Abtretung des Großherzogtums, keine Erzherzogin Maria Theresia«[47]. Der Kaiser aber hatte ein wichtiges Stück Land preisgegeben in der Illusion, seinem Land damit den Frieden zurückzugeben und seiner Tochter das Lebensglück zu schenken. Wäre die Ehe mit Franz Stephan nicht zustande gekommen, dann hätte er, dem Machtkalkül folgend, eine Heirat mit dem bayerischen Kurprinzen in Betracht ziehen müssen. Diese Ehe hätte nicht nur die erwünschte Folge gehabt, Österreich und Bayern in einem Staat zu vereinen; ganz und gar unerwünscht wäre aber auch das Haus Habsburg in der Wittelsbacher Dynastie untergegangen.

Karl VI. hoffte bis zu seinem Tode noch immer auf einen männlichen Nachkommen und hielt seine Tochter und Thronfolgerin gänzlich frei von Regierungsgeschäften. Jahre später schrieb sie auf, wie unzureichend sie sich für ihre Aufgabe vorbereitet fühlte, daß sie »damahlen die zur Beherrschung so weit schichtiger und verteilter Länder erforderliche Erfahr- und Kenntnüs umb so weniger besitzen können, als meinem Herrn Vattern niemals gefällig waren, mich zur Erledigung weder der auswärtigen noch inneren Geschäfte beizuziehen noch zu informieren: so sahe mich auf einmal zusammen mit Geld, Truppen und Rat entblößt«. Die Liebe des Kaisers zu seiner Tochter und sein Bestreben, ihre junge und romantische Ehe nicht mit Regierungsgeschäften zu beschweren, ist vom Schicksal nicht honoriert worden, als ihn der Tod schon so früh in sein Reich hinunterholte. Vielleicht glaubte er aber auch, seine bildschöne Tochter müßte als Kaiserin auf dem Thron vom Volk geliebt werden, und das Regieren würde ›eo ipso‹ von den Ministern des Kabinetts gemacht. Bezüglich der Loyalität hatte er damit sicher recht, aber im internationalen Machtgeflecht ging dieses Kalkül nicht auf. »Homo homini lupus« warnte Plautus 200 v. Chr., und da im Zeitalter des Absolutismus Staat und Monarch faktisch gleich waren, ist Karl VI. auch die vorausschauende Zukunftssicherung seiner Dynastie mißraten: Maria Theresia bestieg, von der Pragmatischen Sanktion scheinbar legitimiert, den Thron und wurde prompt mit Krieg überzogen.

Doch zunächst einmal bekam die erst dreiundzwanzigjährige Frau das Zepter in die Hand, erhielt als Königin von Ungarn die Stephanskrone und als Königin von Böhmen die Wenzelskrone aufs Haupt gesetzt und bekam die erzherzöglichen Insignien ihrer habsburgischen Stammlande. Das Kabinett erledigte die Regierungsgeschäfte, und die junge Kaiserin genehmigte die Kabinettsbeschlüsse. Ihr sehr persönlicher Glücksfall war es[48], daß sie in ihrem Kabinett tüchtige, zuverlässige und loyale Berater hatte, wie Johann Christoph Freiherr von Barttenstein, Friedrich Wilhelm Graf von Haugwitz, verantwortlich für die innere Staatsreform von 1747 bis 1761, Friedrich Graf Harrach als böhmischen Kanzler und vor allem Wenzel Anton Graf von Kaunitz-Rietberg, den sie 1764 in den Fürstenstand erhob.

Maria Theresia wird in keiner ihrer vielen Biographien als ein philosophischer Kopf beschrieben, aber viele andere Eigenschaften werden, oftmals von ihrem jugendlichen Alter und Liebreiz beeinflußt, von ihr berichtet.[49] Sie sei pragmatisch gewesen, dann wieder gefühlsbetont in ihren Äußerungen und Handlungen. Ihr Gefühlsleben sei in einer tiefen Religiosität verankert gewesen, und aus dieser Quelle habe sie auch die Überzeugung geschöpft, kraft göttlicher Berufung zu herrschen. Diese Seite ihrer Persönlichkeit ist kaum vielsagender zu beschreiben, als sie es mit ihren eigenen

Worten in den zu ihrer »Posterität verfaßten Instructions-Puncta«[50] getan hat: »... Gleich anfangs setzte mir vor diese principia zu meiner eigenen innerlichen Direction und zwar mittelst einer aufrechten Meinung und inständigen Gebet zu Gott mich dahin zu befleißen, vor allen Nebenabsichten, oder Hoheit oder Ambitionen oder anderen Affecten nachdeme mich darüber selbsten öfters in Occasionen geprüfet, mich gänzlich zu entfernen, folglich die mir obliegende Regierungsgeschäfte ruhig und standhaft zu unternehmen; wie dann dieses Principium das einzige gewesen, was in denen großen Nöten mich mit dem Beistand Gottes erhalten und die gefaßten Resolutiones befolgen machen, allermaßen in allen meinen Tun und Lassen zur Hauptmaxime erwählet, allein auf Gott zu trauen, dessen Allmacht ohne mein Zutun noch Verlangen mich zu diesem Stande auserwählet, welcher also auch mich würdig zu machen hätte durch meine Aufführung, Principia und Intentiones diesem mir aufgetragenen Beruf nach Erfordernüs vorzustehen und solcher Gestalten seine allerhöchste Protektion vor mich und, die er mir untergeben, beizuziehen und zu erhalten; welche Wahrheit mir täglich vor Augen geleget und reiflich erwogen, daß nicht mir selbst, sondern dem Publico allein zugehörig sei ...« Sie sei aber auch eine machtbewußte und herrschsüchtige, matriarchalische Frau gewesen, ein Mensch, der im Widerstreit seiner Gefühle zwischen Macht und Moral hin und her schwankte. Die Neigung zur Herrschsucht wird am besten im Verhältnis und im Briefwechsel mit ihren Kindern erkennbar.

In ihrer Ehe hat Maria Theresia zwischen 1737 und 1756 fünfzehn Kinder geboren. Zwei von ihnen starben bereits kurz nach der Geburt beziehungsweise mit drei Jahren. Von den Heranwachsenden waren fünf Jungen und acht Mädchen. Wenn man bedenkt, daß sie diese Kinder gerade in den Jahren ihrer Regierungszeit ausgetragen und geboren hat, als sie im Österreichischen Erbfolgekrieg bis 1748 und dann in den Jahren der inneren Reformen und der wirtschaftlichen und diplomatischen Vorbereitung des späteren Siebenjährigen Krieges am härtesten gefordert war, muß man ihr nicht nur »Schönheit und Anmut, gemessenes Verhalten, einen

Blick für das Ernste, Erhabenheit ihres Geistes, verbunden mit einer gewissen Männlichkeit der Seele«[51] zubilligen, sondern auch eine bemerkenswerte biologische Statur attestieren. Diesen Eigenschaften und einem mit Liebreiz gepaarten Verstand verdankte sie es wohl auch, daß sie während der ersten acht Jahre ihrer Regierungszeit bis zur Beendigung des Erbfolgekrieges auf den loyalen Beistand ihrer wichtigsten Gefolgsleute vertrauen durfte. Ihre dankbare Verbundenheit verstand sie königlich mitzuteilen, so am 19. August 1747 an den Freiherrn von Barttenstein, daß »Ihnen allein schuldig die Erhaltung dieser Monarchie, ohne Seiner wäre Alles zu Grund gegangen«.

Sehr viel schwieriger ist es, Maria Theresia als Politikerin zu beschreiben und ihren direkten Einfluß herauszufinden, den sie kraft eigener schöpferischer Leistung auf die Entwicklung ihres Landes und auf die Landkarte Europas genommen hat. Als Herrscherin ihrer Zeit muß sie mit den Mächten Frankreich, England und Rußland und dem nach Macht und Einfluß aufwärtsstrebenden Preußen verglichen werden.

Kardinal André-Hercule Fleury war in Frankreich der Politiker, der sein Land gestaltete, in England waren es Sir Robert Walpole und William Pitt. Damit ist bereits gesagt, daß die Könige dieser Staaten, Ludwig XV. und Georg II., mehr repräsentative Amtsträger als Herrscher von politischer Statur gewesen sind. Ganz anders haben die Zarin Katharina II. und Friedrich der Große ihren Ländern den besonderen Stempel aufgedrückt. Nach Kabinettsvorlagen haben sie nicht regiert, aber ihre Länder nach eigenen Staatsideen geformt.

Die Politik Frankreichs wird beim Tod Kaiser Karls VI. von Ranke treffend formuliert: »... der letzte große Krieg über die spanische Erbfolge erschien (dem Hof) als ein in einem unglücklichen Augenblick abgebrochenes, unter nunmehr günstigeren Umständen zu erneuerndes Unternehmen. Der Augenblick schien gekommen, wo die alte Feindseligkeit (gegen Österreich) definitiv zugunsten von Frankreich entschieden werden könne.« Die Wittelsbacher in Bayern sahen ihre Träume auf die Kaiserwürde in Deutschland reifen. Der Kurfürst Karl Albrecht stützte sich dabei auf die zu erwartende Hilfe Frankreichs und hatte auch von seinem recht ruhm- und geltungssüchtigen Vater Maximilian II. Emanuel in die Wiege gelegt bekommen, daß er Anspruch auf alle österreichischen Länder nördlich der Alpen habe. Dies war der Grund, warum Bayern die Pragmatische Sanktion nicht anerkannte und dagegen Protest erhoben hatte.

Frankreich hatte, wenn auch mit geschickter diplomatisch-linguistischer Formulierung die Pragmatische Sanktion anerkennen wollen und dafür das Großherzogtum Lothringen eingehandelt. Das konnte Fleury aber nicht hindern, sich zum gegebenen Zeitpunkt mit Bayern zu alliieren.

Während sich diese Front 1740 zu formieren begann, handelte der junge Preußenkönig in eigener Sache. Maria Theresia erkannte er als die Königin von Ungarn und Böhmen an, schloß auch seine Unterstützung einer späteren Kandidatur Franz Stephans für die Kaiserwahl nicht aus und bot ihr militärischen Beistand bei der Durchsetzung der Pragmatischen Sanktion an. Er sah aber auch die machtpolitisch einmalig günstige Chance, dem Staat Preußen die schlesischen Lande einzuverleiben. Der Erste Schlesische Krieg begann.

In England war das Haus Hannover mit Georg I. zu Königswürden gelangt. Die Politik des Inselreiches hatte William Pitt epochal formuliert; Englands überseeische Besitzungen seien zu Lasten Frankreichs zu mehren, und der Kontinent sollte dabei möglichst im Gleichgewicht der Kräfte gehalten werden. Das bedeutete aus englischer Sicht, daß Österreich territorial unbeschädigt bleiben, aber Preußen als Gegenmacht zu Frankreich erstarken mußte.

Das Rußland der Zarin Elisabeth II. war zu dieser Zeit mit inneren Schwierigkeiten vollauf beschäftigt und nicht reif, eine Expansionspolitik nach Westen und nach Mitteleuropa hinein diplomatisch zu gestalten. So ergab es sich, daß sie in einer Art Seelengemeinschaft von Anbeginn die Verbündete von Maria Theresia war. Natürlich verband beide Herrscherhäuser auch die Feindschaft gegen das Osmanische Reich.

Maria Theresia war eine junge und politisch unerfahrene Frau von nur vierundzwanzig Jahren, als sich um ihre Person das Karussell der Mächte im Erbfolgekrieg zu drehen begann. Zwei herausragende Persönlichkeiten standen ihr in Loyalität zur Seite: der alte, geheime Staatssekretär Freiherr von Barttenstein und der militärische Berater Feldmarschall Graf Khevenhüller mit ein paar begabten Truppenkommandeuren. Barttenstein wird als Hypochonder und Misanthrop beschrieben, ein barscher Mann von überlegener Geistesschärfe, Erfahrung und Festigkeit. Die restliche Ministerriege waren zwar loyale, aber untereinander kaum konsensfähige, subalterne Herren, die auch das Kabinett Kaiser Karls VI. gebildet hatten, in ihrer Effizienz aber wohl eher eine Last als eine Stütze der jungen Monarchin waren.

Der Mut der jungen Königin zu rigorosen Entscheidungen war noch durch keine Erfahrung beeinträchtigt, die in späteren Lebensjahren oft bei schwerwiegenden Beschlüssen die Hemmschwelle heraufsetzte. Als Kurfürst Karl Albrecht von Bayern sich gerade als König von Böhmen hatte huldigen lassen, schreibt sie im Dezember 1741 an den böhmischen Kanzler, Graf Kinsky: »... jetzt ist der Augenblick gekommen, in welchem man Mut zeigen muß«, und ist selbst bereit, alles aufs Spiel zu setzen und auch zu verlieren, »um Böhmen zu retten ... alle meine Heere, alle Ungarn sollen eher vernichtet werden, als daß ich irgend etwas abtrete«.[52] Eine bemerkenswerte Aussage, die in unserer gegenwärtigen, moralisierenden Zeitphase fast einer politischen Selbstvernichtung gleichkommen würde. Bei mehr wohlwollendem Urteil möchte man ihr aber auch so etwas wie Jeanne-d'Arc-Konturen zuerkennen; und in ihrer nicht sehr hoffnungsfrohen Situation war ihr Kampfesmut wirklich überragend. In der Unbeugsamkeit in verzweifelten Situationen nach verheerenden Niederlagen kann ihr Widersacher Friedrich II. kaum heroischer dargestellt werden als Maria Theresia selbst.

Beide erfahren auch in Augenblicken höchster Gefahr die glückhafte Wende. In ihrer kritischsten Situation während des Erbfolgekrieges wählte sie der Ständerat in Preßburg am 25. Juni 1741 zur »Königin von Ungarn«. Von da ab erhielt sie die uneingeschränkte militärische und finanzielle Hilfe Ungarns, und mit Preußen konnte sie die Neutralitätskonvention von Klein-Schnellendorf abschließen. Aber weder die Ungarn noch die Preußen hätten sie in ihrer Lage retten können, wenn ihr nicht die auf Machtgleichgewicht angelegte englische Politik das Überleben ermöglicht hätte. Mehr aber taten die Engländer auch nicht für sie. Der am 28. Juli 1742 abgeschlossene Friede zu Breslau, der den ersten Schlesischen Krieg beendete, wurde bezüglich seiner Bedingungen von England mit der Unterschrift König Georgs II. garantiert. In diesem Vertrag ist festgelegt und anerkannt, daß »die Königin von Ungarn mit voller Souveränität an Preußen ganz Nieder- und Oberschlesien, mit Ausnahme des Fürstentums Teschen, der Stadt Troppau, der Herrschaft Hennersdorf abtritt. Auf gleiche Weise tritt sie an Preußen ab die Grafschaft Glatz.« Aus dem römischen Recht abgeleitet, galt selbstverständlich auch im 18. Jahrhundert ›Pacta sunt servanda‹. Daß sich Maria Theresia an diese Regel des internationalen Rechts nicht zu halten gedachte und ihr Haß auf den Preußenkönig geradezu sprichwörtlich wurde – für sie war er »das Ungeheuer«[53] in Person –, ist nicht nur ein persönlicher Charakterzug. Mangelnde Vertragstreue des Hauses Habsburg war ein immer wiederkehrender Vorbehalt der Hohenzollernfürsten in ihren testamentarisch-politischen Bekundungen. Je nach Opportunität würden gültige Verträge nicht erfüllt oder verändert, wenn es die Machtverhältnisse erlaubten. Friedrich II. war deshalb allein aus geschichtlicher Erfahrung zu Recht auf der Hut und mußte schließlich weitere zwei Kriege bis zum endgültigen Besitz von Schlesien führen.

Maria Theresias von den Gefühlen bestimmte Veranlagung, staatspolitische Klugheit und Haßgefühle zu verweben, beherrschte auch ihr privates und familiäres Leben mit ihren Kindern und mit ihrem Ehemann. Wehe der Frau, die es wagte, ihrem »Franzl« schöne Augen zu machen. Deren Tage bei Hofe waren unwiderruflich gezählt.

Bis zum Ende des Erbfolgekrieges hatte Maria Theresia

zwei Kriege gegen Friedrich II. um den Besitz Schlesiens verloren. Die Konsequenz daraus gehört wohl zu den bemerkenswerten Merkwürdigkeiten dieser Persönlichkeit. Sie erkannte klug, daß ihr mit Preußen ein in Verwaltung, Wirtschaft und militärisch fast mit Perfektion durchorganisierter Staat gegenüberstand, den in die Knie zu zwingen ihr nur gelingen könnte, wenn sie dieses *Modell Preußen* so weit als möglich kopierte. Die Ideen, Vorschläge, Pläne und letztlich auch die Durchsetzung des umfassenden Reformwerkes verdankte sie dem Grafen Friedrich Wilhelm Haugwitz, der die fortschrittlichen Verwaltungsreformen in Preußen zuvor sehr gründlich studiert hatte. Mit seinem Reformprogramm nahm er den ständischen Kräften ihre einflußreiche Stellung. Sie hatten bisher die Macht, über die Hofkanzleien ihrer Länder direkt in der Hofburg oder bei der Regierung ihren Wünschen und Zielen Geltung zu verschaffen. Abgeschafft wurde auch die Feudal-Administration und die Einflußnahme einiger weniger Adelsfamilien auf politische Entscheidungen für den Gesamtstaat. Adel und Geistlichkeit wurden von nun an besteuert. Diese Reform gab der zentralen Staatsgewalt – und das waren der Kaiser und seine Regierung – nun alle Mittel in die Hand, ihre legislative und exekutive Macht auch souverän auszuüben. Über die Einnahmen verfügte jetzt der Staat und ermöglichte es, von Wien aus zentral eine geordnete Finanzpolitik zu machen. Mit dieser Reform waren erstmals in Österreich die Voraussetzungen geschaffen, einen ordentlichen Haushaltsplan für die Regierung aufzustellen. Aber im Ergebnis wurde das föderale Österreich durch diese Maßnahmen in einen Einheitsstaat umgeformt. Das gesamte Reformwerk wurde vom Kabinett verabschiedet, nachdem es von Maria Theresia am 29. Januar 1748 gebilligt worden war.[54]

Der Preußenkönig hatte im Zuge seiner finanz- und wirtschaftspolitischen Maßnahmen beschlossen, eine »Silbermünze«[55] einzurichten. Es war sein Ziel, dadurch nicht nur für sein Land zusätzliche Geldquellen zu erschließen, er wollte auch Einfluß auf die Geldpolitik der europäischen Staaten gewinnen. Maria Theresia zögerte nicht, auch diesen Gedanken ihres verhaßten Feindes zu kopieren. Sie verfügte 1753 die Münzreform und war kraft der Stellung des Kaisers im Deutschen Reich erfolgreicher. Mit Ausnahme Preußens traten die meisten der deutschen Landesherren diesem Münzvertrag bei. Der Vertrag regelte die Prägung der Silbermünzen und wird Maria Theresia zu Unrecht als ihre finanzpolitische Leistung zugesprochen.

Die Staatsreform kam letztlich dem Staat und damit der Wohlfahrt seiner Untertanen, seinen Bürgern zugute. Angelegt aber war sie auf eine Bündelung und Steigerung der Macht des absolutistisch regierten Staates und auf das Mobilisieren aller Ressourcen des Staates für die militärische Niederwerfung Preußens. Diesem Ziel war von 1749 bis 1756 alles untergeordnet. Das durch die Reform verfügbar gemachte Geld wurde mit Vorrang zur Steigerung der militärischen Kampfkraft eingesetzt und die gleichzeitig durchgeführte Heeresreform damit bezahlt. Auch für dieses Reformwerk stand das preußische Vorbild wie selbstverständlich Pate. Der General Daun verfaßte Heeresdienstvorschriften und Taktikanleitungen nach preußischem Muster. Die Kommandosprache und das Exerzierreglement wurden vereinheitlicht, und die Prügelstrafe wurde abgeschafft, was beim preußischen Militär schon lange vorher durchgeführt worden war. Die Truppen erhielten einheitlich weiße Uniformen und mußten den Kriegsfall in großangelegten Manövern üben. Die Gründung einer Militärakademie schließlich machte sich Maria Theresia zu ihrem ganz persönlichen Anliegen.

Diese organisatorischen, auf einen erneuten Krieg ausgerichteten Maßnahmen verraten etwas von dem rigorosen Machtwillen dieser Kaiserin und legen das Auseinanderklaffen von Worten und Taten offen. Das warmherzig-mütterliche Urteil über sie ist wohl auch dem Umstand zuzuschreiben, daß sie so viele Kinder geboren hat. Während der Staat zwischen 1750 und 1756 mit großer Arbeitsintensität reformiert und umorganisiert wurde, hat sie sechs von ihren insgesamt fünfzehn Kindern zur Welt gebracht. Als vorletztes kam 1755 Maria Antonia, die im kindlichen Alter von fünfzehn Jahren am 16. Mai 1770 als Marie Antoinette mit dem Dauphin Ludwig verheiratet wurde und am 16. Oktober 1793 als Königin von Frankreich unter der Guillotine starb. Die physische Leistung Maria Theresias in dieser Zeit fortgesetzter Schwangerschaften versetzt uns im Rückblick in Erstaunen. Diese müssen für ihre Physis eine Quelle zur Mobilisierung immer neuer Kräfte gewesen sein.

Die Fähigkeit zum bedingungslosen Haß war eine ihrer ganz hervorstechenden Eigenschaften. Nur so war ihr Verhältnis zum Preußenkönig zu deuten. Niederlagen zu ertragen war ihrer Psyche nicht gegeben, und der zweimal verlorene Krieg gegen Friedrich den Großen hat sie in ihren Rachplänen maßlos werden lassen. Um zu einer gewissen inneren Reife und zur Tolerierung auch von Mißerfolgen zu gelangen, hat sie durch die schmerzlichste und blutige Erfahrung im Siebenjährigen Krieg gehen müssen, ehe sie fähig wurde, dem politischen Ethos den Vorrang vor dem politischen Nutzen einzuräumen.[56]

Die österreichischen Reformen und das Ziel dieser Maßnahmen am Wiener Hof blieben dem König in Potsdam natürlich nicht verborgen. Von seinem Gesandten von Podewils wurde er auch über die unwichtigsten Kleinigkeiten laufend unterrichtet, so daß er schließlich gut vorbereitet war, als der dritte Waffengang 1756 unvermeidlich wurde.

Eine weitere, sehr bemerkenswerte Eigenschaft der Kaiserin blieb bisher noch unerwähnt. Nicht nur ihr majestätischer Rang, auch ihre Ausstrahlung und ihr Charme führten ihr die Menschen und deren Herzen zu, und sie verstand es, loyale Männer als engste Vertraute und Berater auszuwählen, die ihr mit unbezweifelbarer Hingabe und Verehrung dienten, wie es in dieser Zeit nur wenige Fürsten von sich sagen konnten.

Unter diesen Männern ragte einer heraus, der zur Kaiserin paßte wie das Ferment zum Substrat. Es war Wenzel Anton Graf Kaunitz, den sie am 19. April 1753 als Staatsminister mit der Führung der Staatskanzlei beauftragte. Dieser Mann überragte Maria Theresia an Klugheit bei weitem, ohne ihren Anspruch auf dienenden Respekt zu verletzen. Er war für sie die Stütze an Geist, Energie und Einfallsreichtum; Eigenschaften, die sie bei ihrem geliebten »Franzl«, ihrem Prinzgemahl und seit 1745 als Franz I. deutscher Kaiser, nicht finden konnte. Kaunitz aber regierte mit ihr gewissermaßen in Symbiose und wurde in den folgenden vier Jahrzehnten zum *lenkenden Geist* der österreichischen Außenpolitik.

Aus der Riege der Charakterköpfe seiner Zeit ragte er als eine ganz besonders schillernde Persönlichkeit heraus. 1748 begann seine Diplomaten- und Politikerkarriere als Leiter der österreichischen Delegation bei der Friedenskonferenz von Aachen. Die für Österreich günstigen Vertragsbedingungen hatte er für sein Land ausgehandelt. Nach Wien zurückgekehrt, verfaßte er bald darauf, am 24. März 1749, eine Denkschrift für die Kaiserin über die außenpolitische Situation Österreichs und folgte kompromißlos und opportunistisch ihren Haß- und Wunschvorstellungen zur Wiedergewinnung Schlesiens. Er formulierte seine Gedanken als Österreichs vorrangiges Staatsziel und zeichnete auch die Strategie vor, mit der Preußen schon diplomatisch besiegt werden sollte, bevor ein Krieg begonnen hatte. Mit dieser Denkschrift traf er mitten ins Herz seiner Landesherrin, und sein Aufstieg war von dann ab unvermeidlich. »Ich habe Kaunitz Arbeit gelesen und beschäftigte mich mit ihr einen ganzen Tag, während dessen ich an Fieber und starken Kopfschmerzen litt. Aber ich kann sagen, daß mich am Abend die Genugtuung vollständig geheilt hatte, die ich empfand, einen solchen Mann und an ihm die einzige Hilfe für mein Ministerium zu besitzen«, notierte Maria Theresia am 14. Mai 1750.

Khevenhüller hat Kaunitz mit Eigenschaften beschrieben, »welche zu verschiedenen Reflexionen über die Contradictionen deren menschlichen Charakters Anlaß geben«. Zeitgenossen und spätere Historiker haben eine recht umfangreiche Literatur über diesen Mann entstehen lassen.[57, 58, 59, 60] Man beschreibt ihn als einen schwierigen, einen hypochondrischen Charakter, faulig schillernd, moralisch lax, religiös gleichgültig. Er habe Maria Theresia menschlich verdorben, habe sie Lüge, Falschheit und Machiavellismus gelehrt und habe sich vor Ausbruch des Siebenjährigen Krieges arrogant, anmaßend und unaufrichtig gezeigt. In der Geheimdiplomatie war er ein Meister, der das Handwerkszeug der Intrige beherrschte wie kaum einer in seiner Zeit. Über die Höfe der europäischen Herrscherhäuser hatte er das Netzwerk seiner politischen Konspiration gespannt. Der Wiener Hof erfreute sich nach der erfolgreichen Beendigung des Erbfolgekrieges wieder eines guten Ansehens und Respekts. Für ihn, Graf Kaunitz, und seine diplomatischen Aktivitäten war das die *geliehene Autorität*, auf der aufbauend er mit beachtlicher Intelligenz seine Aktivitäten entfalten konnte und sich des Respekts sicher sein durfte. Seiner Kaiserin lieferte er die abschätzige Titulierung des Preußenkönigs als »Marquis von Brandenburg«, und, sehr viel bedeutungsvoller, er machte sich als Staatskanzler zum Architekten der Vernichtungsallianz gegen Preußen. Sein politisches Ziel war nichts weniger, als das Haus Hohenzollern zu entmachten und den preußischen Staat bis auf ein Rumpf-Brandenburg zu zerstückeln. Die Teilstücke gedachte er unter den anderen Staaten aufzuteilen. »... richtig ist, daß Preußen muß über den Haufen geworfen werden, wenn das Erzhaus auferstehen soll ...«[61]

Der Fürst Kaunitz war ohne Zweifel ein kluger Mann; aber das allein reichte, wie so oft im Leben, nicht aus, Ideen auch erfolgreich umzusetzen. Dazu gehören neben dem Glück des Tüchtigen auch Mitspieler, denen es an der gleichwertigen Klugheit ermangelt. In dem Preußenkönig Friedrich II. hatte er aber einen Kontrahenten, der mit politischer Konspiration nicht zu überrumpeln war. Seine diplomatische und strategische Klugheit hat die des Fürsten bei weitem übertroffen. Äußerungen, sehr wohlwollend-anerkennende Äußerungen, Friedrichs des Großen über Kaunitz versteht man wohl am besten aus seinem sicher ironischen Gefühl der Überlegenheit Preußens.

Eine nüchterne Bilanzierung der politisch-diplomatischen Hauptaktivitäten des Fürsten Kaunitz ist, gemessen an der jeweiligen Zielsetzung, eine fast nahtlose Kette von Fehlschlägen und Mißerfolgen. Erstaunlicherweise hat er sie jedoch immer unbeschadet überstanden und wurde sogar mit zusätzlicher Macht, noch größerem Einfluß und persönlichen Ehrungen belohnt. War die Situation einmal ganz kritisch, scheute er sich auch nicht, den ihm untergeordneten Chargen die Schuld zuzuweisen und *Köpfe rollen* zu lassen.

Es lohnt sich, wenigstens seine wichtigsten Arbeitsfelder auf ihre Ergebnisse hin zu betrachten:

– Die Vernichtung Preußens war sein wichtigstes und erstes Ziel. Mit großer Geschicklichkeit hat er Stück um Stück die Allianzen zur Einkreisung des Gegners zusammengefügt. Als letzten Baustein in diesem Einschließungsring mußte er den preußischen Bündnispartner Frankreich zur österreichischen Seite hinüberziehen. Um dies zu erreichen, versicherte er sich der Sympathie der einflußreichen Madame de Pompadour: »Sie hat viel Güte für mich und bezeigt mir einiges Vertrauen«, schrieb er schon am 22. August 1751, und am 9. Juni 1756 schrieb er an Mme. de Pompadour, »nur Ihrem Eifer und Ihrer Weisheit verdankt man alles, was bisher zwischen den beiden Höfen geschah. Ich fühle dies und kann mich der Genugtuung nicht enthalten, es Ihnen zu sagen und Ihnen zu danken, daß sie bis jetzt meine Führerin sein wollten ...«

Wie Kaunitz die Lage Österreichs beurteilte und welches diplomatische Konzept er daraus herleitete, erzählt er besser selbst: »Der plötzliche und enorme Machtzuwachs Brandenburgs erschütterte seit der Unterzeichnung des Breslauer Friedens (1742) das Gleichgewicht Europas. Der König von Preußen, mit Frankreich verbündet und von England umworben, sah das Haus Österreich sich selbst überlassen und wartete nur auf den Augenblick, wo es mit Frankreich und den Türken handgemein würde, um ihm den Garaus zu machen. Frankreich, unausgesetzt in seinen alten Vorurteilen gegen das Haus Österreich befangen, arbeitete systematisch daraufhin, es zu schwächen, und betrachtete Österreichs Allianz mit den Seemächten als hinreichenden Anlaß zu ewiger Rivalität; ... England ... unterhielt seine Allianz mit Österreich nur, um sich ihrer wie eines Werkzeuges zu bedienen, das man nur schärft, wenn man es nötig hat ... Das Haus Österreich war sich aller Gefahren seiner Situation bewußt. Es konnte ihnen nur durch Entmachtung seines grausamsten und furchtbarsten Feindes entrinnen, sah diesen aber von Frankreich unterstützt und von England umworben. Man mußte ihm also die eine oder andere dieser Mächte entziehen ... Das Unternehmen war schwierig und konnte nur durch eine Fügung der Vorsehung gelingen.

Man begann mit England ... Man bot ihm jede Hilfe ... England ... nahm unsere Vorschläge auf, ohne darauf auch nur zu antworten ... Frankreich sah, da es an der Möglichkeit wirksamer Abwehr gegen die englische Flotte verzweifelte, kein anderes Mittel, sich aus der Sache zu ziehen, als einen Angriff auf die (österreichischen) Niederlande, und es hatte sich bereits zu diesem Unternehmen entschlossen ... wir sahen uns infolgedessen der Gefahr ausgesetzt, diese Provinzen ohne Schwertstreich zu verlieren oder gegen Frankreich Krieg anzufangen ... Das hätte geheißen, ihm, dem König von Preußen, die erwünschte Gelegenheit zu geben, das Haus Österreich zu vernichten ... In dieser äußersten Not galt es keinen Augenblick zu verlieren, um die Monarchie zu retten, und es blieb kein anderes Mittel, als den Rivalen selbst an seiner Erhaltung zu interessieren ... und die Großmacht Frankreich zu überzeugen, daß sie mit der Unterstützung des Königs von Preußen ... auf dem falschen Wege ist; mit einem Wort ihre alte Rivalität gegen das Haus Österreich entwurzeln, ... das war ein Vorhaben, das allein die Vorsehung eingeben, fortführen und gelingen lassen konnte. Unter ihren Auspizien begann man denn auch das Werk ...«[62]

Kaunitz erreichte sein Ziel. Am 1. Mai 1756 wurde der Österreichisch-französische Bündnisvertrag in Versailles unterzeichnet, und die Lücke in der Einkreisungspolitik schien geschlossen. Die große Allianz gegen Preußen war – diplomatisch perfekt durchgeführt – nahezu vollendet. »Mit Gottes Hilfe werden wir dem hochmütigen König in Preußen so viele Feinde auf den Hals ziehen, daß er darunter erliegen muß«, schrieb Kaunitz triumphierend am 23. September 1756.

Österreichs Kriegsplan war es, Preußen nicht unmittelbar anzugreifen. Eröffnet werden sollte der Krieg von Preußen. Dazu sollte eine handfeste politische Provokation herhalten. Österreich wollte in der Thronfolge auf den Polenkönig August III. den Bruder des Kaisers Franz Stephan, Karl von Lothringen, zum Polenkönig machen. Das hätte die völlige

Einschließung Preußens bedeutet und den König gezwungen anzugreifen. Diese Strategie ging so aber nicht auf. Noch bevor der Preußenkönig von Österreich in Zugzwang gesetzt werden konnte, schloß er für Frankreich und Österreich überraschend am 16. Januar 1756 mit König Georg II. von England-Hannover die Konvention von Westminster ab. Diese Übereinkunft war als Pakt zur Sicherung des Friedens erklärt worden. Tatsächlich aber wollte Georg II. seine hannoverschen Stammlande vor Frankreich schützen, und Friedrich II. hoffte, damit Rußland aus dem erwarteten Konflikt mit Österreich heraushalten zu können. Dieses Reversement des Alliances zerriß augenblicklich das diplomatische Netz von Kaunitz, der Preußenkönig setzte seine Armee in Marsch, und der Siebenjährige Krieg hatte begonnen; aber nicht unter den Bedingungen von Kaunitz, der inzwischen von der Kaiserin Maria Theresia vom Grafen zum Fürsten erhoben worden war.

– Im russisch-türkischen Krieg versuchte Kaunitz die Expansion Rußlands unter Katharina II. durch eine hinhaltende Diplomatie und 1771 durch den Abschluß eines Beistandspaktes mit den Türken einzudämmen. Dieser Vertrag war so formuliert, daß er den Österreichern beliebige Ausstiegsmöglichkeiten bot und den Türken nicht zu einem günstigen Frieden mit Rußland verhalf. Das diplomatische Kalkül von Kaunitz zielte auf eine Machtbalance auf dem Balkan mit den Türken als Gegenmacht zu Rußland. Auch diese Diplomatie scheiterte an der Wirklichkeit. 1774 mußten die Türken das Friedensdiktat Rußlands akzeptieren. Die Türken fühlten sich hingehalten, verraten und verkauft, und Österreich, vertreten durch den Gesandten Freiherr von Thugut, war beim Friedensschluß auf die Rolle eines Zaungastes verwiesen.

– In der Polenpolitik war Kaunitz kein Gestalter, sondern mußte erfahren, daß seine Geheimdiplomatie der vergangenen Jahre Zug um Zug ad absurdum geführt wurde. Sowohl gegenüber Rußland wie gegenüber Preußen war er ein von der Entwicklung Getriebener, der im Pokerspiel der Großmächte nichts zu gestalten hatte, sondern nur eine Mitspielerrolle ausfüllen konnte. Die Zielstrebigkeit der Zarin

Katharina II. machte den Fürsten Kaunitz zum Statisten. Maria Theresia schrieb hierzu: »Ohne Ursache und ohne Nutzen haben wir unsere Finanzen und unseren Credit erschöpft, und wir finden uns in der peinlichen Notwendigkeit versetzt, selbst zur Vergrößerung von zwei Mächten, unseren Nebenbuhlern und Feinden, beitragen zu müssen und dafür, so zu sagen als Geschenk, dasjenige zu erhalten, worauf sie ebensowenig ein Recht der Verfügung haben als wir eines der Erwerbung besitzen.« Ihr Sohn, der Kaiser Joseph, war in dieser Rechtsfrage ganz anderer Meinung und vergrößerte den österreichischen Anteil an polnischem Land noch über das im Teilungstraktat zugestandene Gebiet hinaus durch eigenmächtige, mit den Partnern nicht vereinbarte Annexionen.

– Im Bayerischen Erbfolgekrieg mußte Österreich 1778 eine weitere eher diplomatische als kriegerische Niederlage hinnehmen. Schon im Österreichischen Erbfolgekrieg hatte Maria Theresia nach der Vertreibung des bayerischen Wittelsbacher Kurfürsten als ihr Traumziel bayerisches Territorium erwerben wollen. Der Traum war im Aachener Frieden nicht erfüllt worden, und er blieb auch jetzt wieder im Zwetschgen- oder Kartoffelkrieg unerfüllt. Welchen Anteil hatte Kaunitz an diesem Unfall? 1777 starb mit Maximilian III. Joseph die bayerische Linie des Hauses Wittelsbach aus. Der Pfälzer Kurfürst Karl Theodor aus der Wittelsbacher Linie Pfalz-Sulzbach war der Erbe. Er selbst hatte aber keine legalen Kinder. Um seine illegalen Söhne zu versorgen, schloß er am 3. Januar 1778 mit Österreich einen Vertrag, der seinen Söhnen »erbliche Reichsfürstentümer« zusicherte. Dafür sollte Österreich zwei Drittel Bayerns erhalten. Karl Theodor hatte aber noch einen legalen Neffen, Karl August von Pfalz-Zweibrücken. Der erkannte den Vertrag seines Oheims nicht an, und so war nach dem Tode Karl Theodors der nächste Erbfolgekrieg fällig. Österreichische Truppen marschierten in das Land ein und besetzten Niederbayern dank »der Überredungskunst von Kaunitz, der Maria Theresia versicherte, es würde keine üblen Folgen haben«.[63] Doch auch dieser Schachzug erwies sich als falsch. Der Preußenkönig ließ seine Armee zum Schutz der Ansprüche des Herzogs Karl von Zweibrücken in Böhmen einmarschieren. Zu einem richtig ›heißen‹ Krieg kam es nicht. Kaiser Joseph fürchtete einen Waffengang mit dem Preußenkönig, und so genügte allein die Drohgebärde zur Durchsetzung der Erbrechte von Herzog Karl.

– Die alte Habsburger Macht wollten Maria Theresia und ihr Staatskanzler Kaunitz zurückgewinnen; aber gerade unter der außenpolitischen Führerschaft des Staatskanzlers Fürst Kaunitz hatte sich die Landkarte grundlegend und zum Nachteil des Hauses Habsburg verändert. Österreich war aus der Mitte Europas verdrängt worden. Der Schwerpunkt hatte sich nach Süden und Osten verlagert. In das 19. Jahrhundert trat es ein als eine Balkan-Großmacht. Die hegemoniale Zweiteilung Deutschlands mit Berlin und Wien als Zentren war, unterbrochen durch das napoleonische Zwischenspiel, bis zur endgültigen Auflösung 1866 festgeschrieben.

Das Abbild der Person Kaunitz ist in vielen Schattierungen in Biographien gezeichnet worden. Wirklich zu fassen sind solche schillernden Persönlichkeiten kaum zu ihren Lebzeiten. Post mortem löscht die Zeit die Vielschichtigkeit der Eigenschaften, und es bleibt ein Charakterprofil, das mehr dem Zeiturteil als der Wirklichkeit entspricht. Jeder Mensch, auch Fürst Kaunitz oder Maria Theresia oder Friedrich der Große, ist ja zuerst mit all seinen genetischen Determinationen, die angeschaltet werden oder ruhen können, ein Produkt seiner Zeit. Und sowenig wir das Milieu vergangener Epochen wirklich zutreffend wiederbeleben können, so hypothetisch-künstlich ist auch jedes Bemühen, eine herausragende Persönlichkeit vergangener Epochen in die Gegenwart zu transponieren. Deshalb sind auch die gern apostrophierten Eigenschaften von Fürst Kaunitz in dieser Betrachtung nur kurz erwähnt worden. Anders steht es mit einem Urteil über das, was er mit den ihm gegebenen Machtmitteln in seiner Zeit bewirken konnte. Und da zeigt sich sehr objektiv, daß er bei nicht unähnlichen Anlagen in Intelligenz, menschlicher Klugheit, Beredsamkeit und der Wirkung auf seine Mitmenschen, wie man sie Talleyrand oder Metternich zusprechen darf, in allen wichtigen Dingen seines Staates seine eigenen Zielsetzungen verfehlt hat. Es ist aber genauso richtig, daß er die führenden Köpfe seiner Zeit überragte, allerdings mit den zwei für ihn schicksalhaften Ausnahmen, Friedrich dem Großen und Katharina der Großen.

Fürst Wenzel Anton von Kaunitz-Rietberg wurde am 2. Februar 1711 in Wien geboren und ist dort auch am 27. Juni 1796 gestorben. Bis 1793 hat er sein Amt als Staatskanzler ausgeübt und an der Epoche der Machtverschiebungen in Europa und des Machtverlustes des Hauses Habsburg von Karl VI. über Maria Theresia und Franz I. Stephan und Joseph II. bis Franz II. mitgewirkt.

Maria Theresia hatte das vierte Lebensjahrzehnt fast überschritten, als sie 1756 ihr letztes lebendes Kind, Maximilian Franz, zur Welt brachte. Danach wurden Eigenschaften sichtbar, die in ihren jüngeren Jahren durch Liebreiz, Herzenswärme und die Schönheit der Person, wie sie Graf Podewils seinem König Friedrich II. am 18. Januar 1747 beschrieben hatte, verborgen geblieben waren. Ihre Kinder fühlten sich oft zu hart und ungerecht behandelt[53], sie begann zunehmend unter Depressionen zu leiden, und Kaiser Franz I. Stephan, ihr geliebter »Franzl«, suchte bei der Fürstin Auersberg Ablenkung und Entspannung. »Eine Art Mißtrauen mit anscheinender Kälte gemischt«, empfindet ihre Schwiegertochter Isabella (1762), und Marie Antoinette versichert, »Ich liebe die Kaiserin, aber ich fürchte sie sogar aus der Ferne« (1773). Ihr Bedürfnis nach Macht und die Unfähigkeit, auch einmal die Verliererin, die Unterlegene zu sein, hat ihre liebenswerten Eigenschaften frühzeitig aufgebraucht. Getrieben von der Überzeugung, überlegen zu sein, wurde sie im privaten Leben bei Regierungsentscheidungen zunächst zunehmend herrschsüchtiger und später depressiver. Sicher war sie keine in sich ruhende, durch Erfahrungen gereifte Persönlichkeit, die in sich auch noch die Weisheit des Alters zu vereinen wußte. Bei all diesen nach Macht, Anerkennung und royalistischem Glanz begierigen Eigenschaften muß sie aber im tiefsten Grunde ihres Wesens unsicher und entscheidungsschwach gewesen sein. Anders ist ihr ungewöhnliches Treueverhältnis zum Fürsten Kaunitz nicht zu verstehen. Er hat ihr abgenommen, was geschehen mußte und sie nicht tun wollte.

Der frühe Tod Kaiser Franz' I. Stephan am 18. August 1765, ihres unverzichtbaren »Franzl«, war ganz sicher auch ein tiefer seelischer Einschnitt in ihr Leben. Sie wurde zunehmend korpulent, die Energie begann zu schwinden, und mehr und mehr zögerte sie, in Regierungsgeschäften Entscheidungen zu treffen. Das überließ sie ihrem Sohn und Mitregenten Joseph in guter Gemeinsamkeit mit dem Staatskanzler Kaunitz und beschränkte sich auf sanfte, die Entscheidungen widerwillig billigende Kritik. Nur die Herrschsucht blieb ungebrochen, konzentrierte sich aber zunehmend auf die Angelegenheiten ihrer großen Familie.

Diese Wandlung der Persönlichkeit war für die Ereignisse im und um das Königreich Polen nicht bedeutungslos. In ihren Aufzeichnungen zur Politik gegenüber Polen findet man viele ermahnende, christliche und fromme Anmerkungen, aber die Entscheidungen wurden dadurch nicht beeinflußt. Sehr kühl und nüchtern haben Joseph und Kaunitz gehandelt und ließen sich das durch ihre Unterschrift von Maria Theresia sanktionieren. Einen Schlüssel zum Verständnis, warum Maria Theresia schließlich an der Ersten Teilung Polens mitgewirkt hat, findet man in ihrer Person nicht. Parallel mit dem politisch-diplomatischen Vorspiel dieser Teilung lief eine völlige Umorientierung der österreich-habsburgischen Außenpolitik. Die alten Feindbilder wurden abgeräumt, und Österreich wurde zum Partner Preußens, wenngleich auch nur für dieses aktuelle Ereignis. Die Kaiserin hatte daran keinen Anteil. Der politische Purzelbaum wurde von dem pragmatischen und auf den größtmöglichen Vorteil für Habsburg bedachten jungen Mitregenten Kaiser Joseph und Fürst Kaunitz vollzogen. Diese Partnerschaft ist um so erstaunlicher, weil beide zunächst sehr gegensätzliche politische Ziele hatten. Deshalb hatte Kaunitz am 4. Juni 1766 in einem langen Schreiben um seinen Abschied gebeten. Maria Theresia verwehrte ihm dieses Gesuch in einem sehr persönlichen Schreiben zwei Tage später. Am Ende dieses Meinungsaustausches, in den sich auch der junge Kaiser und Mitregent einschaltete, blieb

Kaunitz im Amt und hatte Stellung und Einfluß noch weiter gefestigt. Kaiser Joseph II. starb am 20. Februar 1790 und folgte seiner Mutter, der Kaiserin Maria Theresia, die im Alter von dreiundsechzig Jahren am 29. November 1780 in Wien gestorben war.

Zarin Katharina II. von Rußland

»Elevée et nourrie dans les terres prusiennes«
(Frédéric le Grande)[67]

Am 9. November 1770 schrieb König Friedrich an seinen Bruder, den Prinzen Heinrich: »Souvent un grand génie suffit à un empire pour lui donner un éclat dont il ne jouirait pas de lui-même. C'est un avantage que la Russie possède de nos jours, et que tant de nations lui envient. De là cette haine de Choiseul contre une princesse qui fait tourner des projets que la malice de ses enemis a ourdis, à sa plus grande gloire. De là la jalousie d'autres puissances qui, croyant pouvoir primer seules, sont au désespoir de voir s'élever si rapidement une monarchie qui au moins balance leur pouvoir. Enfin il n'est pas étrange que l'impératrice de Russie éprouve cette espèce d'envie que ces grands talents exitent, personne n'en est exempt dans toutes les conditions. Le génie et la supériorité d'esprit attire des persecutions; mais il est facile de les mépriser du haut du trône, et dur de les souffrir comme particulier. Ainsi, à bien considérer les choses, l'impératrice de Russie n'est pas tout à plaindre, car il vaut mieux avoir des jaloux qu'exciter la pitié.« (Frédéric)

Dieser Brief brachte der Zarin ein großes Maß an Anerkennung und Hochachtung entgegen. Es ist aber auch ein Zeitdokument in sittlichem Sinne, also in dem, was wir heute die *politische Kultur* nennen, und unterstreicht nur, wie machtlos damals wie heute selbst absolutistische Herrschaftssysteme gegenüber schlechten Charakteren waren. Der Mensch hat seitdem keine höhere Stufe der moralischen Vollkommenheit erklommen. Der König hatte aber das Bedürfnis, sich seinem Bruder über allzumenschliche Alltagserfahrungen mitzuteilen: »Häufig ist es ein großes Genie, das seinem Land Glanz und Ausstrahlung verleiht, die zu erreichen es aus eigener Kraft nicht fähig wäre. In dieser glücklichen Lage befindet sich Rußland zur Zeit, und viele andere Nationen beneiden es darum. Die Mißgunst von Choiseul gegen die Prinzessin überrascht deshalb nicht, zumal sie es versteht, alle Bosheiten, die ihre Gegner gegen sie aushecken, in Ruhm umzumünzen. Auch die Eifersüchteleien der anderen Mächte sind nur zu verständlich, glauben sie doch von sich selbst, die Größten zu sein, und dann müssen sie verzweifelt erkennen, daß im Osten eine Monarchin heranwächst, die in das Machtgerangel eingreift und das Gleichgewicht wiederherstellt. Es kann deshalb nicht überraschen, daß eine Kaiserin von Rußland diese Art von Mißgunst empfindet, die große Talente nun einmal hervorrufen. Davon ist niemand frei, wie immer die Verhältnisse auch sein mögen. Das Genie mit seiner Überlegenheit des Verstandes ruft Neid und Mißgunst hervor, die von oben, vom Throne herab, Verachtung spüren zu lassen nicht schwierig ist, aber den einzelnen trifft es hart, sich zu erwehren. Deshalb gibt es auch keinen Grund, die Kaiserin zu bedauern, denn es ist allemal besser, Neid hervorzurufen als Mitleid.« (Friedrich)

Katharina auf dem Thron der Romanows hat mit nachhaltiger Wirkung an den politisch-geographischen Veränderungen in Europa im 18. Jahrhundert mitgewirkt. Hierbei war sie nicht nur die Monarchin des Absolutismus von besonderer Qualität, sie stand nach ihrer Herkunft auch nicht in der dynastischen Tradition der Habsburger, Hohenzollern und Bourbonen. Den Wittelsbachern, Wettinern und anderen Fürstenhäusern hatte die Historie in der zweiten Hälfte des 18. Jahrhunderts nicht viel mehr als eine Statistenrolle zugedacht. Das englische Königshaus strebte mit einer globalen politischen Konzeption nach Seeherrschaft und Weltmacht. Das kontinentale Europa war für London nur insoweit bedeutsam, als die Machtgleichgewichte durch Bündnissysteme sorgfältig ausbalanciert werden mußten. Katharina II. konnte sich in dieser hierarchisch-monarchistischen Führungsstruktur nicht auf alte dynastische Wurzeln berufen. Um so aufregender ist in dieser Zeit der zielstrebige Aufstieg bis zur höchsten Macht im Staate.

Prinzessin Sophie Friederike Auguste wurde am 2. Mai 1729 in Stettin geboren. Ihr Vater, Fürst Christian August von Anhalt-Zerbst-Dornburg, regierte nur in einem winzigen Flecken auf der Landkarte Deutschlands und hatte sich ganz für die Karrierelaufbahn in der preußischen Armee entschieden. Die verwandtschaftlichen Verbindungen dieses Fürstenhauses zum deutschen Adel waren zahlreich. Als der Fürst im Jahre 1727 mit siebenunddreißig Jahren die erst fünfzehnjährige Prinzessin Johanna Elisabeth von Holstein-Gottrop heiratete, wurde der Stammbaum der Fürsten von Anhalt-Zerbst um einen wesentlichen Ast bereichert. Es bestand eine reelle Anwartschaft auf den schwedischen Königsthron.

Der Cousin der Fürstin Johanna Elisabeth, Herzog Karl Friedrich von Holstein, hatte die Tochter Zar Peters des Großen geheiratet. Ein Sproß dieser Ehe war Karl Peter, der spätere Zar Peter III. Johanna Elisabeths Bruder verlobte sich 1726 mit Elisabeth, der siebzehnjährigen Tochter des Zaren. Es muß die ganz große Liebe gewesen sein. Die Heirat kam aber nicht zustande. Herzog Karl starb frühzeitig, und Elisabeth hat diese Bindung über seinen Tod hinaus lebenslang bewahrt, auch noch, als sie den Zarenthron bestiegen hatte. So fühlte sie sich dem Hause Holstein verbunden und setzte durch, daß Adolf Friedrich von Holstein, selbst mit Luise von Preußen verheiratet, der König von Schweden wurde. Aus dem gleichen Grund machte sie ihren Neffen, den Herzog Karl Peter von Holstein, zu ihrem Thronfolger. Er wurde im Dezember 1761 als Zar Peter III. gekrönt.

Sophie Friederike Auguste von Anhalt-Zerbst hatte also, insbesondere von der mütterlichen Seite, einen bemerkenswerten Familienstammbaum vorzuweisen. Ihr Neckname Fieke verrät aber auch, daß sie im Elternhaus in Stettin frei und unbeschwert heranwachsen konnte. Sie war ein bemerkenswert selbstbewußtes Geschöpf, unerfahren im höfischen Zeremoniell und auf eine Herrinnenrolle in einer späteren Ehe gar nicht vorbereitet. Die historische Belletristik hat sich immer wieder mit ihrem Leben beschäftigt.[64, 65]

Sie war gerade fünfzehn Jahre alt geworden, als ihre Eltern die Einladung der russischen Zarin Elisabeth erhielten, mit Sophie Friederike Auguste in Petersburg einen Besuch zu machen. Es war das schicksalhafte Ereignis im Leben dieses jungen Mädchens, das in nur wenigen Jahren aus der jungen Prinzessin die Herrscherin über das unermeßlich große Rußland machen sollte und sie mit dem geschichtlichen Attribut »die Große« geschmückt hat.

An der Wahl einer Frau für den künftigen Zaren waren selbstverständlich die europäischen Höfe beteiligt und um Einflußnahme bei der Zarin bemüht. Jeder Hof wollte seine Kandidatin auf diesen Thron bringen. Habsburg hatte gute Gründe, Maria Anna, die Tochter des Polenkönigs Kurfürst August III. von Sachsen, für die Heirat mit dem russischen Thronfolger Karl Peter zu empfehlen. Von diesen Absichten bekam natürlich auch der Preußenkönig Kenntnis und beauftragte seinen Gesandten am Petersburger Hof, Heinrich Freiherr von Mardefeld, diese Heiratspläne zu hintertreiben. Er übermittelte ihm eine diesbezügliche Direktive: »Um das sächsische Projekt zu zerstören, schlagen Sie doch irgendeine Prinzessin aus einem herzoglichen Haus Deutschlands vor. Hinsichtlich meiner Schwestern kennen Sie meine Ansicht: Ich gebe keine nach Rußland. Ich wundere mich, daß die Kaiserin nicht bei ihrer Wahl der Prinzessin von Zerbst stehen bleibt, da sie von holsteinischem Geschlecht ist, das die Kaiserin so sehr liebt ...«[66] Als die Besuchseinladung beim Fürsten von Anhalt-Zerbst vorlag, konnte König Friedrich II. zufrieden sein, und er war es mit Sicherheit, denn in seiner »Histoire de mon temps« vermerkt er, »elevée et nourrie dans les terres prusiennes«.[67] Welche politische Bedeutung er dieser Wahl der russischen Zarin beimaß, wird deutlich an dem höfischen Aufwand, mit dem er die kleine Prinzessin und ihre Mutter im Berliner Schloß empfing, als beide zur Reise nach Petersburg aufbrachen. Erst Jahre später schrieb sie in ihren Memoiren[68] einen sehr anschaulichen Bericht, wie der König diese Begegnung anläßlich einer Redoute im Opernhaus arrangiert hatte: »Prinz Ferdinand, der Bruder des Königs, den ich gut und seit langem kannte ... sagte zu mir: ›Heute abend werden Sie bei der Redoute im Opernhaus meine Dame am Tisch des Königs sein‹ ... als ich ihr erzählt hatte, daß ich beim Souper am Tisch des Königs sitzen müsse, führte mich Gräfin Henkel, Hofdame der Prinzessin von Preußen, in den Saal ...

Prinz Ferdinand ergriff sofort meine Hand und führte mich an das Ende der Tafel ... so geschickt ..., daß er mich gerade neben den König setzte. ... ich wollte mich zurückziehen, aber er hieß mich bleiben, und während des ganzen Abends sprach er andauernd mit mir und sagte mir viel Verbindliches ...« Was dieses »Verbindliche« war, hatte sie in einer früheren Fassung ihrer Memoiren[69] erzählt: »Am Abend ließ er mich bei der Tafel neben sich sitzen, sprach beständig mit mir, fragte mich nach tausenderlei, redete von der Oper, von der Komödie, von Poesie, Tanz, was weiß ich alles. Kurz, er sprach von tausenderlei Dingen, über die man eben mit einem vierzehnjährigen Mädchen plaudern kann. Anfangs war ich sehr schüchtern ... und schließlich unterhielten wir uns ganz freundschaftlich.« Der König veranlaßte sie dann, einem Herrn Früchte zu reichen mit den Worten: »Nehmen Sie die Gabe an aus der Hand der Amouren und der Grazien!« Eine bemerkenswerte Psychoanalyse, doch leider ist uns nicht überliefert, wie der Preußenkönig selbst dieses gezielt herbeigeführte Gespräch bewertet hat. Doch als guter Psychologe hat er sich bestimmt ein Bild von der Intelligenz, dem Charakter und der Persönlichkeit des jungen Mädchens gemacht. Dieser Schluß bietet sich indirekt an, wenn man beachtet, wie er sich bei Katharinas Thronbesteigung 1762, in den kritischen Monaten danach und auch zehn Jahre später, während des diplomatischen Gerangels um die Verteilung polnischen Territoriums, verhalten und sehr oft auch zurückgehalten hat. Daraus ist gut abzuleiten, daß er Maßnahmen und Entscheidungen Katharinas frühzeitig erkannte und durchschaute.

Auch eine andere Aufzeichnung in Katharinas »Memoiren« verdient festgehalten zu werden, weil sie ihr inneres Verhältnis zum Haus Hohenzollern verständlich macht. Sie berichtet da, im Sommer 1737, gerade acht Jahre alt, sei sie zum erstenmal Prinz Heinrich von Preußen begegnet. Sie hätten Freundschaft geschlossen, die seitdem fortbestanden habe. Vier Jahre später, bei der Hochzeit von Prinz August Wilhelm von Preußen mit Prinzessin Luise von Braunschweig-Lüneburg, durfte sie mit ihm Contredanse und Menuett tanzen; und dazu vermerkte sie das Interesse des Prinzen an der *kleinen Sophie*. Diese Freundschaft erfährt noch einmal einen politischen Nutzen, als der König 1771 seinen Bruder Heinrich zur Zarin nach Petersburg schickte, um in der akuten Polenfrage zu sondieren.

1740 begegnete die elfjährige Sophie auch ihrem späteren Mann, dem Herzog Karl Peter Ulrich von Schleswig-Holstein, zum erstenmal – bei ihrem Onkel, dem Fürstbischof von Lübeck. Drei Jahre später, bereits am Hof von Petersburg, noch vor der Hochzeit, bekannte sie: »Ich konnte weder sagen, daß er mir gefiel, noch daß er mir nicht gefiel ... Ich verstand nur zu gehorchen. Verheiraten mußte mich meine Mutter. Ich glaube aber, in Wahrheit lag mir an der russischen Krone mehr als an seiner Person ...« Sie war vierzehn Jahre alt.

Der Machtinstinkt dieser kleinen Person offenbart sich auch an anderer Stelle ihrer »Memoiren«. Da weiß die fünfzehnjährige Sophie zu erzählen, wie sie sich Kenntnis vom Inhalt des Einladungsschreibens der Zarin Elisabeth verschaffte, das ihre Eltern am 1. Januar 1744 erhalten hatten, das aber vor dem Kind geheimgehalten werden sollte. Mit wachem Verstand sammelte Sophie in ihrem Gedächtnis die Gesprächsfetzen und kombinierte daraus, daß es sich um eine Einladung der Zarin an den russischen Hof handeln müsse. Was dies damals für eine gerade ins heiratsfähige Alter kommende Prinzessin bedeutete, war sicher allen jungen Mädchen bekannt. Ihre Mutter war natürlich überrascht und wollte von Sophie wissen, woher sie denn ihr Wissen habe. Sophie behauptete: »Durch Wahrsagerei!«, sie könne so etwas. »Nun denn«, meinte die Mutter, »wenn du so weise bist, mein Fräulein, kannst du ja den Rest dieses politischen Briefes von zwölf Seiten auch noch herausbringen!« – »Ich versicherte, daran zu arbeiten; und am Nachmittag brachte ich ihr einen Zettel, auf den ich die Worte geschrieben hatte: ›Augure de tout, que Pierre III. sera ton époux.‹[70] Meine Mutter las das ...« Vermutlich, oder sogar ganz sicher, hatte diese andere Heiratspläne mit ihrer Tochter und versuchte Sophie klarzumachen, wie gefährlich eine solche Heirat für sie werden könnte. »Ich entgegnete, der liebe Gott würde schon für Ordnung sorgen, wenn solches sein

Wille sei. Ich besäße den Mut, mich allem auszusetzen, und die Stimme meines Herzens sage mir, es würde alles gutgehen ...«

Diese Erinnerungen hat Katharina in ihren »Memoiren«, Stück I, aufgeschrieben, als sie nach zehn Jahren Herrschaft schon fest auf dem Thron der russischen Zaren saß. Eine frühere, ungefähr fünfzehn Jahre vorher geschriebene Fassung – es waren ihre »Memoiren«, Stück V – strotzt weniger vor Selbstbewußtsein und Gottvertrauen. Noch eher unsicher über ihre Zukunft, legte sie die Entscheidung über ihr künftiges Leben ganz in die Hände ihres Vaters, und was und wie sie schreibt, verrät mehr noch die romantischen Gefühle und Hoffnungen eines jungen Mädchens; aber beide »Memoiren«-Versionen sind Facetten ihrer Persönlichkeit. Noch deutlicher und fast schon abgeklärt sind ihre Betrachtungen zum Gefühlsleben der inzwischen dreißig Jahre alten Frau aus dem Jahre 1758.[71] »Glück und Unglück liegen im Herzen und in der Seele des Menschen; wenn du dich unglücklich fühlst, so setze Dich darüber hinweg und handele so, daß dein Glück von keinem äußeren Ereignis abhängt.« Sie empfand sich selbst als »von Natur aus so anschmiegsam«, daß sich ihrem ungezwungenen Umgang niemand hätte entziehen können. Nachsicht, Vertrauen, strenge Redlichkeit und guter Wille seien die Tugenden gewesen, denen sie am liebsten gefolgt sei. Auch die amouröse Facette ihres Gefühlslebens läßt sie mit femininer Offenherzigkeit nicht unausgesprochen. Als junge Frau muß sie sehr weiblich-reizvoll, nicht nur begehrt, sondern auch begehrend, gewesen sein. Sie wußte von ihrer Ausstrahlung, wollte gefallen und wehrte sich ganz und gar nicht dagegen, daß damit »die Hälfte des Weges zur Versuchung schon getan ... und auch die zweite Hälfte nicht ungegangen bleiben konnte; in Versuchung führen und versucht werden, liegt nahe beieinander. Man mag sich die schönsten Sittenregeln eingeprägt haben, sobald sich die Sinnlichkeit einmischt und zum Vorschein kommt, ist man schon unendlich viel weiter, als man glaubt ... wie kann man hindern, daß das geschieht. Nur die Flucht könnte helfen ... Wenn du aber nicht fliehst, so ist meiner Ansicht nach nichts schwieriger, als dem zu entgehen, was dir im Grunde deiner Seele gefällt! Alles, was man dagegen einwenden kann, ist Prüderie, die dem menschlichen Herzen nicht eigen sein kann.«

Als sie diese Gedanken aufschrieb, war Katharina noch die Großfürstin. Die Gefühlsbande zu ihrem Mann waren bereits erloschen, um so heftiger begann das Liebesbedürfnis dieser Frau ihr Recht einzufordern. Und der Lebensweg der Zarin Katharina lieferte den Biographen und Romanciers einen bis heute unerschöpflichen Fundus für amouröse Geschichten. Mit Penetranz hat man nachgerechnet und sogar *bewiesen,* daß Katharina ab ihrem dreiundzwanzigsten Lebensjahr bis zu ihrem Tode einundzwanzig Liebhaber gehabt haben soll. Nach diesen Quellen war Sergej Saltykow (1752), ihr Kammerherr[72], ihre erste Affäre und Platon Subow (1791) der letzte Liebhaber. Katharina starb 1796. Als sie sechsundzwanzig Jahre alt war, hatte der drei Jahre jüngere Graf Stanislaw August Poniatowsky bei ihr eine besondere Favoritenstellung. Die Zarin setzte ihn 1764, nach dem Tode Augusts III., als Polenkönig Stanislaus II. August ein in der Erwartung, durch ihn etwas mehr Frieden in das unruhige Polen bringen zu können.[72] Soweit diese Liebesaffären keine nachhaltige politische Bedeutung erlangten, sind diese erotischen Nachbetrachtungen eher kennzeichnend für eine vorgegebene sittliche Empörung ihrer Autoren und natürlich für die Zeit, in der sie gelebt und geschrieben haben.

Wie sie sich selbst als Verstandesmensch einerseits und als Frau andererseits beurteilte, erfahren wir aus Katharinas »Memoiren«. Darin schreibt sie über sich selbst, »daß ich ein aufrichtiger, treuer Ritter von viel mehr männlichem,als weiblichem Geiste war, und doch war ich nichts weniger als ein Mannweib; ich besaß zugleich mit dem Geiste und Charakter eines Mannes die Reize einer sehr liebenswürdigen Frau«. Dieses Selbstporträt ist sehr offenherzig.

Das Rußland Katharinas ist von ihren intellektuellen Fähigkeiten und ihrem Machtwillen geformt und reformiert worden. Zur Vorbereitung auf diese Aufgaben konnte sie aus der Quelle einer gediegenen, anspruchsvollen Erziehung in ihrem Elternhaus nicht schöpfen. Auch über Maria Theresia kann man ähnliche pädagogische Betrachtungen anstellen;

aber trotz dieser rein äußerlichen Parallelität unterscheiden sich beide Frauen ganz ungemein und mußten doch an einem wichtigen Stück des europäischen Teppichs der Geschichte gemeinsam knüpfen. Sie taten es auch, die eine gestaltend und das Weltgewissen herausfordernd, die andere versteckt hinter frommen Sprüchen immer wieder das Weltgewissen anrufend. Obwohl die Idee der Aufklärung und das erwachende Bürgerbewußtsein in der Mitte des 18. Jahrhunderts schon in den Köpfen der Untertanen und auch des Adels zu wirken begannen, war Maria Theresia, auch als sie den Thron bereits bestiegen hatte, von diesen geistigen Strömungen kaum spürbar angekränkelt. Ganz anders hat sich Katharina mit diesem Gedankengut auseinandergesetzt. Als sie, gerade fünfzehn Jahre alt, an den Petersburger Hof kam, hatte sie bestimmt noch nicht so etwas wie ein sozialpolitisches Gewissen oder ein Weltbild. Selbst Peter der Große war für sie noch nicht der große Ideenträger. Grundnormen waren ihr in diesem Alter aus der geistigen und sittlichen Atmosphäre des Elternhauses aber sicher schon aufgeprägt, eine sittliche Prägung im Denken und Verhalten, die den preußischen Adel stärker geformt hat, als es irgendein anderes Königshaus in Europa jemals vorher erreicht hat. Dieses Preußentum erschöpfte sich nicht nur in den in späteren Epochen verpönten Idealen wie Gehorsam, Treue, Rechtschaffenheit, Pflichterfüllung und Liebe zum Vaterland, sondern war auch aufklärerischen Idealen verpflichtet, die den Preußenkönig in seiner Sturm-und-Drang-Zeit als Kronprinz umgetrieben haben.

Katharina war bezüglich ihrer geistigen Bildung ein Produkt ihrer intellektuellen Neugier und Autodidaktin dazu. Am Petersburger Hof hat sie zeitweilig in fast völliger Isolation leben müssen, diese Zeit aber mit für ein junges Mädchen erstaunlicher Disziplin durchgestanden und genutzt, um sich die Bildung zu verschaffen, die sie für ihr späteres Amt für notwendig hielt. Der Wille, mit dem sie nach Petersburg gereist war, um die Zarin von Rußland zu werden, muß in den Jahren bis zum Tod der Zarin Elisabeth mehr als ein Wille zur Macht gewesen sein. Vielleicht hat sie sich berufen oder auserwählt gefühlt, obwohl dieser Gedanke gar nicht zu ihrem ausgeprägten Realitätssinn passen will.

Die Bücher, die sie sich in dieser Zeit der Klausur vor allem vom englischen Gesandten und väterlichen Freund McCartney[73] beschaffen ließ und wirklich gründlich studierte, sind in ihren Memoiren genannt. Philosophie und Staatsrechtslehre standen im Mittelpunkt ihres Interesses. Einige dieser Werke zu nennen ist allein deshalb interessant, weil sie zeigen, daß Katharina außerordentlich zielstrebig an ihrer Bildung gearbeitet hat. Wir finden auf der langen Liste:
»Histoire générale des voyages« von L'abbé Prevost d'Exiles,
»Encyclopédie en Dictionaire raisonné des sciences, des arts et des metiers« von Diderot und d'Alembert,
»De l'Esprit des Lois« von Montesquieu,
»Dictionaire Historique et Critique« von Bayles,
»Dei delitti e delle pene« von Beccaria,
»Histoire Générale d'Allemagne« von Pater Jos. Barre,
»Histoire du roy Henry le Grand« von Péréfixe,
»Memoires« von Brantôme.

Voltaire war in ihrer kleinen Bibliothek vertreten mit »Essai sur l'histoire générale et sur les mœurs et l'esprit des nations«, »La Pucelle«, »Annales de l'Empire« und »Histoire universelle«.

Platons Werke und die »Annalen« des Tacitus hatte sie sich ebenfalls in französischer Sprache beschafft und studiert.

Dieses Intensivstudium hat sie sicher noch nicht zu einer Herrscherin mit fundierter Bildung gemacht, aber es hob sie doch spürbar heraus aus dem flachen geistigen Niveau an den europäischen Höfen und besonders dem in Petersburg. Graf Mercy d'Argenteau schrieb 1761 in einem Gesandtenbericht, »bei allen Handlungen Katharinas war der Eindruck und die Wirkung ihrer ebenso beschaffenen Lektüre zu erkennen«. Daß sie eine Autodidaktin des Herrschens war, wird ihr vielfach bestätigt, körperliche Eitelkeit sagt man ihr dagegen nicht nach. War sie aber von der Hybris intellektueller Arroganz befallen? Es gibt gern benutzte Zitate wie aus diesem Brief:[74] »O Herr Potjomkin, welch erbärmliches Wunder haben Sie bewirkt, so sehr einen Kopf in Unordnung zu bringen, der vordem in der Welt für einen der besten Europas galt«, die als Beweis dafür herangezogen werden. Man muß ihr bei Betrachtung ihrer Leistungen insgesamt und als russische Zarin zugestehen, daß sie für die Stabilisierung und Ausdehnung des russischen Reiches eine ganz außerordentliche Herrscherin auf dem Thron der Zaren gewesen ist.

Die zweite Hälfte des 18. Jahrhunderts in Europa ist fast einmalig dadurch ausgezeichnet, daß Frauen auf den Königs- und Kaiserthronen regierten oder sie zumindest beherrscht haben. In Rußland waren es die Zarinnen Elisabeth II. und Katharina II., in Österreich Maria Theresia, und in Frankreich hatte die Madame de Pompadour einen großen politischen Einfluß auf die Entscheidungen von König Ludwig XV. Die herausragende männliche Persönlichkeit in dieser Zeit war nur der Preußenkönig Friedrich II. Die beiden Frauen, Maria Theresia und Katharina, hatten auf intellektuellem Gebiet keine Gemeinsamkeiten. Nur die ersten Regierungsjahre haben beide Frauen mit dem Zwang zur Selbstbehauptung konfrontiert, und beide haben diese Prüfung bestanden, wenn auch mit ganz unterschiedlichen Mitteln. Maria Theresia durfte sich im Krieg um ihre Erbfolge auf die Treue ihrer Habsburger Lande und eine dem Herrscherhaus ergebene Adelsschicht stützen. Katharina war kein Kind dieses Landes, kein Sproß aus dem Hause der Romanows. Der Landadel verhielt sich abwartend, und nur eine kleine Schar von Offizieren der kaiserlichen Garde wagte mit ihr die Revolte. Wichtiger aber als alle Zufälligkeiten war die Klugheit und Besonnenheit, mit der sie die Herrschaft über dieses weite und ethnisch-sozial vielgestaltige Land übernahm und festigte. Dies allein ist machtpolitisch eine herausragende Leistung gewesen.

In den Biographien über sie werden ihr Günstlingswirtschaft, Liebesaffären oder nicht umgesetzte aufklärerische Reformbemühungen wie die erfolglose Arbeit an einem neuen Gesetzbuch zur Last gelegt. Die Meßlatte der reinen Lehre in der Hand eines Kritikers ist schon immer die eine Sache, die Wirklichkeit verantwortlichen Handelns und die Durchsetzbarkeit von Gesetzesvorhaben eine ganz andere gewesen. Katharina regierte Rußland in einer Zeit, als sich die Idee der Aufklärung mit Macht durchzusetzen begann. Voltaire, den sie schon bald nach der Thronbesteigung nach Petersburg einlud, hatte sie sehr prägnant mit nur einem Satz beschrieben: »Ein großer Mann, den man Katharina nennt.«

Die Politik, die sie für Rußland machte, hatte eine erkennbare, offene Zielrichtung: Das Werk Peters des Großen mußte fortgesetzt und von ihr vollendet werden. Wie die Machtverhältnisse damals lagen, meint man in ihren Entscheidungen den heißen Atem kriegerischer Maßnahmen zu spüren. Eine nüchterne Bilanz aller von ihr begonnenen oder siegreich beendeten Kriege – verloren hat sie keinen Krieg – gibt im Vergleich zur *friedfertigen* Maria Theresia eine überraschende Antwort:

1768 begannen die Türken einen Krieg gegen Rußland. Drahtzieher dieser Herausforderung, die sich sehr bald als tödlich für die Fortexistenz Polens erweisen sollte, war die französische Diplomatie. Der Krieg dauerte sechs Jahre und wurde erst für Rußland erfolgreich beendet, nachdem die erste Teilung Polens abgeschlossen war und zusätzliche Truppenkontingente und von polnischen Partisanen nicht mehr gefährdete Nachschubwege für die russische Armee zur Verfügung standen.

1773 bis 1775 tobte der Bauernaufstand unter Führung des Donkosaken Jemaljan Pugatschow. Dieser inländische revolutionäre Krieg, in dem vordergründig die Legalität der Zarin in Frage gestellt wurde, war vermutlich das blutigste Kriegsereignis ihrer Regierungsperiode und bis zur Niederschlagung des Aufstandes eine sehr kritische, gefährliche Situation.

Am Bayerischen Erbfolgekrieg, dem Kartoffelkrieg, nahm sie nicht teil, hatte aber inzwischen so große internationale Reputation erworben, daß sie, von den Kriegsparteien dazu aufgefordert, als Schiedsrichter den Frieden von Teschen am 13. Mai 1779 zwischen Preußen und Österreich aushandeln konnte. Es war ein Krieg, der im Grunde nicht stattgefunden hatte, trotzdem aber verschob sich die Autoritätsbalance zugunsten von Rußland, Preußen und Frankreich.

1783 annektierte Katharina die Krim. Es war wiederum ein kalter Krieg. Nach dem Ende des Ersten Türkischen Krieges war die Krim im Friedensvertrag von Kütschük-Kainardschi 1774 zu einem selbständigen Khanat erklärt worden. Katharina setzte einen ihr genehmen, rußlandfreundlichen Khan ein und stützte dessen Herrschaft mit russischen Truppen. Dann begann mit inneren Unruhen die zunehmende Destabilisierung des Khanats. Nach neun Jahren war dann der Zeitpunkt gekommen, zur Herstellung von Ruhe und Ordnung Marschall Potjomkin den Befehl zum Einmarsch und zur Besetzung der Halbinsel und des Kubangebietes im Kaukasus zu geben. England, Frankreich und Österreich stimmten dieser Annektion zu, forderten dafür allerdings von Rußland den Verzicht auf das griechische Kaiserprojekt. Die Idee Katharinas war es nämlich, aus den Donaurepubliken ein Königreich Dacien zu bilden, und Potjomkin war als König dieses neuen Staates von ihr vorgesehen. Es lag für die anderen Staaten auf der Hand, daß auch dieser Staat über kurz oder lang russisches Territorium werden sollte. Trotz Verzichts, so ganz wollte Katharina von diesem Plan nicht ablassen. Sie verfolgte ja damit gleich zwei Ziele: Zunächst ging es ihr natürlich um die Vergrößerung russischen Territoriums, dann aber wollte sie die Islamisierung des Balkans beenden. Daß die Vergrößerung ihrer Machtposition zu einer wachsenden Gegnerschaft der anderen europäischen Großmächte – ausgenommen Preußen – führte, gehörte auch zum Machtpoker des 18. Jahrhunderts. Ein Anlaß für politische und kriegerische Verwicklungen lag auf der Hand. Die Osmanen waren beunruhigt von dem griechischen Kaiserprojekt, die Engländer taten das Ihre am Hof von Konstantinopel, um die Spannungen zu verschärfen, und so kam es von 1787 bis 1791 zum Zweiten Russisch-Türkischen Krieg.

Gleichzeitig eröffnete der schwedische König Gustav III. einen zweiten Kriegsschauplatz im Norden. Ebenfalls von England beeinflußt, glaubte er eine günstige Gelegenheit zu haben, durch einen Angriff auf Petersburg die ehemals schwedischen Gebiete Livland und Finnland wieder zurückgewinnen zu können. Die Türken wurden von Marschall

Suworow besiegt und mußten im Friedensvertrag das Gebiet zwischen Bug und Dnjestr mit der Hafenstadt Odessa an Rußland abtreten. In der schwedischen Armee brach 1790 eine Meuterei aus, und damit war auch dieser Krieg beendet, ohne daß die Kriegsparteien nennenswerte Forderungen stellten.

Alle ihre kriegerischen Taten aufsummiert, war Katharina in der Verfolgung ihrer Politik genauso defensiv zurückhaltend wie erfolgreich. Hatte Peter der Große seinem Reich den Zugang nach Westen zur Ostsee erkämpft, so erreichte sie die Ausdehnung nach Westen durch die Annexion polnischen Gebietes, erreichte auf breiter Front die Ufer des Schwarzen Meeres und drängte die Türken auf europäischem Territorium zurück. Das weitgesteckte Ziel, den Islam gänzlich aus dem Balkan zu vertreiben, hat sie nicht erreicht. Die Folgen der Glaubensfeindschaft auf dem Balkan haben ihre blutigen Spuren bis in unsere Gegenwart gezogen und belehren uns ständig, daß geschichtliche Lektionen, wenn sie ungelöst und ungelernt bleiben, mit viel Blut in den Geschichtsbüchern weitergeschrieben werden.

Maria Theresia war – ganz im Gegensatz zu Katharina – in ihrer vierzigjährigen Regierungszeit mehr als neunzehn Jahre in Kriege verwickelt. Vom Ersten Schlesischen Krieg und dem Österreichischen Erbfolgekrieg abgesehen, waren diese Kriege die zwingende Folge einer Politik mit kaiserlicher Zustimmung. In der Geschichtsschreibung, die über die Biographien zu den Bürgern gelangt und den nachfolgenden Generationen vermittelt wird, ist ein bemerkenswerter Gegensatz bei den geschichtlichen Bildern dieser beiden Frauen festzustellen. Frömmigkeit, Herzlichkeit, Gemüt einerseits, Klugheit, abwägender Verstand, Machtwille andererseits bestimmen das überwiegend positive beziehungsweise negative Urteil, obwohl doch diese Eigenschaften leer im Raume stehen, wenn sie nicht am tatsächlichen Handeln gemessen werden.

Nach dem frühen Tod der Zarin Elisabeth am 25. Dezember 1761 – sie war erst zweiundfünfzig Jahre alt – begann Zar Peter III. sofort mit reformerischen Veränderungen. Als erstes schaffte er die Dienstpflicht des Adels ab. Es war eine

Begünstigung, die Katharina später nicht wieder rückgängig machen konnte, die ihre eigenen Reformbestrebungen aber behinderte und schließlich verhinderte.

Aus den Tagebuchaufzeichnungen Katharinas wissen wir, wie sehr sie mit ihren Gedanken dem aufgeklärten Absolutismus zuneigte und damit in den Wertvorstellungen Friedrichs des Großen dachte und auch bemüht war zu leben. Was Gerechtigkeit und Freiheit im Staate für Wertgrößen sind und welche Bedeutung das Glück der Untertanen hat, darüber hatte sie sich alles zusammengelesen, darüber nachgedacht und auch mit den bedeutenden Geistesgrößen ihrer Zeit korrespondiert. Durchsetzen konnte sie diese staatsphilosophischen Ideen im *Rußland der Leibeigenschaft* gegen den widerstrebenden Landadel nicht.

In den ersten beiden Regierungsjahren entwickelte die junge Zarin eine außerordentliche Aktivität gepaart mit großem Fleiß. Es wird berichtet, daß ihr Arbeitstag um sechs Uhr am Morgen begann und bis in die späten Abendstunden dauerte. An der Meinungsbildung der Regierung, ihrer Minister, nahm sie aktiv Anteil. Auf zahlreichen Reisen durch das Land, ganz in der Manier des Preußenkönigs, lernten die freien Bauern und die Leibeigenen genauso wie die Stadtbevölkerung Katharina als eine *Herrscherin zum Anfassen* kennen. Auf diesen Reisen bildete sie sich ein unabhängiges Urteil für die geplante Reform der desolaten Verwaltung des Reiches. Die neue Verfassung dezentralisierte die Gouvernements- und Statthalter-Verwaltungen und übertrug ihnen eine größere Kompetenz und Eigenverantwortung. Im ganzen Land wurden Volkszählungen durchgeführt. Schulen und Erziehungsanstalten für Knaben und für Mädchen wurden gegründet. Berühmtheit unter diesen neuen Bildungsstätten hat das Smolna-Institut in Petersburg erlangt, in dem nicht nur die höheren Töchter des Adels, sondern auch Bürgertöchter aufgenommen wurden. Für Katharina, die Autodidaktin, hatte eine gute Bildung einen herausragenden Stellenwert, und ihr Erziehungssystem wurde als das fortschrittlichste ihrer Zeit gerühmt.

Bei allen diesen Reformbemühungen begegnet man immer wieder der Anlehnung an das vorbildgebenden Preußen.

Charakteristisch für Katharina war es aber auch, daß sie mit dem Übersiedeln nach Petersburg nur Russin sein wollte, soweit möglich auch in Denken, Fühlen und Handeln. Sie wußte sehr genau, daß sie sich nur so auf dem Zarenthron würde behaupten können. Daß sie sich dazu von den Wurzeln ihrer Herkunft abnabeln und Verstandesbarrieren in ihrem Kopf errichten mußte, war für sie wohl eine Selbstverständlichkeit. Soweit es sich nachvollziehen läßt, waren die ersten Monate ihrer Regentschaft für den bedrängten Preußenkönig voller Unsicherheit und Besorgnis, und ihr ausbalancierendes Verhalten nach dem Sturz des Zaren Peter III. war von fast genialer Klugheit im Hinblick auf ihre Politik gegenüber Preußen. Sie blieb zunächst konsequent auf der österreichfreundlichen politischen Linie der Zarin Elisabeth. Die russische Armee stand angriffsbereit nahe vor Berlin, wurde aber nicht in Marsch gesetzt. Die Gründe auch hierfür blieben undurchsichtig und verworren. Der Kommandeur der russischen Armee wurde, als sich die Wogen des Krieges bereits zu glätten begannen, wegen Unfähigkeit oder wegen Befehlsverweigerung abgelöst. Bis zum Friedensschluß in Hubertusburg pflegte die junge Zarin mit dem Hof in Potsdam einen unterkühlten und eher unfreundlichen Umgang. In der Proklamation bei ihrer Thronbesteigung verkündete sie sehr harsch:[75] »Die Glorie Rußlands ist durch den geschlossenen Frieden mit dem ärgsten Feind des Landes mit Füßen getreten worden ...«, aber das war nicht mehr als ein Scheingefecht ohne politische Bedeutung. Beide, die Zarin und ihr Großkanzler Panin, waren auf die Habsburger nicht gut zu sprechen, während Verstand und Seelenverwandtschaft unausgesprochen die tragende Brücke zu Preußen blieben. Aber mit solchen Lippenbekenntnissen vollbrachte diese junge und in Machtfragen noch unerfahrene Monarchin eine bemerkenswerte taktische Leistung. Nur so konnte sie sich in den ersten Monaten gegen die Umsturzgelüste des Adels schützen und den Thron verteidigen.

Sobald sich Katharina ihrer Herrschaft auf dem Zarenthron sicher war, begann sie ihr Reformwerk in Angriff zu nehmen. Die Macht des Klerus und der Kirche wurde dadurch eingedämmt und unter Kontrolle gebracht, daß alle kirchlichen Einrichtungen und der Klerus einen vom Staat garantierten Unterhalt bekamen. Gleichzeitig wurde der Grundbesitz der Kirche in einer Landreform auf die Bauern aufgeteilt, und die Hälfte der ungefähr fünfhundert Klöster wurde aufgelöst. Die Klosterbauern waren von nun an Kronbauern.

1765 begann sie mit dem großen Reformwerk, dem Land eine neue Verfassung auf dem liberalen Fundament der Aufklärung zu geben. Es wurde eine Verfassungskommission eingesetzt, die nach Richtlinien arbeiten sollte, die Katharina selbst als »Instruction« mit 653 Paragraphen ausgearbeitet hatte. Das Zivilrecht und das Strafrecht, Verwaltung und Wirtschaft und schließlich ein Sozial- oder Klassenrecht sollten in die Verfassung geschrieben werden. Montesquieu hat mit seinem »L'Esprit des Lois» wesentliche Ideen beigetragen. Nur auf die ›souveräne Gewalt‹ mochte Katharina in ihrer »Instruction« nicht verzichten. In einem Brief an d'Alembert bekennt sie sich vorbehaltlos zu ihrem geistigen Ziehvater: »Sie werden sehen, wie ich zum Nutzen meines Reiches Montesquieu geplündert habe, ohne ihn namentlich zu nennen. Er wird mir dieses Plagiat hoffentlich verzeihen.« Und an Friedrich den Großen schreibt sie: »Eure Majestät werden in diesen ›Instructions‹ nichts Neues finden; nichts, was Sie nicht schon wüßten und selbst eingeführt haben ... Ich habe es gemacht wie der Rabe in der Fabel von Lafontaine, der sich mit Pfauenfedern schmückte.« Auch in diesen persönlichen Zeilen läßt sich ihre Wertschätzung und Hochachtung vor dem großen König und Philosophen in Preußen erkennen. Gedanken zur Rechtspflege und zum Strafrecht lieferte ihr Cesare Baccarias mit seinem Buch »Dei delitti e delle pene«.

Dem Lande als Nicht-Russin eine neue, die althergebrachten Strukturen beseitigende Verfassung zu verordnen, dies wäre ein delikates und mehr noch mutiges Unterfangen gewesen. So ungeschickt ging sie aber nicht zu Werke. Um ihr Vorhaben ohne Friktionen zu schaffen, setzte Katharina eine Verfassungskommission ein, in die sie die Repräsentanten des Adels berief. Sie gab den Auftrag »in voller Ent-

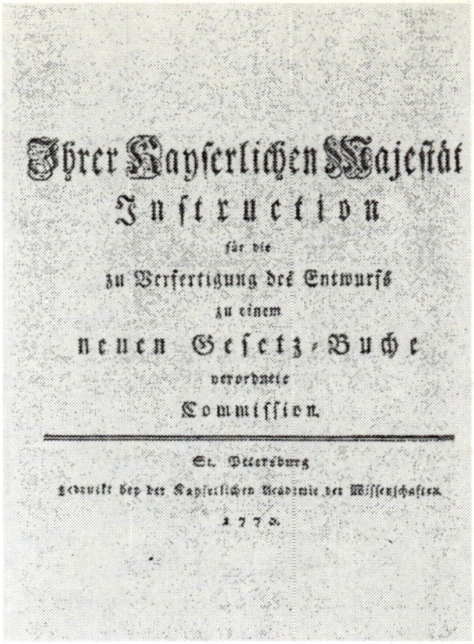

Ihrer Kayserlichen Majestät
Instruction
für die
zu Verfertigung des Entwurfs
zu einem
neuen Gesetz-Buche
verordnete
Commission.

St. Petersburg
gedruckt bey der Kayserlichen Academie der Wissenschaften.
1770.

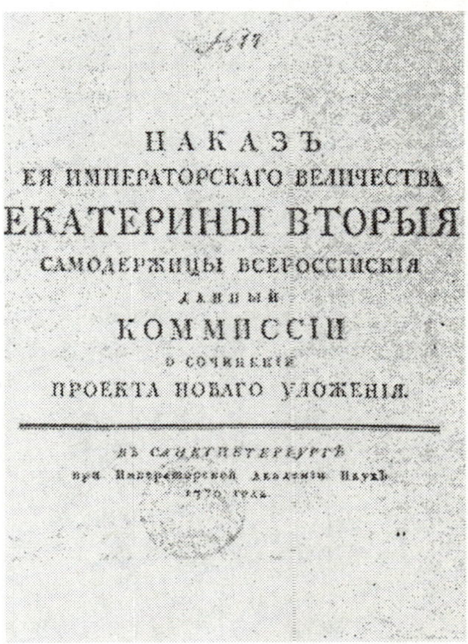

НАКАЗЪ
ЕЯ ИМПЕРАТОРСКАГО ВЕЛИЧЕСТВА
ЕКАТЕРИНЫ ВТОРЫЯ
САМОДЕРЖИЦЫ ВСЕРОССІЙСКІЯ
данный
КОММИССІИ
о сочиненіи
ПРОЕКТА НОВАГО УЛОЖЕНІЯ.

ВЪ САНКТПЕТЕРБУРГѢ
при Императорской Академіи Наукъ
1770 году.

Der kaiserliche »Nakas«

Katharinä der Zweiten Kaiserin und Gesetzgeberin von Rußland Instruction für die zu Verfertigung des Entwurfs zu einem neuen Gesetz-Buche verordnete Commission. Riga und Mietau 1768

8. Die Länder des Rußischen Reichs erstrecken sich auf der Erdkugel bis 32 Grad in die Breite, und 165 Grad in die Länge.

9. Der Beherrscher derselben ist unumschränkt (Αὐτοκράτως): denn keine andere als eine nur in dessen Person vereinte Macht kann auf eine der Weitläuftigkeit eines so großen Reichs gemäße Weise wirken.

10. Ein weitläuftiges Reich setzt eine unumschrenkte Gewalt in derjenigen Person voraus, die solches regieret. Die Geschwindigkeit in der Entscheidung der Sachen, die aus fernen Orten einlaufen, muß die Langsamkeit ersetzen, die aus dieser weiten Entfernung entsteht.

11. Jede andre Regierungsform würde für Rußland nicht nur schädlich seyn, sondern auch zuletzt die Ursache seiner gänzlichen Zerstörung werden.

12. Eine andre Ursache ist diese, weil es besser ist, den Gesetzen unter Einem Herrn zu gehorchen, als sich nach dem Willen vieler zu bequemen.

13. Was ist aber der Endzweck einer unumschrenkten Regierung? Nicht, die Menschen ihrer natürlichen Freiheit zu berauben, sondern ihre Handlungen zur Erlangung der höchsten Glückseligkeit einzuleiten.

14. Folglich ist eine Regierungsform, die mehr als andre auf diesen Endzweck hin gerichtet ist, und dabei weniger als andre die natürliche Freiheit einschrenket, diejenige, die den Absichten, die man bei vernünftigen Geschöpfen voraussetzt, am besten entspricht, und dem Zwecke, auf den man bei Errichtung bürgerlicher Gesellschaften von je her gesehen, am gemäßesten ist.

15. Das Augenmerk und der Endzweck unumschrenkter Regierungen, ist der Ruhm der Bürger, des Stats, und des Beherrschers.

16. Aus diesem Ruhme aber quillet bei einem Volke, das unter einer monarchischen Regierung stehet, der Geist der Freiheit, welcher sich in solchen Staaten in eben so große Thaten ergießen, und das Glück der Untertanen in eben dem Maaße befördern kann, als die Freiheit selbst.

Die Textprobe gibt Katharinas Entwurf und Arbeitsrichtlinie über ›Autokratie und Freiheit in Rußland‹ wieder.[28]

scheidungsfreiheit aus den ›Instruktionen‹ fortschrittliche Gesetze für das Land zu machen«.

Wie kaum anders zu erwarten, waren die Arbeitsergebnisse der Kommission für Katharinas Vorhaben entmutigend. Die liberalen Inhalte ihrer »Instruktionen« wurden in kräftezehrenden Diskussionen in das Gegenteil verkehrt. Die Zarin mußte erkennen, daß ein solches Reformvorhaben im Rußland des Jahres 1768 nicht durchsetzbar war, ohne damit den eigenen Sturz zu provozieren. Als die Türken im September 1768 Rußland ein zweites Mal den Krieg erklärten, war das für die Verfassungskommission fast eine Erlösung. Die Arbeit wurde eingestellt und in späteren Jahren nicht wiederaufgenommen. Auch konnte sich Katharina mit den Jahren der russischen Mentalität nicht entziehen und verlor entsprechend an Reformwillen und Schwung.

Die Reformbemühungen, den Untertanen eine höhere und von Gesetzen abgesicherte Gerechtigkeit widerfahren zu lassen, wurde von den anderen Königshöfen aufmerksam verfolgt. Sie fanden Zustimmung, aber auch Ablehnung. Der englische Gesandte McCartney berichtete seiner Regierung von einem »großartig-gerechten Gesetzgebungswerk«. In Frankreich wurden die »Instructions« schleunigst auf den Index gesetzt. Der Preußenkönig lobte »die Grundsätze der Menschlichkeit und Milde«. Die allgemeine Zustimmung in Preußen war so groß, daß die ›Berliner Akademie‹ nicht zögerte, Katharina Anfang 1768 zu ihrem Mitglied zu ernennen.[76]

Katharina war selbstkritisch genug, die Schwierigkeiten der Umsetzung ihrer Ideen nicht nur beim Adel zu sehen; auch die ganze Problematik, ein ethnisch so unterschiedliches Staatsvolk unter eine Verfassung zu bringen, war ihr bewußt. An Voltaire schrieb sie im Mai 1767: »Jene Gesetze, von denen man so viel spricht, sind noch nicht verfaßt. Und wer kann für ihre Tauglichkeit bürgen? ... Stellen Sie sich vor, daß sie Europa und Asien dienen müssen. Welch ein Unterschied im Klima, den Menschen, den Gewohnheiten und vor allem den Begriffen. Das wollte ich mit eigenen Augen sehen, und da bin ich nun in Asien. In dieser Stadt (Kasan) gibt es zwanzig Völker, die sich in keinem Stück gleichen, und trotzdem muß man ihnen einen Rock nähen, der allen gleich gut sitzt. Es ist leicht, eine allgemeine Regel zu finden, aber die Details? Und welche Details? Wie viele sind es? Das ist fast so schwer, als müßte man eine ganze Welt erschaffen, sie vereinigen und erhalten.«[77]

Es ist im nachhinein, wie immer, leicht, die kluge Überlegung anzustellen, ob dem Lande die Bauernrevolten, insbesondere die berüchtigte Purgatschowschtschina, erspart geblieben wäre, wenn die Verfassungsreform durchgeführt worden wäre. Katharina gibt die Antwort darauf schon selbst in ihrem Brief, eine negative. Sie war auch klug genug, zu erkennen, daß sie den Adel gegen sich aufbringen würde, wenn sie unnachgiebig dieses Reformvorhaben hätte durchsetzen wollen. Erschwerend kam noch hinzu, daß Zar Peter III. in seiner nur kurzen Regierungszeit mit seinem Ukas »Von der Freiheit des Adels« unverrückbar Pflöcke eingerammt hatte. Der Adel war von seinen materiellen Pflichten gegenüber dem Staat und dem Herrscherhaus entbunden, hatte keine Zinszahlungen für seine im Staatslehen verwalteten Güter zu entrichten und sollte statt dessen nach einer nicht eintreibbaren moralischen Verpflichtung seine Steuern zahlen. Diese überaus hochherzige Idee war im praktischen Leben genauso idealistisch wie undurchführbar.

Auch unsere Zeit ist überreich gesegnet mit solchen Ideen und der Unmöglichkeit, sie allgemein umzusetzen. Aber damals wie heute zeigte sich, daß diese Ideale oftmals stärker sind als die harte Wirklichkeit, aber eben deshalb auch immer wieder in Zerstörung und Verwüstungen mit tödlichen Folgen enden und wohl auch enden müssen.

Der Kosakenaufstand erschütterte zwei Jahre lang das Land und veränderte in dieser Zeit auch das reformerisch-aufgeklärte Verhalten Katharinas. Ihr daraus in unserer Zeit einen Vorwurf zu machen und ihr Täuschung und Heuchelei zu unterstellen, ist Selbstgerechtigkeit ohne eigenes Risiko: »Das Ende der Pugatschowschtschina war der Beginn einer zwanzigjährigen reaktionären Politik, die mit dem Namen Katharina II. verbunden ist. Das Erschrecken der Mächtigen vor der Erhebung der Muschiks mündete ein in die

Angst vor dem Bazillus der Französischen Revolution, dessen Virulenz sich auch in Rußland erweisen konnte.«[78] Eine wahrhaft mächtige Anklage. Daß die Monarchien schon 1775 den Bazillus der Französischen Revolution befürchtet haben, ist so sicher auszuschließen wie eine glaubwürdige Vorhersage des Untergangs des Weltreichs Sowjetunion im Jahre 1985. Katharina hat nicht in unserer Zeit gelebt und eine Demokratie regiert. Ein Mensch mit dieser Klugheit und Begabung, mit Fleiß und diplomatischem Geschick, Machtinstinkt, Mut und Bereitschaft zu persönlichem Risiko ist auch unter den veränderten Verhältnissen unserer Zeit als erfolgreiche Frau in der Politik vorstellbar. Alles, was wir von ihr und über sie wissen, zeigt uns, daß sie ihre Position als Zarin von Rußland aus eigener Kraft und Klugheit aufgebaut hat und dazu nicht des Nimbus, der religiösen Verehrung, bedurfte, die das Volk damals den gesalbten Herrschern entgegenbrachte. Versucht man sich die zeitgleich regierende Maria Theresia unter gleichen Bedingungen in Petersburg um Thron und Macht kämpfend vorzustellen, würde sie diese Probe kaum bestanden haben. Mit der Tradition und der unterwürfigen Verehrung ausgestattet, die das Haus Habsburg beim Volk hatte, hätte sie sich über ein adliges Mittelmaß hinaus kaum erhoben. Katharina hatte auch an ihrer Seite keinen Staatskanzler Kaunitz und hätte ihn vermutlich intellektuell gar nicht neben sich dulden wollen. Deshalb ist es wohl gerecht, die Krone der bedeutenderen Politikerin der Zarin Katharina aufzusetzen. Auch die Konturen des französischen Königs Ludwig XV. werden unscharf, wenn man seinen Charakter im Hinblick auf Intelligenz, Klugheit, Machtinstinkt u. a. mit ihr vergleichen wollte. Insgesamt steht auch seine Leistung hinter der Katharinas zurück. Sehr viel schwieriger ist der Vergleich von Eigenschaften, Tugenden und Leistungen mit Friedrich dem Großen.

Beide Monarchen waren in ihren jugendlichen Jahren fasziniert von den Idealen einer künftigen aufgeklärten Gesellschaft und haben, selbst zur Herrschaft gelangt, versucht, einiges davon in ihren Staaten umzusetzen. Der Preuße konnte an die Vorarbeit seiner hohenzollernschen Vorfahren anknüpfen. Der Adel, die zweite Herrschaftsebene des Landes, war dem Königshaus über Generationen verpflichtet und folgte den königlichen Dekreten mit dem gebotenen Gehorsam. Katharina hatte im archaischen Rußland für Reformgedanken sehr viel schwierigere Anfangsbedingungen. Zunächst einmal mußte sie sich als Autodidaktin belesen machen mit dem, was über eine bessere, humanere und zeitgemäßere Staatsform schon gedacht und geschrieben worden war. Dabei wollte sie sich nicht der Mühe unterziehen, dieses aufgeklärte Staatsgebäude mit eigenen theoretischen Beiträgen zu erweitern. Sie wollte diese humanistisch-feinsinnigen Gedanken in der Praxis der Gesetzgebung erproben. Daß ihr ein grundlegender Erfolg versagt blieb, darf bei dieser Adelsgesellschaft einerseits, dem aus vielen Völkerschaften, ethnischen Gruppen und einer Vielzahl von Sprachen und Religionen zusammengefügten Staat andererseits nicht verwundern. Auch nach Katharina ist es in Rußland keinem Potentaten gelungen, schwerwiegende Veränderungen durchzusetzen und den Humanismus, die Aufklärung und Demokratie als Staatsziele zu verwirklichen. Im Gegenteil erlebt gerade unsere Generation am Ende des zwanzigsten Jahrhunderts den Zerfall des multikulturellen Vielvölkerstaates Peters des Großen. Mit dem Preußenkönig nicht vergleichbar sind ihre musische, die philosophische und die literarische Begabung, obwohl Katharina es verstanden hat, mit ihren Briefen, Notizen und Erinnerungen die Literatur zu bereichern. Das Instrument Schreibfeder war ihr gut vertraut, und sie setzte es gerne ein, um damit an ihrer eigenen Größe zu arbeiten. Andererseits hält der Preußenkönig mit ihr keinen Vergleich auf dem Gebiet der Amouren aus. Die gefühlsstarke, extrovertierte Frau konnte ihr inneres Spannungsfeld in der Liebe abbauen oder kompensieren. Dem introvertierten Preußen blieb als Ausgleich die Sublimierung der Gefühle in der musischen Entspannung, wo er sie suchte und auch fand.

Das Charakterbild der Zarin Katharina hat uns einen großen Facettenreichtum offenbart. Wie ist es in die praktische Politik einzuordnen, die sie um den Fortbestand Polens betrieben hat? Der Ansicht, dem geschichtlichen Urteil

Hans von Rimschas[79] ist kaum beizupflichten, wenn man die geschichtlichen Quellen in ganzer Breite durchstöbert und nicht nach gelegentlichen Äußerungen oder Satzzitaten sucht. So, wie die Habsburger Wert darauf legten, auf dem polnischen Thron einen ihnen genehmen sächsischen Wettiner zu sehen, so verständlich war das Bestreben Katharinas, ihren Einfluß auf Polen zu verstärken. Ihre *Spielfigur* war ihr Geliebter, Graf Stanislav Poniatowsky, der als polnischer Botschaftsbeamter an den Petersburger Hof entsandt worden war. Ihn hielt die Zarin für geeignet, polnische Politik nach ihren Vorstellungen zu machen, und sie setzte seine Kandidatur und schließlich auch seine Wahl zum König durch. Russische Truppen standen immer bereit, um ihn vor Umsturzversuchen zu schützen. Poniatowsky selbst war über diese Beförderung zur Majestät gar nicht beglückt, fügte sich aber dem Wunsch der Zarin. Das Leben und die Annehmlichkeiten bei Hofe in Petersburg entsprachen viel mehr seinem Lebensplan.

Mit diesem König waren die Wettiner und der Einfluß des Hauses Habsburg vordergründig machtpolitisch erst einmal ausgeschaltet. Dabei sollte es aber nicht bleiben. Der polnische König Stanislav II. August war Katharina zunächst einmal eine ausreichende Gewähr für eine stabile politische Lage an der Westgrenze Rußlands und die volle Abhängigkeit des Königs vom Zarenthron ein ausreichendes Unterpfand. Doch diese politische Stabilität war nur von kurzer Dauer. Österreich und Frankreich verleiteten ihren Bundesgenossen, die Türkei, sich auf einen erneuten Waffengang mit Rußlands Armee einzulassen. Die Türkei wollte natürlich im ersten Russisch-Türkischen Krieg an Rußland verlorene Gebiete zurückgewinnen, und die drei Alliierten gemeinsam traten an, um *Polen zu retten*. Jedes der Länder hatte für den erhofften Ausgang des Krieges einen eigenen Thronkandidaten in Bereitschaft; für Österreich sollte es Herzog Karl von Lothringen sein und für Frankreich der Prinz Conti. Der Türkenkrieg begann 1768 und ließ damit auch die Todesglocken für die Adelsrepublik, das Königreich Polen, läuten.

Bis zu diesem Zeitpunkt hatte Rußland mit dem westlichen Nachbarn Polen zufrieden sein können. Dank des Liberum Veto war das Land hinreichend destabilisiert und den imperialen Ambitionen der Zarin nicht hinderlich. Der polnische Adel war wohlhabend und unkompliziert bestechlich, schwelgte in Epikureismus und Wohlleben, immer bemüht, es dem Hof in Versailles gleichzutun. Das niedere Volk wurde unter dem Joch der Leibeigenschaft zunehmend ärmer. Kurz und gut, der polnische Adel tat das Seine, die Zarin Katharina in Petersburg zufrieden- und die Weiterexistenz des polnischen Staates sicherzustellen. Der Türkenkrieg machte das südliche Polen aber zu einem Durchmarschgebiet für die russischen Truppen, und sehr bald wurde die Versorgung der Armee beim Kampf gegen Konstantinopel zu einem Ärgernis. Die Polen inszenierten einen kleinen Bürgerkrieg und überfielen die russischen Nachschubkolonnen. Frankreich und Österreich unterstützten den Aufstand mit viel Geld und Waffen und machten auf dem Feld der Diplomatie ihren politischen Einfluß geltend, um den Konflikt zu schüren und dadurch die kriegführende Türkei gegen Rußland zu stärken. Auch in diesem *Krieg der Kabinette mit den Mitteln der Diplomatie* leuchtet wieder die vielschichtige Intelligenz des österreichischen Staatskanzlers Kaunitz auf.

Der Preußenkönig hielt sich in diesem gefährlichen Konflikt sorgfältig abseits, war aber für Katharina doch ein gewichtiger, stiller Bundesgenosse, weil Österreich nicht wagte, mit der eigenen Armee an der Seite der Türken in den Krieg einzutreten. Wien befürchtete das Eingreifen Preußens an der Seite Rußlands. Was der Fürst Kaunitz aber wiederum in seinem diplomatischen Kriegsplan nicht richtig bewertet hatte, war das Verhalten von Katharina. Sie sah die unhaltbare Situation auf den Nachschubwegen für ihre Truppen und begann umzudenken. Die erste Maßnahme war die Teilbesetzung der strategischen Route in Polen. Das stieß auf den Widerstand von König Stanislav, und es kam zu einer so weitgehenden Entfremdung, daß Katharina im Dezember 1768 zum erstenmal Überlegungen anstellte, das »Ärgernis Polen gewissermaßen gänzlich aus dem Verkehr zu ziehen«. Die Entfremdung zwischen Stanislav und Katharina wurde später wieder abgemildert, aber geheilt wurde sie nicht mehr, weil das Vertrauen durch ein nüchternes Machtkalkül ersetzt worden war. Was den Polenkönig in der für Rußland nicht unkritischen Situation im Jahre 1768 veranlaßt hat, seine Souveränität gegen die Zarin auszuspielen, ist schwer nachzuvollziehen; aber sicher ist, daß die Wiener Geheimdiplomatie bei ihm Wirkung gezeigt hat und er sich in der Vorstellung sonnte, als König von Polen die volle Unabhängigkeit zu erlangen, wenn Rußland in diesem Krieg besiegt sein würde.

Katharina dachte über diesen Krieg, als ihre Truppen die Überlegenheit erkämpft hatten, in größeren Dimensionen nach: Die Türkei sollte mitsamt dem Islam vom europäischen Kontinent weg und zurück nach Kleinasien gedrängt werden. Für Rußland würde dann der Weg frei zum Schwarzen Meer, und in dem Vakuum des vorher türkisch beherrschten Balkans sollte ein griechisches Kaiserreich als russische Sekundogenitur mit Marschall Potjomkin als Regent errichtet werden. Doch damit hatte Katharina die Grenze des Zumutbaren für die anderen Großmächte überschritten. Das ganze Vorhaben blieb ein politisches Planspiel.

Die Anhalt-Zerbster Prinzessin auf dem Zarenthron hat für Rußland als europäische Großmacht in ihrer Zeit Bedeutendes geleistet. Die Entscheidung, den Großfürsten und Thronfolger Paul zu heiraten, hat ihren Machtinstinkt in bemerkenswert jugendlichem Alter geweckt, neben ihrem charakterschwachen und geistig unbedeutenden Ehemann die wahre Herrscherin auf dem Zarenthron zu werden. Die bewußte Konversion zum Russentum und zum orthodoxen Glauben hat sie mit preußisch-deutscher Konsequenz vollzogen und bescherte den Russen mit den Worten von Amfiteatrow »das russischste Zeitalter der russischen Geschichte«. So hat sie zwar ihr äußeres Kleid gewechselt; die russische Seele blieb ihr verschlossen. Vielleicht war das die Voraussetzung für ihre erfolgreiche Regentschaft. Regiert wurde Rußland vierunddreißig Jahre lang von einer intellektuell durchwachsenen deutschen Seele, eingehüllt in ein undurchdringliches russisch-orthodoxes Gewand.

König Ludwig XV. von Frankreich

Aus dem zeitlich großen historischen Abstand hat die Bourbonen-Dynastie im Rückblick für die Franzosen nur einen König hervorgebracht, der über die Landesgrenzen hinaus in seiner Zeit die Politik Europas bewegt hat: Ludwig XIV. Er, der *Roi-Soleil*, hat sein Land noch länger regiert als sein Nachfolger Ludwig XV., der vierundsechzig Jahre alt geworden ist und neunundfünfzig Jahre der König von Frankreich war. Beider Lebensdaten scheinen auf das rituelle Muster eines Gotteskönigtums hinzudeuten, auf religiös überhöhte Statuen, die dem menschlichen Alltag entrückt waren. Das wäre eine Verklärung gewesen, die nicht mehr in die Zeit gepaßt und im 18. Jahrhundert der Aufklärung keinen Glanz mehr hervorgebracht hätte.

Auch ohne diese mystifizierende Komponente überstrahlte er, der *Sonnenkönig*, seine Zeit, und Ludwig XV. konnte sich und seine majestätische Autorität noch fast lebenslang von den Strahlen dieser Sonne erwärmen lassen. Den Sonnenkönig selbst hat zu seinen Lebzeiten von der Ebene der Sterblichen nichts stärker abheben können als dieses symbolhafte Attribut, dem weder von seinen Zeitgenossen noch später ein ironischer Unterton gegeben wurde. Spätere Historiker[80] vermuten, er selbst habe die strahlende Sonne für sich als Herrscher und Stellvertreter Gottes gewählt. Wie immer es gewesen sein mag, in dieser Zeit hatten solche Bilder und Begriffe immer einen theologisch-philosophischen Bezug. Ludwig XIV. war noch ein sehr kleines Kind, als der Königshof in Paris von der Idee und dem Philosophieren über den Sonnenstaat beherrscht wurde.

1634 kam der Dominikanermönch Tomaso di Campanella auf seiner Flucht vor den Spaniern nach Paris, wurde vom König Ludwig XIII. und dem Kardinal Richelieu mit bevorzugter Noblesse aufgenommen und lehrte bis zum Ende seines Lebens an der Sorbonne. Als Tomaso Frankreich erreichte, war ihm der Ruhm lange vorausgeeilt, der Schöpfer der Idee des Sonnenstaates gewesen zu sein. Er verkündete Gottes Wort als Dominikanerpater und Priester im Königreich Neapel, das von seinen spanischen Herren ganz besonders hart drangsaliert und ausgebeutet wurde. Als die Menschen gegen diese Herrschaft aufzubegehren begannen, wurde Tomaso einer der Anführer des Aufstandes. Ein Verräter in seinen Reihen machte diese Revolte aber zunichte und brachte den Mönch ins Gefängnis. Nach grausamer Folter wurde er in Neapel verurteilt und für zwanzig Jahre eingekerkert. Aus dieser Zeit sind uns von ihm Sonette und das staatsphilosophische Werk überliefert, das seinen Ruhm schon durch die Kerkermauern begründete, der »Sonnenstaat«. Es ist die religiös-idealistische Konstruktion einer Gesellschaft, in der jeder einzelne von allen Übeln befreit sein sollte, die aus der menschlichen Schwäche entstehen. Dafür verpflichtete sich der Bewohner des Sonnenstaates selbstlos zum Verzicht auf alle gesellschaftsrelevanten persönlichen Ansprüche und Wünsche und sollte all sein Streben nur noch der Gemeinschaft widmen. Die Hierarchie dieses Staates war wie eine Pyramide aufgebaut, und an der Spitze stand »Sol«, die Sonne. Diese Staatsidee fiel in ihrer Zeit in der gebildeten Schicht auf fruchtbaren Boden und brachte zwar nicht den Sonnenstaat, aber vielleicht den Sonnenkönig hervor und hat ganz sicher als sozialphilosophische Idee bis in unsere Zeit weitergewirkt.

Der Nachfolger des Sonnenkönigs konnte diesem Attribut keinen frischen Glanz mehr verleihen. Niemand kam auf den Gedanken, seinem königlichen Herrn Ludwig XV. den Strahlenkranz des Sonnenpriesters aufzusetzen. Das Symbol war verbraucht. In der beginnenden Aufklärung und in den intellektuellen Hofgesellschaften fanden geistvolle Gespräche nicht mehr unter einem religiös-mystischen Dunstschleier statt.

König Ludwig XV. war nicht die übermächtige Persönlichkeit, die über Leben und Tod der Untertanen wie ein *Gottesurteil* entscheiden konnte. Wo er Macht ausgeübt hat und wie sich sein Einfluß auf die Vorgänge in seiner Zeit auswirkte, ist im historischen und biographischen Schrifttum immer von neuem untersucht worden.[81–95]

Die Frage, wie er über einen so langen Zeitraum unangefochten und ungefährdet den Königsthron einnehmen konnte, hat eine gesellschaftspolitische Dimension. Ludwig XV. war alles andere, nur kein mächtiger, starker König. Für sein Land war er auch kein großer, kein erfolgreicher König, der seine Meriten auf den Schlachtfeldern, durch die Vergrößerung seines Staatsgebietes, durch epochale gesetzgeberische Umgestaltung oder Erneuerung der Rechts- und Sozialfundamente erworben hat. Andererseits war er auch nicht dem Machtrausch und dem Cäsarenwahn verfallen oder hätte sich in seiner Machtstellung mit fortschreitendem Alter korrumpieren lassen. War er also ein sehr mittelmäßiger Mensch auf dem Königsthron? Beginnt man seine Persönlichkeitsbeschreibung bei dem Alter, als Fleury die Erziehung des Kindes anvertraut wurde, dann begegnet man zunächst einem weichen, entscheidungsgehemmten Jungen, der weder zur Herrschsucht neigte noch sich autoritär gebärdete. In seiner Meinungs- und Urteilsbildung war er von anderen, egal, ob Männern oder Frauen, abhängig und blieb es sein ganzes Leben lang. Die Macht, die ihm durch seine Geburt zugewachsen war, hat er vor allem im Lebensgenuß verinnerlicht. Unter einem solchen Herrscher ließ es sich, besonders in der Hofgesellschaft, angenehm leben, und so ist auch zu verstehen, daß der Lebensstil bei Hofe von den meisten Fürsten als vorbildlich und nachahmenswert angesehen wurde. Diese Gesellschaft verklärte eine Epoche. Aber selbst in diesem vorwiegend gesellschaftlich-geselligen Rahmen war sein prägender Einfluß nur gering. Es waren sein Hofstaat und in besonderer Weise die Maitressen des Königs, die den anspruchsvollen Lebensstil bestimmten; doch des Königs Stellung war im Volk und in großen Teilen des Adels so tief verwurzelt und angenommen, als schüttete sein Urgroßvater, der Sonnenkönig, noch immer Glanz über ihn aus, so daß ihm viele seiner Extravaganzen nachgesehen wurden. Das Volk nahm es hin und genoß dieses extrovertierte Leben eine Zeitlang mit der prickelnden Lust, selbst mit dabeizusein und einen Herrscher von außergewöhnlicher körperlicher Schönheit auf dem Thron zu wissen, der von sich glaubte, eine von irdischer Drangsal abgehobene Gottvaterfigur zu verkörpern. Aus dieser Blickrichtung gesehen, war Ludwig XV. viel weniger als Herrscher als vielmehr als eine Stilepoche zu verstehen. Ihn durch eine Revolte zu stürzen, war zu seinen Lebzeiten außerhalb des Denkbaren. Das De-facto-Regieren war nicht eigentlich sein Betätigungsfeld und bekam auch kein festes Profil, weil er von der Thronbesteigung bis zu seinem Tode durch persönliche staatspolitische Leistungen keine bleibenden Furchen in seinem Staat gezogen hat. Immer standen herausragende Persönlichkeiten an seiner Seite, wie der Herzog von Orleans, der Kardinal Fleury, seine einflußstarken Maitressen oder der Herzog von Choiseul, die den richtungweisenden, kreativen Teil des Regierens besorgten. Dieser königlich-abgehobene Stil der Machtverwaltung bedeutete aber auch das Ende der absolutistischen Monarchie und bereitete mit den Weg in die große 89er Revolution. Olivier Bernier[81], einer seiner Biographen aus jüngster Zeit, fragt rhetorisch, ob unter Ludwig XV. diese Revolution überhaupt vorstellbar gewesen wäre. Wenn ahistorisch gefragt wird, dann vielleicht eher umgekehrt, ob sie unter einem klügeren, die gesellschaftlichen und politischen Zeitströmungen[2] besser umsetzenden König möglich gewesen wäre.

Die kulturhistorischen, gesellschaftspolitischen und philosophischen Einflüsse seiner Epoche können nur angedeutet werden bei diesem Versuch, das Ganzheitsbild dieses Königs darzustellen. In Europa war er mit seinen führenden Männern als Politiker gefordert; und um europäische Politik ging es bei der Frage, warum die Adelsrepublik Polen während seiner Regierungszeit und ohne Widerstand von seiner Seite untergehen konnte.

Am 15. Februar 1710 wurde der Herzog von Anjou und spätere König Ludwig XV. geboren. Er war der Urenkel Ludwigs XIV. Schon als kleines Kind wurde er Vollwaise; die beiden Eltern fielen bald nach der Geburt des Kindes der in Frankreich grassierenden Pockenkrankheit zum Opfer.

Am 1. September 1715 starb Ludwig XIV., der *Sonnenkönig,* und der Fünfjährige folgte ihm als Ludwig XV. auf dem Königsthron. Das Testament des toten Königs hatte einen Regentschaftsrat bis zur Volljährigkeit des jungen Königs vorgesehen. Es wurde nach geltendem Recht im Parlament eröffnet, aber gleichzeitig für ungültig erklärt. Der Herzog von Orleans hatte es verstanden, den *Premier Président* des Parlaments für sich zu gewinnen und den Mitregenten und Widersacher, den Herzog von Maine, zu entmachten. Als vom Parlament eingesetzter legaler Regent hatte er für die folgenden sieben Jahre die alleinige, die königliche Macht im Staate. Obwohl davor wegen seines ausschweifenden Lebens berüchtigt, führte er die Regentschaft mit Sorgfalt und Würde. Hauptziel seiner Politik war es vor allem, Frankreich von dem wenig rühmlichen Ruf einer kriegerisch-angriffslustigen Großmacht zu befreien. Auch die Befürchtung, er könnte den kindlichen König mit Gift aus dem Wege räumen, war eine üble Nachrede. Im Gegenteil, respektvoll und ohne Überheblichkeit berichtete er dem König täglich über die Regierungsgeschäfte. Es war immer die Stunde der »Muette«, weil eben eine Möwe jeden Tag *pünktlich* zu Besuch kommt. Das Volk in Paris mochte diesen Regenten nicht. Die Meinungsbildung wurde von Literaten und Zeitungsmachern beherrscht, die mit ihrer meist unfairen und hemmungslosen Kritik den Sittenverfall als ein Abbild des Pariser Lebens widerspiegelten. Es muß ein ausschweifendes Leben gewesen sein, das sich vom Hof in Versailles in die Villenviertel von Paris verlagert hatte. Der Herzog von Orleans wurde ganz nach Belieben als zu gütig oder zu streng, zu feinfühlig oder zu plump, zu berechnend oder zu einfach, zu autoritär oder zu lasch angefeindet; er habe das Land ruiniert, Frankreichs Feinden nachgegeben, weil er König Philipp V. von Spanien den Beistand Frankreichs verweigerte, als dieser sich anschickte, den Vertrag von Utrecht zu brechen und Österreich mit Krieg zu überziehen, um Sizilien und Neapel, die ehemals spanischen Besitzungen, zurückzuerobern. Und persönlich warf man ihm vor, mit seiner Maitresse und seiner skandalumwitterten Tochter Elisabeth, der verwitweten Herzogin von Berry, ein unanständiges, unsolides Leben in nicht endenden Orgien zu verbringen. Mit all diesen Anschuldigungen von der öffentlichen Meinung belastet, war es ausgeschlossen, daß das Volk ihn hätte lieben können.[81] Die Historiker, die ihn als Regent beurteilten, hatten eine ganz andere Meinung über die Leistung dieses Mannes. Klugheit, Führungswille und Mut waren Eigenschaften, in denen er in seiner nur kurzen Regierungszeit Ludwig XV. bei weitem übertroffen hat.

Der heranwachsende König wurde bis zum siebenten Lebensjahr von seiner Gouvernante, Mme. de Ventedur, bemuttert. An seinem siebenten Geburtstag kam er traditionsgemäß in die Obhut von Männern. Zum Erzieher und zur Bezugsperson erhielt er den Marschall de Villeroy. Es muß eine sehr ungeschickte Entscheidung des Parlaments gewesen sein. Dieser Monsieur Maréchal war keine überragende Gestalt. Eitel, geltungssüchtig, einfältig, ungebildet und unbelesen sind Attribute, die ihm die Nachwelt immer wieder bescheinigt hat. Auch als Truppenkommandeur und Marschall konnte er sich keine Meriten erwerben. Zu diesen Eigenschaften paßte auch das restliche Persönlichkeitsbild: ein aufwendiger, verschwenderischer Lebensstil, hochmütiger Stolz oder – je nach Situation – schmeichlerische Unterwürfigkeit. Penible Einhaltung der höfischen Etikette und des Zeremoniells und vornehm-manieriertes Benehmen vervollständigten das Bild dieses höfischen Mannes. Als Erzieher des Dauphins war sein Einfluß folgerichtig auf Äußerlichkeiten gerichtet. Er lehrte ihn, Bewunderung und Schmeicheleien entgegenzunehmen, mit königlicher Würde zu repräsentieren, und er gab sich große Mühe, dem Knaben das Bewußtsein zu vermitteln, er herrsche in der Tradition der göttlichen Berufung des *Sonnenkönigs*[80] und lebe als König von allen anderen Sterblichen abgehoben. Den Dauphin schien diese Art der Erziehung zunächst nicht sehr beglückt zu haben. Für diese ihm zugedachte Rolle fehlte ihm das natürliche Selbstbewußtsein, und in Gegenwehr zog er sich zunehmend in sich selbst zurück. Später zeigte sich jedoch, daß dieses angelernte Verhalten durchaus Spuren hinterlassen und das Zeremoniell des Versailler Hofes beeinflußt hat.

Einen auf seine kleine Persönlichkeit zugeschnittenen Ausgleich zu Monsieur de Villeroy fand er in seinem geistigen Ziehvater, dem Bischof André-Hercule de Fleury von Frejus. Der sehr katholische Ludwig XIV. – erinnert sei nur an die Aufhebung des Edikts von Nantes und den dadurch ausgelösten Exodus von dreihunderttausend Hugenotten aus dem französischen Mutterland – hatte lange gezögert, dem begabten und klugen Fleury wegen seiner zu weltlichen Ansichten ein Bischofsamt zu geben. In seinem Testament hatte er ihm die geistig-religiöse Erziehung des Thronfolgers aufgetragen; und so geschah es auch.

Als der Bischof diese Aufgabe übertragen bekam, war er bereits dreiundsechzig Jahre alt, aber ein vorbildlicher Priester, bescheiden, enthaltsam in seiner Lebensführung und keusch. Das Bischofsamt gab er auf, um sich ganz der neuen Aufgabe zu widmen. Als echter Gegenpol zu M. de Villeroy gewann er schnell das Vertrauen und die Zuneigung des Jungen. Daraus entwickelte sich ein Vater-Sohn-Verhältnis, das ohne Bruch bis zum Tode Fleurys unbeschadet blieb, und das waren doch erstaunliche dreißig Jahre. Die Sprache seines Unterrichts war Lateinisch. Der junge König wurde mit den Klassikern des Römischen Imperiums vertraut gemacht und sollte Selbstkritik und überhaupt die Wichtigkeit ethischer Werte für einen Christenmenschen lernen.

1722 ging die Kindheit Ludwigs XV. zu Ende. Am 25. Oktober 1722 wurde ihm in Reims die Königskrone aufs Haupt gesetzt, und vier Monate danach, am 16. Februar 1723, wurde er mit dreizehn Jahren volljährig. Der Herzog von Orleans hatte damit seine Regentschaft beendet, wurde aber vom König zur Fortführung der Regierungsgeschäfte zum Premierminister ernannt. Für ihn und das Land war es ein großer Verlust, daß der Herzog noch im gleichen Jahr einem Schlaganfall erlag, und bedauerlich auch deshalb, weil sich das Land unter der Regentschaft des Herzogs nach dem finanziellen Debakel am Ende der Regierung Ludwigs XIV. gerade in einer glücklichen Konsolidierungsphase befand.

In dieser Lage war Ludwig XV. zum erstenmal zu einer wichtigen Personalentscheidung aufgefordert. Fleury hatte ihm zum vorsichtigen Umgang mit der Macht geraten, trotzdem ernannte er den ehrgeizigen und machthungrigen Monsieur LeDuc zum Premierminister. Dieser LeDuc war auch gerade einundzwanzig Jahre alt und hatte wohl die Vorstellung, es mit betonter Forschheit dem jungen König gleichtun zu können. Und auch eine Maitresse hatte er sich schon standesgemäß zugelegt. Vorsichtshalber nahm der König Fleury als ›Minister ohne Portefeuille‹ in das Kabinett auf. Es war für den Neunundsechzigjährigen sein erstes politisches Amt.

Die nun folgenden drei Jahre verliefen in Frankreichs Regierung außerordentlich turbulent. M. LeDuc regierte Frankreich gemeinsam mit Madame de Prie, seiner Maitresse, in jeder Beziehung heftig und – gemessen an seinem Vorgänger – mit einer bemerkenswerten Unfähigkeit. Zu seinen Ruhmestaten gehörte eine Humanisierung des Gefängnissystems, und er entschied den Bau des Somme-Oise-Kanals, der mit seiner unterirdischen Streckenführung in Paris noch heute eine Attraktion für den Touristenverkehr ist. Sein Machtbewußtsein war aber auch so gut entwickelt, daß er alles zur Festigung seiner Stellung beim König unternahm. Zu diesem Zweck organisierte er mit Fleiß, was den Wünschen des Königs nach Abwechslung und Lustbarkeit entgegenkam, und insbesondere die Jagdleidenschaft Ludwigs organisierte und unterstützte er nach Kräften. Auch um die erotischen Bedürfnisse war er besorgt und beschaffte ihm eine junge, amüsante Maitresse. Doch mit erst vierzehn Jahren war der König hierfür noch nicht reif genug. Ohne seinen väterlichen Freund, Berater und Erzieher Fleury hätte er sich dieser totalen Einvernahme durch LeDuc nicht entziehen können, aber der hielt ihn auf dem Pfad der Tugend einigermaßen fest.

Der Bischof Fleury konnte manche der Unternehmungen des Premierministers unterbinden, nur in einem versagte sein Einfluß. LeDuc, dem ›Ersten Minister‹, gebot die Verfassung, für den König eine Gemahlin auszuwählen, die den dynastischen Erfordernissen entsprechen würde. Das war eine Aufgabe, der er sich mit großem Eifer hingab, und seine Wahl sollte für Frankreich bald eine politische Dimension bekommen. Sein erster Vorschlag war die russische Großfürstin Elisabeth. Sie war eine Tochter Peters des Großen und der Zarin Katharina I. Diese Wahl fand nicht das Wohlwollen und die Billigung des französischen Hochadels. Am Hofe war natürlich bekannt, daß Katharina von niederer Herkunft war, und es wurde geflüstert, sie sei eine öffentliche Hure gewesen, bevor Zar Peter sie mit sich nach Moskau nahm und neben sich auf den Thron setzte. Auf der Suche nach einer möglichst einfältigen, geistig unbedarften und katholisch-gläubigen Gemahlin verfielen LeDuc und Mme. de Prie auf die wenig attraktive Maria Leszczyńska. Sie war die Tochter des im Straßburger Exil lebenden polnischen Exkönigs Stanislaus I. Diese Auswahl trafen die beiden sehr bedacht und geleitet von der Überlegung, daß sie sich der bleibenden Dankbarkeit der künftigen Königin versichern würden. Und sie zögerten auch nicht, der Auserwählten klarzumachen, wem diese ihr Glück zu verdanken hatte. Am 5. September 1725 fand die Ferntrauung in Straßburg statt. Danach wurde Maria Leszczyńska in einer *goldenen Kutsche* zur Hochzeit nach Fontainbleau gebracht.

Die junge Königin fühlte sich zu Anfang gegenüber M. LeDuc und Mme. de Prie wirklich zu besonderer, wenn auch falsch verstandener Loyalität verpflichtet, ganz so, wie die beiden es zur Festigung ihrer Stellung beim König und im Kabinett beabsichtigt hatten. Der noch kindliche König mußte diese Entscheidung des Parlaments hinnehmen, war aber alles andere als beglückt. Diese ihm verordnete Ehefrau war von der Natur weder mit körperlichen noch mit geistigen Reizen verwöhnt worden. Das allein war schon so schwerwiegend, daß sich zwischen den Ehepartnern eine gefühlsbedingte Bindung erst gar nicht einstellte, was Ludwig allerdings auch nicht abhielt, zunächst pflichtgemäß »jede Nacht mit ihr zu verbringen«.[81] Auf diese Weise hat das Königspaar trotz aller Gefühlsfremdheit neun Kindern das Leben geschenkt.

Der Premier LeDuc hatte als Regierungschef nach drei Jahren seine Reputation beim König so sehr verspielt, daß der ihn am 11. Juni 1726 kurzerhand entließ und unter Hausarrest stellte.[96] Die höfische Kritik bescheinigte ihm die »geschickte Dramaturgie der Entlassung und Verbannung in den goldenen Käfig von Schloß Chantilly« als seine erste königliche Leistung, insbesondere wegen der Diskretion, mit der diese Affäre am Versailler Hof erledigt wurde. Unverkennbar war bei dieser ganzen Aktion aber die leitende Hand von Fleury zu spüren, den die Sorge um eine unbeschädigte Monarchie umtrieb.

LeDuc mußte zwar aus der Politik ausscheiden, aber was er aus sehr persönlichen Beweggründen schließlich mit einer politischen Dimension in Szene gesetzt hatte, begann sehr bald im europäischen Mächtespiel Wirkung zu entfalten. Es bleibe dahingestellt, ob das Parlament bei seiner Entscheidung über die Ehe des vierzehnjährigen Königs mit der Polin von dynastischen und Erbfolgeüberlegungen geleitet worden ist, Mitgefühl mit dem nach Frankreich emigrierten polnischen König hat diese Entscheidung aber sicher nicht beeinflußt. Dieser Wojewode von Posen konnte aus französischer Sicht nichts anderes als ein Satrap des Königs Karl XII. von Schweden sein, wenn auch Frankreich an dieser Entscheidung politisch-diplomatisch mitgewirkt hat. Aber diese Regierungszeit blieb nur eine Episode, die von 1706 bis 1709 dauerte. Nach der verlorenen Schlacht von Poltawa mußte Stanislaus wie ein Strauchdieb vor den russischen Soldaten aus Warschau fliehen. In Schweden fand er als unerwünschter Refugié Unterschlupf, wurde aber nach drei Jahren nach Frankreich abgeschoben. In Straßburg fand er mit seiner Familie einen armseligen Unterschlupf. Die Regierung gewährte ihm eine bescheidene Apanage, die die Familie vor dem Hunger bewahrte.

Für die Leszczyński-Familie war die Heirat ihrer Tochter Maria ein Geschenk des Schicksals; immerhin war sie schon drei Jahre älter als der König. Sobald sie aber alle zur Königsfamilie gehörten, wurde Vater Stanislaus eine Figur im politischen Schachspiel, denn er konnte immerhin gewisse Anrechte auf den polnischen Königsthron geltend machen. Zwar war ihm zunächst nur der Status eines *Bauern* zugeteilt, das Schicksal sollte seine Funktion auf dem politischen Schachbrett aber aufwerten. Die Politik machte in Paris nur Fleury, und er allein schob die Figuren der französischen Partei.

Frankreichs Gegner waren am Beginn des vierten Jahrzehnts im 18. Jahrhundert nach den politischen Gegebenheiten nur Habsburg-Österreich und Rußland. Eine direkte kriegerische Konfrontation wollte keiner der Staaten riskieren. Wenn sich die eigenen Ziele aber nur mit den Mitteln des Krieges erreichen ließen, dann sollte dieser nicht heiß und unkontrollierbar werden. Es durften nur kleine, gewissermaßen nur halbe Kriege sein. Die Gelegenheit für dieses ›diplomatische Spiel mit Waffen‹ trat 1733 ein. Der König August II. von Polen und Kurfürst von Sachsen war gestorben. Sofort meldete Stanislaus Leszczyński aus Frankreich seinen Anspruch auf den polnischen Königsthron an. Die Bestechungsgelder flossen reichlich, und der Coup im Kampf um die Macht gelang – jedenfalls zunächst. Das polnische Parlament wählte ihn mit der überwältigenden Mehrheit von sechzig- gegen nur dreitausend Voten für den Bewerber August III. aus Sachsen zum neuen König. Frankreichs Politik griff mit der massiven Unterstützung ihres Kandidaten Stanislaus weit; aber die Polen, insbesondere der Adel, suchten den starken Beschützer, und die dynastische Verbindung beider Königshäuser war dafür die beste Garantie. Neben dem Bedürfnis nach Schutz und Sicherheit war man in Polen aber auch nicht minder geblendet von dem fröhlichen Leben, dem Luxus, der Freiheit und der Kultur am Versailler Hof. Es war der polnischen Adelsschicht kaum zu verdenken, daß man daran teilzuhaben gedachte.

Rußland und Österreich hatten aber ganz andere politische Vorstellungen. Vor allem war für beide Staaten die dynastische Verbindung Frankreich/Polen unannehmbar. Dieser Machtblock würde sich wie ein Schutzwall zwischen das Zarenreich und Westeuropa legen, aber auch die hegemoniale Stellung Österreichs einengen. So konnte es nicht verwundern, daß zunächst Rußland sofort reagierte. Die russisch gesinnte Adelsgruppierung mit der mächtigen Czartoryski-Familie erhielt große Mengen Geld. Rußland und Österreich ließen ihre Grenztruppen nach Polen einmarschieren, und der gewählte König Stanislaus mußte, bevor ihm in einem ordentlichen Staatsakt die Krone aufs Haupt gesetzt werden konnte, zum zweitenmal bei Nacht und Nebel aus Warschau fliehen. Das polnische Parlament trat erneut zur Wahl des Königs zusammen, und diesmal entschied es sich für August III. von Sachsen als König von Polen. Die Hintergründe dieser Wahlen ließen für die kommenden dreißig Jahre – so lange war er Polens König – keinen Zweifel, daß diese Regentschaft vom Wohlwollen Rußlands und Österreichs abhängig war.

Frankreich war seinerseits mit diesem russisch-österreichischen Gewaltakt ein willkommener Anlaß gegeben, Österreich und Rußland den Krieg zu erklären. Mit Rußland konnte Frankreich keine Kriegsfront eröffnen, aber die Türken waren durchaus bereit, in diesen Krieg gegen Rußland einzutreten, und sie nutzten ihre Chance. Frankreichs Krieg richtete sich gegen Österreich. Fleury und Ludwig XV. nahmen gern zum Vorwand, in Oberitalien zu Lasten Österreichs einige Korrekturen auf der Landkarte vorzunehmen, die der Spanische Erbfolgekrieg aus französischer und spanischer Sicht als häßliche Schatten hinterlassen hatte. Das war aber kein wirklicher Grund, einen Krieg zu wagen. Frankreich witterte Gefahr für seine Ambitionen auf den Erwerb von Lothringen.

Schon als Kind war Franz Stephan von Lothringen an den Wiener Hof gekommen, und es hatte sich herumgesprochen, daß sich aus der Kinderfreundschaft zwischen ihm und der Erzherzogin Maria Theresia zarte Bande entwickelt hatten. Die Hochzeit der beiden bahnte sich an, und das bedeutete die Einfügung Lothringens in die habsburgischen Erblande. Diese Entwicklung war durch diplomatische Aktionen nicht abzuwenden. Es mußte deshalb ein anderer Kriegsgrund gefunden werden. Der Thronwechsel in Polen bot die Chance, und es begann ein Krieg, der als der Polnische Erbfolgekrieg in die Geschichte eingegangen ist, in Oberitalien ausgefochten wurde und einen ganz anderen Kriegsgrund hatte.

Österreich war ganz auf Frieden gestimmt, als dieser Krieg begann, und überhaupt nicht auf einen Waffengang wegen Polens König vorbereitet. Er hat von 1733 bis 1738 gedauert und verlief für Österreichs Truppen überhaupt nicht erfolgreich. Bis 1735 hatten die Soldaten des Kaisers so viele Schlachten und Scharmützel verloren und Frankreichs Armeen hatten Mailand, Mantua und Parma besetzt, daß Verhandlungen für einen Friedensschluß geboten waren. Die Konferenz begann 1735 und endete mit den Wiener

Präliminarien. Bereits in diesem Vorvertrag konnte Fleury seine Ziele erreichen. Zunächst dachte er an einen Handel *Geld gegen Land.* Dieser Plan wurde aber durch eine Indiskretion zunichte gemacht. Man konnte dann aber den gewünschten Nutzen daraus ziehen, daß dem Kaiser Karl VI. sehr viel mehr an der ausländischen Zustimmung zu seiner Pragmatischen Sanktion gelegen war als an dem Besitz von Lothringen. Im Wiener Frieden wurde am 18. November 1738 die Präliminarienvereinbarung sanktioniert: Österreich behielt seine niederländischen Besitzungen, der Kaiser bekam von Frankreich eine mehrdeutig formulierte Zustimmung zur Pragmatischen Sanktion, und Franz Stephan mußte auf sein angestammtes Großherzogtum Lothringen verzichten, wenn er Maria Theresia heiraten würde. Stanislaus Leszczyński sollte Herzog von Lothringen werden, aber den polnischen Königstitel beibehalten, und nach seinem Tode, so war es vertraglich festgelegt, würde dieses Land »für immer« an die französische Krone fallen.

Fleury durfte zufrieden sein. Er hatte aus der polnischen Thronfolge den denkbar größten Vorteil für sein Land gezogen. Und Österreichs Kaiser Karl VI. war mit dem so geschlossenen Frieden auch zufrieden. Aus seiner sehr dynastischen Sicht bewertete er ihn sogar als Erfolg.

Dieser Friedensvertrag befriedigte die beiden Rivalen so sehr, daß auch noch ein psychologischer Wandel in den Beziehungen beider Erbfeinde eintrat. Auch dieser diplomatische Wandel entsprach Fleurys politischen Vorstellungen. Er trat dafür ein, die Beziehungen zum Hause Habsburg zu überdenken und umzugestalten, um alle Ressourcen Frankreichs auf England auszurichten. Der Expansionsdrang dieses insularen Nachbarn mußte über kurz oder lang zu politischen Spannungen und schließlich zu einem Krieg führen.

Mit dem Polnischen Erbfolgekrieg war die politische Dimension der Königinnen-Wahl von LeDuc noch längst nicht ausgeschöpft. Der Wiener Friede entwickelte bald auch eine unfriedliche Langzeitwirkung. Die bis dahin guten und freundschaftlichen Beziehungen kühlten sich gegenüber einigen Fürstenhöfen des Deutschen Kaiserreiches spürbar ab. In Polen hatte Frankreich zwar keinen direkten Einfluß auf die Macht im Lande, aber der Einfluß der Königin Maria leistete dennoch seinen Beitrag für so etwas wie eine Gefühlspartnerschaft auf der intellektuellen Ebene. Es war eine Partnerschaft, in der sich die Polen nur zu gern unter den Schutz des stärkeren Frankreich stellten.

Die französisch-polnische Königin Maria wird in fast allen Biographien wenig vorteilhaft beschrieben. Einfältig und frömmelnd, unbegabt und ohne erotische Ausstrahlung sei sie gewesen. Ihre neun Königskinder, die sie bis 1738 zur Welt gebracht hat, waren kein Gegenbeweis dafür, daß die mentale und gefühlsmäßige Trennung schon sehr früh erfolgt ist. Unzweifelhaft gilt aber auch, daß sie zu Anfang dieser Ehe auf den König einen nicht geringen Einfluß ausgeübt hat. Dieser Einfluß fiel recht glücklich mit dem Nützlichkeitsdenken von Fleurys Politik zusammen. Für seine erotischen Bedürfnisse hatte Ludwig bereits 1732 seine erste Liaison mit Mme. de Mailly. Sie sei nicht ausgesprochen hübsch gewesen, sagt man ihr nach, aber dafür sehr intelligent und unterhaltsam. 1738 erhob sie der König bei Hofe in den Rang einer *offiziellen* Maitresse, zur ›maîtresse déclarée‹. Zumindest bis zu diesem Zeitpunkt hatte die Königin einen gewissen Einfluß, den sie auch konsequent nutzte, um ihrem Vater eine reputierliche Stellung in Frankreich zu verschaffen. Volle Unterstützung fand sie dabei stets beim französischen Klerus. Sie war ein Vorbild an Frömmigkeit. Der Klerus schätzte ihre begrenzten Geistesgaben und war, wo immer er konnte, offen und hilfsbereit für Wünsche, die ihr am Herzen lagen.

Polen, der polnische Adel, hatte nach dem Tode Augusts des Starken nicht den erwünschten Franzosenkönig Stanislaus bekommen können, aber verständlicherweise schaute man von Warschau mit Wohlgefallen auf die fruchtbare polnische Prinzessin auf Frankreichs Thron. Die Identifikation ging so weit, daß man wie selbstverständlich die Lebensformen am Hof von Versailles voll nach- und auslebte. Es war ein für das Land verhängnisvolles Verhalten, wie der weitere Lauf der Geschichte bald zeigen sollte. In dieser Zeit hat sich auch die Sympathiebeziehung der polnischen Führungsschicht zu Paris entwickelt, die ein halbes Jahrhundert später, als Rußland die volle Herrschaftsgewalt über das Land ausübte, dem Exodus der kulturellen, wissenschaftlichen und politischen Führungsschicht den Weg in die französische Emigration wies. Von der anderen Seite gesehen, war die Hinwendung französischer Gefühle zu Polen seitdem immer eher politisch-diplomatisch vom Verstand bestimmt. Wie immer man diese Sympathielinie aber auch bewertet, sie ist seit über zweihundertfünfzig Jahren unbeschädigt geblieben und ist für Polen bis heute eine starke Stütze des Staates geblieben.

Die sicher nicht in diesem Sinne gewollte Entscheidung des Monsieur LeDuc kann immer wieder zu Recht als eine *politische Dimension* hervorgehoben werden. Das Kabinett, das der König nach der Entlassung von LeDuc 1726 bildete, stellte er unter seine persönliche Leitung. Es gab keinen ›ersten‹ Minister mehr. Wirklich regiert hat er aber nicht. Fleury, inzwischen dreiundsiebzig Jahre alt, wurde als Staatsminister ›ohne Portefeuille‹ die beherrschende graue Eminenz. So blieb es noch siebzehn Jahre lang bis zu seinem Tod am 29. Januar 1743.

Der britische Botschafter Walpole schrieb am 28. September 1726 an seinen König in London: »Die Wahrung einer festen Allianz zwischen Seiner Majestät und Frankreich ...« würde die Grundlage der künftigen Politik Frankreichs sein. Fleury richtete die Politik des Landes strikt auf Frieden aus. Er ordnete die Währung und die seit König Ludwig XIV. ruinierten Finanzen. Der Handel wurde kräftig ausgeweitet und der Straßenbau als unverzichtbar für den Handel vorangetrieben. Die Kriegsmarine bekam nur ein schmales Budget zugewiesen, dafür wurde aber die Zahl der Handelsschiffe von dreihundert auf eintausendachthundert erhöht. Der Personalbestand der Armee wurde von einhundertfünfzigtausend auf einhunderttausend Mann reduziert.

Insgesamt waren die Jahre von 1726 bis 1740 eine Zeit friedlicher Entwicklung für die Wirtschaft, die Finanzen und das Land allgemein. Das Mächtedreieck England – Frankreich – Preußen beschenkte Europa mit Frieden. Österreich war durch Schulden gelähmt, und Schweden hatte seine Vorherrschaft an Rußland verloren.

Neue Lebensformen, die in dieser Zeit den Hof von Versailles im Hofzeremoniell, im Lebensstil, in Kunst und Innenarchitektur (Rokoko), Mode und Kleidung (Panier und Reifrock) veränderten, haben Kulturgeschichte geschrieben. Fleury nahm beschwichtigend Einfluß auf den Streit Spaniens mit England um Gibraltar. Österreich riet er zur Mäßigung, als es 1731 in Ostende eine *Handels- und Schiffahrtsgesellschaft* gründen wollte, und bot dem Kaiser Frankreichs Bereitschaft an, dann die Pragmatische Sanktion anzuerkennen. So leistete Frankreich politisch seinen Beitrag zur Einhaltung des Friedens in Europa. In Frankreich wurden die Verwaltung, das Transportwesen und die Post umstrukturiert, und ein Codex für ein neues Rechtssystem wurde geschaffen. Diese organisatorischen Maßnahmen trugen wesentlich dazu bei, daß das Land von 1733 bis zum Beginn der großen Revolution eine stetig wachsende Wirtschaftskraft und steigenden Wohlstand erreichen konnte.

Mit der für Frankreich so erfolgreichen Beendigung des Polnischen Erbfolgekrieges glaubte der inzwischen achtundzwanzig Jahre alte König, das Steuer des Staates selbst in die Hand nehmen zu sollen, und begann dem fünfundachtzigjährigen Kardinal Fleury mit einzelnen, souverän von ihm getroffenen Entscheidungen den Einfluß auf die Regierungsgeschäfte zu nehmen. In der absolutistischen Machtausübung bisher eher schüchtern und zurückhaltend und mehr der Schüler seines Lehrers, wollte er diese Abhängigkeit nun ändern. Die intellektuelle Schicht in Frankreich, die sich auf den Gebieten von Kultur, Literatur und Wissenschaft emanzipiert hatte, wollte den neunzigjährigen Greis an der Spitze des Staates nicht länger hinnehmen und machte ihn in der Öffentlichkeit zur Zielscheibe von Spott, Hohn und übler Nachrede. Da der König und sein Kardinal als Einheit gesehen wurden, blieb es nicht aus, daß auch Ludwig XV. in diesen Spott einbezogen wurde und befürchten mußte, sein liebevoll gepflegtes Image als guter und schöner König könnte beim gemeinen Volk Schaden nehmen. Es ist deshalb zu verstehen, daß er seine Eigenständigkeit hervorkehren wollte.

Das Jahr 1740 war für die Präsentation einer selbstbewußten Politik eine geradezu herausfordernde Gelegenheit.

Ganz unerwartet starb in diesem Jahr Kaiser Karl VI. von Habsburg. Damit mußte die Thronfolge im Sinne der Pragmatischen Sanktion wirksam werden. Bayern hatte sie nicht anerkannt, verweigerte sich auch jetzt, und der Krieg wurde unausweichlich. Fleury riet seinem König nachdrücklich zur Vertragstreue, um einen Krieg zu vermeiden. Der meinte aber, unter dem Druck der öffentlichen Meinung zu stehen. Für das Volk war Österreich noch immer der Erzfeind, und die Intellektuellen sahen die Chance, Österreich nun endlich aus seiner Vormachtstellung in Europa zu verdrängen. Die Zeit schien günstig, den Erbanspruch der Habsburger auf die deutsche Kaiserkrone zu brechen. Hinzu kam, daß der Kurfürst Karl Albrecht von Bayern, der seinen Anspruch auf die Kaiserkrone geltend machte, ein Cousin von Ludwig XV. war. Er bedrängte den König sehr, ihm finanzielle und militärische Unterstützung zu geben. Politisch brauchte er das Geld, um den Kurfürsten und Bischof von Mainz zu bestechen. Einen Ausweg aus dieser mißlichen Lage glaubte man in Frankreich darin zu sehen, daß Maria Theresia nach der Pragmatischen Sanktion zwar als Königin und Chefin des Hauses Habsburg anerkannt war, aber die Wahl auf den Kaiserthron des Deutschen Reiches ein ganz anderer Rechtstitel war, der in die Zuständigkeit der Kurfürsten gehörte.

Ohne selbst offiziell in den Krieg einzutreten, unterstützte Ludwig XV. den bayerischen Kurfürsten nicht nur mit Geld, sondern schickte auch den tüchtigen Maréchal de Belle-Isle an der Spitze einer Armee in den Krieg. In den Jahren 1741 und 1742 war diese bayerisch-französische Truppe zunächst erfolgreich. Prag wurde besetzt und Karl Albrecht zum König von Böhmen gekrönt. Am 24. Januar 1742 wurde der Wittelsbacher Kurfürst Karl Albrecht als Karl VII. zum Deutschen Kaiser gewählt. Doch damit wendete sich das Kriegsglück den Österreichern zu. Kaiser Karl wurde von den Österreichern vernichtend geschlagen und irrte danach als der ›Kaiser ohne Land‹ durch Europa. Frankreich empfand ihn als eine große finanzielle Belastung, und die erste selbständige politische Entscheidung des Königs offenbarte sich als ein Desaster.

Ein zweites herausragendes Ereignis des Jahres 1742 war

die schwere Erkrankung des Kardinals Fleury. Am 29. Januar 1743 war er tot. Das historiographische Schrifttum späterer Epochen zollt ihm die Anerkennung, einer der bedeutendsten Minister Frankreichs gewesen zu sein.

»Meine Herren, ich bin soeben Premierminister geworden«[97], teilte der König seinem Kabinett an dem Tage mit, an dem Kardinal Fleury gestorben war. Diese Begrüßung seiner Minister zur Kabinettssitzung hielt er in dieser Situation vermutlich für richtungweisend, um damit seine Autorität, sein Selbstvertrauen zu bekunden. Und es sollte keine leere Geste sein. Er fühlte sich jetzt erwachsen, und das bedeutete für ihn, den König, daß die Ressortminister seine Entscheidungen als Vollzugsgehilfen auszuführen hatten.

Ludwig XV. hatte in den letzten fünf Jahren einen Reifeprozeß durchlaufen, der vor allem sein Selbstbewußtsein gestärkt hat. Zu einer wirklichen Herrschergestalt mochte er aber nicht heranreifen. Dazu fehlte ihm ein wesentliches Persönlichkeitsmerkmal: Er hatte große Schwierigkeiten, sich ein selbstsicheres und unabhängiges Urteil zu bilden und darauf aufbauend verantwortlich zu entscheiden. Aber trotzdem, sein Selbstbewußtsein blieb seiner Umgebung, dem Hof von Versailles und l'Assemblée, dem Parlament, nicht verborgen. Dieser Entwicklungsschritt hatte Ursachen, und zu finden sind sie in seinem privat-intimen Lebensbereich. Die gefühlsmäßige Trennung von seiner königlichen Gemahlin Maria fällt zusammen mit seiner ersten Liaison mit der Madame de Mailly. Schon bald danach, also 1739, erschien eine jüngere Frau, die Marquise de Vintimille, im Intimkreis des Königs. Sie war die jüngere Schwester der Mme. de Mailly. Auch sie wird nicht als besonders attraktiv und schön beschrieben, aber fröhlich, lebhaft und hervorstechend geistreich. Sie hat dem jugendlichen König sicher zu einem ausgeprägteren Selbstbewußtsein verholfen. Doch diese beiden Damen hatten eine noch jüngere Schwester, die nicht nur bildhübsch und mit fünfundzwanzig Jahren sieben Jahre jünger war als der König, sie war auch machtbewußt und zielstrebig. Dem König wurde sie als die verwitwete Mme. de la Tournelle vorgestellt. Er verliebte sich 1742 in diese junge Frau Hals über Kopf, und sie konnte sofort ihren ersten Triumph verbuchen, als ›maîtresse déclarée‹ die herausgehobene Stellung bei Hofe einzunehmen. Zwei Jahre übte sie ihren Einfluß auf den sehr verliebten König aus. Kardinal Fleury war aus seinen Regierungsämtern bereits ausgeschieden und 1743 gestorben. Sie konnte deshalb auf die politischen Entscheidungen des Königs Einfluß ausüben und tat das auch, indem sie sein Selbstvertrauen stärkte und am liebsten einen *großen König* aus Ludwig XV. gemacht hätte. Auch am Ende des rechtlich recht fatalen Krieges an der Seite des Wittelsbacher Kaisers Karl VII. gegen Österreich stand sie ihm beratend zur Seite. Die »Instruktionen« seines Urgroßvaters Ludwig XIV., ein Dreiunddreißig-Punkte-Papier, wollte er sich zu dieser Zeit aber noch nicht zu eigen machen; in diesen wurde der königliche Rat erteilt, »... wenn Sie Krieg führen müssen, führen Sie Ihre Armee persönlich an.«[98] Es war ein sehr wohlmeinender Rat, den er selbst nie befolgt hat. Der Franzosenkönig war nicht ein Schlachtenlenker und großer Stratege, der bereit gewesen wäre, sich mit vorbildhafter Tapferkeit und persönlichem Risiko mit seinen Soldaten auf das Schlachtfeld zu stellen, wie es für den Preußenkönig eine Selbstverständlichkeit war.

Mme. de Tournelle baute ihren Einfluß und ihre Stellung bei Hofe mit großer Zielstrebigkeit weiter aus. 1744 erhob der König sie in den Rang einer Herzogin, der Duchesse de Châteauroux. Bald darauf, im Sommer dieses Jahres, erkrankte er an den Pocken, so daß mit seinem Tod gerechnet werden mußte. Das war die Situation, in der die Charaktere an den Höfen ihre wahren Gesichter offenbarten und die Kabale offen Partei ergriff. Der König schien für viele schon gestorben, und die Herzogin von Châteauroux bekam den Haß der höfischen Gesellschaft von Versailles zu spüren. Vor allem die Königin gab ihren Rachegefühlen gegen den König und ihre Nebenbuhlerin freien Lauf. Der katholische Klerus unterstützte sie dabei nach Kräften. Dem König verweigerte der Bischof von Soisson die Sterbesakramente, solange er nicht bereit war, sich von der Herzogin loszusagen und sie vom königlichen Hof zu verbannen. In seiner seelischen Not war der Todkranke dazu schließlich bereit, aber die Königin wollte mehr. Sie forderte von ihm ein ›amende honorable‹, ein öffentliches Schuldbekenntnis, daß er seine Liaison bereue. So wollte sie ihn abstrafen, entwürdigen und seinen guten Ruf beim Volk beschädigen, solange er noch am Leben war. Der Klerus glaubte in dieser Situation an seine Chance, nun einen größeren Einfluß auf die Politik des Landes gewinnen zu können. Doch der Herrgott hatte es mit dem König anders vorgesehen. Während er sterbenskrank daniederlag, wich Mme. de Châteauroux nicht von seinem Krankenlager und pflegte ihn schließlich wieder gesund.

In Versailles zögerte Ludwig nach seiner Genesung keinen Augenblick, die alten Vorrechte wiederherzustellen. Selbstverständlich kehrte auch die Herzogin in ihre Räume in Versailles zurück, aber nicht mehr die Liebe. Sie hatte sich bei der Krankenpflege vermutlich ebenfalls an seiner Pockenerkrankung infiziert, erkrankte an den gleichen Symptomen und starb am 10. Dezember 1744 einen qualvollen Tod.

Die Trauer hielt beim König einige Monate an, dann ging ein neuer Stern am Hofe auf. Die Auserwählte war die fünfundzwanzig Jahre alte Madame d'Etoile, und das Entsetzen der adligen Damen bei Hofe war groß, hatten sich doch einige von ihnen Hoffnung gemacht, nun die vakante Position beim König einnehmen zu können. Die neue Madame aber war nicht nur jung und sehr schön, sie war auch eine Bürgerliche. Madame d'Etoile muß eine sehr außergewöhnliche Frau gewesen sein. In der Biographie von Olivier Bernier[99] wird ein fast enthusiastisches Bild von dieser »Venus von Paris« gezeichnet. Auf vielen Seiten schildert er ihre körperlichen und geistigen Vorzüge, ihre Schönheit, ihre Klugheit und ihren kultivierten Lebensstil. In Paris unterhielt sie in ihrem großzügig geführten Haus einen literarischen Salon, und auch Voltaire gehörte zu ihren Verehrern. Er war ja beim König in Ungnade gefallen, aber nun erreichte sie es, daß er wieder nach Versailles durfte und vom König sogar einen Ehrensold von zweitausend Livres im Jahr erhielt.

Doch zunächst mußte ihre bürgerliche Herkunft korrigiert werden. Bereits im Mai 1745 wurde sie geadelt und erhielt den Freibrief für ihr Marquisat. Die Madame la Marquise de Pompadour war erschaffen und residierte nun als ›maîtresse déclarée‹ am Hof von Versailles vor allen anderen Damen des alten Adels.

König Ludwig XV. war kein Feldherr, kein Schlachtenlenker und Kriegsheld, aber einmal hat er sich doch an die »Instruktionen« seines Urgroßvaters erinnert. Der Österreichische Erbfolgekrieg war im vierten Kriegsjahr. England war an der Seite Österreichs gegen Frankreich in den Krieg eingetreten, stand mit einer Armee unter dem Kommando des Herzogs von Cumberland der französischen Armee gegenüber, die Graf Moritz von Sachsen, der Maréchal de Saxe, befehligte. In Fontenoy trafen beide Armeen aufeinander, und es kam zur Schlacht. Der König hatte sich von Paris zu seinen Truppen begeben, und sein Verdienst um den Sieg in dieser Schlacht hat sein Sohn und Dauphin in einem Brief an seine Mutter, die Königin Maria Leszczyńska, sehr enthusiastisch geschildert. Den wirklichen Verlauf des Schlachtgeschehens hat der Maréchal de Saxe sicher treffender überliefert. Er klagte darüber, daß er den König immer wieder zur Vorsicht ermahnen mußte, weil er sich mit dem Mut des Unerfahrenen fortgesetzt in Gefahr begab, so daß »die Schlacht sicher verloren wird, wenn er sich mit seinen Soldaten darauf konzentrieren muß, den König zu schützen«.

Die österreichischen Truppen hatten 1744 eine erfolgreiche Gegenoffensive geführt und Kaiser Karl VII. aus Bayern vertrieben. Am 5. Juni dieses Jahres hatten sich Preußen und Bayern im Zweiten Versailler Vertrag miteinander verbündet, und Preußen eröffnete danach mit einer Armee von achtzigtausend Mann den Zweiten Schlesischen Krieg. Wesentliche Truppenteile der Österreicher wurden dadurch auf dem sächsischen Kriegsschauplatz gebunden. Diese Konstellation kam der französischen Armee in der Schlacht von Fontenoy zugute, und dieser Sieg der Franzosen brachte in der Tat eine Wende. Französische Truppen besetzten die Niederlande, und in der österreichischen Allianz gab es Uneinigkeit über die Fortsetzung des Krieges. Am 18. Oktober

1748 wurden mit dem Frieden von Aachen die Feindseligkeiten schließlich beendet.

König Ludwig XV. durfte sich als Sieger fühlen, und ›strahlend‹ nahm er den Jubel und die Huldigungen des Volkes von Paris entgegen. Auch die Gazetten und die Geschichtsschreiber sparten nicht mit Lob. Das intellektuelle Bewußtsein der Journalisten erlaubte aber auch bei diesem Jubelfest keine uneingeschränkte Ovation. Die Frage wurde eifrig diskutiert, wer denn die Entscheidungen im Staate tatsächlich treffen würde. Voltaire faßte ›des Volkes Stimme‹ in die wenig poetischen Verse:

»Quand César, ce héros charmant,
dont tout Rome fut idolâtre,
gagnait quelque combat brillant,
on en faisait son compliment
a la divine Cléopâtre«[100],

und gemeint war natürlich die Mme. de Pompadour. Ihr Einfluß auf das Leben am Hofe und auf den König war bereits stadtbekannt. Diesen Einfluß hat sie aber nicht als persönliche Macht ausgespielt, sondern sie tat alles ihr Mögliche, sein Selbstbewußtsein aufzubauen und zu stärken, und seine Armeen halfen ihr dabei, denn sie eilten unter dem Oberkommando des Grafen Moritz von Sachsen an der niederländischen Front von Sieg zu Sieg. Ein beinahe gelungener politischer Schachzug war die Heirat des Dauphins und der Prinzessin Maria Josepha von Sachsen. Sie sollte dazu beitragen, daß sich die Anlehnung Sachsens an Österreich lockerte und Frankreich einen größeren Einfluß auf die Politik dieses Landes gewinnen konnte. So gelang es schließlich, das habsburgische Österreich 1748 zum Friedenskongreß nach Aachen zu bringen.

Madame de Pompadour wollte nicht nur den selbstbewußt regierenden, Autorität und Glanz ausstrahlenden König, sie wünschte sehnlichst auch den Frieden für das Land herbei. Die Voraussetzungen waren jetzt gegeben. Mit Österreich war der Krieg beendet, England, Österreichs Bündnispartner, hatte ihn de facto verloren. Die Hannoveraner auf dem englischen Königsthron hatten ihre Position zwar festigen können, aber ihr Expansionsstreben im kolonialen Bereich hatte Rückschläge erlitten. Spanien war keine europäische Großmacht mehr und verlor in der internationalen Politik zunehmend an Einfluß. Rußland war geographisch so weit entfernt, daß von dort für Frankreich keine Gefahr ausgehen konnte, und überhaupt war Rußland für Frankreich damals so etwas wie ein Entwicklungsland. Bei abwägender Betrachtung blieb aus der Sicht des französischen Kabinetts nur Österreich als potentieller Widersacher gegen Frankreichs Hegemonialanspruch. Doch Österreich war durch den fast acht Jahre dauernden Krieg sehr geschwächt und würde für die Reformierung von Staat, Armee und Verwaltung eine recht lange Erholungszeit benötigen. Dann meinte man in Paris auch, Maria Theresia müßte sich nun beglückt fühlen, sich durchgesetzt und den Zusammenhalt der habsburgischen Erblande bewahrt zu haben. Preußen endlich war zweimal gegen Österreich siegreich gewesen, hatte das begehrte Schlesien bekommen und durfte zufrieden sein. Als Frankreichs Bündnispartner war es künftighin eine machtvolle Kraft, die ›Balance of Power‹ in der Mitte Europas aufrechtzuerhalten. So ungefähr muß Ludwig XV. das politische Szenario Europas um 1750 eingeschätzt haben, und in dieses friedliche Bild eingebettet hatte er seine eigene Mentalität, die ihn glücklich und zufrieden sein ließ, wenn er sich geliebt und bestätigt fühlen durfte.

An diesem Glücksgefühl hatte die vom König in den Adelsstand erhobene Madame de Pompadour einen entscheidenden Anteil. Ihre geistige und erotische Ausstrahlung muß ihn fast in einem Zustand von Abhängigkeit gehalten haben, und sicher gebührt ihr der Respekt, ihre beherrschende Rolle in der Umgebung des Königs nicht zu einer Diktatur des Herzens genutzt zu haben.

Aber in dieser kurzen Zeitspanne lebte nicht nur der König mit seinem Hofstaat in einer als glücklich empfundenen Lebensphase, ganz Frankreich empfand es genau so. Am Königshof von Versailles entfaltete sich unter dem schwerelos-vorbildhaften Beispiel der Pompadour ein Lebensgefühl, das sehr bald stilbildend auch auf andere Fürstenhöfe in Europa ausstrahlte. Kleidung, Malerei, Kunstgewerbe, Porzellan und Raumdekoration: das Rokoko fand in dieser einzigartigen Frau die richtungweisende Mäzenin. In Baukunst und Architektur entstanden, ganz wesentlich beeinflußt von Jacques Ange Gabriel, Bauwerke, die Paris auch heute noch dieses unvergleichliche Flair verleihen. Das Petit Trianon, die Ecole Militaire, das Palais in Compiègne oder die Paläste am Place de la Concorde sind nur einige Beispiele ihres kultivierten Geschmacks; und so war sie die ›gute Fee‹ im Lande. Nicht weniger bedeutend war aber ihr Einfluß auf politische Entscheidungen. Auch die Gründung der Ecole Militaire im Jahre 1751 wird ihr zugeschrieben. Diese Schule hat sich schnell zu einer Institution entwickelt und bedeutende Heerführer, u. a. auch Napoleon Bonaparte, ausgebildet. Bis heute ist diese Ecole die ›hohe Schule‹ der französischen Armeeoffiziere geblieben.

Woher kam diese Frau? 1721 war ihr Geburtsjahr. Ihr Vater war ein bankrotter Finanzier. Schönheit, Charme und Klugheit, so wird erzählt, habe Jeanne Antoinette Poisson – das war ihr vollständiger Geburtsname – von ihrer Mutter geerbt, die ebenfalls eine aus der Gesellschaft herausragende Schönheit und die Geliebte des sehr erfolgreichen Bankiers Lenormant war. Jeanne wurde schon in fast kindlichem Alter mit dem Neffen von Lenormant verheiratet. Diese Heirat befreite sie von allen materiellen Sorgen, und fortan konnte sie auf ihrem Château d'Etoiles ihren Verstand entfalten und ihre Schönheit zur Geltung bringen. In dem kultivierten Salon ihres geschmackvoll ausgestatteten Hauses verkehrten bald bekannte Wissenschaftler und Literaten. Voltaire stand bei ihr in besonderer Gunst. Ihre zahlreichen Biographen vermitteln uns, daß Exklusivität und Originalität diese betörende Schönheit mit liebenswertem Charakter eingerahmt haben. Ihr Lebensweg seit 1743 an der Seite des Königs gibt keinen Anlaß, dieses Urteil zu revidieren. Ihrem Geschmack und ihrem kulturellen Niveau ist sie auch in Versailles treu geblieben, nur ihr Wirkungsrahmen und ihre Ausstrahlung haben sich natürlich um Größenordnungen erweitert. Der Preußenkönig wäre sicher gut beraten gewesen, wenn er sich über diese Frau nicht so abfällig geäußert hätte. Seiner Politik und seinem Land hatte er damit einen schlechten Dienst erwiesen, wie sich 1756 zeigen sollte.

Die Mme. de Pompadour muß eine leidenschaftliche und sinnlich begabte Frau gewesen sein, so stark, daß sie sich frühzeitig in ihrem eigenen Feuer verzehrte. Schon in der Mitte ihres vierten Lebensjahrzehnts begann sie die Liebesbande mit dem König zu lösen; um so mehr wurde sie aber als Freundin und Beraterin seine unverzichtbare und treue Weggefährtin. Über seine sexuellen Affären mit anderen Maitressen sah sie hinweg und nutzte sie auch, um sich aus seinem Intimbereich zurückzuziehen.

1756 ernannte König Ludwig XV. die Marquise-Duchesse de Pompadour zur *außerordentlichen Palastdame* der Königin. Damit nahm sie die ranghöchste Stellung am königlichen Hof ein und war nicht mehr die ›maîtresse déclarée‹. Für sein sexuelles Vergnügen fand er eine elegante andere und durchaus nicht unübliche Lösung außerhalb des Parks von Versailles. Im Parc aux Cerfs ließ er ein Häuschen mit sieben Zimmern sehr nobel einrichten, in denen fortan einige ausgewählt hübsche, junge Mädchen auf seinen Besuch warteten. Die Pariser Gesellschaft nahm daran keinen Anstoß, sondern kommentierte es eher zurückhaltend.

1756 wurde für den König auch im Politischen ein Wendepunkt und das Ende des glücklichen Jahrzehnts. Österreich hatte sich durch die Reformen finanziell wieder konsolidiert. Die Armee war umorganisiert und gestärkt worden. Sie war kriegsbereit. Staatskanzler Fürst Kaunitz stand mit seiner Bündnisdiplomatie, mit der er den preußischen Staat vernichten wollte, kurz vor der Verwirklichung seines Strategieplanes. Nur Frankreich mußte noch dazu gebracht werden, das Bündnis mit Preußen zu beenden und mit Österreich eine Bündnispartnerschaft einzugehen.

König Ludwig XV. kann in dieser politisch brisanten Zeitspanne in seinen wesentlichen Eigenschaften kaum treffender beschrieben werden, als es uns der Herzog von Croy überliefert hat:[101] »Der König war eine höchst beeindruckende Erscheinung und der hübscheste Mann am Hofe. Er konnte sich in bewundernswerter Weise über alles mögliche unterhalten, und abgesehen davon, daß es ihm an Selbstvertrauen mangelte und er nur mit Mühe Entscheidungen treffen konnte, weshalb er leicht zu beeinflussen war, verfügte er über alle Eigenschaften, die für einen großen König notwendig sind ...«

Die geschilderten äußeren Eigenschaften waren sicher wohltuend, aber konnte das hinreichen, ein Land bei stürmischer See durch die Klippen zu steuern? Die Wolken begannen im Herbst 1755 am politischen Horizont aufzuziehen. Auf Drängen von Kaunitz hatte die Kaiserin Maria Theresia Graf Starhemberg mit einer Geheimbotschaft an den Pariser Hof zu Mme. de Pompadour geschickt. Darin unterbreitete sie ein Bündnisangebot, das in Anbetracht des unguten Verhältnisses mit dem Preußenkönig bei Madame auf fruchtbaren Boden fiel. Auch Ludwig XV. hatte die politischen Ideen seines Lehrers Fleury nicht vergessen und begrüßte jede Gelegenheit, die Erbfeindschaft mit Österreich zu beenden. Nun bot ihm Maria Theresia die politische Annäherung und eine dynastisch-familiäre Verbindung zwischen beiden Herrscherhäusern an, mit der ein Klimawechsel eingeleitet werden konnte. Nur vor diesem Hintergrund ist ein anmaßender und zugleich maßregelnder Brief zu verstehen, den Ludwig XV. an Friedrich II. geschrieben hat. Darin hielt er ihm »zahlreiche Treulosigkeiten« vor, äußerte sich unfreundlich über seinen Regierungsstil und auch ihn persönlich betreffende Angelegenheiten – gemeint war damit eine Bemerkung des Königs über Madame de Pompadour, die er wenig galant als »Pettycoat III.« bezeichnet hatte – und titulierte ihn schließlich als den »Baron von Brandenburg«.[102] Dieser Brief trägt die Handschrift der Mme. de Pompadour, und er zeigt zugleich, wie uneingeschränkt der Einfluß dieser Frau auf den französischen König war, daß er sich zu diesem beleidigenden Briefstil hatte hinreißen lassen.

Die Botschaft von Maria Theresia führte zu allergeheimsten Verhandlungen, von denen nicht einmal die Regierungen beider Länder erfahren durften. Auf österreichischer Seite waren Maria Theresia, ihr Sohn und Fürst Kaunitz, auf französischer Seite König Ludwig XV., Mme. de Pompadour und der Abbé Bernis beteiligt. Bernis war zu der Zeit der besondere Vertraute der Pompadour. Für Maria Theresia war die Zielsetzung klar, sie wollte den Revanchekrieg gegen Preußen. Die französische Seite erkannte sehr wohl, daß dieser Krieg ganz Europa überziehen konnte, wenn England auf der Seite des Gegners eingreifen würde. Aber Kaunitz muß es wohl verstanden haben, seine illusionäre Politik auch dem König glaubhaft zu machen, daß Frankreich und England in einem gemeinsamen Bündnis zusammenarbeiten würden. Welchen Nutzen es hätte haben können, diese Frage hat er sich vermutlich erst gar nicht gestellt.

Frankreichs Nutzen aus diesem Vertrag bestand in der Zusicherung Österreichs, nach dem in Bälde zu erwartenden Tod des polnischen Königs August III. von Sachsen die Wahl des französischen Kandidaten, des Prinzen Conti, zum neuen König zu unterstützen. Den französischen Truppen wurde auch, im Falle eines Krieges mit England, das Recht eingeräumt, die Häfen von Ostende und Nieuport zu besetzen.

War es Zufall, Glück oder eine funktionierende Spionage an den Königshöfen: England und Preußen verständigten sich unerwartet schnell und schlossen am 16. Januar 1756 die Westminster-Konvention. Es war zunächst nur eine Schutzkonvention zur Aufrechterhaltung des Friedens in der Mitte Europas, weil England befürchten mußte, von Frankreich in Hannover angegriffen zu werden. Genauso erwartete Preußen einen den Frieden sichernden Schutz gegen Österreich. Diese hehre Absicht der vertragschließenden Parteien stieß aber ins Leere. Frankreich gab vor, von Preußen, seinem Bundesgenossen, hintergangen worden zu sein, und schloß am 1. Mai 1756 mit Österreich den Vertrag von Versailles ab. Dieser wurde als Reversement des Alliances berühmt, und Fürst Kaunitz konnte sich zu dieser diplomatischen Leistung beglückwünschen, allerdings nur wenige Tage, denn am 18. Mai 1756 erklärte England den Franzosen den Krieg, und am 28. August 1756 kam Preußen mit dem Einmarsch in Sachsen dem österreichischen Angriff zuvor. Die Mitte Europas stand in Flammen.

Der friedensbewegte König Ludwig XV. mit dem *heimlichen* Premierminister, der Mme. de Pompadour, an seiner

Seite hatte seine erste, wirklich große diplomatische Bewährungsprobe nicht bestanden. Das Parlament billigte die neue und im geheimen geknüpfte Allianz mit Österreich nicht und verweigerte die Zustimmung zum Steueredikt, dem sogenannten ›deuxième vingtième‹. Steuererhöhungen sind seit jeher geeignet, auf der Straße Haß und Zorn zu schüren, und in Paris wurde die Volkswut so aufgeputscht, daß sie sich schließlich in einem Mordanschlag auf den König entlud. M. Damiens verschaffte sich gewaltsam Zugang und stieß ihm von hinten ein Messer in den Rücken, fast bis ans Herz. Der König überlebte das Attentat, und gemeinsam mit Mme. de Pompadour nutzte er diesen Anschlag, um ein Revirement im Kabinett durchzuführen. Die gegen den Krieg mit Preußen votierenden Minister, der Finanzminister Machault und der Außenminister Rouillé, wurden entlassen, und der von Mme. de Pompadour begünstigte Abbé Bernis übernahm das Außenministerium.

Die Königin Maria Leszczyńska hatte 1756 auf Ludwig XV. keinen Einfluß mehr. Um so mehr hatte es sich die Pompadour zur Aufgabe gemacht, die Königsfamilie in größtmöglicher Harmonie zusammenzuhalten. Mit ihrer Ernennung zur *außerordentlichen Hofdame* bekam sie eine Brückenfunktion und konnte sich nach eigenem Ermessen die Anliegen der Königin zu eigen machen. Politisch bekam das Gewicht, als in Polen der Thronwechsel in der Nachfolge Augusts III. aktuell zu werden begann. Natürlich war die Königin daran interessiert, künftig auf dem polnischen Königsthron wenigstens einen Franzosen zu haben. Die Pompadour nutzte ihren Einfluß beim König in diesem Sinne und beeinflußte ihn so sehr, daß er daraus sogar eine »Königssache« machte. Eine geheime Organisation wurde geschaffen, die zur Aufgabe gestellt bekam, beim polnischen Adel die Wahl des französischen Prinzen Conti propagandistisch vorzubereiten. Geldmittel zur Unterstützung der verbalen Überzeugungsarbeit wurden reichlich zur Verfügung gestellt und der Erfolg bei der Königswahl bestmöglich abgesichert. Der König höchstselbst übernahm den Vorsitz der Geheimorganisation, der Secret du Roi, die fortan in der französischen Innen- und Außenpolitik mitwirkte.

Das vom König 1756 gebildete Kriegskabinett war wieder kein großer Wurf. Der Sprecher im Kabinett und gleichzeitig Außenminister war der Abbé Bernis, ein sehr ehrgeiziger Mann, der nach noch Höherem strebte. Er wollte das Amt des Kanzlers, das der König selbst verwaltete. Noch mehr aber hat ihm und seiner Karriere seine eigenwillige Außenpolitik geschadet. Er wähnte die Leute der Wirtschaft auf seiner Seite, die durch den Außenhandel im Frieden viel Geld verdienten, und deshalb wollte er den gerade begonnenen Krieg mit Preußen schnell beenden. Daß er versuchte, sich für dieses Ziel ausgerechnet den österreichischen Kanzler zu verpflichten, war mehr als ein Kunstfehler. Er stellte unter Beweis, daß er in seinem Metier, der Außenpolitik, keine Ahnung über Zusammenhänge und Hintergründe hatte. Und emotional war die Zeit für solche friedenstiftenden Vorhaben längst nicht reif. Ludwig XV. war von der überlegenen Stärke der verbündeten Armeen Österreichs, Rußlands und Frankreichs überzeugt, und er wollte auch keine andere Politik. Der Abbé Bernis – er hatte inzwischen den Kardinalspurpur bekommen – wurde aus der Regierung entlassen.

Nachfolger wurde ein Mann, der wiederum das besondere Vertrauen der Mme. de Pompadour hatte, ein Monsieur Stainville, der Herzog von Choiseul. Dieser Mann war klug, ehrgeizig und beherrschte die Intrige als diplomatisches Werkzeug; aber dem König gegenüber war er loyal. Die anderen Kabinettsminister waren kaum brillant zu nennen. Sie standen eher dafür, daß Ludwig XV. noch immer Schwierigkeiten hatte, gute, qualifizierte Leute zu finden und auszuwählen. Diesen Ministern – Maréchal de Belle-Isle, Maréchal d'Estrées, M. Saint-Florentin, M. Puysieulx und M. Berryer – war an dem Krieg gegen Preußen nicht sehr gelegen. Zur ungestörten Fortsetzung ihrer persönlichen Geschäfte war der Krieg nur störend, und einen baldigen Frieden hätten sie gerne vorgezogen. Choiseul allein bewies in diesem Kabinett wirkliches Format. 1758 ins Außenamt berufen, konnte er sich bis 1772 nicht nur das Vertrauen des Königs erwerben, auch in der Öffentlichkeit fand seine Regierungsarbeit Anerkennung. In den Gassen von Paris wurde gesungen:

»Quand Choiseul d'un coup d'oeil considère
le plan entier de l'Etat, agit et délibère,
le dedans et le dehors il arrange,
je soupçonne en son corps un ange.«[80]

Dieser aktive und öffentlichkeitswirksame Minister diente seinem König formal sehr loyal, gerade dadurch legte er aber auch dessen Schwächen offen, so daß man bald auf den Straßen von Paris hören konnte, der König würde nur noch die Entscheidungen seines Ministers bestätigend in Kraft setzen. 1762 hatte sich im Siebenjährigen Krieg das Kriegsglück den Preußen zugewendet. Nun riet auch Choiseul, den wenig glorreichen Krieg gegen Preußen und den verlustreichen Krieg gegen England zu beenden. Der König stimmte zu, und am 10. Februar 1763 schloß Frankreich mit England den Friedensvertrag von Versailles ab. Als Gewinner ging England aus diesem Krieg hervor. Frankreich verlor einen großen Teil seines Kolonialreiches in Indien und im Senegal und vor allem das ganze Kanada. Spanien mußte Florida an England abtreten und erhielt dafür von Frankreich Louisiana.

Auf dem Kontinent blieb Frankreich von Landverlusten glücklicherweise verschont. Die überseeischen Gebiete waren für den Franzosen unvorstellbar weit entfernt, aber die heimatlichen Grenzen waren für ihn erlebbar, und deshalb konnten die Bürger den tatsächlichen Verlust, den das Land in diesem Krieg erlitten hatte, gar nicht voll wahrnehmen. Voltaire sprach vom »Verlust einiger Morgen Schnee« und meinte damit Kanada. Dem König war natürlich schmerzlich bewußt, was er an England verloren hatte, und sann sofort auf Rache und Revanche. Die gemeinsame Niederlage verband ihn aber noch fester mit Maria Theresia, der unverzichtbaren Bundes- und Leidensgenossin. Sie mußte sich in die erneute Niederlage fügen, aber er gab sofort de Broglie den Auftrag, insgeheim die Flotte zu vergrößern, für eine Landung in England auszurüsten und für einen Seekrieg vorzubereiten. Als Marschall war de Broglie zwar 1762 abgelöst und in die Normandie ins Exil geschickt worden, trotzdem gehörte er als Leiter der Secret du Roi weiterhin zu den engsten Vertrauten des Königs. Die Arbeit dieser Geheimorganisation war inzwischen zwar nicht mehr ausschließlich auf den Prinzen Conti als Kandidat für den polnischen Königsthron festgelegt, aber noch war er im Gespräch. Der König favorisierte inzwischen jedoch mehr den Prinzen Xaver von Sachsen. Er war der Bruder der Mme. la Dauphine, die ja als sächsische Prinzessin in das bourbonische Königshaus eingeheiratet hatte.

Der Tod des Polenkönigs August III. und das nachfolgende Ringen um die Thronfolge verliefen gar nicht so, wie Ludwig XV. und Mme. de Pompadour sich das gedacht hatten. Unter dem Schutz der russischen Armee wurde Stanislaus Poniatowsky auf den Thron gesetzt und konnte sich dort auch behaupten. Obwohl die ursprüngliche Aufgabe der Secret du Roi damit erledigt war, blieb sie bestehen und verwandelte sich in eine königliche Geheimpolizei, die nur dem König berichtete. Sie entwickelte sich damit konsequent zu einem Macht- und Herrschaftsinstrument für geheimpolizeiliche Aktivitäten, vornehmlich auch zur Überwachung und Kontrolle der Kabinettsmitglieder und königlichen Berater. Auch Choiseul wurde von dieser Institution überwacht, ohne Kenntnis davon zu haben, weil er dem geheimen Rat der Secret du Roi nicht angehörte. Sein öffentliches Ansehen hatte aber inzwischen ein so großes Gewicht erlangt, daß der König glaubte, vor ihm auf der Hut sein zu müssen. Doch der Herzog verhielt sich – zunächst jedenfalls – loyal und entwickelte nach dem verlorenen Krieg einen Strategieplan, wie Preußen im Bündnis mit Österreich in Mitteleuropa in Schranken gehalten werden konnte. Ein zweiter Strategieplan skizzierte den Weg, wie durch einen Pacte de Famille die Revanche an England vorbereitet werden konnte. Er hatte sich vorgenommen, das Habsburger Credo »Bella gerant alii, tu felix Austria nube« zu dynamisieren. Wie er das anstellte, wie sich in der Folgezeit die französischen und die spanischen Bourbonen mit den Habsburgern versippt haben, zeigt die nachfolgende Auflistung:

– Kaiser Joseph II., Maria Theresias ältester Sohn, heiratete die Infantin Isabella. Deren Schwester
– Maria Luisa heiratete den spanischen Thronfolger, den

›Principe de Asturia‹. Beide Prinzessinnen waren die Töchter von Mme. Infante und Don Philipp von Parma.
– Erzherzog Leopold, Großherzog von Toskana, heiratete eine spanische Prinzessin, und die
– Erzherzogin wurde die Gemahlin von König Ferdinand IV. von Neapel. Dieser Ferdinand war wiederum ein Sohn des spanischen Königs Karl III.
– Der Dauphin hatte in zweiter Ehe eine sächsische Prinzessin geheiratet; aber der älteste Sohn aus dieser Ehe, der spätere
– König Ludwig XVI., bekam Maria Theresias jüngste Tochter Marie Antoinette zur Frau.
Mit dieser Heiratspolitik zwischen den Königshäusern von Frankreich, Österreich, Spanien, Toskana und Neapel hatte Choiseul das eine seiner beiden Strategiekonzepte verwirklicht. Das alles diente aber mehr der inneren Stabilität seines *Systems*. Wesentlich und entscheidend war sein zweites Strategiekonzept, die Frontstellung gegen England und gegen Preußen. Um dies zu verwirklichen, begann er ganz im Sinne des Königs mit einer gewaltigen Reorganisation und Aufrüstung aller Streitkräfte. In nur acht Jahren, von 1763 bis 1771, wurde das Landheer von Grund auf reformiert und nach dem preußischen Vorbild gegliedert und ausgebildet. Nach Abschluß dieser Reorganisationsphase verfügte Frankreich über eine schlagkräftige Armee, mit der Napoleon fünfunddreißig Jahre später von Sieg zu Sieg durch Europa marschierte und ganz Zentraleuropa unterwerfen konnte. Die Flotte hatte in dieser Zeit fünfundsechzig neue Fregatten bekommen, die in Cherbourg, Rochefort und Toulon ihre Heimathäfen hatten und für den Revanchekrieg gegen England bereitstanden.

Diese Rüstungen kosteten gewaltig viel Geld und machten die Finanzen des Staates, die im Siebenjährigen Krieg schon bis zur Erschöpfung ausgebeutet worden waren, nun vollends kaputt. Staatliche Anleihen mußten mit vierzehn Prozent verzinst werden, und das Volk, das Land und die Wirtschaft verarmten zusehends. Das Parlament widersetzte sich dieser Finanzpolitik und stand in totaler Opposition zum König. Um ihm seine Regierungspolitik schmackhaft zu machen und Zugeständnisse abzuringen, inszenierte Choiseul das Jesuiten-Opfer. Die Jesuiten hatten mit ihren Schulen die führenden Bildungsstätten im Lande aufgebaut. Der Orden selbst wurde aber von den Politikern als Fremdkörper empfunden. Nach den Regeln des Ordens waren die Jesuiten dem Papst, und nur ihm, zu absolutem Gehorsam verpflichtet. Daraus folgte die Todfeindschaft gegen die Jansenisten, denn für die Unigenitus-Bulle waren die Jesuiten mit verantwortlich. Choiseul ermöglichte es dem Parlament, gegen den Jesuitenpater La Valette einen ausufernden Prozeß einzuleiten, mit dem schließlich der ganze Orden auf die Anklagebank gesetzt und verurteilt wurde. Der Orden wurde aus Frankreich verbannt, und alle Ordensschulen wurden geschlossen. 1774 löste der Papst den Orden weltweit auf.

Am 15. April 1764 starb Mme. de Pompadour in Versailles. Sie war gerade dreiundvierzig Jahre alt geworden. Für König Ludwig XV. war es nicht nur ein schwerer persönlicher Schicksalsschlag. Sie war als Vertraute und Beraterin unersetzbar, ein Totalverlust aber auch als psychologische Stütze für diesen Mann ohne Selbstvertrauen und Entscheidungswillen. Ihr politischer Rat und ihr Einfluß fehlten dem König acht Jahre später, als das Schicksal Polens unter den Großmächten ausgehandelt wurde.

Der Tod der Mme. de Pompadour gab Choiseul Anlaß, seine richtungweisende Politik im Staate auch mit einem stärker herausgestellten Führungsanspruch Geltung zu verschaffen. Bisher hatte er in kluger Erkenntnis der Machtverhältnisse ihre Vormachtstellung anerkannt und sich untergeordnet. Damit verbunden war eine selbstverständliche Loyalität gegenüber dem König, obwohl er dessen machtpolitische Impotenz sicher einzuschätzen wußte. Nun aber begann er diese sich selbst auferlegten Fesseln abzustreifen, und in gleichem Maße nahm seine Loyalitätsbereitschaft dem König gegenüber fast übermütig ab. Der Ehrgeiz und der Drang zur öffentlichen Selbstdarstellung, vor allem aber das Gefühl seiner intellektuellen Überlegenheit sollen ihn, so wird berichtet, veranlaßt haben, in den Pariser Salons und in der Öffentlichkeit von ihm verfaßte Geschichten in

Umlauf zu bringen, die die *Dummheit des Königs* der Lächerlichkeit preisgaben.

In diese Zeit hinein fiel für den König ein zweiter herber Verlust. Sein erster Sohn, der Dauphin, starb am 20. Dezember 1765 an Tuberkulose. Sein Enkelsohn, der spätere Ludwig XVI., war gerade erst zwölf Jahre alt, hatte aber noch zehn Jahre bis zur Thronbesteigung vor sich, und der König selbst konnte ja nicht ahnen, daß ihm vom Schicksal nur noch zehn Lebensjahre zugebilligt waren.

Vielleicht hat ihn in seiner letzten Lebensphase das Bedürfnis getrieben, nun endlich doch einmal Macht zu demonstrieren, im Staate deutlich zu machen, wer beim Regieren das Sagen hatte. Da sein Parlament seit langem mit ihm im Konflikt lebte, schien ihm dieses Gremium auch der geeignetste Ort, sein Königsverständnis vorzuführen. Dort im Parlament hielt er am 3. März 1766 beim Lit de justice eine fast berühmt gewordene Rede, in der er die Parlamentarier sehr entschieden in ihre Schranken wies. Er, der König, sei für sein Handeln nur Gott verantwortlich, die Abgeordneten aber kein Gremium, das einen eigenen Stand im Staate repräsentierte, und die Richter seien nichts anderes, als die Beamten des Königs. Dieser Discours de la Flagellation, wie er genannt wurde, brachte für einige Zeit oberflächlich Ruhe. Doch im Untergrund wurde der Konflikt zwischen den Staatsautoritäten weitergeschürt und wurde weitergeführt bis zum Ausbruch der Revolution.

Nach seiner Rede der Geißelung wollte der König seine Autorität auch im Handeln unter Beweis stellen. Einen erneuten Konflikt mit dem Parlament im Dezember 1770 nahm er zum Anlaß, alle einhundertsiebzig Richter geschlossen ins Exil zu schicken, also aus Paris zu verbannen. Choiseul hatte in diesen sechs Jahren längst die Front gewechselt und die Zusammenarbeit mit dem Parlament gesucht. So erwischte auch ihn sein Schicksal. Am 24. Dezember 1770 wurden er und Praslin aus dem Kabinett entlassen. Es wurde ein *Rat* mit festbesoldeten Richtern als neues Parlament installiert und eine neue Regierung mit dem tüchtigen Finanzminister Terray gebildet. Dieser Terray führte die Vingtième, eine fünfprozentige Einkommensteuer, für alle Bürger des Landes, also auch den Adel und die Grundbesitzer, ein und konnte in wenigen Jahren die durch Choiseuls Reformpolitik ruinierte Staatskasse wieder in Ordnung bringen. Auch die Außenpolitik, die bei Choiseul auf Konfrontation und Krieg mit Preußen und Rußland angelegt war, wurde geändert. Die Türken waren im Zuge dieser Politik von Frankreich in den Krieg mit Rußland getrieben worden. Auch die Unterstützung durch französische Truppenkontingente war zugesichert. Diese Hilfe wurde nun, genau wie von Österreich, verweigert.

Die Neuorientierung der Politik richtete sich auch gegen Polen. Dem König und seinem Kanzler Maupeou blieb bei der politischen Lage im Jahre 1771 nicht verborgen, daß den Polen von Frankreich aus nicht zu helfen war. Die Führungsschicht dieses Landes war vollständig mit sich selbst beschäftigt, raufte sich um Pfründe und genoß das Leben. Man hatte sich auch schon seit langem daran gewöhnt, daß es in Fällen der Not der Papst und mit ihm der *liebe Gott* für das Land schon richten werde. Die inzwischen freundschaftlichen Beziehungen Frankreichs mit den Habsburgern sollten wegen Polen auch zu keiner politischen Verstimmung führen, denn der junge Kaiser Joseph II. hatte sich sehr eindeutig der Politik Rußlands angeschlossen und war nur noch daran interessiert, sich vom polnischen Kuchen ein möglichst großes Stück abschneiden zu können. Am 5. August 1772 wurde die erste Teilung Polens besiegelt. Frankreich gab sich darüber zwar moralisch empört, war aber einerseits machtlos, andererseits vom Schauplatz des Geschehens viel zu weit entfernt. Frankreichs Politik war vollständig auf den potentiellen Gegner, den *Feind von morgen*, ausgerichtet, und das war England. Die Armee war auf diesen Waffengang vorbereitet, und der König wartete nur auf eine passende Gelegenheit, mit seiner Kriegsflotte an den Küsten Englands an Land zu gehen.

Zwangsläufig gab es wegen der Verlagerung des politischen Schwerpunktes nach Osten nach 1770 für Frankreich eine Phase der Ruhe und Erholung. Die Bauern, das Handwerk und die Manufakturen erlebten eine Zeit beachtlicher

Prosperität. Der Finanzhaushalt des Staates wies diese Entwicklung am eindeutigsten aus. So verdoppelte sich die jährlich zu entrichtende Ferme général, der damals vielleicht objektivste Wirtschaftsindikator, bis 1775 auf 132 Millionen Livres und stieg schnell weiter an, bis die Revolution ausbrach und diese Aufschwungphase beendete. Bei dieser Steuervorauszahlung handelte es sich um eine auf Schätzung basierende pauschale Einkommensteuer, die nach der Terrayschen Steuerreform jeder, unabhängig vom Stand, zu zahlen hatte.

Der königliche Hof von Versailles gewann seinen alten Glanz zurück und überstrahlte das höfische Leben in Europa noch mehr als zuvor, und der König konnte sich zufrieden wieder den schönen Dingen des Lebens hingeben. Als Lebensgefährtin hatte er sich die fünfundzwanzig Jahre alte, bildhübsche Jeanne Bécu ausgewählt. Sie wurde die neue ›maîtresse déclarée‹, nachdem sie durch eine Formalheirat eine Mme. la comtesse du Barry geworden war. Dem politischen Geschäft gänzlich abgewandt, hat auch sie, wie ihre Vorgängerin, dem Versailler Hof ihren ganz besonderen Stempel aufgedrückt, der bis heute seine Spuren in der Kultur des anspruchsvollen Wohnens hinterlassen hat. Olivier Bernier[99] beschreibt das psychische und physische Wohlbefinden von Ludwig XV. unter dem Einfluß der *Dubarry* sehr charmant: »Obwohl der König bereits in den sechziger Jahren war, hatte Ludwig XV. allen Grund, sich als wesentlich jüngerer Mann zu fühlen.«

Die Mme. du Barry war in den letzten Lebensjahren des Königs, in denen das Land sichtlich aufgeblüht war, die bevorzugte Nutznießerin. Mit den Finanzen war es gut bestellt im Lande. Er erfüllte ihr alle Launen und Begehrlichkeiten wie einem Lieblingskind und fand in ihren liebevollen und zärtlichen Umarmungen das höchste Glück auf Erden, wie es ihm nicht einmal Mme. de Pompadour geschenkt hatte. Die Schätze, die sie an Schmuck, edlem Sèvres-Porzellan, von Carlin entworfenen Möbeln, Kleidern und Gewändern in blauer, weißer oder rosafarbener Seide und kostbarem Samt ansammelte, kosteten Jahr für Jahr ein Vermögen. In Louveciennes ließ ihr Ludwig XV. eine Villa ganz nach ihrem Geschmack bauen. Mit dem Entwurf im neuklassischen Stil und dem Bau beauftragte sie den großen Baumeister Ledoux, und nach der Fertigstellung fanden all ihre Schätze in diesem luxuriösen häuslichen Rahmen ihr Ambiente. Für Mme. du Barry tragisch war nur, daß sie all diese königlichen Geschenke zwar besitzen durfte, aber sie konnten niemals ihr Eigentum werden, denn was immer der König besaß, es war ihm vom Staat für die Dauer seines Lebens geliehen. Deshalb fielen auch all die schönen Sachen der Mme. du Barry mit dem Tode des Königs an den Staat zurück.

Mitten in dieser Zeit fröhlicher Zufriedenheit, am 26. April 1774, erkrankte König Ludwig XV. an einer fiebrigen Erkältung. Bald stellten die Ärzte fest, daß es die Pocken waren. Am 10. Mai endete das Leben dieses ungewöhnlichen, »höfischen« Königs.

Man darf in des Wortes Bedeutung nicht sagen, daß er neunundfünfzig Jahre in diesem Land die Herrschaft ausgeübt hat. Er war ganz einfach und schlicht der *König von Frankreich*. Die Regierungsmacht lag mehr als zwanzig Jahre in den Händen von Kardinal Fleury, ohne daß er auch nur andeutungsweise jemals am Fundament des absolutistischen Monarchen gerüttelt hätte. Dennoch begannen Verfallserscheinungen des absoluten Königtums sichtbar zu werden. Einen Beitrag dazu leistete sicher der Kanzler Choiseul. Vom persönlichen Drang nach Macht und Ansehen getrieben, hat er vor allem nach dem Tode der Mme. de Pompadour in der zweiten Hälfte seiner zwölfjährigen Regierungszeit zur Demontage des Ansehens des Königs seinen Beitrag geleistet. Dieser Ludwig hat es nicht vermocht, seine Schwäche zu überwinden, mit Selbstvertrauen und machtbewußt zu regieren und besonders bei der Bewältigung schwieriger Aufgaben seinen Willen zur Geltung zu bringen. Immer suchte und fand er Anlehnung an ›starke‹ Frauen mit der Selbstverständlichkeit, wie es seinem ganzen Wesen entsprach. Drei herausragende Frauen waren es, die nacheinander seinen Lebensweg begleitet haben; oder vermutlich ist es zutreffender zu sagen, daß sie ihn bei allen staatspolitischen Entscheidungen und im persönlichen Bereich beeinflußt oder geführt haben: Mme. de Châteauroux war mit ihm darauf bedacht, daß Frankreich in den von Ludwig XIV. geschaffenen Staatsgrenzen unbeschädigt bleiben sollte, Mme. de Pompadour wollte ihrem Wesen nach ein friedliches und friedfertiges Frankreich. Nur ihr Zorn auf den Preußenkönig war stärker und führte letztlich zum unheilvollen Bruch dieser politischen Linie. Mme. du Barry war für den König und für ganz Frankreich die Verkörperung von Liebe und Lebensgenuß. Politisch gab es für Frankreich in dieser Zeit nichts zu bewegen. Sie selbst hielt sich betont von der Politik fern und wollte auch keinen Einfluß ausüben.

Als Ergebnis des Österreichischen Erbfolgekrieges konnte Ludwig XV. mit seinem Kanzler Fleury seinem Land das begehrte Lothringen einverleiben. Es gelang ihm auch, während seiner ganzen Regierungszeit Kriege vom französischen Mutterland fernzuhalten. Das wertvolle Kolonialreich allerdings ging zu großen Teilen unwiederbringlich verloren. Der Zeitgeist des zu Ende gehenden 20. Jahrhunderts stellt den Verlust des Kolonialreiches vor zweihundertfünfzig Jahren an England gelegentlich so dar, als sei König Ludwig XV. vorausschauend gewesen, als habe er die Zukunft erahnen können, als er die Besitzungen in Kanada, Amerika, Indien und Afrika preisgab, was sich doch in unserer Zeit als richtig erwiesen habe. Diese Darstellung ist unhistorisch und einfach falsch. Den Verlust dieser Besitzungen hat er bis zu seinem Tode nicht verschmerzen wollen. Die anders verlaufende Politik der Großmächte ist über seine Revanchegefühle hinweggegangen, und er war auch in der Diplomatie viel zu harmlos, um eine Lage herbeizuführen, die ihm eine reelle Chance zu einem Krieg mit England gegeben hätte. So stand dreißig Jahre später ein gewaltiges Kriegspotential für Napoleon bereit, um damit ganz Europa mit Krieg zu überziehen. Ein erneuter Krieg mit England zu dieser Zeit oder die Rückeroberung des Kolonialbesitzes hätte dem europäischen Kontinent im 19. Jahrhundert ein ganz anderes Mosaik aufgeprägt. Die Idee der Aufklärung hätte sich, wie im Jahrhundert davor, ohne Friktionen langsam weiterentwickeln können. So aber wurde sie mit der Gewalt der Kriegswaffen über die Schlachtfelder Europas getragen.

Polen findet in diesem Mosaik französischer Politik, abgesehen von der kurzzeitigen Ambition, den Prinzen Conti zum polnischen König zu machen, keinen Platz. Als Polen aufgeteilt wurde, stand in Frankreich eine starke Armee einsatzbereit, aber gegen England gerichtet und nicht, um Polen zu retten. Eine Politik mit diesem militärischen Potential hätte auf die an der Teilung beteiligten drei Großmächte Rußland, Österreich und Preußen ihren Eindruck sicher nicht verfehlt, und ein intaktes Polen hätte in den Wirren der französischen Revolution den drei Staaten sicher ganz andere, schwerwiegende Probleme zu lösen aufgegeben. So aber wurde mit der Revolution 1789 in Restpolen nur noch einmal das Feuer zu einer Revolte angefacht. Rußland hat es schnell und energisch ausgetreten, aber im Ergebnis verschwand der polnische Staat nun vollends von der Landkarte Europas.

Mit dem Tod Ludwigs XV. ist ein Leben verloschen, das dem frankophilen Einfluß in der internationalen Szene in Kultur und Luxus, Philosophie, Sprache und Wissenschaft einen bis heute weiterwirkenden Platz gegeben hat. Der Geist der Aufklärung entwickelte sich weiter, kam aber noch nicht zum Durchbruch. Doch daß damit auch die Französische Revolution vorprogrammiert wurde, ist so wenig überzeugend wie umgekehrt die Klage der aus ihrem Paradies vertriebenen Mme. du Barry: »Wäre Ludwig XV. noch am Leben, würde dies alles nicht geschehen.«

Eine vergleichende innerstaatliche Zustandsanalyse von Frankreich und Polen, jeweils vor dem geschichtlichen Paukenschlag, ist gewagt. Dennoch findet man Parallelen bezüglich der inneren Zerrüttung der Moral in der Führungsschicht, bei den Intellektuellen bis in den bürgerlichen Mittelstand, Bestechlichkeit, Verschwendungssucht, Gewinngier. Man findet den wirtschaftlichen Niedergang, die Armut des niederen Volkes, auch die zunehmende Unregierbarkeit in beiden Ländern. Frankreichs gesellschaftliche Oberschicht war für den polnischen Adel ein aufdringlich-negatives Vorbild. Was aber Frankreich nachdrücklich unterschied, war eine in den sechziger Jahren reformierte und nunmehr hervorragend ausgebildete, schlagkräftige Armee, die das Land zu jeder Zeit vor äußeren Feinden geschützt hätte.

Politische Ereignisse und Entwicklungen, die zur Teilung Polens führten

»Poppersches Prinzip:
Weniger die Wahrheit als die Überprüfbarkeit einer hypothetischen Erkenntnis sollte das Kriterium für die Beurteilung wissenschaftlicher Theorien sein.«

(Karl Popper)

Auf die Geschichtswissenschaft angewendet, sagt der Philosoph, daß die Wahrheitssuche ein nachrangiges Kriterium sein und zurückstehen muß hinter der Überprüfbarkeit dokumentierter Gedanken und dem tatsächlichen Handeln geschichtlicher Personen.

Auch die geschichtsphilosophischen Gedanken des Heidelberger Emeritus Walter Schulz zur »Subjektivität im metaphysischen Zeitalter«[103] führen an den Ursprung der Geschichtsschreibung. Aus seiner Distanz verweist er auf intellektuelle Zeitmoden, die sich gar zu gerne der Max Weberschen »Gesinnungsethik« hingeben und dabei wie selbstverständlich sich selbst als verbindliche Norm definieren. Diesen Menschen und den Eindeutigkeiten, die sie vertreten – so meint er –, sollte man nicht vertrauen. Sie seien »sehr verdächtige Figuren«.

In die Zukunft fortgeschrieben bleibt Geschichte ein dynamischer Vorgang, obwohl ihre lebendige Substanz längst gestorben, statisch geworden ist. Davon aber, wie wir unsere eigene Geschichte in unser Bewußtsein aufnehmen und verarbeiten, hängt nicht unwesentlich das Schicksal unseres Landes – und damit auch unser eigenes – in der Zukunft ab. So kann die fortwährende Suche nach der letztgültigen geschichtlichen Wahrheit am Ende Größe oder Untergang eines Volkes und Staates beeinflussen.

Schonfrist

Die Politik des 18. Jahrhunderts trägt sehr deutlich die Handschrift des Absolutismus. Damit ist nicht gesagt, daß Kaiser und Könige vom hohen Thron ihrer Macht aus ihren Regierungen und den Untertanen souverän den Weg gewiesen hätten, soweit es die grundsätzlichen Dinge ihrer Staaten betraf. Das Machtmonopol lag zwar unzweifelhaft in ihren Händen, wodurch ihren Veranlagungen, Eigenschaften, ihrer Persönlichkeit die Grenzen aufgezeigt wurden, mit dieser Machtfülle umzugehen. Mit den persönlichkeitsbedingten Grenzen der Herrscher haben sich die vorausgegangenen Abschnitte dieses Buches beschäftigt. König Ludwig XV. und die Kaiserin Maria Theresia regierten zwar im äußeren Glanz absoluter Monarchen, waren aber in wirklich entscheidenden Situationen ohne Führungskraft und Durchsetzungsvermögen in bezug auf die Handlungen und Entscheidungen ihrer Regierungen. Der Preußenkönig Friedrich II. wurde im Gegensatz zu ihnen mit der Thronbesteigung in seinem Lande sowohl intellektuell wie auch politisch die beherrschende Persönlichkeit. Auch die Zarin Katharina II. wurde, nachdem sie ihren Zarenthron gegen alle Umsturzgelüste der Bojaren verteidigt und gefestigt hatte, sehr bald und im absolutistischen Führungsstil die Beherrscherin ihres großen Reiches.

Schließt man den Polenkönig August III. und seinen Nachfolger auf dem Königsthron, Stanislaus II. August Poniatowski, in diese Bewertung mit ein, dann verschwinden beide als bedeutungs- und einflußlose Randfiguren der Geschichte. Weder konnten sie sich in ihrem polnischen Land auf historisch und sittlich gewachsene Fundamente für eine absolutistische Machtfülle stützen, noch waren sie im politischen Außenverhältnis so unabhängig, daß sie als absolutistische Herrscher diese Politik hätten bestimmen können. Aber noch wesentlicher war, daß beide keine so markanten Persönlichkeiten mit einem starken Impetus zum Machtbesitz waren, daß sie trotz des Liberum Veto des polnischen Parlaments dieser Institution und dem Land ihre Regierungsziele hätten aufzwingen können.

Als der Siebenjährige Krieg zu Ende gegangen war, gab es noch an keinem der europäischen Königshöfe einen Hinweis auf Überlegungen oder gar diplomatische Machenschaften, dem Königreich Polen große Teile seines Territoriums wegzunehmen. Wie häufig auch schon lange Zeit davor und immer wieder von dieser Gefahr für das Land gesprochen worden war, 1764 jedenfalls hat es keine ernstliche Gefährdung seitens der Nachbarstaaten gegeben. Dann allerdings wurden politische Entwicklungen in Gang gesetzt, die schnell an Vielschichtigkeit und Brisanz gewannen. Dabei lassen sich aus den verwirrenden diplomatischen Aktionen eine schwerwiegende politische Fehlhandlung und im Gefolge davon ein psychologisches und moralisches Fehlverhalten des polnischen Königs und seiner Regierung, vielleicht auch nur eine falsche Einschätzung der eigenen Stärke, herausfiltern.

Die politische Fehlhandlung hatte ihren Ursprung im Widerstand Frankreichs und Österreichs gegen die Wahl von Stanislaus II. zum polnischen König von ›Katharinas Gnaden‹. Beide Staaten verweigerten ihm die Anerkennung und entwickelten eine heftige Aktivität am Hofe von Konstantinopel, um die Feindschaft zwischen Rußland und der Türkei zu schüren. Mit geschickter Diplomatie verstanden sie es, das Land mit erstaunlich unverbindlichen Bündnisverträgen und der Zusicherung von Hilfstruppen und Geld in Kriegsstimmung zu versetzen. 1768 war es soweit. Die Türkei erklärte Rußland den Krieg. Frankreich setzte darauf, daß sich Rußland in diesem Krieg verschleißen würde und die lästige Zarin Katharina eventuell sogar vom Thron gestürzt werden könnte. Dieser Türkisch-Russische Krieg wurde zum Schlüsselereignis für das weitere Schicksal Polens und die erste Teilung. In diesem zunächst politisch-diplomatischen, dann aber sehr heftigen militärischen Krieg war Rußland am Ende der Sieger, und es geschah genau das, was der französische König und sein Kanzler, der Duc de Choiseul, hatten verhindern wollen. Rußland stieg zu einer europäischen Großmacht auf.

Die Rolle Polens war in diesem Konflikt geradezu dramatisch und tragisch. Weder der König noch der Adel hatten das richtige Gespür, welche der beiden Kriegsparteien für die Existenzsicherung Polens die richtige, das heißt am Ende die siegreiche sein würde. Der Polenkönig Stanislaus, der der Zarin nicht nur emotional nahestand und politisch völlig von ihr abhängig war, verlor die Orientierung und schließlich das Vertrauen Katharinas. Die Folge seiner politischen Fehlleistung führte zu der für Polen tödlichen Umorientierung von Katharinas Politik.

Der innere Machtverfall und die Korruptionsbereitschaft der polnischen Führungsschicht waren die andere Bürde für das Land und boten sich den europäischen Großmächten förmlich an, nicht nur auf Polen selbst Einfluß zu nehmen, sondern es auch für die eigene Politik zu benutzen. Die Politik wurde in diesem Land lange schon mit Bestechungsgeldern gemacht, aber in der wichtigen und kritischen Phase, als es um existentielle Fragen für Polen ging, gewann die Bestechlichkeit Eigendynamik. So ist die Königsrepublik Polen ein bemerkenswertes geschichtliches Beispiel für eine zerstörerische Kraft geworden, die sich durch das Handeln in falschen Maßstäben gegen den eigenen Staat gewendet hat.

Im frühen Mittelalter ist Polen am östlichen Rand der in Mitteleuropa stattfindenden staatlichen, politischen und religiösen Strukturierungsprozesse beinahe unbemerkt als Königreich und territoriale Großmacht entstanden. Die anderen Herrscherhäuser haben es allgemein wohlwollend gesehen, daß sich dort eine Art Schutzwall gegen die Völkerschaften der Terra incognita im Osten gebildet hatte. Das Wiederzerfallen dieses Vielvölkerstaates hat sich aber ebenfalls schon sehr frühzeitig angekündigt. Karl X. Gustav von Schweden dachte nicht ohne Grund schon im Schwedisch-Polnischen Krieg von 1655 bis 1660 darüber nach, Polen als Unruheherd einfach aufzuteilen. Und Peter der Große erklärte die Einverleibung Polens in sein Reich zum Ziel seiner Politik, denn nur so konnte er Rußland an den westlichen Kulturkreis nahtlos anschließen. Folgerichtig brachte er in seinem »Politischen Testament« zu Papier, daß die Politik seiner Nachfolger darauf hinwirken müsse »Polen zu teilen, indem man Wirren und ständige Eifersuchten hineinträgt«.

Unter König Johann Kasimir (1632–1668) wurde der Machtverfall Polens bereits sichtbar. Das hatte seine Ursache vordergründig wahrnehmbar vor allem in den nicht endenden Streitigkeiten zwischen dem König und dem Adel um die Macht im Lande. Das unselige Liberum Veto lieferte dafür das Instrumentarium. Man könnte diese Kämpfe als innenpolitische Angelegenheiten abtun; aber die an Polen angrenzenden Staaten begannen natürlich, diese Zwistigkeiten für die eigene Machtpolitik zu nutzen und auf eine allmähliche Zerrüttung des Staatsgefüges hinzuwirken.

Die eigennützige Wesensart der polnischen Adelsschicht war aber sicher nur die eine Seite des Geschehens. Eine andere wichtige Veränderung hatte sich mit dem Erstarken Rußlands und dem Zerfall des Osmanischen Reiches vollzogen. Polen hatte seine Schutzwall-Funktion gegen den Osten verloren, die es aus der Sicht seiner Nachbarn im Westen bis dahin erfüllen sollte. Nun brauchten die Mittelmächte das Land für diese Aufgabe nicht mehr. Und noch eine andere wichtige Kittfunktion fehlte. Die Piasten-Dynastie war 1370 und die Jagiellonen-Dynastie 1572 ausgestorben. Im folgenden Jahrhundert konnten polnische Königshäuser deshalb an den dynastischen Vernetzungsprozessen durch die Heiratspolitik nicht mehr teilnehmen. Für das dynastische Selbstverständnis der Königshäuser in der damaligen Zeit war dieser Ausschluß ein großer Nachteil. Ein ganz außerordentliches Versäumnis der polnischen Großmachtpolitik war aus späterer Sicht, daß vom Großpolnischen Königreich die einmalige Chance ungenutzt blieb, in der ersten Hälfte des 17. Jahrhunderts, als sich die Großmächte in der Mitte Europas im Dreißigjährigen Krieg fast zugrunde richteten, als Ordnungsmacht aufzutreten und dadurch einen beherrschenden Einfluß auf die politische Entwicklung Europas zu gewinnen.

König Johann Sobieski (1674–1696) wurde für die Mittelmächte noch einmal so etwas wie eine Erlösergestalt, als er gemeinsam mit dem Herzog Karl von Lothringen die nach Norden vordringenden türkischen Truppen in der Schlacht am Kahlenberg vor den Toren Wiens besiegte. In seinem Land konnte er aus diesem Sieg keinen politischen Nutzen ziehen. Zweifellos war Sobieski auf dem Schlachtfeld ein guter Haudegen und Heerführer. Für die Bewältigung der innenpolitischen und wirtschaftlichen Probleme seines Landes reichten diese Fähigkeiten nicht aus. Der Tod Johann Sobieskis stellte dem Adel und dem Reichstag die Aufgabe, den Nachfolger zu wählen. Die Entscheidung, die getroffen wurde, und die Motive dafür sind in vielfältiger Hinsicht interessant. Gewählt wurde der gerade erst siebenundzwanzig Jahre alte Kurfürst August II. von Sachsen. Der Convocations-Reichstag lies sich bei dieser Wahl von zwei Absichten leiten:

Die Vereinigung des verarmten Landes unter einem Herrscher mit dem um die Jahrhundertwende wohlhabenden Sachsen versprach dem Land Teilhabe an Handel, Gewerbe und Manufakturen. Die polnischen Erwartungen in die Wirtschaftskraft Sachsens waren hoch, und es flossen, wie fast schon selbstverständlich, gewaltige Summen an Bestechungsgeldern von Dresden nach Warschau, mit denen sich der ehrgeizige junge Kurfürst die Königswürde kaufte.

Ein zweiter wichtiger Gesichtspunkt des Reichstages für diese Wahl war die Erwartung, mit August II. wieder mehr politische Macht zu gewinnen. Man träumte nicht nur vom wirtschaftlichen Aufblühen, man hoffte, ja erwartete geradezu vom neuen König, daß er die Großmachtstellung zurückgewinnen und Polen wieder zum Königreich Großpolen machen würde.

Bei dieser Wahl hatte natürlich auch Kaiser Leopold I. ein Mitspracherecht, denn als Kurfürst von Sachsen war ihm August II. zur Botmäßigkeit verpflichtet. Da er als König von Polen aber außerhalb der Machtgrenzen des Heiligen Römischen Reiches Deutscher Nation war, stimmte der Kaiser zu und ließ sich dabei von persönlichen und auch politischen Motiven leiten. Die Wettiner in Sachsen und die Habsburger waren sich seit Jahrhunderten wohlgesinnt, und dann zeichnete sich in Spanien die Thronfolgefrage ab. Die Machtlüsternheit des französischen Königs Ludwig XIV. und seine diplomatischen Aktivitäten am spanischen Hof blieben in Wien nicht verborgen. Ein Krieg um die Thronfolge mit Frankreich zeichnete sich schon frühzeitig ab. Für diesen Krieg brauchte der Kaiser die Unterstützung seiner Kurfürsten, und natürlich wollte er ganz und gar nicht zulassen, daß anstelle des Sachsen ein französischer Prinz auf den Königsthron Polens gewählt würde. Dies alles waren Gründe genug, die Königswürde des sächsischen Kurfürsten *von Reichs wegen* zu legalisieren. Auf diesem Wege vom Kaiserthron aus etwas Politik zu machen, wird ihm auch nützlich erschienen sein. So mag das Kalkül des Kaisers gewesen sein. Aber die Geschichte ist noch immer eigene, oft unvorhersehbare Wege gegangen. Nicht viel anders war es auch in diesem Falle.

Der Tod des spanischen Königs Karl II. im November 1700 löste den Spanischen Erbfolgekrieg mit Frankreich aus und band alle militärischen Kräfte Österreichs. August der Starke, kaum zum König gekrönt, tat, was der polnische Adel von ihm erwartete. Polen sollte und wollte wieder eine Großmacht werden. Dazu verbündete sich August II. mit dem Zaren gegen Schweden und trat in den Nordischen Krieg (1700–1721) ein. Früherer Besitz im Baltikum sollte zurückerobert werden, aber die Rolle der polnischen Truppen bei diesen Kämpfen war wenig glorreich. König August verlor nicht nur die Schlachten, sondern auch seine polnische Königskrone. Karl XII. von Schweden verjagte August den Starken aus Warschau und verfolgte ihn bis nach Sachsen, und in Polen setzte er den von Frankreich favorisierten Bischof von Posen als König Stanislaus I. auf den Thron. Den durfte dieser von 1704 bis 1709 in Besitz halten. Dann wurde aber Karl XII. von Peter dem Großen 1709 in der Schlacht von Poltawa so vernichtend besiegt, daß die ganze schwedische Ostseeküste an Rußland verlorenging. Stanislaus Leszczyński floh aus Warschau nach Schweden, und August II. »der Starke« durfte auf den polnischen Königsthron zurückkehren. Von nun an war er nicht viel mehr, als eine Marionette des Zaren in Petersburg. Sein Nachfolger auf dem Thron, August III., hatte schon gar nicht mehr die Statur, daran etwas zu ändern.

Peter der Große hatte in seinem Testament das politische Ziel gewiesen, Polen durch das Schüren innerer Zerwürfnisse in immer größere Abhängigkeit zu bringen. Für eine solche Strategie waren die beiden sächsischen Könige fast ideale Figuren. Von ihrer Regentschaft strahlte weder Kraft noch Zielstrebigkeit aus, das Königreich mit ihrem kursächsischen Stammland zu vereinigen. Das wäre eine Politik gewesen, die Europa vermutlich in Aufregung versetzt hätte. August III. regierte Polen von Dresden aus mit Laisser-faire und ständigem Buhlen um die tolerierende Gunst des polnischen Adels. Begünstigungen, Geschenke, Übereignungen von Domänen, Vergabe von Ämtern, Verleihung von Titeln und Würden waren seine Mittel, die Nobilitas bei Laune zu halten. Der Adel nahm diese Wohltaten begierig an und genoß das Leben in ausgewähltem Luxus ganz nach dem Vorbild des Versailler Hofes. Der König verlor mit diesem Regierungsstil aber alle Autorität. Zweiundzwanzig Jahre hat er sich in Polen überhaupt nicht sehen lassen. An seiner Stelle schaltete und waltete sein Staatskanzler Graf Brühl. Allein die dreißig Regierungsjahre dieses Königs sind für sich genommen und ohne Berücksichtigung der außenpolitischen Vorgänge schon ein ausreichender Schlüssel zum Verständnis der Verhältnisse, die dann zum Zerfall des Landes führten.

Sucht man nach einer kleinsten Gemeinsamkeit in der polnischen Führungsschicht, dann war es die Ablehnung und die Unterdrückung der Dissidentenbewegung. Wer waren diese Leute? Die polnische Bevölkerung des Landes hatte sich vorbehaltlos der römischen Kirche verschrieben.[104]. Es waren aber auch andere Völker und Glaubensgemeinschaften in diesem Staat vereint. Die Litauer und die Ermländer waren überwiegend katholisch, Pomerellens Bewohner waren Lutheraner. Der Südosten, also die Ukrainer, gehörte der orthodoxen Glaubensrichtung an. In diesem Landesteil hatten sich auch zunächst die Dissidentengruppen gegen religiöse Unterdrückung gebildet, die für eine rechtliche Gleichstellung im polnischen Staat kämpften.

Unter König August III. wurde der Staat längst nicht mehr durch innere, zentripetale Kräfte zusammengehalten. Daß er bestehenblieb, verdankte er mehr den von außen einwirkenden Kräften und einer zu der Zeit geläufigen Leitidee, daß Polen zur Aufrechterhaltung des europäischen Mächtegleichgewichts erforderlich sei. Es war eine politische Leitidee, die vom französischen Hegemonialstreben in Europa geboren worden war und das Ziel hatte, das aufstrebende Rußland aus Europa fernzuhalten. Kehrseite dieser Politik war, daß sich die intellektuell führenden Kreise Polens in Sicherheit und Geborgenheit fühlten. Dank ihrer Beredsamkeit verstanden sie es auch, diese politische Idee von einem Polen als Pufferzone zwischen Ost- und Westeuropa in Frankreich und in Österreich fortwährend im Bewußtsein wachzuhalten; aber der notwendigen und selbstverständlichen Erkenntnis, daß eine solche Gleichgewichtsmasse wie Polen nicht allein durch äußeren Druck zusammenhält, sondern eine eigene innere Stabilität haben muß, dieser Selbstverständlichkeit verschloß man sich. Von sich selbst staatstragende Leistungen oder, unter Verzicht auf Lebensstandard, ein materielles Opfer zu fordern, war im Lande sehr unbeliebt. Als Ersatz dafür besaß man das unermeßliche Gottvertrauen, daß ›Er‹, der Papst als höchste Instanz, es für sie, die Gläubigen, schon richten werde.

Polnische Historiker und kirchliche Würdenträger haben uns in der zweiten Hälfte des 18. Jahrhunderts sehr eindringlich ihre Besorgnis über den moralischen Zustand im Lande überliefert. So schrieb der polnische Primas: »Dieses Königreich gleicht einem offenen, von Winden umbrausten Haus. Die Gesetze werden nicht geachtet, Tribunale sind ohne Einfluß, Meineid ist an der Tagesordnung, das Münzwesen desolat. Jeder will gebieten, sucht seinen persönlichen Vorteil. Viel Zerstörung, kein Aufbau. Nur der Himmel kann helfen, daß das Reich nicht zugrunde geht.«

Schon einige Zeit vor dem Tod von August III. machte man sich an den europäischen Höfen Gedanken über das weitere Schicksal dieses Landes und entwickelte diplomatische Aktivitäten. Daß politische Gedankenspiele bei den Königen und ihren Staatskanzlern einen prickelnden Reiz ausübten, dieses Machtvakuum als eigenes Einflußgebiet auszufüllen, war nur zu verständlich.

In der österreichischen Diplomatie hatte Polen zu der Zeit noch keinen hohen Stellenwert. Maria Theresia und ihr Staatskanzler Kaunitz konzentrierten sich vollständig auf den Racheplan und letztendlich die Zerstörung Preußens. 1746 war der russisch-österreichische Bündnisvertrag abgeschlossen worden. Polen mußte in diesem Vertrag nur zustimmen, daß russische Truppen durch das Land gegen Preußen marschieren durften. Im Gegenzug zu diesem Zugeständnis wollte sich der Wiener Hof geneigt zeigen, für die Nachfolge des sächsischen Kurprinzen auf dem polnischen Königsthron einzutreten, allerdings noch mit der zusätzlichen Bedingung, daß Kursachsen dem Bündnis gegen Preußen beitreten würde. Diese Forderung ging dem sächsischen Kanzler Graf Brühl aber doch zu weit. Vor allem hatte er Bedenken gegen diese konspirativen Absichten. So kam es zwischen Österreich, Sachsen und Polen nur zu einer Präliminarvereinbarung. [105]

Für Frankreich hatte Ludwig XV. für den Thronwechsel ganz eigene Pläne. Er wollte seinen Kandidaten zum König machen und hatte dafür den Prinzen Conti ausersehen. Um dieses Vorhaben vertraulich zu halten und wirksam in Szene setzen zu können, schuf er unter seiner ganz persönlichen Leitung die Geheimorganisation Secret du Roi und schickte den Grafen de Broglie nach Warschau mit dem Auftrag, im Parlament eine entsprechend beeinflußte ›französische Fraktion‹ zu bilden. Ludwig XV. erhoffte sich, beim Erfolg seiner Unternehmung Rußland von Europa fernhalten und Österreichs Absichten im russisch-österreichischen Bündnisvertrag unterlaufen zu können, denn als diese Unternehmungen durchgeführt wurden, waren Frankreich und Preußen ja noch Bundesgenossen. Das Reversement des Alliances hatte noch nicht stattgefunden. Die Diplomatie scheute sich zu dieser Zeit aber auch unter Bündnispartnern nicht, mit Intrigen zu arbeiten. Um der Kandidatur des Prinzen Conti ein größeres Gewicht zu geben und den Preußenkönig in ein schiefes Licht zu setzen, ließ Ludwig XV. am Petersburger Hof in Umlauf setzen, König Friedrich II. sei mit der Zusicherung, Polnisch-Preußen zu bekommen, für die Absicht Frankreichs gewonnen worden, den Prinzen Conti zum nächsten polnischen König zu machen. Davon berichtete der preußische Gesandte seinem König, »Extrait de Precis de ce que l'Angleterre M. de Guydikens a dit en Conference au Ministre de la Russie.« [106] Als dieses Gerücht schließlich auch den Wiener Hof erreichte, kündigte Staatskanzler Kaunitz seinen entschiedenen Widerstand gegen diese Pläne an.

Der Preußenkönig hatte zu dieser Zeit – wir schreiben das Jahr 1755/1756 – ganz andere Sorgen, als seine politischen Aktivitäten auf Polen zu richten. Er mußte sich zunehmend der Einkreisungspolitik Österreichs und des Staatskanzlers Kaunitz erwehren. Die »Politische Correspondens Friedrich's des Großen«[107] gibt von dieser Zeit größter diplomatischer Aktivität einen lebendigen Eindruck, wie Kaunitz in Versailles alle diplomatischen Register zog, um Frankreich aus dem Bündnis mit Preußen herauszulösen. Andererseits hatte Friedrich II. Kenntnis vom russisch-österreichischen Bündnisvertrag und dem zwischen England und Rußland abgeschlossenen Subsidiaritätsvertrag, und er wußte sehr wohl einzuschätzen, daß ihm beide Verträge zur Gefahr werden konnten.

Englands Diplomatie kümmerte sich kaum um Polen und darum, was sich dort entwickelte und in der Mitte Europas zusammenbraute. Der Gegner war die Kontinentalmacht Frankreich, und davor mußte sich England schützen. Die Gefahr war groß, daß sich ein englisch-französischer Krieg auf das Stammland des Königshauses, das Kurfürstentum Hannover, ausbreiten könnte. England brauchte auf dem Kontinent einen starken Bündnispartner, aber die gegen Preußen gerichtete Kriegsdiplomatie des Fürsten Kaunitz machte Österreich uninteressant. In das Konzept paßte nur Preußen als Bündnispartner. Friedrich II. brachte in die von England begonnenen Bündnisgespräche seine eigenen Interessen und Sorgen ein. Er wollte den Besitz von Schlesien noch einmal ausdrücklich garantiert haben, und der englisch-russische Subsidiaritätsvertrag sollte für ihn der Hebel sein, um die russische Armee von einem Angriff auf sein Land abzuhalten. Am 16. Januar 1756 wurde in London die Westminster Convention als eine Defensivvereinbarung abgeschlossen. Trotzdem machte sie Furore und zerrte an dem Netz feingesponnener Bündnisverträge auf dem Kontinent.

In der Diplomatie mit Polen pflegte Friedrich II. zu der

Zeit eine betonte Freundlichkeit. Sein Botschafter Benoît hielt einen guten persönlichen Kontakt zu Krongroßfeldmarschall Graf Branicki. Da er der polnisch-patriotischen Potocki-Partei zugehörte, ist auch Preußens Politik zu dieser Zeit beschrieben: Man setzte auf eine unabhängige Königsrepublik Polen. Sofort nach dem Abschluß des Defensivvertrages mit England wies Friedrich II. seinen Botschafter Benoîs an, Graf Branicki den Vertrag zu erläutern[108] und besonders darauf hinzuweisen, daß diese Vereinbarung auch Polen Schutz davor gewähre, Durchmarsch- und Aufmarschgebiet der russischen Armee gegen Preußen zu werden.

Die französische Regierung unterrichtete er ebenfalls unverzüglich nach dem Abschluß des Vertrages und ließ von seinem Botschafter ausführliche Erläuterungen dazu geben, um zu verhindern, daß sein Bündnis mit Frankreich durch diese Defensivvereinbarung mit England beschädigt oder gar beendet würde. Für den Duc de Nivernois fertigte der König höchstpersönlich sogar eine Studie an, mit der er die preußischen Absichten dieser Westminster Convention darstellte und um Verständnis warb. Dieser Studie kommt der Rang eines historischen Dokumentes zu. In einer ganz nüchternen Darstellung gibt er eine umfassende europäische Gefahrenanalyse, die den Beginn des Siebenjährigen Krieges vorzeichnet. Sollte dieser Krieg unvermeidbar werden, dann sei er bereit und entschlossen sich ohne Zögern den vereinigten Armeen seiner Gegner in einer offenen Feldschlacht zu stellen – auch dann, wenn sie ihm zahlenmäßig um das Doppelte überlegen seien. Dann geht er auf die Strategie seines österreichischen Gegners ein, ihn zur gleichen Zeit an verschiedenen Fronten anzugreifen. Ließe er es dazu kommen, dann würde er chancenlos unterlegen sein. Weiter erhöht würde sein Risiko, von der russischen Armee über Polen angegriffen zu werden. Aus dieser Studie ist bereits sein Entschluß herauszulesen, den nicht mehr vermeidbaren Krieg selbst mit einem gezielten Angriff zu beginnen – obwohl er ihn nicht haben –, will, um die Existenz seines Staates nicht zu gefährden. König Friedrich II. hat diese Studie am 24, Januar 1756 verfaßt:[109]

»Rechtsgründe.

Argument 1. Ich habe Afrika keine Garantie gegeben. Mit der Ursache für diesen Krieg habe ich nichts zu tun, deshalb geht er mich nichts an.

Argument 2. Mein Bündnis (mit England) ist nur defensiv, deshalb bin ich nicht zu offensiven Schritten verpflichtet.

Argument 3. Mein Bündnis (mit Frankreich) ist beendet, deshalb bin ich aller Pflichten eines Verbündeten entbunden.

Sachgründe.

1. Ich kann nur 100.000 Mann ins Feld führen, Hannover 40.000, die Königin 100.000 und Rußland 60.000; ich bin also um die Hälfte schwächer als sie. Ist es demnach klug, entspricht es den Regeln der Kriegführung, wenn man um die Hälfte schwächer ist als der Feind? Nein! Wenn diese 200.000 Mann auf einem Schlachtfeld wären und ich stände ihnen mit meinen 100.000 Mann gegenüber, ich griffe sie an. Aber weil sie mich durch ihre Position zwingen, meine Kräfte aufzuteilen, bin ich überall schwächer als sie.

2. Darf man einen Krieg anfangen, wenn man ihn defensiv führen muß? Nein, denn das ist von allen Arten von Krieg die kostspieligste und risikoreichste.

3. Kann ich tatenlos bleiben und meine Feinde machen lassen, was sie wollen? Nein, denn wenn die Russen in mein Reich eindringen, könnte ich das nicht zulassen, und ich fände mich in einen Krieg hineingezogen, den ich um der Erhaltung meines Staates willen vermeiden muß.

4. Warum muß ich die Russen daran hindern, in mein Reich einzudringen? Weil die Vereinigung meiner Feinde sie zu stark machen würde, und ich muß sie eher einzeln schlagen als alle zusammen.

5. Wie ist das Eindringen der Russen zu verhindern? Indem ich mit England den Neutralitätsvertrag abschließe, den es mir vorschlägt. Also muß ich es tun.

6. Ist es vorteilhaft für Frankreich, wenn die Russen in mein Land einfallen oder daß sie es nicht tun? Es ist besser, wenn sie es nicht tun, denn wenn sie hereingerufen werden, geschieht es, um gegen Frankreich zu kämpfen; also

sind es um so viel Feinde weniger, wenn sie mich nicht angreifen.

7. Aber wäre es nicht gut, England möglichst viel Geld für Subsidien ausgeben zu lassen, um es um so schneller zu schwächen? Ja, wenn England diese Ausgaben allein machte. Aber erkennt man nicht, daß man, indem man die Feinde Frankreichs vervielfacht, Frankreich im Gegenzug zu den gleichen Ausgaben verpflichtet, um ihnen zu widerstehen? Also, wenn man England daran hindern kann (aus Eigeninteresse), seine Bündnispartner für sich zu benutzen, heißt das auch, die Unternehmungen der Franzosen zu erleichtern. Außerdem, wenn der Krieg kompliziert wird, wird es viel schwieriger sein, ihn durch die Komplikationen der Interessen zu beenden, als wenn er nur stattfindet zwischen den beiden zur Zeit verfeindeten Mächten. Wenn ich also neutral bleibe, ohne einen Neutralitätsvertrag abzuschließen, würde ich weder die Russen daran hindern können, (in mein Land) einzumarschieren, noch verhinderte ich alle komplizierenden Folgen, die dieser Einmarsch zur Folge hätte. Also kommt mein Neutralitätsvertrag genauso Frankreich entgegen, wie er mir zum gegenwärtigen Zeitpunkt unerläßlich ist.

8. Wenn ganz Deutschland in den Krieg verwickelt und das Unterste zuoberst gekehrt wird, ist das ein Vorteil für Frankreich? Nein, denn es gewinnt überhaupt nichts dabei; außer die Verbündeten ruiniert zu sehen, die ihm bei anderer Gelegenheit sehr nützlich sein können. Also begünstigt diese Neutralität alle.

(Friedrich)«

Der Duc de Nivernois ließ sich von den Erläuterungen des preußischen Botschafters Baron von Knyphausen zur Westminster Convention und der Studie des Königs nicht beeindrucken. Das Verhältnis des Preußenkönigs zu Ludwig XV. war längst nicht mehr von freundschaftlichen Gefühlen der beiden getragen, und das diplomatische Bemühen des Wiener Hofes in Versailles half mit, daß sich die Bündnispartner entfremdeten.

Für Österreich war diese Westminster Convention eine große Überraschung, denn damit war das Bündnis zwischen

Österreich und England beendet. Kaunitz erkannte sogleich die Chance, nun auch Frankreich in seine Umschließungsstrategie gegen Preußen einzubinden. Seine Falle konnte, wie er es sagte, »zuschnappen«. Sehr schnell wurde die »Erbfeindschaft« von Habsburgern und Bourbonen beendet und am 1. Mai 1756 der Vertrag von Versailles abgeschlossen. Mit diesem Vertrag erfolgte das, was die Geschichtsschreibung das Reversement des Alliances, die Umkehr der Bündnisfronten, nannte. Dieser Vertrag enthält den Geheimartikel, der Frankreich verpflichtet, sich einer »destruction totale« Preußens nicht zu widersetzen. Im Gegenzug war Österreich nach Erreichen des eigenen Kriegszieles bereit, die österreichischen Niederlande an Frankreich abzutreten, und Frankreich war bereit, dann auch die Pragmatische Sanktion und den Anspruch Maria Theresias auf den deutschen Kaiserthron uneingeschränkt anzuerkennen. Diesem Vertrag von Versailles – an den Fürstenhöfen als Vernichtungsallianz verhandelt – schlossen sich alle deutschen Fürsten- und Herzogtümer, Rußland und Schweden an; nur Hannover, Hessen, Gotha und Braunschweig traten diesem Paktsystem nicht bei.

Die politisch kritische Lage in Polen fand in diesen Monaten vor Beginn des Siebenjährigen Krieges kaum eine diplomatische Beachtung. Zwar hatte Friedrich II. das Hilfeersuchen der polnischen Patriotenpartei an den Sultan in Konstantinopel und die gegen den Sultan angezettelten Umsturzversuche aufmerksam verfolgt, und Benoît hatte ihm auch das ablehnende Entsetzen Polens über die Westminster Convention mitgeteilt. Der Krongroßfeldmarschall Branicki war über die Konvention ›consterné‹ und fürchtete, daß nun die Czartoryski-Familie mit der Unterstützung Rußlands und nun auch Englands im Lande allmächtig werden würde, so daß die patriotische Potocki-Partei im Lande in Zukunft keine Chance mehr hätte.[110] Aber das alles hatte für den Preußenkönig nun keine Bedeutung mehr.

Der Siebenjährige Krieg begann. Die preußischen Truppen drangen in Sachsen ein. Der königliche Kurfürst August III. floh nach Warschau. Von dort aus schloß er sich dem Vertrag von Versailles zwar an, polnische Soldaten haben aber an dem Krieg auf der österreichisch-russischen Seite gegen die Preußen nicht teilgenommen.

Durch diesen alles beherrschenden Krieg wurde zwar das polnische Problem für einige Jahre von der politischen Bühne verdrängt, um dann aber durch zwei Ereignisse sofort wieder große Brisanz zu erlangen:

In Rußland starb am 5. Januar 1762 die Zarin Elisabeth und nach einem kurzen Zwischenspiel mit Zar Peter III. kam die Tochter des preußischen Generals Fürst Christian-August von Anhalt-Zerbst am 22. September 1762 als Katharina II. auf den Zarenthron.

In Polen starb am 5. Oktober 1763 König August III., Kurfürst von Sachsen, in Warschau.

Beide Ereignisse eröffneten das Ringen um Macht und Einfluß über polnisches Territorium unter den europäischen Herrscherhäusern und in Polen selbst.

Polens innenpolitische Landschaft wurde von zwei Adelsfamilien beherrscht, die Czartoryski und die Potocki. Beide Familien waren heftig untereinander verfeindet. Jede wollte die alleinige Macht im Lande und die Nachfolge auf dem Königsthron für sich entscheiden. Die Czartoryskis standen zunächst in der bevorzugten Gunst von August III. Sie genossen viele Vorrechte und waren nicht ohne Eigennutz bemüht, das Ansehen und den Einfluß des Königs durch Verfassungsreformen zu stärken. Diese einflußreiche Beziehung zerbrach aber an einem sehr persönlichen Zerwürfnis des Grafen Brühl mit dem Parlament. Der Kanzler hatte seinen Sohn als Abgeordneten in den polnischen Reichstag gebracht, obwohl er die elementare Voraussetzung nicht erfüllen konnte, von polnischer Geburt zu sein. Der dadurch ausgelöste Streit, bei dem die Czartoryskis sich auf die Seite der Opposition stellten, wurde mit großer Schärfe geführt und hatte zur Folge, daß der König und Graf Brühl ihre Gunst fortan der Potocki-Familie zuwandten. Die Czartoryskis zögerten nicht und versicherten sich der Sympathie der Zarin.

Dieser Frontwechsel war nicht einmal so überraschend, denn die Verbindungen zum Hof der Zarin waren bereits vorhanden. Ein Sproß der Familie, der junge Stanislaus August Poniatowski, war als Jungdiplomat in das Garderegiment des Zaren eingetreten und hatte das Offizierspatent erhalten. Dieser junge Mann war nicht nur drei Jahre jünger als Katharina, er war auch ein schöner Mann, in den sie sich schon als Großfürstin verliebte. Als sie 1762 den Zarenthron bestieg, glaubten sich die Czartoryskis am Ziel ihrer Wünsche, einen Sohn ihrer Familie auf dem Königsthron zu haben. Um dieses Anliegen noch zu beschleunigen, wurde im Lande eine Adelskonföderation organisiert, die den König aus Sachsen noch zu seinen Lebzeiten vom Thron stürzen sollte.

Katharina beobachtete dieses Treiben sehr distanziert, obwohl es ganz ihrer politischen Linie entsprach, ihren Geliebten Stanislaus auf den polnischen Thron zu setzen. So gedachte sie Polen ganz unter ihren Einfluß zu bringen[111], einem Königssturz verweigerte sie aber ihre Zustimmung und schickte postwendend russische Truppen ins Land, um König August III. zu schützen. Daß er der Konspiration des Adels nicht doch noch zum Opfer fiel, verdankte er vermutlich nur seinem Schicksal, am 5. Oktober 1763 zu sterben.

Die Potocki-Familie hatte die politische Entwicklung im Lande falsch eingeschätzt, als sie Partei für König August III. ergriff in der Hoffnung, mit ihm gemeinsam eine nationale Erneuerung des Landes durch das Mobilisieren innerer Kräfte herbeiführen zu können. Sie wollte gegen die bedrückende Armut im Lande angehen, den Rückstand in der Industrie gegenüber den westlichen Nachbarn abbauen und die gesellschaftlichen Auflösungserscheinungen bekämpfen. Das waren hehre nationale Ziele, aber sie zerbrachen sofort nach dem Tod des Königs an der Familienallianz der Czartoryskis mit der Zarin. Trotzdem blieb der Einfluß der Potockis in Polen noch immer groß genug, um gegen die Wahl von Stanislaus zum König im Lande und im Parlament eine heftige Opposition zu mobilisieren und ihn als nichts anderes als ein Werkzeug russischer Großmachtpolitik ins öffentliche Bewußtsein zu bringen.

Katharina II. war vierunddreißig Jahre alt, als sie in der Polenfrage zum erstenmal außenpolitisch gefordert wurde, und was sie entschied, war außerordentlich zielstrebig und machtbewußt. In ihrem politischen Konzept, die imperiale Expansion ihres Landes voranzubringen, gewannen Stanislaus und die innenpolitische Entwicklung Polens in zweifacher Hinsicht besondere Bedeutung: Ihrer ganz persönlichen Meinung nach kamen die politischen Qualitäten ihres Geliebten Stanislaus kaum über das Mittelmaß hinaus. Willensstärke, Machtinstinkt und Charakter waren keine Eigenschaften, die sie in ihm entdeckt hatte. Gerade deshalb schien er ihr geeignet, als gefügiger Vollstrecker ihrer politischen Ziele zu regieren. Sie glaubte auch, daß ihr eigenes Ansehen mit diesem Stanislaus als König von Polen an den Königshöfen gewinnen würde. Das sollte ihr Freiraum geben, um in Zukunft ihre Bündnispolitik gegenüber den anderen Großmächten unabhängiger und ganz zum Vorteil ihres Landes gestalten zu können.

Wie sie diese Absicht in der Politik verwirklichen wollte, hat Friedrich der Große als erster erfahren müssen. Der Anlaß schien zunächst ein ganz formaler. Durch die Veränderung der Machtverhältnisse am Hof in Petersburg wurde die Lage für die erschöpften Kriegsparteien ganz undurchsichtig, und für den Preußenkönig war es existentiell: Der Bündnisvertrag, den Zar Peter III. in seiner kurzen Regierungszeit mit dem Preußenkönig abgeschlossen hatte, mußte nach dem Wechsel auf dem Zarenthron erneuert oder fortgeführt werden. Im Hinblick auf den noch nicht beendeten Krieg mit Österreich war das für Preußen von wirklich existentieller Bedeutung. Katharina zeigte sich aber von den Sorgen und Nöten in Potsdam gänzlich ungerührt, verweigerte die Fortführung der Allianz zwar nicht, stimmte ihr aber auch nicht zu.

Ihr Vorhaben, Stanislaus August Poniatowsky auf den polnischen Königsthron zu setzen, ließ sich zunächst aber doch nicht so selbstverständlich durchführen. Die Opposition, von der Potocki-Familie angeführt, hatte sich schnell formiert und fand kräftige Unterstützung aus dem Ausland, insbesondere aus Frankreich und Österreich.

Als der Siebenjährige Krieg mit dem Friedensschluß von Hubertusburg am 15. Februar 1763 beendet war und der Tod Augusts III. am 5. Oktober des gleichen Jahres den Thron vakant gemacht hatte, entwickelte sich an den Königshöfen eine lebhafte Geschäftigkeit, und wieder einmal stand Österreichs Kanzler Kaunitz im Zentrum des diplomatischen Treibens. Von Wien aus unternahm er noch einmal den Versuch, mit den Mitteln seiner Wiener Geheimdiplomatie die Gestaltung Europas zu lenken oder doch wenigstens zu beeinflussen. Der Zehnjahresabschnitt von 1762 bis 1772 offenbarte aber für Österreichs Politik schmerzhaft, daß Katharina II. die gradlinigere, klügere und entschlossenere Politik machte. Kaunitz blieb der Ruhm versagt, als Lenker der Geschicke Europas in die Geschichte einzugehen. Im Gegenteil mußte er sich bemühen, auf einer politischen Welle mitzureiten, deren Richtung er nicht beeinflussen konnte. 1771 ging es für ihn und Österreich nur noch darum, von dem zur Verteilung anstehenden *polnischen Kuchen* ein möglichst großes Stück abzubekommen. In dieser Kunst war er aber schon von Anbeginn seiner Diplomatenkarriere erfolgreich gewesen.

Nach dem Ende des Siebenjährigen Krieges war König Friedrich II. nicht mehr der Monarch, der sein persönliches Herrschaftsziel darin sah, seinen Staat durch territoriale Eroberungen noch weiter zu vergrößern. Neben der Sorge um die wirtschaftliche Gesundung seines Landes beherrschten ihn Mißtrauen und Vorsicht gegenüber der unveränderten Feindschaft Österreichs. Seine Politik der Anlehnung an Rußland mit gelegentlich für ihn schwer zu ertragenden Usancen entsprang allein diesem Sicherheitsbedürfnis. Daß ihm die politische Entwicklung kaum zehn Jahre nach Beendigung seines Krieges noch einmal diese polnische Karte zuspielte, ist für ihn nur als eine erneute Gunst seines Herrscherglücks zu verstehen oder – weniger mystisch – seiner vorsichtigen, aber konsequenten Bündnistreue zum Rußland der Zarin Katharina. Unübersehbar in diesem diplomatischen Quartett ist aber auch, daß Katharina II. in Österreich und den Habsburgern nicht den Bündnispartner finden konnte, den sie für die Vollendung des politischen Vermächtnisses Peters des Großen brauchte. Kaunitz und das Habsburger Kaiserhaus haben in diesem Zeitabschnitt den *Atem der Geschichte* nicht wahrnehmen wollen, daß die

Großmachtstellung in Europa mit dem Österreichischen Erbfolgekrieg bereits verloren worden war und sich im Osten eine Macht zu entfalten begann, die nach Westen und nach Europa drängte. Die Chancen einer gestaltenden Gemeinsamkeit wurden vermutlich gründlich verpaßt, als Frankreich und Österreich gemeinsam mit den Methoden der Kabinettspolitik des 18. Jahrhunderts die Türken ermunterten, erneut einen Krieg gegen Rußland zu wagen. Wäre Rußland zu dieser Zeit von einer weniger überragenden Herrschergestalt regiert worden, dann hätte diese diplomatische Strategie vielleicht erfolgreich sein können, aber an Katharina mußte sie scheitern. Tragisch waren die Folgen dieser Politik, weil sie letztlich einen wesentlichen Anteil am Untergang der Königsrepublik Polen hatte.

Dieses Polen war ein durchgehender, breiter Landstreifen, der Rußland von Europa trennte und dessen Anschluß an den Westen verhinderte. Aus russischer, hegemonialer Sicht war es deshalb nur zu verständlich, daß es unter Rußlands Kontrolle abhängig gehalten beziehungsweise in Abhängigkeit gebracht werden mußte. An eine territoriale Besitzergreifung hat Katharina II. im Jahre 1763 sicher noch nicht gedacht. Ihre *Figur* im machtpolitischen Schachspiel war Stanislaus August Poniatowsky, der als neuer König die von ihr gewünschte Stabilität gewährleisten sollte. Sie hatte zunächst auch noch kein Interesse daran, dem Königreich Preußen den Erwerb polnischer Ländereien zuzugestehen, als das Nachdenken über die staatliche Existenz begann. Als Kind Preußens wußte sie nur zu gut, das Pomerellen noch aus der Zeit des Ordensstaates zu mehr als achtzig Prozent von einer deutsch sprechenden Bevölkerung besiedelt war und geographisch natürlich die Landbrücke zu Ostpreußen herstellte. Genau so selbstverständlich war ihr auch, daß die Wiedergewinnung dieses alten Ordensgebietes für die Hohenzollern ein politisches Anliegen sein mußte, sobald es günstige Zeitumstände fügen würden.

Das Machtgleichgewicht zwischen Österreich und Preußen behielt für Katharinas Politik immer eine besondere Wichtigkeit, und deshalb bewertete sie den möglichen Hinzugewinn Pomerellens als eine Machtverschiebung zugunsten

Preußens anfangs noch mit großer Zurückhaltung. Die Klugheit gebot ihr aber auch, am Beginn ihrer Regierungszeit auf den recht großen französisch-österreichischen Einfluß beim Adel zu achten, zumal sie anfangs selbst noch kein sicheres Urteil über ihre Bundesgenossen in Wien und in Versailles hatte.

Die Sympathiebeziehung zu England war für die Zarin von vornherein unproblematisch. Schon als drangsalierte Großfürstin war ihr der englische Botschafter McCartney in fast väterlicher Freundschaft zugetan, versorgte sie mit Bildungsliteratur und half ihr, mit ihrer schwierigen Situation am Hofe der Zarin Elisabeth zurechtzukommen. Aus dieser Seelengemeinschaft entwickelte sich eine lebenslange Sympathiebeziehung der Zarin zum englischen Hof. Diese Beziehung half ihr später in der Polenfrage sehr, bei der englischen Regierung ein stillhaltendes Verständnis zu finden. Von Frankreich blies ihr dagegen der Wind um so heftiger ins Gesicht.

Damit hatten sich die politischen Fronten in der Frage der Nachfolge des polnischen Königs formiert: Österreich und Frankreich wollten ihre Kandidaten, den Herzog Karl von Lothringen und den Prinzen Conti, auf den Thron bringen. Rußland und Preußen hatten keine konkurrierenden Kandidaten aufgeboten. Friedrich II. wollte nach all seinen Erfahrungen keinen kursächsischen Wettiner mehr auf dem polnischen Thron. Darin war er sich mit der russischen Zarin völlig einig. Welche Absichten sie selbst hatte, blieb aber an den Königshöfen zunächst unbekannt. Einig waren sich beide Monarchen auch über die Ablehnung des französischen und österreichischen Kandidatenvorschlags.

Dieser Interessenkonflikt ließ die Verhandlungen über die Erneuerung des Bündnisvertrages, den Friedrich II. mit dem kurzlebigen Zaren Peter III. abgeschlossen hatte, ins Blickfeld der Diplomatie treten und verlieh dem Vertrag eine neue und andere Qualität. Preußen war auf den Fortbestand fast existentiell angewiesen. Nur mit diesem Schutzschild im Rücken, einer Art Waffenbrüderschaft mit der russischen Armee oder zumindest einer gesicherten Neutralität Rußlands, war der Wiener Hof einsichtig genug, den Krieg jetzt zu beenden. Aber trotz der Dringlichkeit dieses Anliegens wurde darauf verzichtet, die Zarin bei den Verhandlungen zu drängen.

Preußen war in dieser politisch instabilen Zeit am Petersburger Hof durch einen hervorragenden Diplomaten vertreten, den Grafen Victor Friedrich von Solms. Er hatte diesen Posten am 20. September 1762 übernommen. Katharina zögerte mit der Erneuerung des Bündnisvertrages. Der höfische Einfluß aus der Zeit Elisabeths II. war groß und ihr Thron, den sie ja gerade erst bestiegen hatte, noch keineswegs gesichert. Österreichs Politik am Zarenhof hatte eine klare Prämisse: Nachdem der preußenvernarrte Zar Peter III. tot war, mußte Katharina mit allen Hilfsmitteln unter Druck gesetzt werden, sofort wieder aktiv in den Krieg einzugreifen, um dem Hohenzollern endlich den Todesstoß versetzen zu können. Zu diesem Ansinnen addierte sich ihr Wunsch, zu gegebener Zeit die polnische Königsfrage nach ihren Vorstellungen zu lösen und dafür Österreichs Unterstützung zu gewinnen.

Es dauerte einige Zeit, bis sie die intrigante Politik des Fürsten Kaunitz durchschaut hatte, aber dann befreite sie sich sehr geschickt von dem Druck, der auf sie ausgeübt wurde, durch mehrgleisige Verhandlungen. Kaunitz wurde dadurch so verunsichert, daß er schließlich nicht mehr wußte, ob der preußisch-russische Bündnisvertrag bereits verlängert war.

Diese Ungewißheit hielt bei ihm über den Tod des Polenkönigs hinaus an. Um sich Gewißheit zu verschaffen, hatte er sich eine politische Unternehmung ausgedacht, die das Vertrauensverhältnis und eine Zusammenarbeit der Höfe von Petersburg und Wien verhängnisvoll belasten sollte. Für die bevorstehende Königswahl in Polen begannen österreichische Sendboten Unruhe zugunsten ihres Kandidaten zu schüren und hofften, damit den Einmarsch russischer Truppen zu provozieren. Wäre der preußisch-russische Bündnisvertrag bereits in Kraft, so schloß Kaunitz, müßte automatisch die Beistandsverpflichtung Preußens ausgelöst werden. In diesem Falle wollte Wien mit allem Nachdruck darauf hinweisen, daß Österreich die Polnische Verfassung garantierte und *andere* Staaten, gemeint war Preußen, von der Königswahl ferngehalten werden sollten. Dieses feingesponnene Netz Kaunitzscher Diplomatie brachte nicht die erwünschte Gewißheit. Zwar rückten russische Truppen in Warschau ein, aber Preußens Truppen rührten sich nicht. Unberührt von diesem Mißerfolg, ließ Kaunitz dem russischen Kanzler, Graf Golitzin, durch seinen Gesandten unverbindlich-beiläufig sagen, die Kaiserin Maria Theresia würde mit großer Sorgfalt darauf achten, daß Verfassung und Freiheit in Polen geschützt und bewahrt blieben. Es entspräche auch ihren Vorstellungen, wieder einen Thronfolger aus dem kursächsischen Haus zu wählen. Das sei auch moralisch gerechtfertigt, weil Sachsen im Krieg gegen Preußen große Opfer gebracht habe. Auch der Österreichisch-russische Vertrag verpflichte beide Länder, die sächsische Kandidatur zu unterstützen. Das Haus Wettin habe sich gewissermaßen bereits ein erbliches Anrecht auf den polnischen Königsthron erworben.

Dieses diplomatische Taktieren hatte bei Katharina genau die gegenteiligen Auswirkungen und veranlaßte sie, ihren Kandidaten nun erst recht konsequent und unbeirrbar durchzusetzen. Zunächst versuchte sie den französischen König Ludwig XV. für ihren Vorschlag, für die Wahl eines Piasten, zu gewinnen. Tatsächlich konnten die Czartoryskis in ihrer Ahnentafel eine ferne Verwandtschaft zu diesem Königshaus nachweisen. Der Vorschlag wurde aber von Ludwig XV. schroff abgewiesen. Er verfolgte in Polen seine eigenen politischen Ziele, und überhaupt hatte sein Land Katharina II. als »Usurpatorin« des Zarenthrones[112] noch nicht einmal anerkannt. Man war sich in Versailles auch gewiß, daß sich in Polen ein *Piaste von Katharinas Gnaden* auf dem Thron nicht würde behaupten können.

Dieses ganze diplomatische Taktieren blieb dem Preußenkönig nicht verborgen; teilgenommen hat er daran nicht. Noch immer war ja sein Bündnisvertrag mit Rußland nicht zu Ende verhandelt und erneuert. Seine Zurückhaltung mag zwei Deutungen finden:

– Bei Kriegsende 1763 war sein Land am Ende seiner Kräfte. Die Ressourcen waren aufgezehrt, und das Volk war verarmt. In dieser Lage hatte er als gewissenhafter Herrscher nur die eine Pflicht, im Inneren den Frieden wiederherzustellen. Die Kriegswunden sollten heilen, der Staat sollte geordnet und die Wirtschaft wieder zum Blühen gebracht werden. Der Zustand des preußischen Staates muß 1763 erschreckend gewesen sein.[113] Nach außen hatte Friedrich zunächst kaum Optionen. Er konnte nur versuchen, sich mit einer *sanften Diplomatie* aus Spannungsfeldern herauszuhalten und auch gewisse Unbilligkeiten einzustecken, die ihm die Zarin bereitete. Sie wußte seine Situation sehr nüchtern einzuschätzen und nutzte ihre Vorteile mit kühlem Verstand.

– Es ist aber auch die andere Deutung plausibel, die sich ganz auf die außenpolitischen Interessen abstützt, mit der sich Friedrich der Große konfrontiert sah. Der Krieg mit Österreich war zu Ende, aber mit Maria Theresia und Kaunitz standen ihm machtvolle Politiker gegenüber, die nach der dritten Niederlage kaum viel anderes im Sinn haben konnten, als mit emotional-haßerfülltem Vergeltungsdrang daranzugehen die Einkreisungsdiplomatie wiederaufzunehmen. Die gerade um den Thronwechsel in Polen ablaufende Politik mußte aus dieser Sicht ein erster Ansatzpunkt sein, den kursächsischen Wettinern wieder zum Königsthron zu verhelfen. Deshalb war auch ein Piasten-König für Österreich gänzlich inakzeptabel. Auch die Feindschaft des Versailler Hofes gegen die *preußische Prinzessin* auf dem Zarenthron paßte in diese Analyse. Frankreichs imperiale Ziele richteten sich zwar gegen England, aber der polnische Königsthron war doch im Hegemoniestreben der Herrscherhäuser eine wichtige Trumpfkarte. Schließlich war auch die französische Königin selbst eine geborene Polin. Bei Abwägung dieser politischen Lage mußte es für Friedrich angeraten sein, sich in der Außenpolitik für einige Zeit ins zweite Glied zurückzuziehen und das Handeln der resoluten Zarin Katharina II. zu überlassen.

Was der Preußenkönig direkt nach dem Abschluß des Hubertusburger Friedensvertrages gedacht hat und ob er nicht überhaupt seine Regierungsarbeit in Potsdam zunächst ganz pragmatisch wiederaufgenommen hat, kann durch Aufzeichnungen nicht belegt werden, sein Handeln entspricht aber dem Deutungsversuch.

Friedrich der Große hielt sich bei dem Pokerspiel um den polnischen Königsthron im Hintergrund. Für ihn hatte der Frieden für sein Land in dieser aufgeregten Zeit Vorrang, und zu Recht ging er davon aus, daß nur ein sehr mächtiges preußisch-russisches Bündnis einen Krieg um die Beherrschung Polens verhindern konnte. Ganz unzweideutig gab er in seinen Briefen an die Zarin Katharina II. vom 15. Februar 1763 und vom 5. April 1763[114] einem Piasten auf dem Königsthron den Vorzug. Er schloß nur aus, daß ein österreichischer Prinz zum polnischen König gemacht würde. Am 6. August 1763[114] schrieb er an Katharina, was für ihn im Defensivvertrag wichtig wäre: » ... die gegenseitige Garantie der Partner, sich den Besitzstand zu garantieren, und für den Fall von Hilfeleistung die Truppen festzulegen, die der Partner zur Verfügung zu stellen hat.« Einen ›Polenartikel‹ stellte er in das Ermessen von Katharina.

Diese Selbstbeschränkung auf die territoriale Unversehrtheit seines Staates in den Grenzen von 1763 und den Erhalt des Friedens läßt wiederum nur den Schluß zu, daß Friedrich II. zu dieser Zeit mit keinem Gedanken die Existenz Polens in Frage gestellt hat. Katharina wollte in diesem Defensivtraktat zwei andere Schwerpunkte gesetzt haben. Einmal war für sie die Polenfrage bedeutsam, zum anderen wollte sie den französischen Einfluß am schwedischen Hof in Stockholm – für sie eine latente Gefahrenquelle – zurückdrängen. Dorthin hatten die Hohenzollern gute familiäre Kontakte. Der König hatte seine Schwester, Prinzessin Luise von Hohenzollern, mit dem Schwedenkönig Adolf Friedrich von Holstein verheiratet. Katharina wünschte die vertragliche Zusicherung, daß er ihre Politik in Stockholm diplomatisch unterstützen würde.

Machtkampf um die Königswahl

Fast sieben Jahrzehnte, von 1697 bis 1763, hat sich das Königreich Polen – die Landbevölkerung, Handwerk, Handel und Industrie, die Milites, also der Dienstadel, und die Nobiles, der Hochadel – von Königen aus fremden Landen regieren lassen. Das wurde diesem Land nicht aufgezwungen; es war der Wille und freie Entschluß des Reichstages, in dem sich die adlige Führungsschicht des Landes versammelte. Mit dem Tode König Augusts III. begann ein neuer Abschnitt im Kampf um die Macht im Lande, und man konnte sehr bald den Eindruck gewinnen, die Polen selbst seien an dieser Entscheidung schon gar nicht mehr so recht beteiligt. Durch die inneren Kämpfe hatten sie sich so weit verbraucht, daß sie an der großen Politik um ihr Land nur noch als Bauernfiguren auf dem Schachbrett internationaler Diplomatie mitwirken konnten. Ihr Schicksal wurde an den Königshöfen in Petersburg, Wien und Versailles entschieden.

Der Tod Augusts III. am 5. Oktober 1763 rückte den innenpolitischen Zustand des Landes wieder in das Blickfeld der großen Politik, aus dem es der Siebenjährige Krieg verdrängt hatte. Die europäischen Königshöfe waren auf den Tod dieses Königs politisch vorbereitet.

August III. war ein König, der zum Herrschen weder begabt noch daran interessiert war. Sein Lebenswerk sah er vor allem im weiteren Ausbau des barocken Dresden und in der Förderung von Kunst und Kultur. Von seinen siebenundsechzig Lebensjahren war er dreißig Jahre der regierende Kurfürst von Sachsen und neunundzwanzig Jahre König von Polen. Tatsächlich regiert hat er in dieser Zeit seine Länder nicht. Das besorgte Graf Brühl. Bis zu seinem sechzigsten Lebensjahr hatte er Polen überhaupt nicht zu Gesicht bekommen. Erst der Siebenjährige Krieg zwang ihn zur Flucht von Dresden nach Warschau. Von dort ist er auch nicht mehr nach Dresden zurückgekehrt.

Für das Königreich Polen war dieser Monarch ein folgenreiches Verhängnis. Der Convocations-Reichstag hatte ihn unter ganz außergewöhnlichen Umständen und erst im zweiten Wahlgang zum König gewählt, aber hinter dieser Wahl standen drohend die Mächte Österreich mit Kaiser Karl VI. und Rußland mit Zarin Anna »der Blutigen«. Im österreichisch-russischen Vertrag hatten beide Mächte die Nachfolge mit einer Präambel vereinbart, wovon Preußens Botschafter Graf von Solms 1763 seinem König berichten konnte, was ihm Staatskanzler Panin erzählt hatte: »Der Zustand der Republik müsse in dem verwirrten Zustand dauernd erhalten werden, in dem sie sich befinde ...«[115]. Bis zum Tode des kränkelnden Königs August III. haben die beiden Vertragsparteien auch ihre Politik ganz auf der Linie dieser Vereinbarung abgestimmt und betrieben. Ein Gefahrenherd für Europa wurde daraus erst, als Österreich und Rußland die Politik änderten und auf Konfrontationskurs gingen.

Bereits vor dem Tod des Polenkönigs ist eine Intensivierung der diplomatischen Aktivitäten an den beteiligten Königshöfen im Sommer 1763 festzustellen. Der Vertrag sicherte zwar den Kurfürsten von Sachsen die Thronfolge in Polen zu, aber die politische Interessenlage hatte sich durch den Siebenjährigen Krieg, den Sieg Preußens und durch den Wechsel auf dem Zarenthron entscheidend verändert. Die österreichische Diplomatie versuchte erneut, eine Politik der Vergeltung aufzubauen, und nichts bot sich als wichtiger Baustein dafür eindringlicher an als die Besetzung dieses Thrones mit dem richtigen Kandidaten. In Rußland wollte Katharina in die Rolle der Vollstreckerin der Großmachtpolitik Peters des Großen hineinwachsen; das hieß auch, die Grenzen ihres Reiches weiter vorzuschieben. In den beiden Türkenkriegen kam sie diesem Ziel schon recht nahe, denn nun reichte ihr Reich bis an die Ufer des Schwarzen Meeres. Polnisches Territorium hat sie aber zu Beginn ihrer Regierungszeit nicht begehrt. Es gibt auch keine historischen Quellen, die die Vermutung rechtfertigen, sie habe Polen nach dem Tode Augusts III. dem russischen Staat einverleiben wollen. Ein Polen, das dem Einfluß Österreichs oder der Türkei entzogen und von Rußland kontrolliert war, entsprach zu der Zeit vermutlich voll und ganz ihren Vorstellungen. Es war ein *Beherrschungs-Modell* russischer Politik, das uns beispielhaft begegnet, als sich Finnland unter Alexander I. der russischen Beherrschung fügte. Anders als die Woiwodschaften bekam dieses Gebiet den Sonderstatus vom Zaren direkt regiert zu werden und nicht an Weisungen von Regierung und Parlament gebunden zu sein. Ähnlich war auch das 1815 gebildete Königreich Kongreßpolen ein Staatsgebiet mit besonderem Status, aber begrenzter Souveränität. In der neuen Geschichte wurde diese Methode der Beherrschung scheinsouveräner Satelliten-Staaten von der Sowjetunion zur Perfektion weiterentwickelt.

Der dritte Staat, der auf Polens Schicksal Einfluß nehmen wollte, war Frankreich. Die Nominierung des Prinzen Conti ging auf den – wenn auch nur geringen – Einfluß der französischen Königin Maria zurück.

Für England war Polen und alles, was dort taktiert wurde, ein Objekt nachrangiger Bedeutung.

Der kursächsische Hof hatte zwar keine Macht, entwickelte aber eine große Aktivität. Insbesondere die Kurfürstin Maria Antonia, die Ehefrau des Kurfürsten Friedrich Christian, gewann für kurze Zeit durch ihre Unternehmungen und ihr diplomatisches Geschick Glanz auf der diplomatischen Bühne. Die Vehemenz, mit der sie den sächsischen Anspruch auf den polnischen Thron vertrat, veranlaßte den Preußenkönig, von einer »fast erstaunenswerten Thätigkeit« zu sprechen. Mit dem politischen Interessengeflecht besser vertraut als die Kurfürstin, empfahl er ihr aber auch Mäßigung und warnte sie davor Rußland herauszufordern. Intelligenz, Charme und Aktivität dieser Frau müssen ihn aber doch beeindruckt haben. In einem Brief an Maria Antonia lobt er sie galant: »Hätte ich Kronen zu vergeben, ich würde die erste auf Ihr Haupt setzen«.[116] Mit mehr als diesen galanten Worten war er allerdings nicht bereit, ihr zu dienen oder sich gar bei der Zarin für ihre vermeintlichen Ansprüche zu verwenden. Unverdrossen entwickelte die Kurfürstin aber ihre Ideen weiter, mit denen sie sich an die Höfe in Wien und in Versailles wandte. Einer ihrer Vorschläge war, Polen aufzuteilen, so daß sie, wenn nicht alles, so doch wenigstens ein Stück des Landes bekommen konnte. Maria Theresia beteuerte zwar, die kursächsischen Wünsche in Paris diplomatisch unterstützen zu wollen, weil Kaunitz meinte, es passe gut in sein Konzept, die diplomatischen Händel hinter den Kulissen anzuheizen, aber eine Aufteilung Polens lehnte Maria Theresia 1763 entschieden ab: »Keine Teilung. Das ganze Königreich muß man erhalten. Österreich würde solchen Plänen niemals zustimmen – point de partage, il faut avoir le royaume en entier; nous ne nous prêterons pas a un tel arrangement.«

Für Katharina war auch Augusts III. jüngerer Bruder Carl in jeder Beziehung inakzeptabel. Er hatte den russischen Truppen, die in Kurland einmarschiert waren, heftigen Widerstand geleistet, und deshalb sagte sie kurz und bündig, die polnischen Magnaten, der Hochadel und der Landadel wollten keinen sächsischen Fürsten mehr auf ihrem Königsthron haben. Dem Kurfürsten Friedrich Christian schrieb sie am 11. Oktober 1763, daß sie »unübersteigbare Schwierigkeiten sehe und auch rate, sich zurückzuhalten, da die gehegten Erwartungen dem Verlauf der Dinge nicht gerecht« würden. Ihren eigenen Kandidaten Stanislaus August Poniatowsky hielt sie auch weiterhin strikt geheim. Der unerwartet frühe Tod des Kurfürsten Friedrich Christian setzte dem furiosen Zwischenspiel der Kurfürstin und dem Thronfolgeanspruch der sächsischen Kurfürsten ein abruptes Ende.

Für Friedrich den Großen gab es die schon wiederholt genannten ganz anderen Prioritäten. Er brauchte nach der Ermordung Zar Peters III. mit der Zarin einen Vertrag, der ihn vor einem erneuten Angriff russischer Armeen an der Seite Österreichs bewahrte. Dafür war er auch bereit, bis zum Gesichtsverlust Opfer zu bringen. Und Katharina wußte das und machte ihn durch die Taktik des Hinhaltens gefügig, ihren Kandidaten, den Piasten Stanislaus August Poniatowsky, diplomatisch und, wenn es denn sein mußte, auch mit Truppenkontingenten bei der Königswahl zu unterstützen. Bei dem Geplänkel um die Vertragsgestaltung ließ sie ihn zunächst auch im unklaren, wen sie sich als ihren Kandidaten auserkoren hatte. Erst in einem Brief, den sie ihm im Oktober 1763 schrieb, nannte sie die Person und gestand die Gründe für ihre Wahl: »... nicht seine Befähigung steht im Vordergrund, sondern daß er von allen Thronkandidaten die geringsten Mittel hat, sich aus eigenem Vermögen um dieses Amt zu bewerben. Deshalb werde er demjenigen sehr ergeben sein, der ihm dazu verholfen hat ...« Wegen der ganz anderen politischen Schwerpunkte konnte dieses Vorhaben Katharinas dem Preußenkönig im Grunde nur recht sein. Mit diesem Poniatowsky auf dem Königsthron hatte er dann künftighin auch von Polen nichts mehr zu befürchten.

Österreichs Absichten in Polen unterschieden sich nicht im geringsten von der Politik Katharinas. In einem Brief von Kaunitz an den russischen Kanzler Panin vom 7. August 1763 formulierte er den Wiener Standpunkt so: »Auch das Angebot größter Vorteile in Polen oder anderswo würde Wien nicht verlocken. Polen muß im gegenwärtigen Zustand (der Machtlosigkeit) erhalten bleiben.« In diesem Brief bringt er auch den Teilungsgedanken ins Gespräch, daß er mit Rußland und Preußen zusammenwirken würde, wenn Österreich im Austausch dafür Schlesien und Glatz zurückerhielte oder den Habsburgern die bayerische Erbfolge zugesichert würde. Ein wahrhaft infam-intrigantes Anerbieten, so ganz vom Format des Fürsten Kaunitz. Bei Verwirklichung dieses Planes hätte das *Weltgewissen*, kräftig angeheizt vom Wiener Hof, über Preußen und Rußland zu Gericht sitzen können, und Österreich hätte am Ende drei verlorene Kriege gegen Preußen doch noch in einen Sieg umgemünzt.

Aber wie fast alle diplomatischen Schachzüge von Kaunitz fiel auch dieser Vorschlag auf keinen fruchtbaren Boden und wurde durchschaut. Zeitgleich mit seinen Briefen und den Botschaftergesprächen in Petersburg warb er auch um die Franzosen als Bundesgenossen für ein »gemeinsames Vorgehen«, wobei ihm die Person des künftigen polnischen Königs gleichgültig wäre. Sein Land wolle nur und unbedingt verhindern, daß dieses Königreich in die Gewalt einer »aggressiven Macht« – gemeint war Preußen – fiele. Doch auch Frankreich beurteilte die politische Lage ganz anders und konnte nicht erkennen, daß die staatliche Existenz Polens bedroht sein könnte. Für die Jahre 1763 bis 1770 war das auch sicher richtig beurteilt.

Die Vorstellungen und Absichten über die Aufrechterhaltung des desolaten inneren Zustands Polens waren in Wien und Petersburg gleich. Das Politikum war nur, daß beide Staaten für sich das Vorrecht beanspruchten, diese Königsrepublik zu beherrschen. Während Kaunitz versuchte, den Petersburger Hof mit diplomatischen Tricks zu überlisten, bekundete Katharina in einem Brief an Maria Theresia vom 6. Oktober 1763 ganz freimütig ihre Absicht, daß sie den Piasten Stanislaus August Poniatowsky zum neuen König Polens machen wolle und die Kaiserin dieses Vorhaben unterstützen solle. Die floskelreiche diplomatische Antwort des Kanzlers Kaunitz vermied die von Katharina erwünschte Zustimmung. Sie bedeutete aber nicht nur Enttäuschung und Klarheit für sie, sie markierte den Wendepunkt in den Beziehungen beider Länder.

Katharina entschied sich nun endgültig für den Preußenkönig als ihren Bündnispartner. Er bedeutete für sie Verläßlichkeit. Erst jetzt ließ sie die Verhandlungen des russisch-preußischen Allianzvertrages zügig zum Abschluß kommen und am 11. April 1764 in Petersburg unterzeichnen. Die Zarin war fünfunddreißig Jahre alt und gerade erst zwei Jahre auf dem Zarenthron. Die überlegene Art, wie sie sich in der russischen Adelsschicht Respekt und Anerkennung erworben hatte, stellt ihre außergewöhnlichen Qualitäten unter Beweis. Daß sie mit ihrer geradlinigen Politik zunehmend auch in Westeuropa ihre Macht zu zeigen begann, muß die damals etablierten Großmächte Österreich und Frankreich sehr beunruhigt haben. Zunächst aber hatte Friedrich der Große sein Ziel erreicht. Auf die Vertragsbedingungen konnte er am Ende gar keinen Einfluß mehr nehmen. Um die Machtpositionen beider Vertragspartner richtig einzuordnen, lohnt es sich, die gegenseitigen Ziele, Leistungen und Pflichten nachzulesen:

1. Die Vertragspartner garantieren sich ihre Staatsgebiete.
2. Erfolgt ein Angriff durch Dritte, wird der Angegriffene mit 20.000 Soldaten und 2.000 Mann Kavallerie unterstützt. Dieser Truppenbeistand kann jedoch von Fall zu Fall erhöht werden bis zum Einsatz der gesamten Streitmacht des Vertragspartners.
3. Ersatzweise kann militärische Hilfe auch durch Zahlun-

gen geleistet werden, z. B. 400.000 Rubel pro Jahr anstelle von 10.000 Soldaten und 2.000 Mann Kavallerie.

4. Wird der unterstützung-leistende Partner selbst angegriffen, kann er sein Hilfskorps zurückziehen.
5. Kein Vertragspartner darf ohne Zustimmung des anderen einen Frieden schließen.
6. Preußen verpflichtet sich, daran mitzuwirken, daß die ›Schwedische Verfassung‹ nicht zum Vorteil Frankreichs verändert wird.
7. Preußen garantiert dem russischen Großfürsten in seiner Stellung als Herzog von Holstein seine Besitzungen in Deutschland und verspricht seine ›guten Dienste‹ bei Verhandlungen zwischen Dänemark und dem Großfürsten.
8. Die Vertragspartner verpflichten sich, in Polen zur Vermeidung der Erbmonarchie das freie Wahlrecht zu verteidigen.
9. Preußen unterstützt die Wahl von Stanislaus August Poniatowsky zum König, wird zur Unterstützung russischer Aktivitäten an seiner Grenze zu Polen Truppen zusammenziehen und den Gewählten unmittelbar danach anerkennen. Bei ›Störung der Ruhe‹ marschieren die Truppen ein; eventuell auch nur die russische Armee, wobei Preußen eine Armee von 20.000 Mann in Bereitschaft hält gegen das Eingreifen einer fremden Macht.
10. Die Dissidenten, d. h. Griechisch-Orthodoxe, Lutheraner und Reformierte, in Polen und in Litauen stehen unter dem Schutz der Vertragspartner.

Zum gesamten Vertragstext sind vom Preußenkönig nur Entwürfe aus dem Jahre 1763 bekannt, in denen er sein Anliegen formulierte, die staatliche Existenz Preußens nach dem Frieden von Hubertusburg zu garantieren. Die Polen betreffenden Artikel hat ausschließlich Katharina formuliert. Friedrich II. konnte nur noch den ›Dissidenten-Artikel‹ hinzufügen. Verhandlungsspielraum gab es für ihn nicht. Vor dem Abschluß dieses Vertrages blieb ihm nur die Freiheit, sein Risiko abzuschätzen:

Wegen der Schwedischen Verfassung oder bei Streitigkeiten zwischen dem russischen Großfürsten und Dänemark sah er keine Gefahr, in einen Krieg verwickelt zu werden.

Sehr viel risikoreicher erschien ihm der Polen-Artikel, da ein Eingreifen der österreichisch-französischen Allianz gegen Rußlands Vorgehen nicht auszuschließen war. Österreich allein erschien ihm dagegen nicht handlungsfähig.

Sieben Jahre später, als die Situation in Polen zum Gefahrenhöhepunkt trieb, war es immer wieder aufschlußreich zu sehen, wie die Kanzleien in Wien, Petersburg, Paris und Berlin sowohl diplomatisch wie auch mit Drohgebärden operierten. Der Russisch-türkische Krieg wurde mit den Mitteln der Diplomatie und unhaltbaren Versprechungen angeheizt. An den ›casus belli‹ hat man sich aber nicht herangewagt, weil der Russisch-preußische Bündnisvertrag dem diplomatischen Treiben unheildrohend die Grenzen aufzeigte. Aus dieser Sicht war der Vertrag ein Beispiel für friedenserhaltende Diplomatie.

Das Ringen der Großmächte um Einfluß und Mehrheiten in Polen begann im Convocations-Reichstag, der den neuen König zu wählen hatte und am 7. Mai 1764 eröffnet wurde. Die diplomatischen Aktivitäten liefen auf höchsten Touren, und allen voran agierte Fürst Kaunitz. Was ihn umtrieb und warum er so handelte, verrät in gewissem Grade ein Protokoll von der ›geheimen Staatskonferenz in Wien am 28. September 1763‹. Der Staatskanzler und die Kaiserin wußten zu der Zeit nicht, ob der Bündnisvertrag zwischen Rußland und Preußen schon abgeschlossen war, aber Kaunitz vermutete, daß er bereits existierte. Über die Vereinbarungen dieses Vertrages war er sich aber gänzlich unsicher und unterstellte, Rußland und Preußen hätten vereinbart, Westpreußen und Danzig von Polen abzutrennen und Preußen zu geben. Von dieser unsinnigen Vermutung ausgehend, malte er für die Zukunft Österreichs ein wahrhaft dramatisches Szenario. Darin wurde der Verlust Schlesiens für Habsburg schon zweitrangig. Er trug vor, daß die Annexion der Landbrücke zwischen Pommern und Ostpreußen und der Besitz der Hafenstadt Danzig das Königreich Preußen zu einem ›mächtigen Reich‹ machen würden. Das Habsburger Reich sah er bei dieser Entwicklung dem Untergang preisgegeben. Maria Theresia war von dieser Kaunitzschen Vision in hohem Maße betroffen und beunruhigt.

Als Gegenmaßnahme schlug er vor, den Sultan zu einem neuen Kriegsabenteuer gegen Rußland anzustacheln. So hoffte er herauszubekommen, ob die vermutete Beistandsvereinbarung zwischen Rußland und Preußen wirklich existierte. Davon wollte er es abhängig machen, welche direkte militärische Hilfe Österreich und Frankreich gewähren würden, wenn es gelänge, einen Türkisch-russischen Krieg zu inszenieren. Mit Preußen wollte er sich unter keinen Umständen noch einmal allein in einen Krieg einlassen.

Die Türken waren für diesen Plan zunächst nicht zu gewinnen. Im Gegenteil hatten sie keine Einwendungen gegen die Kandidatur von Stanislaus August Poniatowsky für die Königswahl. Die Kaunitzschen Umtriebe am türkischen Hof blieben Friedrich II. und Katharina selbstverständlich nicht verborgen, und sie setzten ihrerseits das Gerücht in Umlauf, Österreich wolle einen Habsburger Erzherzog zum polnischen König machen. Das konnte den Türken überhaupt nicht wünschenswert sein. Kaunitz reagierte prompt und ließ in Konstantinopel verkünden, daß Österreich nicht mehr als einen polnischen Adligen auf dem Königsthron wünsche. Inzwischen hatte Österreichs Botschafter Mercy aus Petersburg berichtet, daß der Czartoryski Stanislaus Poniatowsky Katharinas Thronkandidat sei. Folglich fiel Maria Theresias Wahl auf ein Mitglied der Potocki-Partei, den Kron-Großfeldherrn Branicki. Der hatte zwar das sechste Lebensjahrzehnt bereits überschritten, doch hatte er im Lande hohes Ansehen, und ihm gehörte vor allem die Sympathie der polnischen *Sachsenpartei.* Sie wollte sich für seine Wahl einsetzen, nachdem Kurfürst Friedrich-Christian von Sachsen so plötzlich gestorben war, und dessen Sohn Friedrich August, am 23. Dezember 1750 geboren, war gerade erst zwölf Jahre alt.

Aus dem Hause der Wettiner konnte sich noch Xaver, ein Bruder des verstorbenen Kurfürsten, um die Nachfolge auf dem Thron bewerben, aber weder Frankreich noch die Polen waren bereit, diese Kandidatur zu unterstützen. Günstiger standen die Aussichten für den jüngeren Bruder Carl; zumindest gehörte ihm die Sympathie Ludwigs XV. Anders wurde er am Petersburger Hof beurteilt. In Kurland hatte er mit seinen polnischen Truppen der einrückenden russischen Armee Widerstand geleistet und mußte aus dem Land gejagt werden. Noch mehr von Nachteil war es aber für ihn, daß ihm die Geldmittel fehlten, um polnische Adlige im Reichstag zu bestechen. Man war bestechlich, aber eben auch nicht billig. Für ein Palatinat wurden immerhin vier- bis fünftausend polnische Gulden verlangt.[117]

Die Polen hatten auch ihre eigenen Kandidaten, allen voran den Fürsten Radziwill, Woiwode von Wilna und Palatin von Litauen; dann den Woiwoden von Kiew, Fürst Potocki, und den Oberjägermeister Zabiello. Diese Kandidaten fühlten sich auch alle dem Hause Sachsen verbunden.

Die andere Gruppierung, die hoffte, mit Hilfe der Russen in Polen die Macht zu erringen, wurde von den Czartoryski-Brüdern August und Michael angeführt. August war der Palatin der polnisch beherrschten russisch-ukrainischen Gebiete. Von ihm wurde gesagt, daß er die Hälfte des niederen Landadels in seine Abhängigkeit gebracht habe. Michael war Großkanzler von Litauen. Ihm wurden als hervorstechende Eigenschaften ein feiner Verstand und eine hohe Bildung bescheinigt. Beide Brüder waren aber schon in fortgeschrittenem Alter. Noch nachteiliger für die Bewertung ihrer Chancen war ihr Ruf, sehr klug zu sein. Diese Klugheit bewahrte sie aber nicht vor einer fast fundamentalen Fehleinschätzung. Sie wollten in Anlehnung und unter dem Schutz Rußlands ihr Land von Grund auf reformieren. An der Förderung solcher nationaler Absichten war aber keine der Großmächte interessiert. Katharina beschied zu diesen Kandidaturen: »Zu klug, zu unabhängig und deshalb ungeeignet.« Beide haben es zu spät erkannt.

Damit schließt sich der Kreis der Kandidaten für die Thronfolge. Für Österreichs Interessen wollte Staatskanzler Kaunitz den bereits hochbetagten Kron-Großfeldmarschall Branicki in die Königswahl schicken. Von ihm hatte man aber gefordert, daß er dieses Königsamt nur stellvertretend verwalten sollte, bis Fürst Xaver von Sachsen auf die Übernahme des Thrones vorbereitet war. Kaunitz war wieder einmal an der Arbeit, ein feines Netz der Diplomatie zu spinnen. Wien würde ganz im Sinne des Russisch-österreichischen Vertrages von 1746 die sächsischen Ansprüche auf den polnischen Königsthron unterstützen. Branicki würde als Interimskönig auch von den Türken in Konstantinopel geschätzt werden und als Kron-Großfeldherr war er der Befehlshaber der polnischen Armee. Branicki seinerseits lehnte die rußlandfreundliche Czartoryski-Partei ab. Seine feindliche Einstellung beherrschte ihn so sehr, daß er in seinem Amt als Kron-Großfeldherr dem Thronaspiranten Stanislaus Poniatowsky sogar eine Audienz verweigerte. Sollte der gewählt werden, dann wollte er gemeinsam mit Fürst Radziwill und der Potocki-Familie zum Widerstand eine Armee von vierzigtausend Mann mobilisieren. Die Geldmittel für die Aufstellung und den Unterhalt dieser Streitmacht erwartete er allerdings von Österreich und Frankreich, ohne auch nur einen Gedanken darauf zu verschwenden, daß mit solchen Forderungen der Nerv bei diesen Mächten an der empfindlichsten Stelle getroffen wurde. Kaunitz lehnte ab, und Frankreich wollte sich weder finanziell noch überhaupt festlegen lassen.

Für Frankreich hatte sich König Ludwig XV. seine Geheimorganisation, die Secret du Roi, geschaffen, mit der er glaubte die politische Entwicklung in Polen nicht nur kontrollieren, sondern auch steuern zu können. Er hatte seine Spezialagenten in alle konkurrierenden Parteien eingeschleust. Für seinen Kandidaten Prinz Conti arbeitete M. Henning, von der kursächsischen Partei berichtete ihm M. Pauling, und General Monnet war der Verbindungsmann zu den Czartoryskis. Viel genutzt hat ihm das nicht. Als die Entscheidung ohne Frankreichs Beteiligung herangereift war, mündeten alle diese diplomatischen Aktivitäten in die substanzlose Deklaration, daß »die souveränen Rechte Polens mit allen Mitteln zu schützen« seien.

Was blieb Österreich und seinem finessenreichen Staatskanzler Kaunitz noch übrig, als seine diplomatischen Unternehmungen zum *ehrenvollen Rückzug* zu blasen, nach dem Grundsatz: Wir sind entschieden gegen Rußland und seine Absichten, aber bitte nur hinhaltend. Am 28. April 1764 berief die Kaiserin Maria Theresia eine Staatskonferenz ein, an der ihr Sohn und Thronfolger Joseph, der Staatskanzler Fürst Kaunitz und die Minister Uhlfeld, Khevenhüller und Colloredo teilnahmen. Kaunitz wies aus seiner Sicht auf die Gefahr für den Habsburger Staat hin, wenn Stanislaus August Poniatowsky polnischer König werden sollte. Eine Tripleallianz von Rußland, Preußen und Polen ließe dann für ganz Europa erhebliche Unruhe erwarten. Sein Vortrag gipfelte in der Empfehlung, mit Preußen und Polen einen Krieg anzufangen, für den Fall, daß Stanislaus auf den Thron gesetzt würde. Die Konferenzteilnehmer hatten Bedenken gegen diesen Plan und lehnten ihn schließlich ab. Das Land war nach dem letzten Krieg noch viel zu erschöpft, um schon wieder einen Krieg ertragen zu können. Aber auch Kaunitz selbst hatte Zweifel an der Richtigkeit seines Vorschlages, weil er noch immer nicht hatte in Erfahrung bringen können, ob der von ihm vermutete Allianzvertrag zwischen Rußland und Preußen tatsächlich abgeschlossen worden war. Und in der Tat, dieser Vertrag war am 11. April 1764 in Petersburg unterzeichnet worden. Kaunitz kannte aber weder den Zeitpunkt, noch wußte er etwas vom Inhalt. Seine Phantasie ließ ihn vermuten, daß Preußen den Russen im Vertrag absolute Handlungsfreiheit bezüglich Polens zugebilligt hatte. Um sich Gewißheit zu verschaffen, beauftragte er seinen Botschafter in Berlin, den Preußenkönig um eine Audienz zu bitten und ihn zu verwertbaren Aussagen zu veranlassen. Die Audienz wurde gewährt, aber der Plan mißriet. Der König erkannte sofort die Absicht und entließ den Botschafter, ohne irgendeine Information preiszugeben.

Sympathien und Meinungsbildung am Petersburger Hof wurden 1764 noch immer nachhaltig von Wien und Paris mit beeinflußt. Panin und der Botschafter in Warschau, Graf Keyserling, sympathisierten mit dem Preußenkönig; Groß, der russische Gesandte im Haag, und Fürst Orlow neigten in ihrer Gunst zu Frankreich und Österreich; Graf Repnin, Woronzow und Bestuschew fühlten sich anfangs noch aus der Regierungszeit der Zarin Elisabeth zu den Österreichern hingezogen, waren aber dank des diplomatischen Verhaltens von Preußens Botschafter, Graf Solms, zu Fürsprechern der Politik mit Preußen geworden. Katharina hatte also durchaus einen parteilich ausgewogenen Beraterstab. Es mangelte ihr aber auch nicht an Überzeugungskraft, in diesem Meinungsspektrum ihre politischen Vorstellungen klar und unmißverständlich zu besprechen und durchzusetzen. Mit dieser politischen Sprache stand sie ganz im Gegensatz zu dem ständigen Ränkespiel der Wiener Diplomatie, die eine Spachkultur des Unverbindlichen pflegte.

Nachdem Katharina den anderen Königshöfen ihren Kandidaten für die Königswahl mitgeteilt hatte, war in ihrem Entschluß, Stanislaus August Poniatowsky zum König von Polen wählen zu lassen, nichts mehr zu ändern. Der Machtkampf mußte sich jetzt darauf zuspitzen, ob sie stark genug sein würde, ihren Kandidaten durchzusetzen. Dazu mußte sie zunächst ihren Einfluß in Polen selbst stärken. Graf Keyserling wurde nach Warschau geschickt mit dem Auftrag, beim Adel und im Reichstag die russische Fraktion zu stärken. Die Zarin gab ihm ganz präzise Instruktionen dafür mit auf die Reise, und Kanzler Repnin erhielt sie als Weisung für seine Regierungsarbeit:[118]

- Die Anerkennung der ›kaiserlichen Würde‹ von Rußlands Herrscherin auch von den Polen.
- Die Anerkennung des Herzogs Biron von Kurland. Katharina hatte ihn eingesetzt, nachdem sie zuvor den Herzog Karl von Sachsen mit ihrer Armee aus Kurland hatte vertreiben lassen.
- Beendigung der Grenzstreitigkeiten um 988 Quadratwerst russischen Bodens unter polnischer Botmäßigkeit.
- Auslieferung russischer Flüchtlinge aus dem Raum Kiew.
- Rußland, Österreich und Preußen, die Nachbarn Polens, wünschten nicht, daß das Wahlkönigtum abgeschafft würde.
- Würden sich bestimmte Adelskreise zu einer antirussischen Konföderation zusammenschließen, womit zu rechnen war, würde diese Opposition durch den Einmarsch russischer Truppen sofort unterbunden.
- Alle Gegner der russischen Politik in Polen waren als Re-

bellen und Ruhestörer zu behandeln. Ihre Besitzungen sollten eingezogen werden.
– Sollten diese Maßnahmen nicht ausreichen die Stellung des neuen Königs zu festigen und zu sichern, würde als Warnung an den Adel das ganze polnische Livland an das russische Reich angeschlossen werden.

Diese Instruktionen hatte Katharina bereits im Oktober und November 1763 bis ins Detail ausgearbeitet. Zu der Zeit war der ›Allianzvertrag‹ mit Preußen noch nicht abgeschlossen, aber konzeptionell verfügte sie bereits über den Beitrag, den Preußen für ihren Plan zu leisten habe würde.

Die ihm übertragene Aufgabe hat Graf Keyserling in Warschau hervorragend gelöst. Der Stolnik Stanislaus August Poniatowsky und Adam Czartoryski, der Sohn des Palatins von Rußland, waren sehr bald nur noch die einzigen Kandidaten des polnischen Conseils für die Wahl des Königs. Zur unmißverständlichen Unterstützung der anstehenden Entscheidung war eine Armee von dreißigtausend Mann an der polnischen Grenze zusammengezogen worden, die zum Einmarsch bereitstand, und ein weiteres Truppenkontingent von fünfzigtausend Mann war in den jeweiligen Standorten marschbereit.[119]

Friedrich der Große muß die Vorgänge um Polen mit größter Sorge verfolgt haben. Am 5. Oktober 1763 war August III. gestorben, und sofort begann sich das Krisenkarussell zu drehen. Teils besorgt, teils ungehalten-ironisierend schrieb er wenige Tage danach, am 10. Oktober 1763, an seinen Bruder, Prinz Heinrich:[120] »... Voilà, le Roi de Pologne, qui s'est laissé mourir comme un sot, j' vous avoue que je n'aime pas le gens qui font tout à contre temps. J'espere cependent que cette election se passera sans qu'il en resulte des nouveaux troubles.«

Der Allianzvertrag, mit dem er Preußen vor einem Angriff Österreichs zu schützen hoffte, war mit Katharina noch nicht abgeschlossen, und deshalb mußten ihn die Deklarationen von Paris und Wien, die die Souveränität Polens mit allen Mitteln schützenswürdig erklärten, sehr beunruhigen. In Petersburg und Warschau beeindruckten sie gar nicht etwa in dem Sinne, daß sie ernsthaft in Risikoüberlegungen hätten einbezogen werden müssen. Die Wiener Diplomatie wurde jedoch sogleich aktiv mit dem Lancieren des Gerüchts, Preußen und Rußland beabsichtigten nun gemeinsam, Teile vom polnischen Territorium abzutrennen. Um Warschau nicht zu beunruhigen, wies der König seinen Botschafter Benoît an, den polnischen Primas von der Unsinnigkeit dieses Gerüchtes zu unterrichten[121], und gemeinsam mit der Zarin gab er die Erklärung ab, daß beide Staaten die Republik Polen mit ihren Rechten und Freiheiten, wie im Vertrag von 1686 festgelegt, erhalten und eine Verkürzung derselben nicht dulden würden. In dieser Deklaration heißt es dann weiter: » ... der Himmel möge die Gemüter leiten, einen einheimischen Kandidaten zu wählen. Ein König, aus dem Schoße der Nation gewählt, werde den Wohlstand des Landes viel mehr befördern und um die Ruhe desselben viel eifriger bedacht sein.«

Die Gerüchte- und Diffamierungskampagne hatte wieder einmal eine Wirkung, die für die Verursacher nicht vorherzusehen war. Den Deklarationen von Wien und Paris wurde in Warschau kein Glauben geschenkt, während die gemeinsame Deklaration von Katharina und Friedrich II. eine sehr wichtige Aussage war, die vor allem von der Czartoryski-Partei propagandistisch genutzt wurde. Die patriotische Potocki-Partei verlor an Zuspruch und begann sich aufzulösen. Selbst ihr Kandidat für die Königswahl, Kron-Großfeldmarschall Branicki, sorgte sich, sein höchstes militärisches Staatsamt zu verlieren. Katharina half dieser für sie günstigen Entwicklung noch etwas nach und ließ ein zunächst nur kleines Kontingent ihrer Truppen in Polen einmarschieren. Alles lief exakt nach dem Zeitplan ab, den sie selbst ausgearbeitet und vorgegeben hatte. Teil dieses Planes war auch die Unterzeichnung des Allianzvertrages mit Preußen am 11. April 1764. Es war für König Friedrich nicht gerade ein günstiger Zeitpunkt, denn nun mußte er alle Aktionen Katharinas in Polen politisch und eventuell sogar militärisch mitverantworten. Allerdings teilte die Zarin seine Besorgnis nicht. Sie war überzeugt, daß von Österreich und Frankreich außer Deklarationen nichts zu befürchten sei, und behielt damit auch recht. Die besorgte Bitte Friedrichs, wenigstens die russischen Truppen wieder aus Polen zurückzuziehen, wollte sie nicht erfüllen. Sie meinte, gerade das wäre die falsche Entscheidung, wenn man den Volkscharakter der Polen beachtete, deren Übermut dann schrankenlos würde. All das ereignete sich in der Vorphase zur Wahl des Königs. Die von Österreich und Frankreich gestützten Kandidaten waren ausgeschieden, und nur die russisch orientierte Czartoryski-Partei stellte ihre beiden Kandidaten zur Wahl, Adam Czartoryski und Stanislaus Poniatowsky. Katharina hatte sich mit der Bekanntgabe ihres Favoriten bis zuletzt zurückgehalten. Bei den Vorwahlen zum Convocations-Reichstag liefen die Dinge aber doch nicht ganz so glatt, wie man sich das vorgestellt hatte. Zu den Parlamentssitzungen erschien der Adel in Waffen, und diese nationale Frage wurde keineswegs nur mit Worten ausgefochten. Zehn tote Abgeordnete waren der Blutzoll dieser heißblütigen Auseinandersetzungen, und schließlich gab die Bevölkerung des Landes den *Patrioten* ihre Stimme. Die ›Patrioten‹, das war aber die Potocki-Partei, die sich auf den begüterten Adel stützte, während der Thronkandidat der ›Patrioten‹, Branicki, großen Einfluß beim niederen, dem Landadel hatte. Stanislaus Poniatowsky konnte nur in Warschau die Mehrheit der Stimmen bekommen, aber auch nur, weil er sich dort auf russische Truppen stützen konnte.

Um die Entwicklung unter Kontrolle zu halten, ließ Katharina nun ihre Truppen ins Land einmarschieren, um »im Lande einen Bürgerkrieg zu verhindern«. Litauen setzte sich gegen diese Besatzungsarmee zur Wehr, und es kam zu Kampfhandlungen. Die Delegierten der Provinz Preußen lehnten eine Teilnahme am Convocations-Reichstag so lange ab, wie sich russische Truppen im Lande aufhielten. Das alles sollte den geplanten Ablauf der Königswahl aber nicht beeinflussen.

Am 7. Mai 1764 wurde der Reichstag in Warschau eröffnet. Zur ersten Sitzung erschienen nur sechs Senatoren, die allesamt der Czartoryski-Partei angehörten. Die *patriotische Partei* verweigerte geschlossen die Teilnahme und traf sich außerhalb von Warschau zu einem separaten

Konföderations-Reichstag. Es gelang den *Patrioten* aber nicht, sich auf ein gemeinsames Handeln zu verständigen. Ihre Reden und selbstsüchtigen Zielsetzungen waren zu gegensätzlich.

Der offizielle Convocations-Reichstag begann dagegen ohne Verzug mit den Beratungen zur Tagesordnung.

Fürst Adam Czartoryski wurde zum Marschall des Reichstages gewählt. Er war Woiwode von Rußland, Generalstarost von Podolien, und er besaß einen großen Einfluß. Als erste Amtshandlung setzte er den Befehlshaber der polnischen Armee und Kron-Großfeldherr Branicki ab und übernahm selbst diese Schlüsselposition. Trotz vorausgegangener Treueschwüre hielt das Führungskorps der Armee nicht zu Branicki und wandte sich sehr bald von ihm ab. Mit dem Umschwenken der Armee zur Czartoryski-Partei war der Widerstand gebrochen. Die russische Partei der Czartoryski blieb Sieger auf der ganzen Linie. Die Proteste der Patrioten wurden stiller, zaghafter, und sogar in Litauen organisierte man sich gegen die patriotische Radziwill-Familie. Fürst Radziwill wurde von der Teilnahme am Reichstag ausgeschlossen. Seine Güter beschlagnahmte der Staat. Er selbst mußte das Land verlassen und fand zunächst Zuflucht in Frankreich, bevor ihm Wien eine dauerhafte Bleibe bot.

Aufgabe des Convocations-Reichstages war es, zunächst die Änderungen der Verfassung auszuarbeiten und zu beschließen, um dann den neuen König auf diese Verfassung zu vereidigen. Die Czartoryski-Familie nutzte ihre beherrschende Stellung im Reichstag dazu, die Verfassung so abzuändern, daß die Stellung des Königtums gestärkt wurde. Vor allem die bisher unabhängigen Kronämter sollten ihre Machtfülle zu wesentlichen Teilen an den König abgeben. Kommissionen mit jeweils sechzehn Mitgliedern für die Ressorts Justiz, Inneres, Armee und Finanzen sollten diese Behörden verwalten. Die Kommissionsmitglieder hatte der Reichstag vorzuschlagen, aber der König mußte sie ernennen oder konnte auch selbst auswählen und ernennen, wenn das Parlament sich nicht auf einen Kandidaten einigen konnte. Wichtigstes Vorhaben der vorgesehenen Verfassungsänderung sollte schließlich die Abschaffung des Liberum Veto sein. Bis zu dieser entscheidenden Veränderung der polnischen Verfassung hatte Katharina dem emsigen Treiben der Beraterdelegationen schweigend zugesehen. Mit diesem Novellierungsvorhaben wurde der von ihr zugebilligte Verhandlungsrahmen aber verlassen, und die Verfassungskommission ging daran, Unabhängigkeit zu demonstrieren. So groß aber die Gegensätze in den Zielen der Großmächte auch waren, in dieser Sache war man sich einig, Polen durfte kein politischer Machtfaktor mehr werden.

Katharina schaltete sich in die Kommissionsverhandlungen ein und beauftragte Fürst Repnin und Graf Keyserling, verstärkt Einfluß auf die Arbeit der Kommission zu nehmen und vor allem darauf zu achten, daß das Liberum Veto ohne Einschränkungen in der neuen Verfassung verankert blieb. Ergänzend eingefügt wurde jedoch ein Artikel, daß Gesetze, die die Wohlfahrt der Republik betreffen, mit einfacher Mehrheit im Reichstag verabschiedet werden. Ein weiterer Artikel verankerte den Fortbestand der Konföderation in der Verfassung. Zur Königswahl heißt es in der neuen Pacta Conventa, daß nur ein Heimischer auf den Thron zu erheben sei, der von polnischen Eltern abstamme, der römisch-katholischen Religion angehöre, mit den Gesetzen des Landes vertraut und in keinem vorgerückten Alter sein sollte.

Die Verfassungskommission hatte ihre Arbeit gemacht, und die Zarin war mit ihrer Polenpolitik am Ziel: Stanislaus August Poniatowsky konnte zum König von Polen gewählt werden. Mit der neuen Verfassung hatte sie aber noch mehr erreicht: Es war definitiv ausgeschlossen, daß andere Herrscherhäuser künftig auf den polnischen Thron gelangen konnten. Ein Wettiner Prinz Xaver von Sachsen, ein Prinz Conti oder ein Sproß des Hauses Habsburg hatten keine Chance mehr, mit Polen eine dynastische Vermählung zum Zwecke des Machtgewinns einzugehen.

Staatskanzler Fürst Kaunitz und König Ludwig XV. konnten diese Entwicklung in Polen nur noch zur Kenntnis nehmen und sich an Unvermeidliches anpassen. Sie hatten es nicht geschafft, über die Patriotische Partei den innenpolitischen Entscheidungsweg in Polen zu beeinflussen. Frankreich und die Türkei waren auch nicht bereit, über deklamatorische Unterstützung hinaus die Politik Österreichs mitzutragen. Wieder einmal stand Kaunitz vor dem Tribunal der Geschichte als der Verlierer. Geschadet hat es ihm in seiner unentbehrlichen Stellung bei Kaiserin Maria Theresia nicht. Er kannte ihre Schwachstellen und ließ es wie ein Stehaufmännchen als Sieg seiner Politik feiern, etwas verhindert zu haben, was – geschichtlich vielfach belegt – von Preußen gar nicht angestrebt worden war, den preußischen Staat auf Kosten Polens zu vergrößern. Gewinner war auch diesmal wieder der Preußenkönig. Er hatte sich politisch zurückgehalten und die gefährliche Situation ohne kriegerische Verwicklung überstanden.

Kaunitz trat – ganz entsprechend dem vorausgegangenen Zitat – bei dieser neuen politischen Lage den diplomatischen Rückzug an und paßte sich an. Sein Botschafter in Petersburg, Mercy, wurde angewiesen, »die Überfuhr nicht zu versäumen, noch sich durch chimärische Hoffnungen verblenden zu lassen, sondern die Standhaftigkeit mit der Vernunft und der Vorsicht zu vereinen«. Diese Ermahnung war zu diesem Zeitpunkt sicher notwendig. Mercy versuchte als Botschafter Österreichs natürlich alle diplomatischen Möglichkeiten der Beeinflussung auszuschöpfen, und das mußte ihn bei der Zarin in Mißkredit bringen. Seine Enttäsuchung über den Mißerfolg der Missionsarbeit muß am Ende grenzenlos gewesen sein, obwohl doch gerade er am Petersburger Hof die Persönlichkeit Katharinas studieren konnte und hätte erkennen müssen, daß die Wiener Polenpolitik keine Chance hatte. Oder war das diplomatische Geschick der jungen Zarin und ihre Machtstellung nach so kurzer Regierungszeit schon so groß, daß sie die Widersacher ihrer Politik von wichtigen Informationen fernhalten konnte?

Mercy begann entsprechend der Weisung von Wien unverzüglich damit, die politisch-diplomatischen Positionen seines Landes Zug um Zug abzubauen. Die Anwesenheit russischer Truppen in Polen war kein Anlaß mehr für diplomatische Demarchen, die Czartoryskis und Stanislaus August Poniatowski als Thronkandidaten erkannte er an, und die von Wien nachdrücklich geforderte Amnestie für die aus Litauen vertriebenen und enteigneten Adligen, insbesondere für die Fürsten Radziwill und Potocki, wurde von ihm nicht mehr vorgetragen. Der Wiener Hof verweigerte nun auch dem kurfürstlichen Haus in Dresden die Zahlung weiterer Apanagen zur Unterstützung der Thronkandidatur in Polen. Endlich, im Juli 1764, resignierte der Botschafter Graf Mercy und bat Staatskanzler Kaunitz um seine Abberufung.

Am 7. September 1764 wurde Stanislaus August Poniatowski vom Convocations-Reichstag einstimmig zum König gewählt.

Am 13. September 1764 leistete er den Schwur auf die »Pacta Conventa«, die neue polnische Verfassung.

Am 25. November 1764 wurde er in Warschau als Stanislaus II. zum König von Polen gekrönt.

Katharina schrieb an ihren Staatskanzler, den Fürsten Panin: »Ich gratuliere zum König, den wir gemacht haben. Dieses Ereignis hat mein Vertrauen zu Ihnen um so mehr gesteigert, da ich sehe, wie fehlerlos alle von Ihnen getroffenen Maßnahmen waren.«

Eine gefährliche Krise schien damit für die europäischen Großmächte glimpflich ausgestanden; die Verlierer wollten sich aber nicht geschlagen geben. Stanislaus II. hatte den Königsthron bestiegen, aber Sachsen, Spanien, Frankreich und Österreich versagten ihm zunächst die Anerkennung. Die vorgegebenen Beweggründe waren für jedes Land unterschiedlich. Die Wettiner waren verärgert und enttäuscht, die Königswürde wieder verloren zu haben. Die Zurückhaltung der spanischen Bourbonen geschah in Abstimmung und im Gleichklang mit Frankreich. Spanien war von den Vorgängen machtpolitisch nicht berührt, und geographisch und kulturell lagen Welten zwischen diesen beiden Ländern. In Versailles war König Ludwig XV. empört und erklärte die Königswahl zu einem durchtriebenen politischen Coup. Für ihn und auch für Kaunitz schien das Machtgleichgewicht in Europa verschoben. Um das zu korrigieren, wurde die Politik Ludwigs XV. und seines Kanzlers Choiseul in vertrauter Gemeinsamkeit mit Fürst Kaunitz mit dem Ziel betrieben, Polen innenpolitisch zu destabilisieren und die Türkei zum Krieg gegen Rußland zu ermutigen.

Destabilisierung Polens und der Türkenkrieg

Stanislaus II. August war der König von Polen, wie Katharina es geplant und durchgesetzt hatte. Doch der Versailler Hof und der Wiener Hof verweigerten ihm die Anerkennung. Zwar fühlte sich der junge König in seiner Eitelkeit sehr betroffen, aber bei diesen beiden Höfen richteten sich die Vorbehalte nicht so sehr gegen die Person des Königs. Im Gegenteil ließ man in Frankreich nach außen hin erkennen, daß man im Grunde keinen vernünftigen Grund habe, ihn nicht anzuerkennen, aber man hatte damit auch keine besondere Eile, denn da war noch die politische Sache mit Konstantinopel. Dort bemühte sich der französische Gesandte Vergennes, die Türken dahin zu bringen, ihre anfangs positive Haltung zur Königswahl zu überdenken oder besser zu ändern. Mit solchen Demarchen hoffte er die Stimmung am türkischen Hof so zu beeinflussen und auf Krieg einzustimmen, daß der Sultan dem Druck schließlich nachgeben und Rußland den Krieg erklären würde. Wie günstig der Zeitpunkt gerade jetzt sei, machte er glauben mit Informationen aus Polen. Dort sollte sich angeblich bereits der Widerstand der Patrioten formieren mit dem Ziel, den König zu stürzen und die unerwünschte politische Entwicklung der letzten Monate rückgängig zu machen. Die französische Regierung glaubte auch selbst an eine solche Entwicklung und setzte darauf die Hoffnung, am Ende doch noch den ihr genehmen König auf den Thron zu setzen.

Die Hinhaltetaktik am Wiener Hof setzte etwas andere Akzente. Kanzler Fürst Kaunitz wollte den Polenkönig möglichst bald anerkennen und versuchen, durch freundliches Entgegenkommen allmählich Einfluß auf ihn zu gewinnen. Er kannte das Geltungsbedürfnis von König Stanislaus und wollte diese Eigenschaft nutzen, das Souveränitätsbedürfnis des Königs zu stützen und anzustacheln. Ein Konflikt zwischen dem Polenkönig und der Zarin mußte dann unvermeidlich sein.

Beide Höfe verfolgten zunächst unterschiedliche Strategien, doch entschied sich Kaunitz schließlich für den französischen Plan. Das bedeutete auch, daß sich der Wiener Hof in den ersten Monaten nach der Königskrönung auf Verzögerung bei der offiziellen, notifizierten Anerkennung von König Stanislaus II. August einstellte. Mit freundlichen Gesten tat man so, als sei doch alles selbstverständlich, und betont wurde ihm die einem Souverän gebotene Ehrerbietung zuteil. Frankreich verweigerte dem Polen die Anerkennung, und Österreichs Eingehen auf die französische Diplomatie hatte zur Folge, daß vorübergehend eine starke Abhängigkeit der politischen Entscheidungen vom Duc de Choiseul und seinen Bestrebungen bestand, einen türkisch-russischen Krieg zu entfesseln.

Die Bereitschaft des Sultans, sich auf ein Kriegsabenteuer mit Rußland einzulassen, war trotz aller hoffnungmachenden Nachrichten aus Polen nicht groß. Für dieses Unternehmen forderte er einen Bündnisvertrag und im »Konzert der drei Mächte«[122] auch eine »werkthätige« Beteiligung. Dazu waren aber weder Frankreich noch Österreich bereit. Da der auf Krieg gerichtete Choiseulsche Plan mit den Türken zunächst nicht durchführbar war, verfolgte man nun gemeinsam den Kaunitzschen Plan. Bis zum Jahresende 1764 wurde Stanislaus II. August als rechtmäßiger König von Polen von Österreich und Frankreich offiziell anerkannt. Schon bei der Notifizierungszeremonie glaubte Kaunitz aus dem Verhalten des Königs schließen zu können, daß ihm an einem besonders innigen Verhältnis zum Wiener Hof gelegen sei. Es war eine Vermutung, die seine Phantasie beflügelte bis hin zu einer Vision über die künftige Gestaltung Europas. Nur zu gut war ihm noch das indifferente Verhalten Polens im letzten Krieg gegen Preußen gegenwärtig. Die Polen hatten keine Bedenken gehabt, den Preußen gegen harte Dukaten Getreide und vor allem Söldner für ihre Armee zu verkaufen. Da ein weiterer Krieg gegen Preußen das Kernstück seiner ganzen Politik war, wollte er schon jetzt solche unerwünschten Hilfeleistungen an den Feind ausgeschlossen wissen.

Stanislaus durfte sich zunächst erst einmal glücklich und zufrieden schätzen. Wien und Versailles hatten ihn anerkannt. Sein Prestige im eigenen Land war dadurch gefestigt, und auch die ersten Monate seiner Regierung waren ein durchaus hoffnungsvoller Anfang. Gemeinsam mit seinen Ratgebern entwickelte er Vorstellungen, wie das gesamte Staatswesen reformiert werden müßte, um zu gesunden. Wie sehr das Liberum Veto den Staat paralysierte, war ihm natürlich bewußt, deshalb wollte er dieses Veto durch flankierende Gesetze aushebeln. Die Vorsätze waren zweifellos gut, aber zur Durchsetzung war ein König mit Mut, Charakter, Zielstrebigkeit und Stehvermögen gefordert, Eigenschaften, die Stanislaus nicht in sein königliches Amt mitgebracht hatte. Er konnte weder seiner Czartoryski-Familie und der Zarin Katharina noch seiner ausgesprochen sinnlichen Veranlagung widerstehen. So klafften Vorstellung und Wirklichkeit bei ihm weit auseinander, und hinzu gesellte sich sein Geltungsdrang, der ihm vorgaukelte, er sei vom Schicksal ausersehen, sein Land zu wirtschaftlicher Blüte zu bringen und es zu einem gleichrangigen Partner mit Österreich, Frankreich, Rußland und Preußen zu machen. In Wirklichkeit war für ihn seine eigene Familie, die klugen Czartoryski-Oheime, schon nicht zu bewältigen. Sie hatten nur zögerlich der Krönung ihres Neffen ihre Zustimmung gegeben. Sein flatterhafter Charakter war ihnen nur zu gut bekannt; aber gerade deshalb glaubten sie, daß sie die Reformpolitik des Landes bestimmen würden, zu der der König dann nur noch seine Zustimmung zu geben hätte. In der Tageswirklichkeit wollte das aber so nicht gehen. Im Rausch seiner Eitelkeit und seines Geltungsbedürfnisses setzte er sich gegen die Klügeren zur Wehr.

Seine Beschützer, die Zarin Katharina und König Friedrich II., machte er sich sehr bald zu seinem zweiten Problem, dagegen konnte er sein Verhältnis zum Großkanzler Fürst Panin durchaus zufriedenstellend gestalten. Der hörte ihm verständnisvoll zu, wenn er von seinen Reformvorhaben sprach, und er hatte einen wohlmeinenden Fürsprecher, wenn es in Petersburg um die Belange Polens ging. Anders war das bei Katharina und Friedrich. Sie, wie die anderen europäischen Höfe, hatten an einer Konsolidierung Polens kein Interesse. Das Land sollte nur kein fortwährender Unruheherd sein, von dem ständig die Gefahr kriegerischer Verwicklungen ausging. Begrenzungen des Liberum Veto, wie immer sie durch neue Gesetze auch umschrieben werden sollten, wurden strikt abgelehnt. Der russische Gesandte in Warschau, Graf Repnin, wachte mit großer Sorgfalt darüber, daß die polnische Verfassung in ihren wichtigen Teilen nicht verändert wurde. Wo dies in den parlamentarischen Gremien doch versucht wurde, war er zur Stelle und unterband solche unerwünschten Bestrebungen. Mit großem Nachdruck verlangte Katharina vom Polenkönig aber auch die vollständige Erfüllung der Krönungsvereinbarung, in der der König seine Bereitschaft zu einem Bündnis gegen die nordischen Staaten erklärt hatte. Wichtig war aber auch die Dissidentenfrage in dieser Vereinbarung. Ihnen, den Protestanten und den Nichtunierten, sollte der König die volle Gleichberechtigung, eine ungestörte Religionsausübung und die Zulassung zu allen Staatsstellen, die Übertragung von Ehrenämtern und anderen staatlichen Würden durch Gesetze garantieren. Mit der Erfüllung dieser Verpflichtung waren die Czartoryski-Oheime ganz und gar nicht einverstanden. Sie befürchteten, daß der russische Einfluß auf Polen durch diese Dissidenten-Garantien noch weiter zunehmen würde.

Die Zarin hatte Graf Repnin als ihren Gesandten nach Warschau geschickt. Er war mit beachtlichen Vollmachten ausgestattet und hatte in einer Art Nebenregierung die Aufgabe, zu entscheiden, was im Interesse Rußlands in Polen geschehen durfte oder unterlassen werden mußte. Sein Regime wurde so beherrschend, daß er schließlich sogar Einfluß auf die Besetzung polnischer Gesandtschaftsposten an den fremden Höfen nahm. Setzten ihm die polnischen Behörden Widerstand entgegen, befahl er kurz und bündig den Einmarsch russischer Truppen. Mit einer solchen Operation entschied er auch einmal, daß fünfzig Quadratmeilen Polens an Rußland abzutreten seien. Mit dieser Annexion wechselten einhundertsechzigtausend Familien ihre Staatszugehörigkeit.

Die ersten Regierungsjahre von König Stanislaus II. August von 1764 bis 1768 waren kein positiver Beitrag zur Befriedung des Landes. Reformerische Entwicklungen kamen über Gespräche und Beratungen nicht hinaus. Der Preußenkönig sah diesem Treiben an der Ostgrenze seines Landes mit großer Sorge zu. Wichtiger als irgend etwas sonst war ihm, durch eine unstetige polnische Politik nicht erneut in einen Krieg mit Österreich und Frankreich hineingezogen zu werden. Mit Rußland hatte er aus gutem Grund einen Bündnisvertrag abgeschlossen. Der gewährte ihm aber nicht nur Schutz, er bürdete ihm auch zahlreiche Beistandsverpflichtungen auf.[123]

Polens Beziehungen zu Rußland erreichten auf dem am 6. Oktober 1766 beginnenden Reichstag einen ersten kritischen Punkt. Der Reichstag forderte unter Bruch der Krönungsvereinbarung, daß die nichtkatholische Dissidentenbewegung alle gesetzlich verbrieften Rechte verlieren sollte. Dem Polenkönig schien diese Beschlußlage im Reichstag eine ihm sehr willkommene Gelegenheit, über seine viel wichtigeren Reformziele hinwegzutäuschen. Sein persönliches Reformziel war es ja, das Liberum Veto abzuschaffen, den Finanzhaushalt möglichst vollständig unter seine Kontrolle zu bringen und den alleinigen Oberbefehl über die gesamte Armee zu erhalten. Aber da er gerade erst zwei Jahre auf dem keineswegs gefestigten Königsthron saß, drängt sich doch die Frage auf, was diesen König zu einer Politik getrieben haben könnte, die unweigerlich zum Bruch mit seiner russischen Beschützerin, der Zarin, führen mußte.

War es wirklich seine mangelnde menschliche Reife, wie sie Katharina in einem Brief an Friedrich beschrieben hat, oder begann die französische Geheimdiplomatie der Secret du Roi, durch die er zu Souveränitäts-Gedankenspielen verführt wurde, bereits Wirkung zu zeigen? Die zweite Vermutung entspricht durchaus der Persönlichkeitsstruktur von König Stanislaus II. August. Im Reichstag wurde im November 1766 gleichrangig über die Verfassung und über die Dissidentenfrage gerungen. Dem russischen Gesandten Repnin gelang es, mit geduldigen Verhandlungen zwar die noch immer auf einen kursächsischen Thronfolger eingeschworene republikanische Partei, schließlich auch die Bischöfe und die Czartoryski-Partei für die Ziele der russisch-preußischen Politik zu gewinnen. Die Einstimmigkeit in allen Fragen des Staates, der Finanz- und der Militärpolitik mußte Bestand haben, und auch künftig sollte vom Parlament nur einstimmig entschieden werden. Es gelang ihm aber nicht, die Abgeordneten von der Notwendigkeit, ja sogar der Verpflichtung zu überzeugen, daß den Dissidenten in der Verfassung größere Rechte eingeräumt und garantiert werden müßten.[123] Katharina war in dieser Dissidentenfrage im Gegensatz zur Toleranzbereitschaft des Preußenkönigs gegenüber der katholischen Halsstarrigkeit unnachgiebig. Ihr Kanzler Fürst Panin erhielt von ihr die Weisung, unverzüglich mit den Führern der Dissidenten Konföderationen zu organisieren, die mit Unterstützung durch russische Truppen gegen unerwünschte Beschlüsse des Reichstages Widerstand leisten sollten. Für König Friedrich II. gab es natürlich gute Gründe, Geduld und Mäßigung anzumahnen.[124] Dem preußisch-russischen Bündnisvertrag vom 11. April 1764 war auf Wunsch von Katharina am 30. Januar 1767 eine geheime Vereinbarung hinzugefügt worden. Sie nahm beide Vertragspartner in die Pflicht, den Dissidenten, Griechen und Protestanten in Polen die uneingeschränkte Ausübung ihrer Religion zu erhalten und die bürgerliche Gleichberechtigung zu gewährleisten. Für die Erfüllung und Einhaltung dieser Garantien war Katharina willens, unter Umständen gegen die katholischen Konföderierten auch mit militärischen Mitteln vorzugehen. Friedrich hatte sich zunächst nur verpflichtet, solche militärischen Aktionen diplomatisch zu unterstützen, um Österreich keinen Vorwand zu geben, mit Preußen einen Krieg zu beginnen. Falls Österreich aber Rußland angreifen sollte, dann käme der Bündnisvertrag voll zur Anwendung.[125] Preußen mußte in diesen Konflikt eingreifen und beide, Österreich und Frankreich, militärisch binden, wobei Rußland sich wiederum in Ergänzung des Vertrages verpflichtete, Preußen dann mit allen Kräften zu unterstützen. Diese ganze Vertragskonstruktion war außerordentlich labil und voller kaum kalkulierbarer Risiken. Für Katharina war bei der Dissidentenfrage der ethisch-religiöse Gesichtspunkt nachrangig. Sie sah darin ein Instrument, durch die Beeinflussung ethnischer Gruppen in Polen uneingeschränkt mitzubestimmen.

Repnin begann, wie ihm von Katharina aufgetragen worden war, gemeinsam mit den Dissidenten die Konföderationen zu bilden. Zum Generalmarschall und obersten Befehlshaber aller Marschälle der unterschiedlichsten Konföderationen wurde Fürst Radziwill auserkoren. Als unzuverlässige, gewalttätige und schillernde Persönlichkeit war er von seinen Gütern verjagt und aus dem Land verbannt worden. Jetzt durfte er aus Dresden zurückkehren und bekam auch seine Güter in Litauen zurück, nachdem er sich verpflichtet hatte, nur noch russischen Interessen zu dienen. Auch die Kirchenfürsten, allen voran der Erzbischof von Krakau, Soltyk, dann die Palatine von Kiew und Wilna und andere einflußreiche Männer waren schließlich bereit, sich für die Ziele der russischen Zarin zur Verfügung zu stellen. Repnin verstand es hervorragend, die Bildung und den Zusammenschluß der verschiedenen Konföderationen zu organisieren. Im Juni 1767 hatte er sein Ziel erreicht. Die Conföderierten katholischen Glaubens und die Kirchenfürsten waren nun mit den Nichtkatholischen einer Meinung, daß den Dissidenten eine verfassungsrechtlich garantierte Stellung im Staate zukommen müsse. Doch bevor man diese Angelegenheit im Reichstag behandeln konnte, mußte als oberste Vertretung eine Generalkonföderation zusammentreten, um eine für alle verbindliche »Konstitution« zu entwerfen. Die verschiedenen Gruppierungen gerieten sofort in heftigen Streit, weil Rußland in der Verfassung das Recht eingeräumt haben wollte, als Garantie- und Schutzmacht der Dissidenten aufzutreten. Noch mehr erboste die Abgeordneten, daß im Entwurf der Verfassung eine Absetzung des Königs nicht mehr vorgesehen war. Das hatte Repnin in Aussicht gestellt und damit viele Gruppierungen gewonnen, der Konföderation überhaupt beizutreten. Er beendete den Streit sehr rigoros, ließ den Versammlungssaal von russischen Soldaten umstellen und verlangte die Unterzeichnung des Konstitutionspapiers. Ohne weiteren Widerstand unterschrieben alle Abgeordneten, wenn auch einige ihr ergänzendes Votum zu Protokoll gaben.

Damit wurde eine erneute Oppositionswelle in Gang gesetzt. Der Erzbischof von Gnesen, der diese Primatur nur auf russischen Wunsch erhalten hatte, weil er sich als zuverlässiger Vasall Rußlands verdient gemacht hatte, wechselte die Front. Der Erzbischof von Krakau, Soltyk, wechselte ebenfalls zur Opposition über. Mit ihren Hirtenbriefen verstanden sie es, den Widerstand gegen eine rechtliche und religiöse Gleichstellung der Dissidenten in den Herzen der katholischen Bevölkerung anzufachen.[126] Ein Pazifikationsreichstag sollte endgültig die rechtlichen und religiösen Fragen der Dissidenten behandeln[127], aber eine Chance dafür war längst nicht mehr gegeben. Diese religiöse Frage hatte die Gefühle der Menschen so stark aufgewühlt, daß es nur eines Funkens bedurft hätte, einen Volksaufstand auszulösen. Auch der Papst und sein Nuntius in Polen waren nicht untätig geblieben. Sie verstanden diesen religiösen Streit als einen Kampf um die römisch-katholische Seele der Polen.

Trotz aller Turbulenzen ließ sich der russische Gesandte Repnin nicht beirren. Er drohte allen oppositionellen Anführern die Gegnerschaft der russischen Zarin an und ließ sie wissen, daß sie die Macht und den Willen habe, sich durchzusetzen. Das genügte, die von ihm geforderte Reichstagskommission mit unbeschränkten Vollmachten zur Lösung der Dissidentenfrage und zur Änderung der Verfassung zu bestimmen. Sie legte am 19. November 1767 den abschließenden Bericht vor. Nach dieser neuen Verfassung wurde der römisch-katholische Glaube zur herrschenden Religion im Lande bestimmt. Der König und die Königin mußten katholisch sein. Der Übertritt von der katholischen Glaubenslehre zu einer anderen Religion wurde einem kriminellen Vorgang gleichgestellt. Neben dieser kompromißlosen Anbindung der katholischen Polen an ihre Kirche erhielten nun aber auch orthodoxe und evangelische Glaubensrichtungen volle Freiheit zur Ausübung ihrer Religion. Die katholisch-kirchliche Rechtsprechung hatte für diese Gläubigen keine Gültigkeit mehr, und auch von den Abgaben an die katholische Kirche wurden sie befreit. Lern- und Lehrfreiheit wurde für alle Glaubensrichtungen in den Schulen und bei den Druckerzeugnissen gewährleistet. Mischehen wurden zugelassen, wobei die Söhne die Religion des Vaters, die Töchter die Religion der Mutter fortzuführen hatten. Staatsämter sollten künftighin auch den nichtkatholischen Adligen in allen Bereichen offenstehen. Der staatsrechtliche Teil der Verfassung wurde ohne jede Beschränkung wieder auf den Status quo ante zurückgestutzt und das Liberum Veto zum zentralen Verfassungsartikel.[128]

Das vielschichtige, von machtpolitischen, religiösen oder auch nur gefühlsbetonten Kräften beeinflußte Ringen um die neue polnische Verfassung hat das Land an den Rand einer Katastrophe geführt. In zahlreichen und eindrucksvollen Dokumenten ist dies bei »Theiner«, beim »Königlichen Archiv« in Berlin, bei »Ssolowjoff«, bei »Prowe« oder in der »Politischen Correspondens Friedrichs des Großen« nachzulesen. Eine nüchtern-sachliche Quellenauswertung im historischen Bewußtsein des Jahres 1873 hat Adolf Beer[129] geschrieben. Zielsetzung dieses Buches war es, die Auswirkungen dieser Ereignisse auf die politischen Entscheidungen der betroffenen oder beteiligten Herrscherhäuser zu untersuchen und verständlich zu machen.

Die neue politische Verfassung wurde am 5. März 1768 vom König und den beiden Marschällen des Reichstages unterzeichnet und ratifiziert. Die Konföderation hatte ihre Arbeit beendet. Die russischen Truppen wurden aus Polen zurückbeordert. Der russische Gesandte in Warschau, Graf Repnin, hatte seinen Auftrag erfüllt.

Für die noch junge Zarin Katharina müssen die turbulenten und einem ständigen Wechsel von Treu und Glauben unterworfenen Vorgänge in Polen nicht nur eine politische Erfahrung gewesen sein. Es muß sie nachdenklich gemacht haben, ob sie mit diesem König Stanislaus II. August und dieser Führungsschicht, dem Adel, dem Klerus und einer so stark erregbaren Bevölkerung ihre politische Idee mit Polen verwirklichen könnte. Sie selbst, von Geburt Protestantin, dann zum russisch-orthodoxen Glauben übergetreten, hatte zu den Religionen in ihrem eigenen Leben und in ihrem Land ein sehr friderizianisch-aufgeklärtes Verhältnis, und deshalb hatte sie auch kaum einen gefühlsmäßigen Zugang zu dem katholischen Glaubensfanatismus, der ihrem Intellekt dort entgegenschlug. Vermutlich fühlte sie, bei diesen

Streitereien die polnische Volksseele erst richtig kennen- und auch fürchten gelernt zu haben. Ihre Politik war darauf gerichtet, an ihrer westlichen Grenze einen verläßlichen Partner zu haben, der für ihr Land bei schwierigen politischen Situationen auch einmal ein Schutzwall gegen Angriffe oder fremde Einflüsse sein konnte. Das Taktieren des Polenkönigs, die Unbeständigkeit des Klerus und die überaus bereitwillige Bestechlichkeit breiter Kreise des Adels mußte bei dem Verstandesmenschen Katharina zwangsläufig zu Konsequenzen führen. Mit diesem Polen und seinem König Stanislaus II. August war keine Bastion zum Schutze Rußlands aufzurichten. Im Gegenteil mußte sie nach diesen Erfahrungen befürchten, an ihrer Westgrenze einen ständigen Unruheherd zu erhalten und von dort politische Spannungen in ihr eigenes Land hineinzutragen. Ihr logischer Verstand muß ihr gesagt haben, daß dieses Polen mehr und mehr zu einem Risiko werden würde.

Unternimmt man es, gestützt auf die kaum zu bewältigenden Schriftwechsel und Dokumente dieser Zeitspanne, der Frage nachzuforschen, wann denn Polens Teilungsschicksal in den Köpfen der damals regierenden Monarchen oder ihren Amtsstuben – nicht de facto, aber als Idee – gedacht worden ist, trifft man auf diese Zeitspanne zwischen dem 5. März 1768 und dem Beginn des Türkenkrieges am 4. Oktober 1768. Auch dieser Krieg ist ursächlich mit der polnischen Teilung verbunden. Vielleicht wäre Polens politisches Schicksal trotz aller Unruhen und Spannungen sogar gnädiger verlaufen, wenn dieser Krieg und das Verhalten Polens in diesem Krieg sich der historischen Zeitskala nicht so nachdrücklich aufgeprägt hätten.

Bei Friedrich dem Großen erfuhren die Vorgänge in Polen eine andere und insgesamt zunächst auch tolerantere Bewertung. Eine geographisch bedingte Schutzfunktion gegen unerwünschte machtpolitische Ideen konnte das Land nicht einnehmen. Gefährlich konnte es nur werden, wenn es sich in die Revanchepolitik Österreichs gegen sein Land einspannen lassen würde. Dazu mußte es aber zunächst die volle nationale und internationale Souveränität erlangen. In die große Politik konnte Polen nur mit einem starken, machtbewußten König zurückkehren. Alle diese Voraussetzungen waren nicht erfüllt, so daß Friedrich sein politisches Handeln nur so einrichten mußte, daß sich an den Zuständen in Polen möglichst nichts veränderte. Die alltäglichen Querelen, verursacht durch die politische Unzuverlässigkeit der führenden Schicht im Lande, der aus puritanisch-preußischer Sicht geradezu lästerliche Hang zum ausschweifenden Lebensgenuß und die dem religiösen Mystizismus zuneigende Volksseele haben ihn sicher auch gelegentlich besorgt gemacht, aber weitaus weniger zum Handeln getrieben als die Zarin Katharina. Auch Katharinas streitbereiter Einsatz für die Rechtsgleichheit der Dissidenten im polnischen Staat hatte bei ihm eine geringere Bedeutung, obwohl doch ein Kernpunkt seiner Staatsidee die völlige Glaubensfreiheit der Menschen war, solange sich die Religion von den Dingen des Staates fernhielt. Aber es muß auch hinzugefügt werden, daß diese Staatsidee nur für sein Land Gültigkeit hatte, und es gibt wohl keine Hinweise, daß er versucht hätte, seine Staatsideen anderen Ländern aufzuzwingen. Deshalb stimmen bei ihm Person und Handeln überein, wenn er der Zarin wiederholt in der Dissidentenfrage Mäßigung und Konzilianz empfohlen hat. Im politischen Handeln findet diese Haltung ihre Bestätigung, wenn er der Zarin mehrmals und unmißverständlich seine Bereitschaft verweigerte, eigene Truppenkontingente nach Polen zu entsenden, um die russischen Truppen zu entlasten, die die Aufgabe hatten die polnischen Reichstagsabgeordneten gefügig zu machen.[130] Nicht die Dissidentenfrage, sondern die Verfassungsdiskussionen der polnischen Kommission wegen der Abschaffung oder Einschränkung des Liberum Veto waren für ihn eine existentielle Frage, und das sprach er so auch unmißverständlich aus. Die verfassungsändernden Vorhaben des Polenkönigs und seiner Reichstagskommission mußten, wenn sie durchgeführt würden, schwerwiegende Konsequenzen haben; aber zu seinem Vorteil war Friedrich gar nicht genötigt, selbst zu handeln. Das besorgte für ihn der russische Gesandte Repnin in Warschau. Katharina hatte die Rangfolge von Dissidentenfrage und Verfassungsänderung im Grunde nicht anders beurteilt als Friedrich, aber das öffentliche Ansehen als Streiterin für die Glaubensfreiheit im Staatswesen war ihr vermutlich publikumswirksamer, und dann konnte sie die Dissidenten als dankbares politisches Vehikel nutzen, um Macht und Einfluß in Polen weiter zu festigen. Für den Preußenkönig bestand jedenfalls zunächst kein Handlungsbedarf. Er konnte sich damit begnügen, die *polnische Wirtschaft* mit Unwillen zur Kenntnis zu nehmen.[131]

Mit der Einführung der neuen Verfassung war die beabsichtigte *Pazifikation*, die Befriedung Polens, keineswegs gelungen, sosehr man sich am Petersburger Hof auch über den Erfolg freute und sich beglückwünschte. Die katholische Opposition formierte sich in den Wochen einer trügerischen Ruhe im Lande zu neuem Widerstand. Das ließ sich zunächst unauffällig vorbereiten, denn die russischen Truppen hatten inzwischen das Land wieder verlassen. Krasinski, ein Bruder des Bischofs von Kameniec, und Joseph Pulawski gründeten in Bar eine neue Konföderation. Sie breitete sich schnell von Podolien über das ganze Land aus. Diese kämpferische Organisation hatte zunächst und vordergründig die Wiedergewinnung des reinen katholischen Glaubens auf ihre Fahne geschrieben. Entgegen der neuen Verfassung, waren Lutheraner, nichtunierte Orthodoxe, Calvinisten und Juden von dieser Konföderation ausgeschlossen. Die Karmelitermönche riefen *mit dem Wort* in ihren Predigten und mit Flugblättern zum Kampf für *den Glauben unter dem Kruzifix* auf. Im ganzen Land begann die Kampfparole »Sieg oder Tod« die Gemüter zu erregen, und im Sommer 1768 loderte im ganzen Land die Flamme der Revolution. Die Bauern der Ukraine, die der griechisch-orthodoxen Kirche angehörten, schlossen sich zunächst in Gegenwehr zu einem Bund gegen die Konföderation von Bar zusammen. Doch dann gingen sie mit ihren Kosakenscharen zum Angriff über und fielen raubend und mordend in Podolien ein. Es war bald schon kein Krieg um den Glauben mehr, um den Sieg des Katholizismus im ganzen Lande. Die Politik hatte sich dieser Strömungen bemächtigt. Der König Stanislaus sollte gestürzt und der russischen Zarin der Kampf angesagt werden.[132]

Rußland war sich zunächst unschlüssig, wie es dieser sich schnell über das ganze Land ausbreitenden Oppositionsbewegung begegnen sollte. Als sich aber das Kampfgeschrei auch gegen die Zarin zu richten begann, war das Eingreifen der russischen Armee nicht mehr zu vermeiden. In kurzer Zeit eskalierte der Konflikt dann zu einem mit aller Grausamkeit geführten Guerillakrieg, in dem die russischen Truppen den verschiedenen sich bekämpfenden Gruppierungen gegenüberstanden. Die Kämpfe und das Morden zogen sich über mehrere Wochen hin. Die Stadt Bar war zerstört, Krakau schließlich von russischen Truppen erobert worden[133], bis der Widerstand nach brutalen Blutopfern auf allen Seiten allmählich zu versickern begann. Die russische Armee hatte den Bürgerkrieg wieder unter Kontrolle gebracht, und Katharina durfte sich von dieser Belastung befreit fühlen. Da brach am 4. Oktober 1768 der Türkenkrieg aus.

Zwischen Mai und Juli 1768 hatte sich das politische Klima am türkischen Hof in Konstantinopel ganz nachdrücklich verändert und ließ für die kommenden Monate nichts Gutes erwarten. In Polen tobte der Bürgerkrieg der katholischen Konföderierten gegen die Nichtkatholischen und die zum Schutz des Königs und der neuen Verfassung einmarschierten russischen Truppen.

König Friedrich II. ließ sich eine besonders schnell und zuverlässig arbeitende Informationsstafette von Konstantinopel nach Berlin einrichten. Sein Sonderbeauftragter, der Major Zegelin, mußte ihm laufend und bis ins Detail seine Gespräche über die politische Entwicklung an diesem Gefahrenherd berichten.[134]

In den Jahren von 1765 bis 1768 war die französische und die österreichische Diplomatie am türkischen Hof zunächst nicht sehr erfolgreich. Der Sultan ließ sich nicht überzeugen, daß es für sein Land von Vorteil sein konnte, wenn er gerade jetzt die Bürgerkriegsunruhen in Polen ausnutzen und Rußland den Krieg erklären würde, obwohl Frankreichs Gesandter Vergennes mit polnischen Dissidenten-Flüchtlingen alle Register der Falschinformation zog. Angeblich sollten auf polnischem Staatsgebiet in Podolien umfangreiche Aufmarschbewegungen russischer Truppen an der türkischen Grenze stattfinden.[135] Der kluge Großwesir Muhsinzade Mehmet Pascha ließ sich von der aufkommenden Kriegspsychose nicht beeindrucken und warnte vor einem Angriff auf Rußland, wurde aber kurzerhand von der Kriegspartei abgesetzt.

In dieser aufgeregten Situation am türkischen Hof griff das unerforschliche Schicksal ein. Der gemäßigte Sultan Mohammed IV. starb im März 1767. Entscheidend wurde nun, ob sein Nachfolger Sultan Mustapha klug und erfahren, aber auch mächtig genug sein würde, die Absichten der französischen Diplomatie zu durchschauen und gemeinsam mit seinen Ministern dem Druck der Kriegspartei und der aufgeputschten Öffentlichkeit zu widerstehen.

Sofort mit dem Amtswechsel begann Vergennes mit seinem russischen Kollegen Obreskow eine heftige öffentliche Fehde. In diesem *Krieg der Diplomaten* versorgte er den Hof, die Kriegspartei und die Öffentlichkeit mit Nachrichten und Horrorgeschichten über angebliche Gewalttaten der russischen Armee in Polen. Mit dieser Methode zwang er seinen russischen Gegenspieler, diese Berichte in der unangenehmen Verteidigerposition zu widerlegen. Er tat dies zwar mit kühler Zurückhaltung und verwahrte sich gegen diese Hetzkampagne mit der notorischen Erklärung, russische Truppen täten nichts anderes, als Polen, seinen auch von der Türkei anerkannten König und die Verfassung des Landes vor dem Chaos zu beschützen, aber wie immer hinterließen die Böswilligkeiten ihre Spuren.[136] Dieser Diplomatenkrieg wurde von Petersburg und Potsdam mit erheblichen Bestechungsgeldern zur Stärkung der Kriegsgegner unterstützt, und natürlich sprudelten auch die Geldquellen in Paris und Wien zugunsten der Kriegsparteien, so daß die Konten ausgeglichen waren. Als sich an der polnisch-türkischen Grenze dann tatsächlich ein Zwischenfall ereignete, nutzte Vergennes diese Chance und stilisierte eine unbedeutende Grenzverletzung zur ›Balta-Krise‹ hoch, während die Kriegspartei die Stimmung des Volkes in Konstantinopel zu einer öffentlichen Empörung hochputschte.

Was war an der Landesgrenze geschehen? Ein fast unvermeidlicher Zwischenfall in einem Gebiet, in dem die Landesgrenzen nur schwerlich genau beschrieben sind. Russische Truppen hatten von Polen aus diese Landesgrenze überschritten, bis sie auf türkische Truppen stießen. Die Entschuldigung für diese Grenzverletzung kam vom Petersburger Hof zwar unverzüglich, aber es dauerte doch eine erhebliche Zeit, bis die weiten Wegstrecken mit den entsprechenden Botschaften zurückgelegt werden konnten. Inzwischen nutzte die türkische Kriegspartei die Zeit und verstärkte den Druck auf die Regierung, den Diwan. Frankreichs Gesandter Vergennes setzte seine ganze Beredsamkeit ein bis zu der Beschuldigung, Rußland und Preußen hätten diese Situation nur provoziert, um die Annexion polnischer Teilgebiete vorzubereiten. Die Türkei müsse jetzt handeln.

Im Juli 1768 war die öffentliche Meinung in Konstantinopel so aufgeputscht, daß ein Krieg unvermeidlich schien. Die Entscheidung wurde zunächst nur dadurch verzögert, daß es in Konstantinopel gleich zwei konkurrierende Kriegsparteien mit unterschiedlichen Zielen gab. Die einen wollten an Österreich Rache nehmen und das Banat und das Gebiet um Temesvar zurückerobern, die anderen wollte die östliche Landesgrenze weiter nach Osten verlagern und Podolien in das türkische Reich eingliedern. Erst die Absetzung und Verbannung des Großwesirs Muhsinzade veränderte die Machtverhältnisse in der Regierung zugunsten der gegen Rußland gerichteten Gruppierung.

Am 4. Oktober 1768 erklärte der Türkische Diwan Rußland den Krieg. Der russische Gesandte Obreskow wurde vor den höchsten türkischen Rat geladen, und man forderte von ihm in ultimativer Form Garantien dafür, daß Rußland die neue polnische Verfassung, die Pacta Conventa, widerrufen und ab sofort die Unterstützung der Dissidentenbewegung einstellen würde. Obreskow weigerte sich, diese Forderung an seinen Petersburger Hof auch nur weiterzuleiten. Daraufhin verfügte der Rat seine sofortige Inhaftierung noch im Audienzsaal. Die Provokation war vollkommen. Der französische Gesandte Vergennes durfte sich zum Erfolg seiner diplomatischen Arbeit beglückwünschen. Die Franzosen brüsteten sich in aller Öffentlichkeit, daß »es ihren Hof drei Millionen Livres gekostet hat, die Türken in Bewegung zu bringen«.[137] Wie die Zukunft lehren sollte, wurde daraus ein Pyrrhussieg, eine gewonnene Schlacht auf diplomatischem Felde, aber kein gewonnener Krieg. Für die Außenpolitik von Frankreichs König Ludwig XV. war es eine der letzten großen politischen Fehlleistungen.

Die türkische Regierung hatte sich von Frankreich zwar in diesen Krieg hineindrängen lassen, aber man hatte durchaus eigene Vorstellungen über das, was durch diesen Krieg erreicht werden sollte. Mit Frankreich als Qausi-Verbündetem und Österreich als einem wohlwollend tolerierenden Partner gegen ein militärisch durch Polens katholische Konföderierte geschwächtes Rußland einen Eroberungskrieg zu beginnen, schien dem türkischen Diwan eine durchaus vorteilhafte und erfolgssichere Chance. Die Türken, die der Kriegspartei anhingen, wollten das von Rußland besetzte Podolien für die Türkei gewinnen. Wichtiger in diesem politischen Kalkül war ihnen aber, durch diesen Krieg, der den gegen russische Truppen kämpfenden Konföderierten zum Sieg verhelfen sollte, die Sympathie der Polen zu gewinnen. Sie sollten in eine Dankesschuld zur Türkei gebracht und so zum Bündnispartner gegen Rußland gemacht werden. Der unerwünschte Polenkönig Stanislaus II. August mußte selbstverständlich von seinem Thron verjagt werden. Dann waren, so glaubte man, alle Voraussetzungen in Polen günstig, eine tiefe Feindschaft gegen den russischen Besatzer zu schüren. Die türkische Macht würde damit nach einem gewonnenen Krieg auf europäischem Boden wieder gefestigt und auch der Weg bereits vorgezeichnet, aus dieser neuen Machtposition heraus den Österreichern das Banat wieder abzujagen.[138] Die türkische Kriegserklärung an Rußland wurde in Polen von den katholischen Konföderierten mit Jubel begrüßt. Im Bürgerkrieg gegen die Dissidenten und im Partisanenkrieg gegen die russischen Truppen waren sie entmutigt und auch am Ende ihrer Kräfte angelangt. Aber das Eingreifen der Türkei machte ihnen wieder Mut und ließ sie an den Erfolg glauben, sie könnten den Dissidenten die zugestandenen Verfassungsrechte wieder nehmen und den König aus dem Lande jagen. Ihre Phantasie entfaltete die abenteuerliche Vorstellung, daß sich eine europäische Koalition, gebildet aus den Staaten Frankreich und Österreich, ja sogar England und Preußen, für ihre Ziele einsetzen und gemeinsam mit ihnen und den Türken gegen Rußland zu Felde ziehen würde. Von der Sache her war diese Spekulation gänzlich unbegründet, aber dennoch war in dieser Situation der Friede in ganz Europa in großer Gefahr. Dieser polnisch-türkische Konflikt mit Rußland war durchaus geeignet, die Großmächte Frankreich und Österreich auf der einen, Rußland und Preußen auf der anderen Seite aufeinander zu jagen, um bei dieser Gelegenheit andere politische Rechnungen untereinander zu begleichen. Daß es dazu nicht kam, war der Besonnenheit Friedrichs des Großen und der kompromißlosen Geradlinigkeit der Politik Katharinas zu danken. Auf der anderen Seite half das furchtsame Taktieren des Fürsten Kaunitz über diese Gefahrensituation hinweg. Beinahe hätte er sich dadurch als Friedensfürst verdient gemacht.

Rußland war auf den Krieg gegen die Türkei überhaupt nicht vorbereitet. Über den Winter sollten für den Frühjahrsfeldzug zwei Armeen von sechzigtausend und von dreißigtausend Mann aufgeboten werden. Die Türken hatten für diesen Feldzug zweihunderttausend Mann mobilisiert und wurden noch durch die Streitmacht des Tatarenkhans Krimgirai von einhunderttausend Mann verstärkt. Für Katharina war die Ausgangslage der Streitkräfte denkbar ungünstig. Trotzdem lehnte sie ganz entschieden die anmaßende Forderung des Sultans ab, ihre Truppen aus Polen zurückzuziehen und die Pacta Conventa für »null und nichtig« zu erklären. Diese Forderung der Türken war eine ordnungspolitische Anmaßung, die ihnen weder Petersburg noch Berlin und Wien zugestanden. Unverkennbar war in diesem Vorgehen und den Forderungen die französische Handschrift des Kanzlers Choiseul wiederzuerkennen. Dem Naturell der Zarin entsprach es jedoch, sich in dieser für sie schwierigen Situation auf keine Kompromißverhandlungen einzulassen. Sie vertraute auf das glückliche Ende dieses Krieges und einen für ihr Land vorteilhaften Frieden.

König Friedrich II. bezog in diesem türkisch-russischen Konflikt eine eindeutige und unmißverständliche Position. Durch seinen Gesandten Zegelin ließ er den türkischen Diwan wissen, daß er loyal zu seinen Bündnisverpflichtungen gegenüber Rußland stehen würde, darüber auch keine Zweifel aufkommen lassen wollte, aber dennoch bereit sei, zwischen den Kriegsparteien zu vermitteln.[139] Der Anlaß dieses Krieges, die durch russische Soldaten verursachte Grenzverletzung, war aus seiner Sicht wenig mehr als ein marginaler Vorfall, der mit gutem Willen zwischen beiden leicht auszugleichen gewesen wäre. Seine freundschaftliche Verbundenheit mit beiden Ländern lasse ihn hoffen, mit seinen guten Diensten den Streit bis zum kommenden Frühjahr friedlich beilegen zu können. Gleichzeitig ließ er den Polenkönig durch seinen Gesandten Benoît in Warschau seine Meinung mit der Warnung wissen, daß dieser Krieg für Polen mehr Gefahren als Vorteile bringen werde. Er habe keine Zweifel, daß die russische Armee in offener Feldschlacht jede türkische Armee besiegen würde. Wie sehr er mit seinem Urteil über die politischen Folgen und die militärische Lage im besonderen recht hatte, sollte sich bald erweisen.

Auch die russische Diplomatie blieb nicht untätig. Der Gesandte Repnin erhielt den Auftrag, durch Verhandlungen die Pazifizierung Polens voranzubringen und auf diesem Wege den Türkenkrieg auszutrocknen. Vom Einfluß her konnte nur die Czartoryski-Familie sein Gesprächspartner sein. Die »Oheime«, wie die Chefs dieser Familie genannt wurden, hatten einen unvermindert großen Einfluß auf den wankelmütigen König und forderten nichts Geringeres als die Aufhebung der neuen polnischen Verfassung. Diese Forderung konnte und wollte Repnin nicht erfüllen. Als die tragende Säule von Katharinas Polenpolitik war die Verfassung nicht verhandelbar. Die Czartoryskis quittierten die russische Ablehnung mit der Drohung: »Die Nation werde ganz Polen verheeren lassen und sich nicht darum kümmern, wenn auch der größte Teil der Bevölkerung ins Gras beißen sollte.«[140]

Damit verschärfte sich die Lage in Polen erneut. Im Winter 1768/1769 trieben die Katholisch-Konföderierten als Partisanen mit den russischen Truppen ein Katz-und-Maus-Spiel, brachten sie immer wieder in Bedrängnis und fügten ihnen auch schmerzhafte Verluste zu. In der Hoffnung, die Spannungen etwas mildern zu können, verfügte Katharina im Januar 1769 die Abberufung des inzwischen bei den Polen sehr verhaßten Grafen Repnin. Als Nachfolger schickte sie den wesentlich konzilianteren Grafen Wolkonski. Ausgewirkt in einem für Rußland positiven Sinne hat sich dieses Zugeständnis der Zarin nicht. Erfolgreicher war Fürst Suworow, der Befehlshaber der russischen Streitkräfte in Polen. Ihm gelang es, durch die Bildung kleiner, aber sehr schlagkräftiger Kampfgruppen die Partisanenstrategie zu durchbrechen und die polnischen Widerstandsgruppen aufzureiben. Bei einem dieser Gefechte wurde auch der erfolgreichste Anführer des Widerstandes, Franz Pulawski, getötet. Als dann aber im Herbst 1769 von der türkischen Front Erfolgsmeldungen eintrafen, wurden Mut und Enthusiasmus der Konföderierten noch einmal beflügelt. Sie verfremdeten diese Frontnachrichten bis zur Selbsttäuschung. Ihren Partisanenkrieg wollten sie nun noch mal verschärfen, und dazu benötigten sie Hilfe von außen. Zu den westlichen Regierungen wurden Delegationen entsandt, die um tatkräftige finanzielle und materielle Hilfe nachsuchen sollten, aber auch an möglichst breiter Publizität ihres Kampfes, an diplomatischem und politischem Beistand waren die Konföderierten interessiert. Ihr Glaube an den Sieg ihres Aufstandes machte sie so sicher, daß sie sogar der russischen Zarin noch einmal ihre Forderung übermittelten, sie solle die Garantie für die rechtliche Gleichstellung der Dissidenten zurücknehmen und der Streichung dieser Artikel in der neuen Verfassung zustimmen.

Weil dieses im Grunde nur gefühlsmäßige Aufbegehren nichts als ein Strohfeuer war, verflüchtigten sich die eitlen Illusionen sehr rasch. Die polnischen Delegationen brachten von ihren Westreisen nach Paris und Wien zwar etwas Geld mit, aber die Botschaft von echter Hilfsbereitschaft konnten sie nicht mit nach Hause nehmen. Österreich sagte zwar die bisher versteckt gelieferte Hilfe für die Aufständischen auch weiterhin zu, offiziell hielt man sich mit politischen Äußerungen in der Polenfrage jedoch zurück. Aus Potsdam hatte die Delegation den wohlmeinenden Rat des Preußenkönigs an ihren König im Gepäck, es sich mit der Zarin nicht vollends zu verderben.[141] Ein positives Echo fand diese polnische Demarche nur am kursächsischen Hof in Dresden. Die Polen, die Potockis und Sangoskos, ja sogar Adam Czartoryski und der Primas von Polen blickten auf die jahrzehntelange Regierungszeit der sächsischen Könige zurück, als sei es für Polen das goldene Zeitalter, eine ruhmvoll-glückliche Epoche gewesen. Deshalb müsse König Stanislaus II. August vom Thron vertrieben und der sächsische Kurfürst Karl polnischer König werden. Am Dresdner Hof wurde diese Botschaft natürlich mit Wohlwollen zur Kenntnis genommen. Die ehrgeizige und charmante Kurfürstin Maria Antonia entfaltete sofort wieder eine emsige Aktivität[142] in Wien, Paris und Berlin, und sogar der Kurfürst, dem die polnische Königskrone wenig begehrenswert erschien, war schließlich nicht mehr abgeneigt, sie anzunehmen.

Katharina und Friedrich beobachteten dieses diplomatische Intrigenspiel sehr aufmerksam. Die Unzuverlässigkeit, das ständige Lavieren des Polenkönigs, ihres Schützlings, machte ihnen zwar viel Ärger, aber in dieser Situation standen beide unbeirrt zu Stanislaus und ließen keinem Umsturzversuch eine Chance.

Der französische Hof wurde in dieser Zeit von den polnischen Abgesandten verschiedenster Konföderiertengruppen förmlich überflutet. Dem Staatskanzler Choiseul gaukelten sie eine gut ausgerüstete und schlagkräftige Konföderierten-Armee vor. Um Rußland zu besiegen und den König zu stürzen, brauchte man jetzt nur noch die Hilfe Frankreichs. Choiseul war natürlich auch ein nüchtern analysierender und urteilender Mann. Er entsandte einige Kundschafter nach Polen, die ihm über die tatsächliche Lage Bericht erstatten sollten. Inzwischen aber war er mit der politischen Entwicklung recht zufrieden. Sie paßte nahtlos in sein Konzept. Die Türkei hatte er bereits erfolgreich in den Krieg mit Rußland verwickelt. Nun bedrängte er Österreich, einer Allianz gegen Rußland beizutreten. Auch bei Preußen machte er sich Hoffnungen, diesen Staat durch großzügige Handelskonzessionen aus dem Bündnis mit Rußland herausbrechen zu können. So blieb nur noch das kursächsische Begehren, dem Kurfürsten Karl wieder die polnische Königskrone aufs Haupt setzen zu können. Mit all dem war Choiseul sehr einverstanden, und als die polnischen Abgesandten ihm versicherten, sie wünschten sich nichts mehr, als einen französischen Prinzen in erblicher Monarchie auf ihrem Königsthron zu haben, nahm er auch diese Botschaft wohlwollend zur Kenntnis. Inzwischen hatten seine Kundschafter in Polen ihre Missionen beendet. Was sie zu berichten hatten, war für König Ludwig XV. und Kanzler Choiseul ernüchternd. Die Konföderierten hatten zwar einen Generalmarschall als Oberbefehlshaber, aber die Armee selbst war im Lande nicht auffindbar. Es gab einige Gruppen von einigen hundert Kriegern im Lande verteilt, die um persönlicher Vorteile willen heftig gegeneinander kämpften. Gegen den erklärten Feind Rußland war hingegen kriegerische Aktivität nicht festzustellen. Der französische Kundschafter M. de Taulès schrieb in seinem Bericht: »Ich habe in diesem Lande nicht ein Pferd gefunden, das verdient hätte, in die Ställe des Königs aufgenommen zu werden, und kehre daher mit dem Geld zurück, weil ich keine Mähren kaufen wollte«.[143] Er fand im Lande keine Soldaten, keine Munition und keine Artillerie.

Diese und andere Berichte waren verheerend, aber Choiseuls politische Vision, das Rußland Katharinas in die Knie zu zwingen, blieb ungebrochen. In einer Art von Vorwärtsstrategie beschloß er den Konföderierten das zu geben, was sie für ihren Krieg benötigten. Anfang 1770 schickte er einen bewährten Militär, den Oberst Dumouriez, als Militärberater in das Hauptquartier der Konföderierten nach Eperies in Ungarn. In seiner Delegation nahm der Oberst erfahrene Artillerieoffiziere mit, die die Konföderiertentruppen ausbilden sollten. Natürlich erhielt er für seine Mission erhebliche Geldmittel bewilligt, um das erforderliche Kriegsgerät zu beschaffen. Der sächsische Kurfürst Karl war sofort bereit, sich mit viertausend Infanteristen an der Aufstellung einer Kerntruppe zu beteiligen. Aus dieser Kerntruppe sollte nach der Ausbildung eine schlagkräftige Armee aufgebaut werden, die in Abstimmung mit den Türken am Krieg gegen Rußland teilnehmen sollte.

Die politischen Aktivitäten Choiseuls blieben Katharina nicht verborgen. Nicht ohne Ironie machte sie Bemerkungen über Frankreichs Geheimdiplomatie, die gegen ihr Land gerichtet war. Der preußische Gesandte Graf Solms berichtete darüber seinem König am 25. September 1769: »Elle trouve plaîsanter sur le remerciement qu'Elle devoit on Duc de Choiseul de lui avoir procuré par ses intrigue la possession de trois forteresses, celles de Chotzin, d'Azof et de Tagenrog.« – Sie beliebte über den Dank zu scherzen, den sie dem Herzog von Choiseul schuldete, mit seinen Intrigen drei Festungen in ihren Besitz gebracht zu haben. Auf die Gefahren, die für ihr Land von Frankreichs Politik ausgingen, reagierte sie allerdings nicht mit Scherzen. Sofort nach der türkischen Kriegserklärung begann sie schon im Winter 1768 ihre Armee unter Einsatz aller verfügbaren Mittel und mit großer Energie aufzurüsten. Im Frühjahr 1769 eröffnete Rußland die Kampfhandlungen mit einer von Fürst Alexander Michailowitsch Golitzin geführten Armee gegen die Festung Chotzin. Die türkische Armee konnte diese Angriffe zwar zunächst erfolgreich abwehren; aber im September mußte sie dann die erste vernichtende Niederlage hinnehmen. Die Reste der türkischen Armee des Großwesirs flohen über die Donau nach Westen. Die Festung Chotzin, die Moldau-Provinz und schließlich auch die Walachei wurden von russischen Truppen erobert und besetzt. Den Krieg konnte die russische Armee mit einem endgültigen Sieg nicht beenden, aber sie hatte doch beeindruckend bewiesen, daß Rußland von den zahlenmäßig überlegenen Janitscharen nicht einfach überrannt wurde. Die europäischen Herrscherhäuser wußten zu der Zeit zwar schon richtig einzuschätzen, daß die berüchtigte Kampfkraft der Janitscharenverbände gebrochen war, aber die Kampfkraft der russischen Verbände gegen die immer zahlenmäßig weit überlegenen türkischen Armeen war die große und für Frankreich und Österreich irritierende Erfahrung aus dem ersten Kriegsjahr. Den Winter 1769/1770 nutzte Katharina zur Verstärkung ihrer Flotte im Schwarzen Meer. Als das Frühjahr 1770 kam, wurde der Krieg auf dem Meer und zu

Lande fortgesetzt. Am 5. Juli 1770 stellte sich die türkische Flotte bei Tschesme und wurde von den Russen vernichtend geschlagen. Seitdem hat Rußland die Herrschaft über das Schwarze Meer nicht mehr abgegeben. Dem Sieg in der Seeschlacht folgte der Versuch, die Dardanellen mit Schiffen zu durchbrechen. Daß dieses Manöver mißlang, verdankten die Türken dem preußischen Festungsbaumeister Freiherr von Tott. Nach seinen Plänen sind die Befestigungen gebaut und so überlegen mit Artillerie bestückt worden, daß die russischen Schiffe im Hagel der Kanonenkugeln die Flucht ergreifen mußten. Zur gleichen Zeit setzte die Landarmee ihren Siegeszug des Jahres 1769 fort. Der Besitz der Moldau und der Walachei wurde abgesichert, und die zwischen Dnjester und Donau siedelnden tatarischen Völker erkannten die russische Zarin Katharina als ihre rechtmäßige Herrscherin an.

Die gut ausgedachte Strategie von Choiseul wurde von den russischen Waffenerfolgen so offensichtlich überrollt, daß er zu zögern begann, in die Aufstellung und Ausrüstung einer Konföderierten-Armee weiter Geld und Prestige zu investieren. Der Gedanke, diese Armee einmal gegen Rußland marschieren zu lassen, wurde auch ihm abenteuerlich. Es war sicher nicht diese Fehlleistung allein, die König Ludwig XV., veranlaßte, seinen Staatskanzler Herzog von Choiseul am 24. Dezember 1770 aus seinem Amt zu entlassen; aber dieser Anlaß war für den König die hilfreiche Gelegenheit. Zum Nachfolger berief er den Herzog von Aiguillon. Mit dessen Amtszeit war eine Politik verbunden, die die Aufmerksamkeit stärker nach innen auf die Konsolidierung der Finanzen und die Wohlfahrt des Volkes richtete.

Für die Konföderierten in Polen war der Sturz des Kanzlers Choiseul verhängnisvoll. Aber nicht nur für sie hatte der Amtswechsel in Frankreich Konsequenzen. Das aggressive Potential in der europäischen Politik wurde spürbar heruntergestuft, wurden friedensgefährdende Spannungen abgebaut. Nur der Wiener Hof brauchte noch einige Zeit, bis man auch dort bemerkte, daß die Obstruktionspolitik, die in Partnerschaft mit Frankreich betrieben wurde, dem Habsburger Reich bei dem weiteren europäischen Kräftemessen nur Schaden bringen konnte.

Krisenherd Mitteleuropa

Das Jahr 1770 war voller Gefahren. Wie sehr man politisch bis zum Äußersten gegangen war, war den Herrschern und ihren Regierungen vermutlich gar nicht voll bewußt. Das fast unermeßlich große Dokumentenmaterial aus dieser Zeit vermittelt uns heute den Eindruck, jeder handelte in der Überzeugung, nicht nur die größere Macht zu besitzen, sondern dem Gegner an Klugheit und Raffinesse überlegen zu sein. Aber dieses Gefühl der Überlegenheit war wiederum auch nicht absolut, denn ganz sicher scheute jeder davor zurück, sein eigenes Land in einen Krieg zu stürzen; aber genauso unbedenklich wurde versuchte, den Gegner mit den Mitteln der Diplomatie in einen Krieg mit einer dritten Macht hineinzutreiben. Es war eine Art diplomatisches ›Bridge mit ausgeglichener Sans-Atout-Reizung‹, wobei ein Spieler im Vertrauen auf die Unterstützung durch seinen Partner das Spiel zu machen versuchte. Auf die politische Konstellation in Europa angewendet, wollte Frankreich mit Österreich als *Dummy* spielen; Rußland und Preußen waren die Gegenspieler. Friedrich hatte das weniger gute Blatt und konnte nur klug bedienend auf eine günstige Verteilung für einen oder mehrere Stiche hoffen, während Katharina »Contra!« sagte und ganz auf Gewinn setzte. Die Partie konnte eröffnet werden. Katharina spielte aus.

Dieses Jahr 1770 war vordergründig für Rußland ein außerordentlich erfolgreiches Jahr im Krieg gegen die Türkei. Die Mobilisierung der Ressourcen in Rußland hatte sich voll ausgezahlt. Der weitaus größere Erfolg war aber die Stabilisierung des friedlichen Miteinanders der Großmächte in Europa. Wären die Waffenerfolge auf seiten der türkischen Armee gewesen, Europa wäre, ohne groß in Spekulation zu verfallen, am Jahresende 1770 in ein verheerendes Kriegschaos gestürzt, von dem auch die kleineren Fürstentümer nicht verschont geblieben wären, und am Ende eines solchen Gemetzels hätte die politische Landkarte Europas anders ausgesehen. Auch die Realität, die Feldzüge der russischen Armeen in diesem Jahr 1770 und der Sieg über den türkischen Angreifer, hat die Landesgrenzen in diesem

Teil Europas gehörig verändert, aber das Gleichgewicht der Großmächte wurde noch einmal stabilisiert, und Europa behielt für zwei Jahrzehnte den Frieden.

Frankreich hatte diese Partie verloren. Choiseul war gescheitert. Er hatte in beängstigender Weise ein feingeknüpftes Netz von Beeinflussung und Förderung oppositioneller Strömungen in anderen Ländern, versteckten materiellen und offenen publizistischen Subventionen, von Intrigen und delikat eingefädelten Verleumdungen gesponnen. Es erwies sich aber als nicht tragfähig, bekam Bruchstellen und zerfiel am Ende des Jahres schließlich gänzlich mit dem fast symbolischen Sturz von Choiseul. Frankreich schied für zwei Jahrzehnte aus der internationalen Politik aus. Im Osten hatte das für Polen die Konsequenz, keine Schutzmacht für die Wahrung seiner Interessen zu haben, als es um die staatliche Existenz dieses Landes ging. Im Südosten wurde die Türkei bis an den Bosporus zurückgedrängt. Daß der Islam nicht vollständig von europäischem Boden vertrieben und in diesem Gebiet ein *griechisches Königreich* mit Katharinas Günstling Fürst Orlow auf dem Thron geschaffen wurde, scheiterte am Widerstand Englands. Polen war der französischen Politik so weit entrückt, daß der neue Kanzler, der Herzog von Aiguillon, die Teilung Polens »eine höchst auffallende Begebenheit« nannte, die »in Erstaunen versetzen und selbst diejenigen überrascht haben müßte, welche der Szene näher waren«.[144]

Hinter der diplomatischen Fassade war 1770 dieser teuflische Brei zusammengebraut worden, und nicht ohne Grund müssen wir uns fragen, warum ausgerechnet die Franzosen diese Art von Kabinettspolitik betreiben konnten und warum ihre Außenpolitik so penetrant gegen Rußland gerichtet war. Für das an der Atlantikküste gelegene Frankreich war es zu der Zeit ein Reich, das vom französischen Mutterland fast unerreichbar weit entfernt war. Die erste Frage ist vielleicht am treffendsten kulturhistorisch zu beantworten. Zu allen Zeiten konnte die Kraft des Wortes mehr bewegen als die Waffen. Die allen geläufige und damit auch für alle verbindliche Sprache war damals Französisch. Es war eine Art kommunikative Trägerfrequenz. An allen europäischen Fürstenhöfen war man um die verfeinerte französische Konversation bemüht, konnte der eigenen Intellektualität Glanz verleihen und das gesellschaftliche Vergnügen an den Höfen fördern. So ist es nur verständlich, daß ein Gast oder gar ein Diplomat mit französischer Muttersprache einen natürlichen Vorteil hatte. Die semantischen Tiefen seiner Muttersprache in der Diplomatie einzusetzen und mit dem Charme zu verbinden, den die Sprache dem Menschen verleiht, ist eine menschlich verständliche Eigenart. Nur so ist zu verstehen, warum beim Ringen der diplomatischen Vertreter um die besseren Argumente ihres Landes der Franzose allzu oft den größeren Einfluß ausüben konnte. Er hat als Diplomat das Instrument Sprache virtuos zu nutzen verstanden. Vergennes war der Vertreter Frankreichs am türkischen Hof in Konstantinopel, und er war ein hochgebildeter und kultivierter Mann. Österreich ließ sich bereitwillig auf diese intellektuelle Schiene der Beredsamkeit locken und setzte darauf, in Partnerschaft mit Frankreich eines günstigen Tages an Preußen Rache für den Verlust Schlesiens nehmen zu können. Wie sehr diese beiden Länder gemeinsam mit ihrer Politik den Frieden in Europa ausreizten und dadurch ihre Gegner Preußen und Rußland in einem kriegsbereiten Spannungszustand hielten, grenzte an ein Treiben von Hasardeuren und war sogar kontrapunktiv, weil sie ihre Gegner zu besonderer Wachsamkeit anstachelten. Üblicherweise versucht ja die Politik, den Gegner pazifistisch einzuschläfern, um ihn dann um so müheloser zu überwältigen. Aus zahlreichen Briefen und Dokumenten Friedrichs des Großen wissen wir aber, daß er die französisch-österreichische Gefahr in allen ihren Schattierungen im Blickfeld behielt und bei seinen eigenen Entscheidungen berücksichtigte. Katharina war in dieser Sache eher unbekümmerter. Ihre Westpolitik glaubte sie mit dem Bündnis-Vertrag mit Preußen vom 11. April 1764 und der geheimen Zusatzvereinbarung vom 30. Januar 1767 hinreichend abgesichert. Welche Bedrohung immer von Frankreich und Österreich ausgehen konnte, an Preußen kamen sie zunächst nicht vorbei, und erst weit dahinter im Osten lag ihr Land. Deshalb fiel es ihr auch nicht schwer, über die Kabinettspolitik des Herrn von Choiseul mit amüsierten Aperçus zu scherzen; aber unvorsichtig war sie dieser Politik gegenüber auch keinen Augenblick. Als ihr im Verlauf des Türkenkrieges das kriegerische Gehabe der beiden Gegner gefährlich zu werden schien, versuchte sie die Idee einer Nordischen Liga wiederzubeleben. Zu allererst Preußen, dann auch England, Holland, Dänemark und Schweden sollten sich zu einem Defensivbündnis gegen Frankreich und Österreich zusammenschließen. Friedrich winkte ab. Er konnte keinen Nutzen für sich darin erkennen, bestenfalls zusätzliche Verpflichtungen, und überhaupt fand er auch nie einen gefühlsmäßigen Zugang zur englischen Mentalität, obwohl seine Mutter Sophie Dorothea von Preußen doch die Tochter des englischen Königs Georg I. war. Aber der war ja auch gebürtiger Hannoveraner.

Frankreichs politische Rolle aus kulturhistorischer Sicht ist im gesellschaftlichen Umfeld dieser Zeit wohl gut einzuordnen, die zweite Frage aber bleibt, wie die feindliche Haltung gegenüber Rußland zu erklären ist. Katharina hatte eine starke gefühlsmäßige Bindung an die selbst erfahrene englische Lebensart. Die ungute Erfahrung ihrer ersten Jahre als Großfürstin am Petersburger Hof hatte ihr den britischen Gesandten McCartney zu einem fast väterlichen Freund gemacht. Dieses Verhältnis hat sie lebenslang geprägt. Obwohl auch sie mit Vorrang die französische Sprache benutzte, hatte sie für den Versailler Hof, den König und seine Umgebung keine Sympathie. Frankreich hatte es sie am hartnäckigsten fühlen lassen, daß sie durch eine Revolte auf den Zarenthron gekommen war und ihr, der Usurpatorin, lange Zeit die Anerkennung verweigert. So war ihre Distanz gegenüber Frankreich nur zu verständlich. In Frankreich war zu dieser Zeit ein Königsmord nicht vorstellbar. Das Gottkönigtum war im Bewußtsein der Menschen noch fest verankert, und solche Gedanken waren schon im Ansatz ein Frevel. Diese über das ganze Volk herausgehobene Stellung wurde dieser Anhalt-Zerbster Prinzessin aber nicht zugebilligt. Sie war zwar von Adel, aber eben doch nur aus dem niederen Dienstadel. Viel stärker wog aber Katharinas überlegene Politik, die Frankreich immer stärker zu fühlen bekam und an dessen Selbstverständnis kratzte, geistig und politisch die vorherrschende Macht in Europa zu sein. Man hatte schließlich erst mit Österreich um die Vormacht gerungen, dann wuchs Preußen zu einer Großmacht mit geistigem und politischem Führungsanspruch heran, und nun meldete die russische Zarin ebenfalls ein Mitspracherecht als Führungsmacht an. Gründe also genug, warum die französische Politik den Versuch unternahm, diese Entwicklung mit allen Mitteln zu bekämpfen.

Es ist im nach außen projizierten, oberflächlichen Bild offenkundig, daß Frankreich unter König Ludwig XV. machtpolitisch auf den europäischen Kontinent fixiert blieb, obwohl es doch jenseits des Kanals und fast vor der eigenen Haustür seinen wirklich großen Gegner im Kampf um die Stellung als beherrschende Weltmacht hatte. Dem König blieb aber in seiner ganzen, langen Regierungszeit trotz intensiver Vorbereitungen die Chance versagt, bei einer günstigen Gelegenheit den Krieg auf die englische Insel hinüberzutragen. Dezennien später, als Napoleon dieses Unternehmen doch wagen wollte, war England als Weltmacht schon zu mächtig geworden. Es bleibt aber ein geschichtlich bemerkenswerter Vorgang, daß mit dem Abgang Choiseuls von der politischen Bühne auch Frankreichs Europapolitik entwurzelt wurde. Von da ab bis zur Französischen Revolution war Frankreichs Außenpolitik kastriert. Die politische Großwetterlage wurde von der russischen Zarin Katharina beeinflußt, wenn nicht sogar bestimmt.

Das Bündnis zwischen Rußland und Preußen – wirklich eine den Frieden stabilisierende Größe in dieser Zeit – basierte im Hinblick auf die preußische Herkunft der Zarin Katharina wohl nur unterschwellig auf Gefühlsverbundenheit. Machtpolitisch war es kongenial, und so wurde es auch in der Praxis von beiden Seiten rein nach Zweck und Nützlichkeit politisch ausgefüllt. Seine Wirkung lag darin, daß die Gegner auf Vermutungen angewiesen waren und nie recht wußten, unter welchen Bedingungen die Mechanismen des Bündnisses ausgelöst würden und in welchem Ausmaß sich die Vertragspartner dann zur Hilfe kämen. Daß dieses Bündnis nicht gegen einen Dritten, aber sehr auf die Eigeninteressen der Partner ausgerichtet war, zeigte sich, als

1767 der Zusatzvertrag ausgehandelt wurde. Schon bald nach Abschluß dieser Vereinbarung setzte sich Friedrich II. mit Nachdruck dagegen zur Wehr, von Rußland in Konflikte mit Polen hineingezogen zu werden. Seinem Petersburger Gesandten Graf Solms schrieb er am 6. November 1767 ganz unmißverständlich, der Allianzvertrag mit Rußland sei geschlossen worden, um den Frieden zu erhalten, nicht, um ihn zu brechen: »J'ai conclu mon alliance avec la Russie pour conserver la Paix, mais non pour la rompre.«[145] Der Vertrag und die Zusatzvereinbarung sollten 1772 auslaufen. Die politische Lage veränderte sich aber fortgesetzt. 1768 hatte die türkische Regierung Rußland den Krieg erklärt, deshalb begannen bereits in diesem Jahr zwischen den Regierungen die Gespräche über die Verlängerung und Anpassung der Vertragsartikel an die jetzt entstandene politische Lage. Dieser Krieg konnte eine Sogwirkung entfalten, die auch Preußen mit in den Strudel hineinziehen konnte. Wie sehr dem König diese Situation Sorgen bereitete, schrieb er seinem Bruder Heinrich am 3. Dezember 1768: »Nous sommes dans une grande crise, où il faudra du bonheur pour en bien sortir. La nouvelle de la guerre a surpris et consterné les Russes, parcequ'ils ne s'y attendaient pas du tout; ... ils exigent beaucoup, et je suis très résolu à ne point m'embarquer dans une guerre qui ne nous regarde pas, et dont le fruit serait pour un autre ... Les Polonais commencent à ouvrir les yeux sur le précipice qui s'ouvre pour eux; ... – Wir sind in einer großen Krise, und man wird Glück brauchen, um daraus gut herauszukommen. Die Kriegserklärung hat die Russen überrascht, weil sie überhaupt nicht darauf vorbereitet waren ... Sie verlangen viel, aber ich bin fest entschlossen, mich nicht in einen Krieg hineinziehen zu lassen, der uns nichts angeht und dessen Früchte die anderen ernten würden ... Die Polen beginnen ihre Augen zu öffnen über dem Abgrund, der sich unter ihnen öffnet.«[146] Um aber von den Früchten doch noch seinen Anteil zu bekommen, forderte er eine russische Garantie für den Anschluß der beiden Markgrafentümer Ansbach und Bayreuth an Preußen, wenn die dort regierenden Fürstenhäuser aussterben sollten. Kanzler Panin forderte in seinem Gegenentwurf zwar von Preußen erheblichen militärischen Beistand in Polen und weitere politische Unterstützung in Schweden, wo die Schwester Friedrichs des Großen mit dem Thronfolger verheiratet war, aber Preußens Anspruch auf Ansbach und Bayreuth wollte er nur garantieren, »sofern er mit dem Reichsgesetz nicht in Widerspruch steht«. Für Friedrich eine kaum hinnehmbare Einschränkung, denn die Reichsgesetzgebung war widersprüchlich und konfus. Dieser Diskurs gibt einen Einblick, wie hartnäckig um Vorteile gerungen und gleichzeitig versucht wurde, den Vertragspartner in die Pflicht zu nehmen. Hatte aber beim ersten Vertrag der König die weitaus ungünstigere Ausgangsposition, weil er nach dem Ende des Siebenjährigen Krieges den Schutz und den Beistand Rußlands brauchte, saß jetzt der Zarin der Türkenkrieg im Nacken. Doch unabhängig von diesem selbstverständlichen Vertragsgerangel um Vorteile wurde dieser Vertrag mit einer Laufzeit von zehn Jahren abgeschlossen. Friedrich bekam die verbindliche Zusage für Ansbach und Bayreuth nicht. Doch heißt es: »Aufgeschoben ist nicht aufgehoben« und sehr bald ergab sich die Gelegenheit, die Zusage von Rußland einzufordern. Ansbach und Bayreuth fielen an Preußen, als die dort regierenden Fürstenhäuser in der männlichen Linie ohne Nachkommen blieben.

Die Partnerschaft von Rußland und Preußen war auf Bündnistreue begründet und hatte sich bewährt. Das Verhältnis der Regierungen in Wien und Paris war dagegen getrübt. Die Kaunitzsche Politik hatte zunächst bei der Wahl des polnischen Königs erneut eine Niederlage einstecken müssen. Danach hielt sich Kaunitz mit diplomatischen Aktivitäten zurück und überließ dieses Feld seinem französischen Amtsbruder Choiseul. Die Unterstützung der katholischen Konföderierten gewährte er nur sehr verhalten, und auf türkischer Seite in den Krieg gegen Rußland einzutreten, dazu wollte er sich von Frankreich schon gar nicht drängen lassen. Zwar unternahm er nichts, dessen politische Strategie auf dem Balkan zu mäßigen oder gar zu bremsen. Hier wollte er zunächst abwarten und sich bei günstigem Verlauf den Einstieg offenhalten. Sollte Schlesien aber dem Preußenkönig in absehbarer Zeit nicht wieder abzujagen sein und Preußen im Gegenteil an politischem Gewicht gewinnen, dann wollte er auch dieser Entwicklung vorsorglich Rechnung tragen. So kam es zu diplomatischen Fühlungnahmen, bei denen er die Bereitschaft seines Kaiserhauses signalisierte, sich zumindest doch einmal persönlich kennenzulernen. Auch der Preußenkönig war diesem Gedanken nicht abgeneigt.[147] Die zunehmend schwierigere Lage der Türken im Krieg gegen Rußland half dieser gedanklichen Entwicklung nach, so daß Kaunitz und die Kaiserin Maria Theresia schließlich meinten, im Preußenkönig einen »Verbündeten im Geiste« auszumachen, einen Verbündeten, der, des russischen Herrschaftsanspruchs überdrüssig, sich durch die Machtpolitik des Petersburger Hofes mehr und mehr bedrängt fühlen müßte. Mit diesen Vorstellungen ging er daran, ein erstes Treffen Friedrichs mit dem jungen Kaiser Joseph II. vorzubereiten. Kaunitz erhoffte sich dadurch eine Belastung des Vertrauensverhältnisses zwischen Petersburg und Potsdam und glaubte so seinen politischen Einfluß sowohl in Konstantinopel wie auch in Warschau bei den Konföderierten wieder etwas stärker zur Geltung bringen zu können. Und je tiefer er sich in diese Gedanken hineingrub, um so stärker nahm seine politische Vision über ein »Bündnis im Geiste« mit Preußen Gestalt an. Mit Unterstützung Preußens wollte er der Zarin das Zugeständnis abringen, in Polen die Dissidenten nicht länger unter ihren Schutz zu stellen und schließlich auch die »Neue Verfassung« für null und nichtig zu erklären. Wie schon so oft, bemerkte er nicht, daß sein umtriebiger Verstand mit ihm Purzelbäume schlug. Er hatte noch immer nicht bemerkt, aus welchem Holz sein Gegenpart Katharina geschnitzt war, und genauso selbstverständlich war es auch, daß Friedrich von keinem noch so verlockenden Angebot Österreichs sich hätte verführen lassen, sein Bündnis mit Katharina zu beschädigen. Und an solchen, aus seiner Sicht verlockenden Angeboten ließ er es in der Tat nicht fehlen. Jetzt wollte er noch im letzten Moment Rußland nach einem siegreich beendeten Krieg als Großmacht im Norden verhindern; und dazu war ihm jedes Mittel recht. Er, das Haus Habsburg, wollte sich mit dem Preußenkönig endgültig aussöhnen und Freundschaft schließen. Seinen Widerpart einmal mehr unterschätzend, bot er an, was ihm gar nicht gehörte: Friedrich sollte den größten Teil der Provinz Schlesien an Österreich zurückgeben und dafür mit Kurland und Polnisch-Preußen reich entschädigt werden.

Diese politischen Ideen des Österreichers Kaunitz lassen sich auf den August des Jahres 1769 datieren. Es ist der erste Quellenhinweis, in dem ein führender Staatsmann Europas den Nachbarstaaten polnisches Territorium zur Disposition stellen wollte. Doch in die diplomatische Bearbeitung und in die Politik ist dieses Papier des Fürsten Kaunitz erst gar nicht gelangt. Schlesien war für Preußen ein Tabuthema und nicht verhandlungsfähig. Erst kurze Zeit vorher, gewissermaßen zur Klimaverbesserung, hatte Kaunitz durch seinen Gesandten Graf Nugent dem König versichern lassen, daß Schlesien von Österreich definitiv nicht mehr begehrt werden würde. Diese kaiserliche Zusicherung war ein Ehrenwort. Um es mit seinem *Plan* nicht verletzen zu müssen, verfiel Kaunitz auf den Einfall, die Türken einzuschalten. Sie sollten dem Preußenkönig diesen *Plan* als eigenen Vorschlag unterbreiten und die Geneigtheit Österreichs signalisieren. Es war ein verwegenes Unterfangen, das in Potsdam von vornherein keine Chance hatte, für das die Türken sicher nicht zu gewinnen waren und das dem internationalen Ansehen Österreichs großen Schaden zufügen mußte. In Wien erhob der junge Kaiser Joseph II. Einspruch, und der *Plan* verschwand im »Wiener Haus-, Hof- und Staatsarchiv«.[148]

Friedrich der Große konnte dem Gedanken des Wiener Hofes, ein Fürstentreffen zwischen Österreich und Preußen zu arrangieren, zunächst keinen sinnvollen Inhalt abgewinnen. Er wollte sich aber einem solchen Kennenlernen auch nicht versperren, und so kam es zu der viertägigen Konferenz im schlesischen Ort Neisse. Kaiser Joseph II. reiste inkognito als Graf Falkenstein an. Ein Zusammentreffen von historischer Bedeutung wurde es nicht. Es wurden umfangreiche Besprechungsprotokolle angefertigt[147], inhaltlich dokumentieren sie aber nur einen freundlichen, recht substanzlosen Meinungsaustausch. Der Habsburger wollte sich zu den politischen Absichten seines Landes nicht äußern, und der Hohenzoller vermied es gleichermaßen, die aktuellen und hochpolitischen brennenden Fragen als Besprechungsthemen vorzuschlagen. Am Ende wurde nur über ein von Kaunitz vorbereitetes »Neutralitätsversprechen« verhandelt, das aber wegen bestehender Bündnisverträge nur eine bilaterale Vereinbarung sein konnte und politisch bedeutungslos geblieben ist. Im nachhinein bewertete Friedrich II. diese Zusammenkunft als psychologisch nützlich, und auch dem Wiener Hof war klar, daß Wichtiges hatte nicht bewegt werden können. Immerhin hinterließ dieses Treffen aber psychologische Spuren. Obwohl Friedrich sie über den Verlauf freimütig informierte, argwöhnte Katharina, es könne sich eine Allianz anbahnen. Solche Gedanken wollte sie erst gar nicht entstehen lassen und drängte jetzt auf den schnellen Abschluß eines neuen und erweiterten Bündnisvertrages mit Preußen, der eine Laufzeit von zehn Jahren haben sollte. Die im vorausgegangenen Vertrag von Rußland verwässerte Garantieverpflichtung bezüglich Ansbachs und Bayreuths wurde jetzt eindeutig notifiziert, und als Gegenleistung verpflichtete sich Preußen, Schwedisch-Pommern zu besetzen, falls Rußland von Schweden angegriffen würde. Dazu schrieb Graf Solms an Friedrich: »Ich bin überzeugt, daß man hier (in Petersburg) nichts tun wird, Eure Majestät daran zu hindern, sich Stralsund und ganz Schwedisch-Pommern anzueignen, und daß man sich auch nicht widersetzen wird, wenn Sie diese Gebiete für immer in Besitz nehmen.«[149] Am 12. Oktober 1769 konnte der Vertrag mit einer Laufzeit bis 1777 abgeschlossen werden.

In Wien blieb der Staatskanzler Kaunitz nach dieser ersten Begegnung weiter bemüht, das Klima mit dem Preußenkönig zu verbessern. Das war kein plötzlich entstandenes Sympathiebedürfnis, eher eine Zwangssituation, denn die Erfolge der russischen Armeen gegen die Türkei wurden immer beeindruckender. Auch Friedrich nahm das mit Wohlgefallen zur Kenntnis; aber beide hatten doch gänzlich unterschiedliche Gedanken. Kaunitz war sofort wieder am Nachdenken, wie sich aus dem verbesserten Klima ein möglichst gezieltes gemeinsames Vorgehen entwickeln ließe. Diesmal gedachte er die stets guten Beziehungen Preußens mit dem türkischen Hof zu nutzen. Die Kriegslage der Türkei verschlimmerte sich fortgesetzt, deshalb mußte dieser Krieg so oder so beendet werden. Preußen sollte nach seiner Vorstellung in dieser Sache eine Brückenfunktion zwischen Rußland und der Türkei und schließlich auch die Mediation, die Vermittlung, beim Aushandeln der Friedensbedingungen übernehmen. Würde dies gelingen, dann wären dem Expansionsdrang Rußlands zunächst einmal Grenzen gesetzt. Von Potsdam aus wurde dieser Krieg wesentlich eindimensionaler gesehen. Wie bei allen früheren Kontaktbemühungen stand beim König unverrückbar fest, daß die Beziehungen zu Petersburg keine Schrammen bekommen durften. Eingebettet in dieses Vertrauensverhältnis, bereitete es ihm aber natürlich Sorgen, in Rußlands ›furor belli‹ hineingezogen zu werden. Der gerade erneuerte Bündnisvertrag enthielt in dieser Hinsicht sehr präzise formulierte Beistandsverpflichtungen. Deshalb konnte ihm ein baldiger Friedensschluß, wenn auch aus anderen Gründen, als sie für Österreich galten, nur sehr recht sein. Aber in Petersburg als Mahner für den Frieden aufzutreten, wie sich Kaunitz das vorstellte, dafür war König Friedrich nicht zu gewinnen. Auch als Friedensstifter und in der Vermittlerrolle wollte er nicht in der ersten Reihe stehen. Für diese Rolle als Mediator ließ er den Österreichern gerne den Vortritt. Damit waren die Gemeinsamkeiten beider Höfe erschöpft.

Entmutigen ließ sich Kaunitz durch diese Zurückhaltung Preußens nicht. Allseits bekundete er nun, die seit der damals unerwünschten Königswahl in Polen praktizierte »systematische Inaktivität« des Wiener Hofes zu beenden. Außer der Verkündung dieses Wortspiels geschah aber auf der politischen Bühne nichts. Im Gegenteil gab der türkische Hof in Konstantinopel unmißverständlich zu verstehen, daß ein Friedensschluß unter den von Rußland mitgeteilten Bedingungen einer nicht ehrenvollen Kapitulation gleichkäme und deshalb auch nicht verhandelbar sei. Jetzt forderte der türkische Sultan unter Berufung auf die zwischen ihren Ländern bestehenden Verträge den kriegerischen Beistand der Österreicher, jedenfalls in erkennbarem Ausmaß, so daß sich die Türken vor einem Angriff Österreichs sicher fühlen konnten. Sicher eine Peinlichkeit für Wien, denn man war nicht mehr bereit, den Türken in diesem Krieg echte, materielle Hilfe zu leisten. Als einziges Zugeständnis gestattete Österreich den katholischen Konföderierten in Polen, Kriegswaffen über die ungarische Grenze in die Kriegsgebiete zu befördern. Alle anderen Wünsche der Konföderierten, u. a. die diplomatische Anerkennung, wurden von Maria Theresia verweigert.[150]

In den Monaten nach dem Königstreffen in Neisse bemühte sich Kaunitz weiter um eine Klimaverbesserung mit Preußen, und ein gutes Jahr später bereitete er ein zweites Treffen mit dem Preußenkönig vor. Diesmal wollte er aber selbst mit am Verhandlungstisch sitzen und hatte sich, wie es seine Art war, minutiös darauf vorbereitet. Dieses zweite Treffen von Österreich und Preußen fand diesmal in Neustadt auf österreichischem Staatsgebiet vom 3. bis zum 7. September 1770 statt. Kaunitz legte sein Besprechungsprogramm vor, das als »Catechisme politique«[151] in die Dokumentensammlung[147] eingegangen ist. Die darin aufgeführten Gesprächspunkte sind sehr allgemein gehalten und dienten im Grunde nur dazu, zum zweiten, wichtigeren Verhandlungsgegenstand überzuleiten. Im »Katechismus« sind als Themen unter anderem aufgelistet:

Die Verhandlungen sollten nicht in einen Vertrag münden, sondern ein mündliches oder schriftliches Versprechen darstellen. Ein aufkommendes Mißtrauen sollte durch freundschaftliche Aufklärung ausgeräumt werden. Verhandlungen sollten von Freimut und Aufrichtigkeit gekennzeichnet sein, und es sollten keine Vorschläge zum Schaden und Nachteil des anderen gemacht werden. Weiterhin sollten die neuerlich freundschaftlichen Beziehungen beider Höfe allgemein bekanntgemacht, aber keine Annäherungsversuche beim anderen Bündnispartner unternommen werden. Über Unternehmen von größerer Bedeutung sollte man sich vorher unterrichten und schließlich fortlaufend miteinander im Gespräch bleiben.[152] Es war eine Aneinanderreihung von Selbstverständlichkeiten, aber in der Diplomatie ließen sie sich dennoch trefflich verwenden. Der Preußenkönig stimmte diesem Katalog ohne Einwände zu. Sein Anliegen bei dieser Zusammenkunft war viel nachdrücklicher darauf gerichtet, daß beide, insbesondere aber Österreich, sich bei den Türken für einen Friedensschluß zwischen Rußland und der Türkei einsetzen sollten. »Faisons donc la paix au plus tôt, je vous prie – Ich bitte Sie, machen wir Frieden«[153], wiederholte er mehrmals. Nach diesem Vorgespräch unterbreitete Fürst Kaunitz seinen neuesten Plan. Er wollte auch Frieden stiften, aber zunächst nicht in der Türkei, sondern in Polen. Nach seinen Vorstellungen sollten sich Katholiken und Dissidenten an einen Tisch setzen und darüber verhandeln, was jede Seite in die Verfassung geschrieben haben wollte, und er bekräftigte seinen Friedensplan mit dem Kommentar: »So einfach ist es, Frieden zu stiften.« So ungeniert einfach waren Konflikte aber weder in Polen noch sonst irgendwo in Europa zu lösen.

Sofort nach seiner Rückkehr nach Potsdam gab der König einen ausführlichen Bericht an die Zarin Katharina über sein Zusammentreffen in Mährisch-Neustadt mit Kaiser Joseph II. und seinem Kanzler Kaunitz.[154] Und sehr schnell meldeten sich auch die Türken bei ihm mit der Bitte, die Vermittlung zur Wiederherstellung des Friedens mit Rußland zu übernehmen. Dazu war er sofort bereit, nannte aber auch die für Rußland unverzichtbaren Bedingungen und Mindestforderungen: Die Freilassung des Fürsten Obreskow, Azow müßte an Rußland abgetreten und der polnische König Stanislaus II. August anerkannt werden.

Es war vorherzusehen, daß Katharina die österreichischen Befriedungsvorschläge für Polen ablehnen würde; und sie tat es in der ihr eigenen resoluten Art: Ihr General Fürst Romanzow wurde unverzüglich nach Konstantinopel geschickt, um mit dem Sultan Verhandlungen über einen Frieden aufzunehmen. Die Vermittlungsbereitschaft von Preußen und Österreich wies sie in einem Antwortschreiben an Friedrich in freundlichster Form zurück. Sollte es dennoch erforderlich werden, wollte sie ihre vertrauten und zuverlässigen Bundesgenossen England und Preußen darum ersuchen. Österreich war für sie nicht annehmbar.

Die Kaunitzsche Diplomatie hatte mit dieser Reaktion erneut eine unmißverständliche Schlappe einstecken müssen. Daß die Dinge so völlig entgegen seinen Vorstellungen und Absichten gelaufen waren, muß ihn so verärgert haben, daß er seiner Kaiserin empfahl, »zur Lösung des Problems Rußland« nunmehr an der Seite der Türkei aktiv am Krieg teilzunehmen. Sehr zur Erleichterung des Preußenkönigs kam aber in der Wiener Hofburg dieser Beschluß nicht zustande. Kaiser Joseph wandte sich dagegen; er setzte darauf, den Preußenkönig für sein Vorhaben zu gewinnen, mit abgestimmten Noten an den Petersburger Hof den kriegerischen Elan der russischen Armeen eingrenzen zu können. So hoffte er zu verhindern, daß die Türken bei den Friedensverhandlungen in eine allzu ungünstige Lage kämen. Er wollte Zeit gewinnen. Das Jahr ging zu Ende, und für das kommende Frühjahr 1771 schien es ihm ratsam, abzuwarten, wem sich dann das Kriegsglück zuwenden würde. Nur, wenn russische Truppen über die Donau auf Konstantinopel vordringen würden, dann wollte auch er mit seinen Truppen in den Krieg gegen Rußland eingreifen. Seine Krisenstrategie enthielt aber noch zwei unerfüllbare Bedingungen: Die Türkei sollte die Walachei an Österreich abtreten – und Preußen mußte bereit sein, mit Österreich einen Bündnis- oder Nichtangriffspakt abzuschließen. Diese unrealistische Überlegung zeigt, daß man in Wien noch immer keine Kenntnis vom Russisch-Preußischen Bündnisvertrag hatte. Danach wäre Preußen bei der ersten Angriffshandlung Österreichs gegen Rußland in den Krieg eingetreten, aber Kaiser Joseph wollte in voller Unkenntnis der Lage mit Preußen einen Vertrag verhandeln.

Van Swieten[155], ein junger Diplomat, redegewandt und mit der französischen Sprache und Kultur verbunden, wurde von Kaunitz auserwählt, den Preußenkönig für sich und für Österreichs Plan zu gewinnen. Friedrich fand Gefallen an diesem intelligenten jungen Mann, aber für dessen politische Demarchen war der König zu erfahren. Was ihm van Swieten vorzutragen hatte, waren aus seiner Sicht Zumutungen. Trotzdem ging er freundlich darauf ein und gab ihm zu bedenken, daß die von Rußland ausgehende Gefahr vom

Wiener Hof überzogen beurteilt würde. Den Expansionsdrang dieses Landes könne er nicht erkennen, und er glaube auch nicht, daß die Zarin Katharina für seinen, Friedrichs, mäßigenden Einfluß zugänglich sei.

So ging dieses an politischen Spannungen reiche Jahr zu Ende, und mit den ungelösten Problemen wurden alle Krisen und die Kriegsfurcht in das Jahr 1771 mit hinübergenommen. Die Türkei hatte sich geweigert, mit Rußland in direkte Verhandlungen zu treten. Wien und Berlin sollten bei Friedensgesprächen mit am Verhandlungstisch sitzen. Friedrich kannte die wirklichen Bedingungen Rußlands. Katharina hatte sie ihm, und nur ihm, vertraulich mitgeteilt. Sie waren so kompromißlos hart, daß selbst er in Harnisch geriet und erwog, sich gänzlich aus diesem Streit zurückzuziehen. In Wien rangen Regierung und Kaiserhaus mit unterschiedlichen Ansichten um den für Österreich richtigen Weg und die einzuschlagende politische Richtung. Kaunitz trat entschieden für ein Kriegsbündnis mit der Türkei ein und forderte, den Russen den Krieg zu erklären, und war sogar bereit, das Risiko eines Krieges mit Preußen in Kauf zu nehmen. Joseph fürchtete die Gegnerschaft von Rußland und Preußen. Er hoffte einerseits noch immer, daß der Preußenkönig am Petersburger Hof Druck ausüben und mäßigend auf Katharina einwirken würde. Andererseits sah er im diplomatischen Spiel eine günstige Chance, das hohe Ansehen Friedrichs bei den Türken zu erschüttern, wenn er ihnen klarmachen konnte, daß Österreich der Türkei im Krieg gegen Rußland nicht beistehen könne, solange Preußen sich verweigerte, auch nur eine Neutralitätsverpflichtung abzugeben. Auch die totale Niederlage der Türkei zog Joseph mit in sein Kalkül. Dann wollte er die türkischen Provinzen an seiner südlichen Landesgrenze durch seine Armeen besetzen lassen und schließlich den Russen einigermaßen erträgliche Friedensbedingungen für die Türken abringen. Maria Theresia wollte sich für keine der beiden Ansichten entscheiden. Sie spürte wohl die Kriegsgefahr, die von beiden Konzepten, wenn auch unterschiedlich stark, ausging. Ein schon illusorischer Vorschlag fand dann aber ihre Zustimmung: Die Armeen von Österreich und Preußen sollten gemeinsam in Polen einmarschieren, den katholischen Konföderierten damit zu Hilfe kommen und die sich bekriegenden Bürgerkriegsparteien voneinander trennen. Das ließ sich als eine bewaffnete Vermittlung deklarieren, und man würde dann auch die Machtmittel besitzen, den Polen die Friedensbedingungen zu diktieren. Ob sich Preußen für diesen Plan gewinnen lassen würde, war auch dem Wiener Triumvirat Maria, Kaunitz und Joseph höchst ungewiß, aber eine Neutralitätsverpflichtung des Preußenkönigs würde auch schon hinreichend sein, die österreichischen Truppen allein in Polen einmarschieren zu lassen. Die Denkschriften und der Beschluß, König Friedrich zu einem Neutralitätsversprechen zu bewegen und mit den Türken eine Verständigung zu suchen, sind zusammengefaßt im »Rapport a. S. M. l'Imperatrice sur un Memoire de S. M. l'Empereur concernant le campagne des Russes contre les Turcs et la systeme à adopter par notre Cour, le 18. Janv. 1771«. Maria Theresia hatte dazu am 23. Januar 1771 die handschriftliche Anmerkung gemacht: »Die Anmerkungen über die jetzige Weltumbstände seind nur gahr zu wahr, doch kunnte selben nicht beyfallen, weillen gleich mich in Krieg verführten, den noch allzeit suche abzuhalten und alle Mittel anzuwenden, umb selben zu verhindern.«[156]

Bei allen diesen politisch-strategischen Überlegungen ist das Selbstbewußtsein der Politiker bemerkenswert, Armeen zu besitzen, die keinen Gegner zu fürchten hatten. Seit dem letzten verlorenen Krieg waren noch keine sieben Jahre vergangen. Man muß sich auch daran erinnern, daß die Kaiserin Maria Theresia sofort nach dem Friedensschluß von Hubertusburg begonnen hatte, ihre Armee nach preußischem Vorbild zu reorganisieren. Diese Maßnahme zeigte Wirkung, und nicht zum geringsten in der Außenpolitik.

Die delikate Aufgabe, den Preußenkönig für diesen Plan zu gewinnen, fiel also dem Gesandten van Swieten zu. Aber so abwegig die Überlegungen im Wiener Kabinett waren, so sicher war auch der Mißerfolg van Swietens. Kaunitz mußte ein weiteres Mal einsehen, daß es ihm nicht gelingen würde, in das preußische Bündnis mit Rußland einen Keil zu treiben.[157]

Ein echtes Versatzstück der Geheimdiplomatie wurde inzwischen von Wien mit den Türken in Szene gesetzt. Der französische Gesandte St. Priest hatte mit weitreichenden Hilfeversprechen Frankreichs die kriegerische Stimmung bei der Regierung in Konstantinopel angeheizt, bevor der Duc de Choiseul am 30. Dezember 1770 als Regierungschef von Ludwig XV. entlassen wurde und er selbst ebenfalls nach Paris zurückkehren mußte. Der Kanzler Kaunitz glaubte, der richtige Zeitpunkt sei gekommen, den Türken in ihrer Bedrängnis ein Defensivbündnis vorzuschlagen. Nach seinem Verhandlungskonzept kam es in diesem Vertrag darauf an, die Leistungen mehr allgemein und in ausdeutbaren Formulierungen zu halten, aber die Leistungen der Türken um so präziser festzuschreiben. Vierunddreißig Millionen Gulden sollte die Türkei jährlich für Österreichs Beistand an Wien bezahlen. Weiterhin wurde die Abtretung der siebenbürgischen Walachei gefordert und eventuell auch die Stadtgebiete Belgrad und Widdin.

Für diese Aufgabe hielt Kaunitz den österreichischen Gesandten Thugut in Konstantinopel für den rechten Mann. Der ging so zu Werke, daß er ohne Legitimation eine gewisse Bereitschaft des Preußenkönigs andeutete, an der Seite eines türkisch-österreichischen Bündnisses gemeinsam gegen Rußland Front zu machen. Die Türken waren über diese scheinbare Wendung ihres Schicksals begeistert und boten dem preußischen Gesandten jede Geldsumme an, um Preußen endgültig zu kaufen. Von Thugut hervorragend psychologisch gelenkt, forderte die türkische Seite dann sehr nachdrücklich die vom Preußenkönig wiederholt angebotenen Vermittlungsdienste ein. Diese Verhandlungen spitzten sich zu in der Forderung, Zegelin sollte, um die Glaubwürdigkeit seines Königs nicht in Frage zu stellen, unverzüglich ein »Memoire« unterzeichnen, das den preußischen König verpflichtete, sofern seine Vermittlungen bei den Russen erfolglos blieben, »durch thätige Vorkehrungen und durch Gewalt der Waffen die Pforte zu unterstützen«. Von türkischer Seite und dem ihm »freundschaftlich« verbundenen Thugut erheblich unter Druck gesetzt und fast in eine Zwangslage geraten, war er schließlich bereit, das »Memoire« zu unterzeichnen, wenn darin der Passus »und durch Gewalt der Waffen« gestrichen und ein gleichlautendes Dokument von Thugut für Österreich unterzeichnet werden würde. Das war nicht seine eigene Idee. Thugut hatte ihm freundlich seine Hilfsbereitschaft als »guten Dienst« angeboten, gewissermaßen als Freundschaftsdienst, um seinem Kollegen mit dieser »Belanglosigkeit« aus der Patsche zu helfen. Beide Herren unterzeichneten für jeden erkennbar die Dokumente. Was aber Zegelin nicht wußte und auch nicht ahnen konnte, war ein Akt der Hintertreppendiplomatie: Thugut hatte, um dem preußischen Gesandten die Unterschrift abzutrotzen, mit den Türken vereinbart, daß das von ihm unterzeichnete Dokument unverzüglich danach zerrissen und vernichtet werden müßte. Und so ist es auch geschehen.

Nach diesem Zwischenspiel führte Thugut seine Verhandlungen über den Defensivbündnisvertrag weiter. Dabei gelang es ihm in geschickt verwirrender Verhandlungsführung, durch Zugeständnisse in unwichtigen Dingen die wirklich verpflichtenden Vereinbarungen ganz im Sinne seines Auftraggebers durchzusetzen. Es entstand schließlich ein Vertragswerk, das aufgrund geschickter Formulierungen Österreich in allen kritischen Situationen ermöglichte, durch semantische Auslegung des Textes den Einsatz seiner kriegsbereiten Armee gegen Rußland hinauszuzögern und am Ende zu vermeiden. Im Vertragstext war das so formuliert, daß Österreich bereit sein und tatsächlich die Feindseligkeiten gegen Rußland eröffnen würde. Eine terminliche Festlegung konnte Thugut aber verhindern. Als Gegenleistung verpflichtete sich die Türkei im Vertrag, die Walachei an Österreich abzutreten, 11,25 Millionen Gulden jährlich zu zahlen und Österreich exklusive Handelsrechte einzuräumen. Österreich sicherte seinerseits zu, einen Friedensschluß mit Rußland auf der Grundlage des Belgrader Traktates herbeizuführen. Diese Zusage beinhaltete nichts Geringeres als die Rückgabe aller Gebiete, die Rußland in diesem Krieg von der Türkei erobert hatte. Natürlich gab es auch hier die einschränkende Formulierung »oder auf Grundlage anderer nach Zeit und Umständen für die Pforte annehmbarer Bedingungen«. Zieht man vergleichsweise den Moralkodex heran, den Fürst Kaunitz dem Preußenkönig im September 1770 bei dem Fürstentreffen in Neustadt als »Catechisme politique« vorgelegt hat, ist dieser Vertrag gegen jeden menschlichen, aber auch politischen Anstand gemacht worden. Er verstieß gegen Treu und Glauben. Am 6. Juli 1771 wurde dieses Traktat in Konstantinopel unterzeichnet.[158] Für die Türkei wurde es verhängnisvoll und hatte ein sehr hartes Friedensdiktat durch den Sieger Rußland zur Folge. Österreichs Gesandter Thugut führte die Vertragsverhandlungen mit den Türken so geheim und diskret, daß Zegelin nichts davon erfuhr, so daß auch König Friedrich davon keine Kenntnis hatte.

Genesis der Teilung Polens

Im zweiten Drittel des 18. Jahrhunderts war es noch ein ahistorisches Unterfangen, bei dynastisch orientierten Staatszielen eine sinnvermittelnde Brücke zwischen den Herrschenden und dem Bürger, dem Volk, dem Untertan, zu suchen. Diese staatspolitischen Ideen als verbindende Kraft zwischen den Regierenden und den gesellschaftlichen Gruppen begannen sich erst – in Ansätzen erkennbar – zu entwickeln. Es wäre deshalb verfehlt, die machtpolitischen Veränderungen und ethnischen Zuordnungen vom Podest der demokratischen Staatsidee unserer Zeit aus zu untersuchen oder gar zu bewerten. Die demokratisch-nationalistische Staatsphilosophie hat immerhin Auswüchse des Machtmißbrauchs möglich gemacht, die in der reinen Lehre sicher nicht beabsichtigt und in der früheren monarchischen Ordnung kaum vorstellbar waren, daß beispielsweise ethnische Gruppen, ja ganze Völker vernichtet wurden und werden, wenn sie in ihrem Staatswesen als störende Minderheit empfunden werden.

Wenn sich also aus guten Gründen die moralphilosophische Bewertung absolutistisch-monarchistischer Machtpolitik verbietet, kann doch mit ebenso guten Gründen nach den machtpolitischen Absichten und Zielsetzungen der

Herrscherfiguren gefragt werden, um sie an ihrem tatsächlichen Handeln zu messen. So rückt eine Antwort in den Bereich der Wahrscheinlichkeit auf die Frage, ob Machtbesessenheit, Selbstüberschätzung, Geltungsdrang, Gewissenlosigkeit, misanthropische Brutalität oder Gewissensbindung an Gott, Religiosität, Verantwortungsbewußtsein, das ›Dienen‹ für das Volk als erste Pflicht den Monarchen und seine die Politik gestaltenden Minister geleitet haben. Diesen ›Wertkriterien‹ entsprach sicher keine der Persönlichkeiten in Gänze, aber jede von ihnen personifizierte entsprechend ihrer Veranlagung doch eine Mischung daraus mit sehr unterschiedlicher Zusammensetzung.

Viele schriftliche Zeugnisse aus dieser Zeit geben Einblick in das Verantwortungsbewußtsein und in Gewissenskonflikte der Herrschenden für das Wohlergehen ihrer Untertanen. Der Fürstenstand in dieser noch nicht nationalstaatlichen, vorrepublikanischen Periode war nicht nur die über Generationen zusammengefügte Machtzusammenballung. Neben der und im sittlichen Verständnis gleichrangig mit der Herrschaftsmacht war ein christlicher Kodex gewachsen. Der Anspruch des Souveräns, seinen Herrschaftsauftrag von Gott als der höchsten Instanz erhalten zu haben, war im Grunde keine Anmaßung, sondern führte direkt zurück auf die christlich-sozialen Wurzeln dieser Herrschaftsepoche, und zwar ganz unabhängig davon, ob der regierende Fürst ein praktizierender Christ war oder im Geiste der Aufklärung bereits von der kirchlichen Glaubenslehre abgerückt war. Das christliche Gedankengut war bei jedem im unterbewußten Handeln wirksam. Daß Fehlleistungen und Gewalttätigkeiten trotzdem nicht auszuschließen waren, war und bleibt das Phänomen Mensch. Deshalb bleibt auch zweifelhaft und nur politisch zu beantworten, ob vom Volk artikulierte, demokratische Herrschaftsstrukturen eine stärkere sittliche Bindungskraft bewirken. Führerpersönlichkeiten gehorchten immer in der Geschichte ihren eigenen machtorientierten Gesetzlichkeiten, unabhängig vom politischen System, dem der einzelne den Vorzug geben mochte.

Das monarchische Herrschaftssystem bis zum Ende des

18. Jahrhunderts unterschied sich im Hinblick auf die Führergestalten vielleicht doch nicht unwesentlich von der republikanischen Staatsform. Es gab für die Monarchen den »göttlichen Auftrag« in Verbindung mit dem dynastischen *Sittlichkeitskodex.* Man glaubte sich *einer höheren Macht* verantwortlich und lebte und regierte im Bewußtsein dieser Bindung. Dazu gehörten die in Biographien immer wieder beschriebene stille Einkehr, das Gebet, die Kontemplation als sittlich-religiöse Praktiken. Die republikanische Gesellschaft kennt als anonyme Masse diesen sittlichen Bezugspunkt nicht mehr. Das Volk wählt sich zu seinen Anführern die ihm genehmen *Götter*, und davon gibt es schon sehr viel mehr, als der ehrwürdige Olymp aufzunehmen vermag. So tiefgreifende Entscheidungen wie das Anzetteln und Beginnen von Kriegen unterscheidet die Fortentwicklung der monarchischen zu demokratischen Herrschaftsstrukturen nicht grundsätzlich, vielleicht mit dem Unterschied, daß bis zum 18. Jahrhundert die Monarchen ihre Heere noch selbst in die Schlacht führten und den Tod finden konnten, *wenn es Gottes Wille war.* Die Demokratie kennt diese Opferbereitschaft der Herrschenden nicht mehr.

Diese Zeitspanne von 1760 bis 1790 war in vieler Hinsicht eine Zeit tiefgreifender Veränderungen. Vermutlich war Friedrich der Große in der europäischen Geschichte der letzte König, der seine Soldaten nicht nur in die Schlacht schickte, sondern mit ihnen im Kugelhagel stand. Aber er war auch der erste Monarch der Aufklärung, der sein Handeln nicht mehr vor Gott rechtfertigen wollte, kein Herrscher im göttlichen Auftrag, sondern »der erste Diener seines Staates«. Unzweifelhaft hat dieser Umbruch in den nachfolgenden zwei Jahrhunderten zu tiefgreifenden Bewußtseins- und Verhaltensänderungen geführt. Die Frage, ob die Menschheit seitdem eine Evolution im sittlichen Verhalten durchlaufen hat, sollte vorsichtshalber offenbleiben. Von der Kaiserin Maria Theresia wissen wir, daß sie aus tiefstem Herzen gottgläubig war. Entscheidungen, wenn sie Menschen in ihrem Reich betrafen, hat sie sich im Widerstreit mit ihrem Gewissen abgerungen. Die russische Zarin

Katharina ist von ihrem protestantischen zum russisch-orthodoxen Glauben konvertiert. Für sie als Kronprinzessin war es zunächst nicht viel mehr als eine zwingende politische Entscheidung. Als russische Zarin konnte sie sich der mystischen Durchdringung dieser Glaubenslehre aber nicht entziehen. Wie stark sie sich aufgeklärt und vom Urteil Gottes frei gefühlt hat, darüber ist in ihren Biographien nur wenig geschrieben worden. Zugute halten muß ihr aber die Geschichtsschreibung, daß der Türkenkrieg für sie nicht nur eine machtpolitische Seite hatte. Obwohl im tiefsten Grunde ihrer Seele eine aufgeklärte Preußin, war es doch auch ein religiöses Anliegen, die Ungläubigen aus Europa über den Bosporus zurückzudrängen und den Balkan wieder ganz in den Hort der orthodoxen Kirche zurückzuführen. Daß sie diese Chance nutzen wollte, die Grenzen des russischen Macht- und Einflußbereiches nach Westen vorzuschieben, entsprach ganz dem Herrschaftsverständnis der absolutistischen Monarchien.

Zum Jahresbeginn 1771 brannte die Kriegsfackel lichterloh, und Katharina wünschte sich dringend eine Dreierallianz mit Preußen und Österreich, um »die Ruhe der Christenheit zu sichern«. Dafür war sie auch bereit, großzügig darüber hinwegzusehen, wenn sich Österreich an der Türkei und in Polen und Preußen in Polen schadlos halten wollten. Ähnliche Überlegungen hatte Friedrich angestellt. Auch er dachte über die Durchführbarkeit und die Konsequenzen einer solchen Dreierallianz nach. Allerdings dachte er mehr daran, durch eine solche Allianz Österreichs Bindung an Frankreich zu lockern und mit Rußland den Frieden zu stabilisieren. Diese Gedanken wurden 1771 noch keine Politik, aber vierzig Jahre später war es ein Dreierbündnis, das Europa den Frieden wiedergab. Vermutlich war es dieses Gedankenspiel, das den pommerschen Grafen und Landedelmann veranlaßte, daraus das »Lynarsche Projekt« zu kreieren, vielleicht ist es aber auch diesem politischen Gutsherrn ganz unabhängig am heimischen Kamin in den Sinn gekommen – vielleicht.

Das »Lynarsche Projekt« wollte den am Krieg mit den Türken und in Polen direkt oder indirekt beteiligten Staaten einen Ausgleich für ihre Kriegskosten geben. Da die Kassen zumindest in Polen völlig leer waren, sollte der Ausgleich nicht mit Geldzahlungen erfolgen, sondern durch Landgebiete, die der Vielvölkerstaat Polen abtreten sollte.

Österreich erhielt von diesem Projekt offiziell keine Kenntnis. Kanzler Panin in Petersburg winkte ab; er konnte diesem Projekt keine vorteilhafte Seite abgewinnen, und Friedrich war von dieser Idee auch nicht überzeugt. Seinem Gesandten Graf Solms schrieb er nach Petersburg: »Quant au projet du Comte de Lynar, mes ordres du 2 de Février vous auront fait sentir d'avance que je l'ai regardé d'abord comme très chimerique. C'est pourquoi je vous ai laissé entièrement le maître d'en parler au Cte. de Panin ou de le supprimer entièrement, et il dependra encore de votre jugement de la laisser toute a fait ignorer a ce ministre – Was das Projekt von Graf Lynar betrifft, wird meine Ordre zu erkennen gegeben haben, daß ich es als sehr schimärisch betrachtet habe. Deshalb überlasse ich es Ihnen, darüber mit dem Grafen Panin zu sprechen oder es auch zu lassen, und es ist Ihre Entscheidung, den Minister davon zu informieren.«

Friedrichs Sorge um den Erhalt des Friedens in Europa nahm Anfang 1771 ständig zu. Vor allem wuchs bei ihm der Verdacht, daß Katharina auch ihm, dem engsten Verbündeten, gegenüber mit verdeckten Karten spielen würde. Sehr drastisch drückte er seine Gefühle in einer Depesche an Graf Solms aus, daß es ihm scheine, »die Kaiserin wolle mit Herzenslust ganz Europa in diesen Kriegsstrudel hineinziehen«.[159] Es mußte ihn in der Tat verärgern, daß sie ihm nur wohldosiert in kleinen Schritten Einblick in ihre türkischen Kriegsziele gab: Da war die Eroberung und Annexion von Asow; dann die Verselbständigung der Tataren; dann die Befreiung der Griechen von der türkischen Herrschaft, die Annexion des Moldaugebietes und der Walachei; und so tröpfelten die Informationen weiter. Nach seiner Lagebeurteilung mußte auf diesem Wege irgendwo die Reizschwelle überschritten sein und Österreich in diesen Krieg eintreten. Für ihn war diese Entwicklung dramatisch, und deshalb entschloß er sich, seinen Bruder, Prinz Heinrich, nach Petersburg zu schicken. Er war ein guter Botschafter. Seit Katharinas Kindheitstagen, als sie noch die kleine Prinzessin Sophie Friederike Auguste von Anhalt-Zerbst-Dornburg war, waren beide sehr freundschaftlich verbunden. Der Prinz konnte es am ehesten riskieren, ohne die Hofetikette zu verletzen, ein offenes Wort mit der Zarin zu reden.

Am 12. Oktober 1770 trifft er in Petersburg ein. In den folgenden Monaten entwickelte sich ein intensiver Austausch von Gedanken und Informationen immer nur um die eine brennende Frage, was zum Erhalt des Friedens getan werden kann. Die vielen Anweisungen, die der König in dieser Zeit seinem Gesandten Graf Solms gab, vermitteln uns heute, wie beherrschend die ganze Politik in dieser Zeit von den Auswirkungen des türkischen Krieges bestimmt worden ist.[160]

Die andere Seite des Problems beleuchten die Gespräche, die der König mit dem österreichischen Gesandten van Swieten[161] führte. Dabei bemühte er sich, seine von Österreich als unheilvoll bezeichnete Bündnispartnerschaft mit Rußland herunterzuspielen. Am 30. Dezember 1770 begann er eine dieser Audienzen mit kritischen Worten zu Rußlands Forderungen an die Türkei, die er für anmaßend und unannehmbar hielt und die dennoch als ein Beweis russischer Mäßigung erklärt würden: »Elles sont exorbitantes, intolérables, et ils veulent les faire valoir encore comme des preuves de désintéressement et de modération«, und weiter sagte er über den Petersburger Hof, dort würde heute eine ihm völlig neue Sprache gesprochen von Leuten, die der Erfolg betrunken gemacht habe: »Le langage qu'ils tiennent aujourd'hui, m'est entièrement nouveau; ce sont des gens ivres de leurs success ...«[162]

Noch drastischer schrieb er seinem Bruder Heinrich nach Petersburg, ihm seien Hörner gewachsen, als er die Friedensvorschläge der Russen erhalten habe. Man könne sie gleich als Kriegserklärung betrachten: »Les cornes me sont venues à la tête, mon cher Frère, lorsque j'ai reçu les propositions de paix que les Russes présentent. ... Vous pouvez regarder cette pièce comme une declaration de guerre ...«[163]

Katharina betrieb gegenüber der Türkei eine resolute und kompromißlose Politik des vollen Risikos. Aus ihrer Sicht war ein eindeutiger Sieg erforderlich, wenn sie ihr Ziel, die Türken nach Kleinasien zurückzudrängen, durchsetzen wollte, und sie hat es verstanden, als Strategin mit guten Nerven Rußlands Risiko in diesem europäisch geschürten Krieg richtig abzuschätzen. Preußen gab ihr Sicherheit und Flankenschutz gegen Frankreich und Österreich. Auch vor einem Krieg gegen beide Mächte schreckte sie nicht zurück, hielt das aber für sehr unwahrscheinlich. Ganz offensichtlich ging sie mit der unbekümmerten Methode vor, die ihr der junge Preußenkönig einst vorgemacht hatte; aber Friedrich war ein alter Mann und Zauderer geworden. Mäßigend und ausgleichend auf Katharina einzuwirken, gelang ihm nicht. Solche Bemühungen mußte er aufgeben. Seine Demarchen gegen den Partisanenkrieg der katholischen Konföderierten in Polen fanden schon eher Beachtung, wenn auch zunächst noch keine Berücksichtigung. Erst im Frühjahr 1771 trat eine Veränderung ein, die nicht von Preußen herbeigeführt wurde, sondern von Österreich. Dort hatte die Armeeführung von Wien den Befehl erhalten, Truppen an den Grenzen zu Polen und der Türkei zusammenzuziehen. So nebenbei ergab es sich dabei, daß der wirtschaftlich interessante Zipser Distrikt am 27. Dezember 1770 gleich mit in Besitz genommen wurde. Und weil das überraschenderweise bei den Polen und den Franzosen keine Protestwelle auslöste, sondern sich geradezu problemlos bewerkstelligen ließ, wurden auch noch die Starosteien Novitarg und Czorstyn mit den Salzbergwerken Wieliczka und Bochnia eingegliedert. Die österreichische Verwaltung verwendete fortan das Dienstsiegel »Sigellum administrationis terrarum recuperatarum«. Damit sollte bekundet werden, daß dieses Land bis 1412 zu Ungarn gehört hatte und nunmehr rechtmäßig zu Österreich zurückgekehrt sei.

Östereichs Vorgehen in Polen sollte jedoch Konsequenzen haben, wenn auch nicht in dem Sinne, daß man Wien aufgefordert hätte, das unrechtmäßig besetzte Land wieder zu räumen. Katharina soll sich über diese Methode der Besitzergreifung am 7. Januar 1771 mit Prinz Heinrich von Preußen unterhalten haben, aber nicht kritisch tadelnd, sondern nur so leichthin fragend, warum eigentlich nicht jeder zugriffe. Graf Czernischeff soll diese Bemerkung sofort aufgegriffen und den Prinzen verwundert gefragt haben, warum denn der König das Ermland nicht auch längst in Besitz genommen habe. Das Gespräch sei sehr locker geführt worden, so daß Prinz Heinrich die Ernsthaftigkeit dieser Bemerkungen zunächst nicht richtig zu werten verstand, deshalb soll er darauf sehr sachlich geantwortet haben, daß der König in Erfüllung seiner Bündnispflichten von seinen Truppen einen Cordon habe ziehen lassen, aber Starosteien seien nicht in Besitz genommen worden. Im nachhinein schienen ihm diese Bemerkungen aber doch so wichtig, daß er dem König am 8. Januar 1771 darüber berichtete: »... j'ai été, le soir, chez l'Impératrice ... Elle ajouta: ›Mais pourquoi tout le monde ne prendrait-il pas aussi?‹ ... le Comte Tschernyschew ... me parla sur le même sujet en ajoutant: ›Mais pourquoi ne pas s'emparer de l'evêché de Warmie?...‹« Warum nicht Ermland besetzen? Er glaube sich sicher, daß dieses Gespräch nicht bedeutungslos war, und zweifle auch nicht daran, aus dieser Sache Profit zu ziehen: »... il est certain que cela n'était pas pour rien, et je ne doute pas qu'il sera très possible que vous ne profitiez de cette occasion.«[164] Friedrichs Antwort war sehr zurückhaltend. Er erinnert ihn an die Kriegsgeschichte, die sein Land an den Rand des Ruins gebracht habe, und jetzt für Ermland ein Risiko einzugehen, das konnte ihm »keine sechs Sous« wert sein. Sollten Österreich und Rußland miteinander in Krieg geraten und sich in diesem Kampf erschöpfen, dann sei ihm die Neutralität weitaus mehr wert. Er könne dann abwarten, ob der Verlauf des Krieges für ihn Akquisitionen begünstigen würde oder ob es von Vorteil sei, neutral zu bleiben ... Aus der Neutralität ließe sich mehr Nutzen ziehen als für die kriegführenden Mächte. »Wenigstens könnte ich meine Neutralität mit Würde erhalten«: »Celle dont nous sortons, a été trop ruineuse et trop violente pour que nous puissons sitôt en entreprendre une nouvelle, et ce qu'on nous fait voir en perspective, l'Ermeland, ne vaut pas la peine de dépenser six sous pour l'acquerir. Si les Autrichiens entrent en guerre avec les Russes, comme je le crains fort, il y aura bien entre eux d'autres choses à règler que ce cordon de la Pologne qu'ils ont envahie; ainsi je ne me presserai pas, et j'attendrai si les évènements favorisent pour faire quelque acquisition, ou bien je demeure comme je suis. En attendant, tout moment que la paix continue, nous acquérons de nouvelles forces, et si la Russie et l'Autriche s'épuisent les uns contre les autres, je crois qu'il y aura plus à gagner pour la puissance neutre que pour les puissances belligérantes; du moins pourrai-je soutenir ma neutralité avec dignité.«[164]

Als sei ein wichtiges politisches Thema zum Gespräch freigegeben worden, begannen in Petersburger Hofkreisen die Spekulationen zu wuchern. Rußlands Anspruch auf Livland und weitere Gebiete Polens wurde diskutiert und Preußen ermuntert, sich für alle Kosten durch die Inbesitznahme polnischer Gebiete schadlos zu halten, die ihm bisher durch den Bündnisvertrag entstanden seien. All dieses Gerede bei Hofe war aber nichts als eine Gerüchteküche. Die offizielle politische Linie des Staatskanzlers Graf Panin hieß: Im ungeteilten Polen seien Ruhe und Frieden das wichtigste Anliegen. Österreich sollte des Friedens wegen aus Polen möglichst ferngehalten werden und die Gebiete wieder räumen, von denen es bereits Besitz ergriffen hatte, da es sich doch nur um Besitzrechte handele, die aus ungarischen Archiven über die ferne Vergangenheit ausgegraben worden seien. Über diesen offiziellen Standpunkt berichtete Prinz Heinrich am 11. Januar 1771. Panin schränkte seine Erwartung allerdings selbst ein, »... cette cour Vienne était trop intimement liée avec la France pour qu'on puisse croire qu'elle s'en détacherait«, daß der Wiener Hof zu eng an Frankreich gebunden sei, um glauben zu können, daß er sich davon lösen würde. Wenn dieser Hof aber wirklich ehrlich Frieden wolle, »si cette cour désirait sincèrement la paix ..., qu'il espérait que, lorsque les vraies intentions de la Russie lui seraient connues, qu'elle s'y emploierait officieusement, et que peut-être on pourrait alors insensiblement l'engager à prendre d'autres vues«, hoffe er, sobald Rußlands wahre Absichten bekannt wären, daß sich Wien offiziös dafür einsetzt, und daß man es dann vielleicht unmerklich beeinflussen könnte, einen anderen Standpunkt einzunehmen.[165] Friedrich antwortete darauf seinem Bruder, daß er Panins

Friedensvorstellungen in bezug auf Österreich für illusorisch hielte. »La haine secrète qu'on a dans ce pays pour les Russes, surpasse toute imagination«, der heimliche Haß gegen die Russen übersteige alle Vorstellungen, und der Gedanke, Ermland in Besitz zu nehmen, ist ihm »ne vaut pas la chandelle«, nicht die Kerze wert. Anders beurteilte er den Erwerb von Polnisch-Preußen. Auch ohne Danzig schafft das die freie Verbindung zum Königreich Ostpreußen. Dafür ist er bereit zu bezahlen, auch, »S'il s'agissait de dépenser de l'argent, cela en vaudrait la peine, et d'en donner même largement ...«, wenn es darum ginge, Geld auszugeben. Das ist ihm die Mühe wert, auch reichlich dafür zu bezahlen. Dann warnt er seinen Bruder aber auch vor übler Nachrede. Wenn man sich mit zu großem Eifer um den Erwerb von Bagatellen bemühe, würde einem schnell ein gieriger und unersättlicher Charakter nachgesagt, Eigenschaften, von denen er nicht möchte, »qu'on m'attribuât plus qu'on ne la fait déjà en Europe«, daß man sie ihm noch mehr anhängt, als man es schon in Europa tue.[165]

Die Hofdiplomatie in Petersburg beschäftigte sich zu dieser Zeit nicht ausschließlich mit Plänen, wie man sich an polnischem Staatsgebiet bereichern könnte. Dieses Thema bot zwar reichen Gesprächsstoff, aber bei den Meinungsführern gab es deutlich erkennbar auch zwei Gruppierungen. Noch aus der Zeit der Zarin Elisabeth II. hatte sich die eine Gruppierung eine nostalgische Sympathie für den früheren Bundesgenossen Österreich bewahrt. Sie wünschte sich erneut ein Bündnis mit dem Hause Habsburg, wollte zusammen mit Österreich in der Türkei Frieden stiften und bei dieser Gelegenheit auch Polen befrieden. Sie war in Hofkreisen nicht mehr stark vertreten, aber als meinungsbildende Kraft nicht unbeachtet zu lassen. Die andere Partei hatte sich ganz auf Preußen eingeschworen. Der Bündnisvertrag war Dreh- und Angelpunkt ihres Denkens. Er durfte nicht in Frage gestellt werden. Ihr Feind war die Türkei. Und wer immer diesem Land Beistand leistete, egal, ob auf direkten oder indirekten Wegen, der wurde in das türkische Feindbild eingebaut. Dem Bundesgenossen Preußen Gebiete von Polen in Aussicht zu stellen, war für sie eine selbstverständliche Sache, zumal die in Betracht kommenden Gebiete weit überwiegend deutsch besiedelt waren. Das am Hofe freimütig besprochene Kriegsziel Katharinas, das Osmanische Reich über den Bosporus nach Kleinasien zurückzudrängen, fand in diesen Kreisen vorbehaltlose Unterstützung. Doch das waren nur die üblichen Gedankenspielchen des Hofes, obwohl, wie das besonders in Versailles der Fall war, Meinungen gebildet wurden, die dann auch die Politik beeinflußten.

Die tatsächlich durchgeführte Politik hatte sich im Januar und Februar des Jahres 1771 regelrecht an der Türkenfrage festgebissen. Die österreichischen Truppen waren in einer beunruhigenden Anzahl an den Landesgrenzen zu Polen und zur Türkei zusammengezogen worden, und in Potsdam verstand es der österreichische Gesandte van Swieten[166], seinen persönlichen Einfluß auf den Preußenkönig zu vertiefen. Mit geschickter Konversation bestärkte er ihn in dem Gefühl, ohnmächtig in ein vermeintlich unvermeidbares Verhängnis hineinzuschlittern. Durch diese Gespräche und unter dem Druck seiner Sorgen verfaßte er eigenhändig eine Denkschrift an die Zarin, über die sie keineswegs erfreut war. Beim Prinzen Heinrich, der gerade an ihrem Hof zu Besuch war, lud sie ihren Ärger ab. Seine Fürsprache für die Sache der Türken könne sie nur als unangemessen und unangebracht empfinden, und er solle seinen Widerstand gegen ihre Forderungen doch besser den anderen überlassen, wenn er nicht das Bündnis mit Rußland gefährden wolle.

Das waren sehr offene und harsche Worte. In dem langen Antwortschreiben auf Friedrichs Denkschrift hat sie ihre Worte deutlich diplomatischer gewählt, in der Sache aber keine Abstriche getan: Vornean und kompromißlos stand ihre Forderung, die türkische Regierung müsse die dreiste Verletzung diplomatischer Regeln rückgängig machen und den russischen Gesandten in Konstantinopel, Graf Obreskow, ohne Bedingungen freilassen. Hierzu erbäte sie die Unterstützung des Königs. Sofort sei sie dann auch bereit, den Krieg mit der Türkei zu beenden, ohne die Vorteile zu beanspruchen, die sie durch die Erfolge der russischen Armeen erlangt habe, »... je ne demande aucune acquisition propre à mon empire«. Die freie Seefahrt auf dem Schwarzen Meer und die freie Durchfahrt durch die Dardanellen seien keine Forderung Rußlands, sondern eine völkerrechtliche Selbstverständlichkeit. Nicht zu verdrängen sei aber, daß der Krieg, den ihr die Türkei aufgezwungen habe, ihrem Land erheblichen Schaden zufügte. Dafür verlange sie mit der von ihr vorgesehenen Verselbständigung der Fürstentümer Moldau und Walachei zu Recht den angemessenen Ausgleich; ein Vorhaben im übrigen, das der österreichischen Politik entgegenkomme, denn dieses Land wolle ja einen militärisch und politisch geschwächten Nachbarn. Auch dafür habe sie volles Verständnis, obwohl ihr nicht entgangen sei, daß sich die Politik Wiens zur Zeit bemühe, »d'insister beaucoup sur cet équilibre de l'orient«, das Land wieder ins Zentrum der europäischen Politik zu rücken, was als Auswirkung des Bündnisses mit Frankreich bedeutsam geworden sei, »l'invention peut-être n'est due qu'à une alliance avec la France«. Das Verlangen Österreichs, das türkische Territorium am Dnjestr und an der Donau als »unantastbar« zu erklären, könne sie nur als frivole Besorgnis zur Kenntnis nehmen, die eine Lust nach Krieg verrate, »il faudrait avoir bien envie de faire la guerre, pour la faire sur une crainte aussi frivole ...« – Ihren Brief schließt sie beinahe beschwörend, »de ne se point laisser détourner«, sich von seinem wahren Wunsch, die Kaiserin dankbar zu verpflichten, nicht abbringen zu lassen und »de concourir avec moi à vaincre tous le obstacles«, sich mit ihr gemeinsam zu bemühen, alle Schwierigkeiten zu überwinden.[167] Das waren freundliche, aber sachlich-eindeutige Worte. Die Erwiderung Friedrichs erfolgte prompt am 13. Februar 1771. Darin versichert er Treue und Freundschaft in diesem Bündnis. Aber gerade deshalb fühle er es als seine Pflicht, ihr seine Besorgnis über den Aufmarsch von zwei österreichischen Armeen an der ungarischen Grenze mitzuteilen. Ihm sei klar, daß solch ein Krieg ganz andere Ausmaße annehmen werde als der türkische; und die Zündschnur sei jetzt von Österreich an das Pulverfaß gelegt worden, »que les matières combustibles sont toutes préparées, et qu'une étincelle peut causer un incendie plus considérable que celui d'à présent«. Diese Angelegenheit dürfe nicht als Bagatelle abgetan werden, »je prie V. M. de ne pas traiter cette négociation en bagatelle. J'ai tout ça bien regardé comme une affaire de la plus grande importance et qui, si elle venait à manquer pourrait facilement lui attirer une guerre beaucoup plus serieuse et plus difficile que celle des Turcs.«[168]

Im preußisch-russischen Verhältnis trat dann eine genauso plötzliche wie grundlegende Veränderung ein. Der Grund war die Heimkehr von Prinz Heinrich aus Petersburg. Er reiste dort am 30. Januar 1771 ab und war am 17. Februar 1771 wieder zurück in Potsdam. Seinen dreimonatigen Aufenthalt bei der Zarin hatte er gut genutzt. Viele vertrauliche Gespräche eröffneten ihm einen sehr persönlichen Einblick in ihre Gedankenwelt als Beherrscherin dieses riesigen russischen Reiches. Es war ihm dabei nicht verborgen geblieben, auf wie schmalem Grat die Zarin balancieren mußte, daß sie aber auch über die seelischen Kraftreserven verfügte, ihren Weg souverän zu gehen. Dabei war das zuverlässige Bündnis mit dem Preußenkönig ein essentieller Bestandteil ihrer Politik. Dem Prinzen Heinrich wurde bei diesen Gesprächen aber genauso bewußt, wie eng verknüpft Preußens Erfolg, vielleicht sogar dessen gesicherte Existenz, mit Rußlands Zarin Katharina in dieser labilen, bis zum letzten ausgereizten politischen Landschaft war. Aus dieser sehr persönlichen Sicht und Erfahrung des Prinzen mußte der letzte Briefwechsel zwischen König und Zarin eine erneute Bewertung erfahren, und Friedrich erkannte offensichtlich nach der ausführlichen Berichterstattung seines Bruders, daß er sich von Österreichs Gesandten van Swieten in eine falsche und gefährliche Richtung hatte locken lassen.

Prinz Heinrich brachte aus Petersburg aber nicht nur sein allgemeines Urteil über die Zarin als Persönlichkeit mit. Er hatte sich mit der Zarin auch über höchst aktuelle politische Entwicklungen in Polen ausgetauscht. Österreichs Politik der *kalten Annexion* polnischer Gebiete forderte Rußland und Preußen gleichermaßen heraus. Man konnte das auch weiterhin stillschweigend geschehen lassen und sich ebenso verhalten oder Zwang auf Österreich ausüben, die besetzten Gebiete wieder herauszugeben. Für die Durchsetzung einer solchen Forderung hatten aber nur Rußland und Preußen gemeinsam das Machtpotential, das die Österreicher zum Nachgeben veranlassen konnte.

Wie war es überhaupt zu verstehen, daß Österreich seine Annexionen durchführen konnte, ohne daß sich ganz Europa erregte? Mit den Zipser Starosteien Novitarg, Szolin und weiteren Gebieten, mehreren Städten und siebenundneunzig Dörfern hatte Österreich bereits ein Gebiet von mehr als dreißig Meilen im Umfang in Besitz genommen. Prinz Heinrich vertrat seinem königlichen Bruder gegenüber weiterhin die Ansicht, daß Österreich durch dieses Vorgehen die Bestandsgarantie, die unverkürzte Erhaltung der polnischen Adelsrepublik, bereits ausgehebelt habe. Dieser Zugewinn an Land dürfe im Hinblick auf das Mächtegleichgewicht in Europa nicht außer acht gelassen werden; und weiter müßte bedacht werden, daß Preußens Leistungen im Rahmen des Bündnisvertrages bei diesem polnischen Abenteuer schon ein erhebliches Ausmaß angenommen hätten. Deshalb müßte jetzt gehandelt werden. Weiteres Abwarten könnte sich zum Nachteil für Preußen entwickeln. Hätte Rußland den Krieg gegen die Türkei erst einmal siegreich beendet und mit dem Friedensvertrag türkische Gebiete annektiert, würde ein nachfolgender Krieg mit Österreich um die Rückgabe polnischen Territoriums ganz unwahrscheinlich werden. Im Gegenteil würde Rußland sich dann ebenfalls polnische Gebiete aneignen. Livland und andere Gebiete seien ja bereits genannt worden. Was aber würde geschehen, wenn sich die politischen Gewichte bis dahin verschoben hätten? Preußen würde seine für Rußland essentielle Stellung einbüßen, und Österreich verweigerte dann preußische Ansprüche, zum Beispiel auf Polnisch-Preußen und Danzig. Eine erneute österreichisch-russische Allianz wäre für diesen Fall nicht auszuschließen. Um eine solche Entwicklung der Politik zu verhindern, müßten schon jetzt die Weichen richtig gestellt werden. Jetzt sei die Bündnispartnerschaft noch intakt, und Rußland sowohl wie Preußen könnten sich der österreichischen Taktik bedienen. Daß die polnischen Konföderierten mitsamt dem König die Annexionen stillschweigend duldeten, könne nur den Grund haben, daß der polnische Partisanenkrieg gegen Rußland ohne die massive materielle Hilfe Österreichs nicht möglich wäre. Diese Quelle würde versiegen und der Partisanenkrieg versickern, wenn von denen in der internationalen Öffentlichkeit gegen Österreich Anklage erhoben würde, die von der Hilfeleistung lebten. Täte man es nun den Österreichern gleich, könnte dieses Land nichts dagegen unternehmen. Man käme zwangsläufig zu einer partnerschaftlichen Politik, und Wien müßte sich, bei Abwägung seiner Interessen, sehr bald auch aus dem Hilfeversprechen an die Türken zurückziehen. Anderenfalls stünde ein Krieg bevor, der die Existenz des Habsburg-Reiches bedrohen würde.

Das war nicht weniger als ein *Politisches Manifest* des Prinzen Heinrich. Wie stets bei solchen programmatischen Analysen vermögen sie nicht den Lauf der Geschichte festzulegen, aber sie beeinflussen das Denken und dann auch das politische Handeln. Welche Schlußfolgerungen Friedrich aus den politischen Überlegungen seines Bruders gezogen hat, wird in dem Brief des Königs an seinen Gesandten in Petersburg, Graf Solms, deutlich, den er am 20. Februar 1771, also drei Tage nach der Rückkehr des Prinzen Heinrich aus Petersburg, schrieb: »... Ich zweifle nicht, daß man in Petersburg vom wesentlichen Teil dieser Umstände informiert ist. Ich erinnere mich sogar, daß die erste Nachricht von dieser Besitzergreifung (Österreichs) bei mehreren Personen des russischen Hofes die Idee einer gleichgewichtigen Vergrößerung aller Nachbarn Polens aufkommen ließ. Und, was ich Ihren Berichten auch immer entnommen habe, war, daß diese Gedanken keine allgemeine Akzeptanz gefunden haben, und ich selbst erkenne die Gründe auch an, die man dagegen anführen kann. Ich glaube aber, daß ich Sie von Folgendem in Kenntnis setzen muß: Diese Begründungen gehen immer davon aus, daß der Wiener Hof seine Akquisitionsunternehmungen zurücknehmen muß, während es doch offensichtlich ist ..., daß er beabsichtigt, daran festzuhalten. So kommt man auf den Kern der Dinge: Es handelt sich nicht mehr darum, Polen in seiner Gesamtheit zu erhalten, denn die Österreicher wollen einen Teil davon abtrennen; aber es geht darum, zu verhindern, daß diese Annexionen das Machtgleichgewicht zwischen dem Hause Österreich und dem meinen beeinträchtigen, dessen Bestand für mich außerordentlich wichtig und für den russischen Hof interessant ist. Deshalb sehe ich keine andere Möglichkeit, um den Erhalt des Gleichgewichtes zu sichern, als dem Beispiel des Wiener Hofes zu folgen und alte, urkundlich belegte Rechte zu erneuern, die mir meine Archive liefern, und mich in den Besitz irgendeiner kleinen polnischen Provinz zu bringen, um sie wieder herzugeben, wenn auch die Österreicher von ihren Unternehmungen Abstand nehmen, oder diese kleine Provinz zu behalten, wenn es auf den urkundlich belegten Rechtstiteln beruht.«[169]

Für König Friedrich II. war diese ganze Angelegenheit unversehens reif, entschieden zu werden. Wenn er sich jetzt entschloß, der Zarin auf ihrem gefahrvollen Weg zu folgen, dann mußte er jetzt auch die Gebiete benennen, die er als Ausgleich für seinen Beistand fordern wollte.

Nach Übermittlung der Depesche fand Graf Solms noch im Februar 1771 eine Gelegenheit, mit dem Kanzler Panin über polnische Gebietsabtretungen zu sprechen. Dabei wurde erstmals auch die Frage der »Schuld an der Teilung Polens« erörtert. Panin erinnerte an die vielen Versprechen aller Großmächte, die Integrität Polens zu bewahren. Das internationale Meinungsbild würde voraussichtlich verheerend sein, wenn diese allseits betonten Grundsätze von den drei Polen benachbarten Staaten aufgegeben würden. Er meinte, zunächst einmal müsse sich Österreich erklären, auf welchen Rechtstiteln sich die Annexionen begründeten. Solms meldete das getreulich seinem König in Potsdam, und der beauftragte seinen Bruder Heinrich und seinen Kanzler Graf von Finckenstein, sich die entsprechenden Auskünfte von van Swieten geben zu lassen.

Erst zwei Monate später, am 7. April 1771, empfing er selbst den Gesandten. Der erklärte, daß es zur Sicherheit der österreichischen Truppen an der polnischen Grenze unverzichtbar gewesen sei, den kaiserlichen Adler auf polnischem Gebiet aufzupflanzen. Bei seinem Vortrag bemühte er sich sehr, dem Preußenkönig die feinen semantischen Unterschiede einer einfachen Besitzergreifung von Grenzdistrikten und der Okkupation der Zipser Städte zu erklären. Mit diesen diplomatischen Feinheiten fand er aber beim König kein sonderliches Interesse; auch die Erläuterung uralter Rechtstitel langweilte ihn. Seine Absicht war, dem Wiener Hof mitzuteilen, daß Rußland in Erwägung ziehe, den polnischen Teil von Livland zu annektieren. Man glaube in Petersburg, daß nur durch dieses Vorgehen Polen zu befrieden sei. In diesem Falle sei es dann Österreich freigestellt, sich seine »Konvenienzen« zu suchen. Sodann fügte er hinzu, daß natürlich auch Preußen seine Ansprüche habe. Gedacht habe man an Polnisch-Preußen.[170]

In dieser sehr kurzen Zeit nach der Rückkehr des Prinzen Heinrich aus Petersburg vollzog sich in der Gewichtung politischer Prioritäten eine erstaunliche und schnelle Veränderung. Die Absichten von Rußland und Preußen waren eindeutig ausgesprochen, und Kaunitz mußte sich Gedanken machen, wie er sein Land von dem Makel befreien könnte, Polens territoriale Unversehrtheit verletzt zu haben.

Nachdem sich Rußland und Preußen über die weitere politische Linie in groben Zügen einig waren, war nun das weitere diplomatische Vorgehen beider in den Monaten März bis Juni 1771 darauf gerichtet, Österreich mit seinem Kanzler Kaunitz in dieses ›Bündnis gemeinsamer Interessen‹ einzubinden. Panin, der zu Anfang ein entschiedener Verfechter eines freien und unabhängigen Polen war, mußte mehr und mehr erfahren, daß diesem Land mit mäßigendem Zuspruch nicht zu helfen war. Nun war durch die letzte Entwicklung mit Preußen auch für ihn der Anstoß gegeben, sich mit dem Gedanken vertraut zu machen, daß Polen in seinen bisherigen Grenzen nicht weiter bestehen würde. Eine Befriedung mußte besser gelingen, wenn der Führungsschicht dieses Landes durch die Abtrennung größerer Gebiete klargemacht wurde, wie ernst sich ihre Lage inzwischen zugespitzt hatte, daß die Nachbarn nicht mehr bereit waren, diesen Unruheherd weiterhin zu dulden. Um trotzdem die Gebietsverluste für Polen nicht allzu schmerzhaft werden zu lassen, dachte Panin daran, die Moldau und die Walachei von der Türkei abzutrennen und sie dem polnischen Königreich zu geben. Die Paninsche Toleranz scheiterte aber sehr bald wieder an der Wirklichkeit. Der Winter war vorüber, und an der türkischen Front begannen sich die feindlichen Armeen wieder zu bewegen. Gleichzeitig wurden in Polen die Unruhen und Überfälle heftiger. Die katholischen Konföderierten begannen einen brutalen Partisanenkrieg gegen die russischen Nachschubwege zur Front und rühmten sich unverhohlen, daß sie die Unterstützung von Frankreich und Österreich für ihren Kampf gegen die russischen Armeen hätten. Diese Provokation konnte nicht gutgehen.

In Petersburg bestellte der Kanzler Panin den österreichischen Gesandten Fürst Lobkowitz zu sich und forderte von ihm die verbindliche Erklärung, daß die polnischen Konföderierten von Österreich keine Hilfe erhielten. Er nannte bei dieser Gelegenheit auch die russischen Bedingungen für einen Frieden mit der Türkei. Als das schon inoffiziell bekanntgemacht war, verlangte Rußland von der Türkei die Abtretung von Azow, sodann die Unabhängigkeit für die Moldau, die Walachei und das Tatarenvolk.[171] Die Annexionspolitik Österreichs gegenüber dessen erklärtem Schützling Polen erwähnte Panin bei diesem Gespräch nur beiläufig und ohne jede Kritik. Wenn man in Wien meine, auf einige polnische Gebiete Anspruch zu haben, müsse das auch von Wien vertreten werden. Ebenso verständlich sei es aus russischer Sicht, daß sich diese Frage für Preußen gleichermaßen stelle, denn auch dieser Staat könne sehr begründete Ansprüche auf einige Ländereien Polens stellen. Bedacht werden müsse aber auch, daß Polen für die abgetretenen Gebiete entschädigt werden müsse. In Petersburg habe man zur Kompensation an die Moldau und die Walachei gedacht.

Lobkowitz verhielt sich bei diesem Gespräch reserviert und spröde. Panin konnte von ihm eine verpflichtende Zusage nicht erhalten, die Konföderierten künftig nicht mehr zu unterstützen. Doch nun zweifelte er nicht mehr daran, daß Kaunitz die Konfrontation weiter vorantreiben und die Spannungen verschärfen würde. Die Vorstellungen Rußlands und Preußens, die Polenfrage in einer Dreierallianz zu lösen, waren der Zeit weit vorausgeeilt. Österreich hatte genau die entgegengesetzten Ziele und arbeitete gemeinsam mit Frankreich mit allen Mitteln an der Durchsetzung seiner politischen Zielsetzungen. Das bedeutete, Rußlands Kriegsgegner Türkei und die Konföderationspolen wurden unterstützt und gestärkt, wo immer es möglich war und die eigenen Finanzquellen dadurch nicht ungebührlich in Anspruch genommen wurden. Nur so hoffte man in Wien und Versailles zum Erfolg zu kommen und Katharina am Ende doch noch in die Knie zu zwingen.

Während Lobkowitz in Petersburg sein Diplomatengeschäft betont unterkühlt wahrnahm, verhandelte Thugut in Konstantinopel zur gleichen Zeit und brachte den österreichisch-türkischen Bündnisvertrag am 6. Juli 1771 zum Abschluß. Davon hatte man weder in Petersburg noch in Potsdam etwas erfahren, nicht einmal eine Vermutung existierte. Das war deshalb so erstaunlich, weil Preußens Gesandter Zegelin die politische Szene in Konstantinopel mit seinen sehr guten persönlichen Beziehungen zu beobachten verstand. Von allen Informationen über diese Bündnisverhandlungen wurde er aber vollständig isoliert. Nur die weiter vorangetriebenen Truppenmassierungen auf der österreichischen Seite blieben nicht geheim, und das war auch gar nicht beabsichtigt. Im Gegenteil, Österreich wollte mit diesen Manövern ja keinen Krieg vom Zaune brechen, aber Rußland sollte doch so stark wie möglich beunruhigt und gezwungen werden, Truppenreserven an diese Grenze zu verlagern, statt sie im Sommerfeldzug gegen das türkische Heer einzusetzen. Genauso flossen jetzt auch wieder die Unterstützungsgelder für die polnische Partisanenarmee großzügiger. Zunächst gegen die Nachschubwege, dann aber bald flächendeckend, wurde ein regelrechter Kriegszustand geschaffen, ein unerklärter Krieg des konföderierten Polen gegen Rußland, der die Truppen an der türkischen Front zunehmend in Schwierigkeiten brachte. Im Sommer 1771 hatten die Konföderierten bereits Dreiviertel Polens unter der Kontrolle ihrer Partisanentrupps. Sie setzten ganz auf Sieg und den Sturz des Königs Stanislaus II. August.

In dieser Zeit erreichten die Beziehungen zwischen Petersburg und Wien ihren bis dahin nie erreichten Tiefpunkt.

Kaunitz war das ganz offensichtlich recht so. Er war von seiner Strategie und seinem diplomatischen Geschick unbeirrbar überzeugt. Nachdem seinem Gesandten Lobkowitz vom Kanzler Panin die russischen Friedensbedingungen ganz offiziell mitgeteilt worden waren, wollte er Rußland im Gegenzug zwingen, alle bisher im Krieg erkämpften Vorteile wieder aufzugeben, gewissermaßen den Status quo ante wiederherzustellen. Er wußte auch schon, wie er Österreich wegen der Gebietsannexionen in Polen im internationalen Ansehen reinwaschen konnte. Nach dem Sieg der konföderierten Polen über Rußlands Armee würde ihm das Land zu grenzenlosem Dank verpflichtet sein und gewissermaßen seine »staatliche Unversehrtheit« von Österreich zurückerhalten. Für diese Hilfe konnte es nur ein Zeichen des Dankes sein, den Österreichern die »kleinen Vorteile«, die bereits von ihnen in Anspruch genommenen Landgebiete, zu sanktionieren. Selbstverständlich gehörte in diesen Plan, daß die von Preußen bereits besetzten Gebiete an Polen zurückgegeben werden mußten.[172]

Kaunitz war vom Erfolg seines Planes so sehr überzeugt, daß er für die Geschichtsschreibung auch noch den ironischen Satz beisteuerte: »Da ich in meinem Handwerk seit mehr als dreißig Jahren den Werth der Staatsbearbeitungen zu beurteilen gelernt habe, so kann ich dem Verfasser (Panin) der erwähnten drei ›piècen‹ das verdiente Lob nicht absprechen, daß er die russischen Friedensbedingungen mit aller möglichen Geschicklichkeit einzukleiden gewußt hat«, und weiter die Drohung, »daß aber eine dritte Macht, die ihr eigenes Staatsinteresse nicht mißkennt, nicht nur gleichgültig bleiben, sondern auch behilflich sein soll, den schwächeren Teil dem mächtigeren unterwürfig zu machen, würde in die Kategorie der seltenen und ganz unwahrscheinlichen Begebenheiten gehören«. Und dem Preußenkönig ließ er über seinen Gesandten van Swieten ausrichten: »Der König sollte Österreich Dank wissen, daß es sich gegen Rußland an den Laden legt und eine große Gefahr nicht nur für Österreich, sondern auch für Preußen abwendet. Wir verachten ebensowenig wie der König, bei einer sich darbietenden Gelegenheit wesentliche Vorteile zu erlangen. Allein die Sicherheit und Selbsterhaltung der Monarchie bilden das Axiom der österreichischen Politik usw. ... Der gegenwärtige Zeitpunkt ist ein kritischer, er entscheide das Schicksal Österreichs und auch Preußens.« Friedrich nahm das zur Kenntnis, ließ sich aber von dieser »kanonischen Strenge« nicht beeindrucken. Van Swieten erwiderte er, er sei alt, sein Hirn abgenutzt, das gebe nur hohle Ideen. Er sei auch nur ein Novize in der Politik im Vergleich mit Kaunitz.[173]

Zwischen diesen Worten schaute listig die Ironie hervor, eine Eigenschaft, von der er gern Gebrauch machte, wenn ihn sein Partner dazu herausforderte. Seine Gespräche mit Voltaire sind dafür beispielhaft bekannt. Bei dieser Audienz muß van Swieten wohl auch erkannt haben, daß ihm ein anderer König gegenübersaß, daß sein Vortrag zwar angehört wurde, aber keine Spuren von Beeinflussung mehr hinterließ.

Der Petersburger Hof, und allen voran die Zarin selbst, war über das Verhalten Wiens, die überhebliche Ablehnung des russischen Friedensangebotes erstaunt und fühlte sich verletzt, aber Katharinas Plan war effizienter. Schon vorher, Ende April 1771, als man in Petersburg und Potsdam erkennen konnte, daß Wien nicht kooperativ sein würde, begannen Zweierbesprechungen über Polens Zukunft. Kanzler Panin und Graf Solms besprachen miteinander, welche Gebiete Polens man sich im gegenseitigen Einvernehmen zugestehen wollte und wie das Vorgehen bei den anderen Staaten zu begründen sein würde. Bereits zwei Wochen später waren die Grundzüge einer Vereinbarung so weit vorbesprochen, daß Preußens Kanzler Graf Finckenstein daraus einen Konventionsentwurf anfertigen konnte, das »Projet d'une convention secrète entre Sa Majesté le roi de Prusse et Sa Majesté l'impératrice de Toutes les Russies«.[174] Es wurde dem Petersburger Hof am 14. Juni 1771 übergeben. In fünf Artikeln wird die Abtretung von Polnisch-Litauen an Rußland, Pomerellen, einem Gebiet Großpolens zwischen Netze und Warthe, und den Palatinaten Marienburg und Kulm an Preußen vereinbart. Als Ersatz für Preußens Ansprüche, falls sie politisch nicht durchsetzbar sein würden, wollte man sich mit »la ville d'Elbing et plusieurs autres districts limitrophes de la Silésie qu'elle pourrait rédames avec justice, Sa Majesté se désistant, en même temps, de toute prétention sur la ville Danzig et sur son territoire« zufriedengeben, also mit der Stadt Elbing und weiter an Schlesien angrenzenden Gebieten. Gegen den Erwerb Danzigs erhob Panin zunächst Einspruch, weil er auch von England Widerspruch befürchtete, zog seinen anfänglichen Vorbehalt aber bald zurück.

Petersburg war über das anmaßende politische Gebaren Österreichs so erzürnt, daß auch ein Krieg nicht mehr ausgeschlossen wurde. Für diesen Fall wollte Rußland auf die vorbehaltlose Bereitschaft Preußens vertrauen können, daß dann der Bündnispartner unverzüglich Österreich den Krieg erklären würde. Als Gegenleistung verpflichtete sich Petersburg, Preußen beim Durchsetzen seiner territorialen Wünsche entgegenzukommen. Schließlich wurde im Vertragsentwurf außer der Geheimhaltung auch noch eine Öffnungsklausel hinzugefügt, um Österreich den Beitritt zu gegebener Zeit zu ermöglichen.

Als diese Polen-Konvention zwischen Rußland und Preußen schon eine beschlossene Angelegenheit war, unternahm Friedrich am 13. August 1771 noch einen Versuch, Kaunitz zur Änderung seiner Politik zu bewegen. In Unkenntnis des türkisch-österreichischen Bündnisvertrages stellte er ihm den Erwerb der Moldau, der Walachei und Belgrads in Aussicht.[173] Kaunitz wollte aber nicht, und es schien so, als sei er auf dem unheilvollen Weg in einen Krieg europäischen Ausmaßes nicht mehr zu bremsen. Polen hatte sich in einen Hexenkessel verwandelt. Petersburg ersetzte den herrischen Sonderbotschafter Wolkonski in Warschau durch den umgänglicheren Grafen Casper von Saldern. Aber auch er war machtlos und mußte nach kurzer Zeit seine friedenstiftenden Bemühungen für gescheitert erklären. Obwohl ihm die noch geheime Teilungskonvention nicht bekannt war und er auch dem Land nicht feindlich gesinnt war, brachte ihn seine ganz persönliche Erfahrung vor Ort zu dem Schluß, daß Polen als letzte Chance nur durch eine Teilung, also das Zusammenschrumpfen auf einen

Rumpfstaat mit der polnisch-katholischen Bevölkerung zu befrieden sein würde.

In diesem August 1771 war eine Verständigung mit Österreich nicht mehr möglich. Der Krieg mußte beginnen, sobald Kaunitz befahl, den Degen aus der Scheide zu ziehen. Ein Armeekorps mit zwanzigtausend Soldaten sollte auf seine Weisung nach Siebenbürgen an die russische Grenze verlegt werden. In dieser dramatischen Situation geschah in Wien etwas ganz Unerwartetes: Ein kaiserliches Dekret verfügte: »Der Marsch der Truppen kann aus Gründen, die dem Fürsten (Kaunitz) bekannt sind, nicht erfolgen.« Was war geschehen?

Dem Preußenkönig waren zwei Informationen bekannt geworden, die er zur Weitergabe an Fürst Panin nach Petersburg schickte. Zum einen hatte er aus Versailles erfahren, daß der österreichische Gesandte vom König und Mme. de Pompadour wissen wollte, welche Unterstützung sein Land von Frankreich erwarten dürfe, wenn es an der Seite der Türkei in den Krieg gegen Rußland eingreifen würde. Der König habe sich auf die zur Zeit schlechte Finanzlage seines Landes berufen und sei mit Hilfeversprechungen außerordentlich zurückhaltend gewesen. Die zweite Information betraf die Kriegsbereitschaft der österreichischen Armeekorps und die Kopie eines Briefes, den General Poniatowski an seinen Bruder, den König Stanislaus II. August, geschrieben hatte. Darin hieß es, Österreich sei zum Krieg bereit, und Kaiser Joseph II. würde sich zu seinen Truppen nach Ungarn begeben. Allein die schlechte Ernte als Folge der großen Trockenheit habe die Entscheidung verhindert, den Krieg zu beginnen.[175] Was war an diesem 21. August 1771 in der Wiener Hofburg wirklich geschehen?

Kaunitz hatte mit allen ihm verfügbaren Mitteln seine diplomatische Sommeroffensive eingeleitet. Katharina sollte bezwungen werden, aber Preußen wollte er neutralisieren. War Rußland erst einmal hinreichend geschwächt, dann wollte er sich Preußen zuwenden und alte Rechnungen begleichen.

Die beiden kaiserlichen Majestäten ließen ihm zunächst freie Hand. Dem türkisch-österreichischen Bündnisvertrag stimmten sie zu, obwohl Maria Theresia ihre moralisch-religiösen Skrupel laut herausjammerte. Dann stellten sich in der Kaunitzschen Strategie die ersten Rückschläge ein, die der Kaiserin und ihrem Sohn nicht verborgen blieben. Der erste Irrtum bestand in der Fehleinschätzung der Zarin. Katharina ließ sich durch die österreichischen Truppenbewegungen an ihrer Grenze gar nicht beeinflussen, und ihre Armeen marschierten im Sommerkrieg gegen die Türken von Erfolg zu Erfolg. Kaunitz' zweiter Irrtum war es, zu glauben, er könnte Einfluß auf das Urteil von König Friedrich gewinnen. Zwar konnte van Swieten diesen anfangs verunsichern, aber Ende Februar 1771 mußte er nach Wien melden, daß er beim König einen abrupten Meinungsumschwung festgestellt habe. Zu diesen beiden Fehleinschätzungen gesellte sich die Natur. Der Sommer wurde ungewöhnlich warm, und besonders in Ungarn vertrocknete die Ernte auf den Feldern, so daß die Versorgung der angriffsbereiten Truppen gefährdet wurde. Alle diese Rückschläge konnten Kaunitz aber nicht davon abhalten, mit seinen Vorbereitungen auf den Krieg zuzusteuern. Seine Weisung an die Armeeführung, ein Armeekorps von zwanzigtausend Mann angriffsbereit an die russische Grenze zu verlegen, bedeutete bereits den Kriegsbeginn. Mit diesem Befehl war der Chef der österreichischen Regierung aber auch bis an die Grenze seiner Entscheidungskompetenz gegangen. Die Kaiserin mußte nur noch das Dokument der Kriegserklärung an Rußland unterschreiben. Diese Unterschrift verweigerte sie. Ihr Gegenbefehl an die Armeeführung brachte augenblicklich eine Entspannung der Lage. Der Friede bekam wieder eine Chance.

Der Preußenkönig konnte die plötzliche Änderung nur zur Kenntnis nehmen, ohne zu wissen, was sich an der Wiener Hofburg zugetragen hatte. Seine Depesche an seinen Wiener Gesandten von Rohd vom 8. September 1771 verrät seine Unsicherheit im Urteil über die Ereignisse. Er bezweifelte auch jetzt nicht die Absicht Österreichs, den Krieg zu beginnen, vermutete aber, die militärischen Vorbereitungen seien noch nicht abgeschlossen. Zudem fehle es an einem vernünftigen Kriegsgrund, denn die Friedensverhandlungen zwischen Rußland und der Türkei hatten noch gar nicht begonnen, so daß man auch ein Scheitern dieser Verhandlungen nicht als Kriegsgrund vorschieben konnte. Ganz schwerwiegend muß aber auch die schlechte Ernte an dem Beschluß mitgewirkt haben, weil dadurch die österreichischen Soldaten in Ungarn nicht ausreichend versorgt werden konnten.[176]

Maria Theresia ließ es inzwischen nicht bei der Annullierung des Armeebefehls bewenden. Sehr zum Entsetzen von Kaunitz rief sie den preußischen Gesandten am 5. September 1771 zu sich und beauftragte ihn, seinem König ihren Wunsch zu übermitteln, er möge am türkischen Hof die Mediation übernehmen und den Sultan dafür gewinnen, daß die russischen Friedensbedingungen angenommen würden. Nur so sei der Krieg für sie vermeidbar. Für Österreich sei es auch nicht möglich, diese Mediation zu übernehmen, weil dann der Sultan Thron und Leben verlieren würde. Wenn es dem König gelänge, Rußland zum Verzicht auf die Moldau und die Walachei zu bewegen, sehe sie eine gute Chance für diese Mission. Alle anderen Forderungen Rußlands wolle sie dann gern mit unterstützen. Schließlich beendete sie die Audienz mit den versöhnlichen Worten, sie »erhoffe und erwarte alles von der aufrichtigen und freundschaftlichen Gesinnung des Königs«.[177]

Als König Friedrich diese Depesche von Rohds in den Händen hielt, muß es für ihn ein glücklicher Tag, eine Befreiung von einer drückenden Last gewesen sein. Noch am gleichen Tag schickte er seinem Kanzler von Finckenstein die kurze Note: »Il y aura peut-être moyen de conjurer l'orage.«[178] Zwei Tage danach bestellte er van Swieten zu sich, um ihm zu sagen, daß er den Wunsch der Kaiserin zu erfüllen bereit sei. Zwar sei die ›Pforte‹ für sein Land unwichtig, aber andererseits habe er Verständnis für Österreich, die Türkei »menagieren« zu wollen. Seinen Gesandten von Zegelin in Konstantinopel wies er an, unverzüglich beim Sultan vorstellig zu werden und ihm mit allem Nachdruck zu erläutern, daß er auf die russischen Friedensbedingungen eingehen müsse, weil sich bei einer Verzögerung des Friedenskongresses die Situation für die Türkei nur noch erheblich verschlechtern könne.[179] Sodann rief er van Swieten erneut zu sich[180] und informierte ihn über seine inzwischen in Konstantinopel und am Petersburger Hof erfolgten Interventionen für tolerantere Friedensbedingungen und die Bereitschaft, Besitzansprüche auf die Moldau und die Walachei fallenzulassen. Aber in jedem Fall sollte die Tatarenrepublik auf der Krim unabhängig werden.[181] Bei dieser Audienz machte van Swieten auch zum erstenmal eine Andeutung, daß sein Chef, Staatskanzler Fürst Kaunitz, sich genötigt sehen könnte, zur Aufrechterhaltung des Machtgleichgewichtes von polnischem Gebiet Besitz zu ergreifen. Eine Vergrößerung von Rußland und Preußen sei ja nicht auszuschließen. Der König merkte sehr wohl, was mit dieser Bemerkung bezweckt war. Er sollte sich zu seinen Vorstellungen etwas genauer erklären, welche Landgebiete er von Polen haben wollte. Darauf ging der König aber nicht weiter ein.

Der Hinweis auf »seinen Chef, den Staatskanzler Fürst Kaunitz« gab zu erkennen, daß der abrupte Richtungswechsel in Wien den Kanzler nicht weggefegt hatte. Im Gegenteil ließ der wieder einmal durchblicken, daß er sich mit Rücktrittsgedanken trüge, und die Kaiserin hatte wieder einmal alle Mühe, ihn von seiner Unentbehrlichkeit zu überzeugen. Er mußte den grandiosen Schwenk in der Außenpolitik ohne Gesichtsverlust schaffen. Wie er das intellektuell zuwege gebracht hat, ist reizvoll nachzuvollziehen. Seinen beiden Majestäten legte er eine umfangreiche Denkschrift vor unter dem Titel: »Kurze Schilderung der diesseitigen Maßnahmen während des zwischen den Türken und Russen obwaltenden Krieges«.[182] In diesem Papier schafft er den Purzelbaum, seine bisher gegen Rußland gerichtete Politik als ein notwendiges, aber zeitlich begrenztes Übel darzustellen, denn eine sofortige Verbindung mit Rußland hätte diesem Land unerwünschte Vorteile gebracht. Er wollte es erst verschleißen, aber unter keinen Umständen mit Preußen und Rußland gleichzeitig Krieg führen. Dazu führt er aus, daß »die Veranlassung eines Krieges mit dem König und zugleich mit Rußland für die allerübelste und unglücklichste Begebenheit anzusehen wäre, so das durchlauchtigste Erzhaus betreffen könnte«. Dem russischen Heer »fühle« er das österreichische überlegen, aber er fürchte die Feldherrn-Überlegenheit des Preußenkönigs. Dann stellte er der Kaiserin vier politische Alternativen vor. Erstens könne man die Schwäche der ›Pforte‹ nutzen, um ihr gemeinsam mit Rußland den Todesstoß zu versetzen. Zum zweiten könne man auch ganz Partei ergreifen, entweder für die ›Pforte‹ oder für Rußland. Der Fall drei wäre die vollständige Neutralität; und schließlich Fall vier, weder für die Türkei noch für Rußland Partei zu ergreifen, sondern aus einer unverbindlichen Zwischenstellung heraus den größtmöglichen Vorteil für das Erzhaus zu gewinnen suchen. Den Fall drei kommentierte er so, daß danach eine gewisse Zeit gehandelt worden sei, was für Österreich nichts Gutes bewirkt und das Übel nicht verhindert habe. Die Alternativen eins und vier prangert er selbst als »unmoralisch« an, so daß nur die Möglichkeit übrigbliebe, sich für die Türkei oder für Rußland zu entscheiden. Nachdenklich philosophierend fügte er hinzu, »entscheiden ja, aber für Rußland«. »Nicht gleich zu Anfang hatte Österreich für Rußland Partei ergreifen können und dürfen. Erst hätte es durch den Krieg geschwächt werden müssen, weil am vorteilhaftesten für die Monarchie.« Diese Politik habe schließlich zum Status quo oder zu geringen Vorteilen Rußlands geführt, dafür habe Wien aber »Nebenavantagen« bekommen können. Eine sofortige Verbindung mit Rußland würde diesem ungleich größere Vorteile gebracht haben als Österreich. Und Preußen würde ebenfalls große Gebiete bekommen haben. Hätte man es ihm verwehrt, würde es sich wieder mit Frankreich verbündet haben mit der Folge, daß das ganze europäische Gleichgewichtssystem aus den Fugen geraten wäre. Das Bündnis mit der ›Pforte‹ war deshalb eine Notwendigkeit. Jetzt würde sich für Österreich eine nicht unvorteilhafte Lage ergeben. Rußlands Friedensbedingungen würden abgelehnt. Dabei bliebe man oder zeige Nachgiebigkeit, wenn es Vorteile bietet. Die Türkei sei durch den Bündnisvertrag auf Krieg verpflichtet, aber für Friedensverhandlungen handlungsunfähig. Sollte Rußland aber am Ende seine Forderungen durchsetzen, würde Österreich in jedem Falle der Gewinner sein, sei es durch die Annexion türkischer Ländereien wie Dalmatien und Belgrad, die Moldau und die Walachei oder sei es durch Besitzergreifung von Land in Polen. Abschließend stellt er fest, daß das Waffenglück der russischen Armee es notwendig mache, den Geheimvertrag mit der Türkei zu überdenken und neu zu interpretieren.

Diese Denkschrift ist Beichte, Rechtfertigung und Programm zugleich. Maria Theresia hatte Kaunitz durch selbständiges Handeln kurzzeitig überspielt, aber mit diesem Programmpapier konnte er nun weiter europäische Politik machen.

Wie grandios der Schwenk der österreichischen Politik war, mußten in den folgenden Wochen ganz besonders die Türken erfahren. Ihre eigenen Anstrengungen, die russischen Truppen zu besiegen und wieder aus der Moldau und der Walachei zu verjagen, blieben erfolglos. Dagegen wurde der russische Krim-Feldzug ein voller Erfolg. Die ganze Krim wurde erobert, und die Tataren erkannten die russische Herrschaft über ihr Gebiet an. Ein neuer, rußlandfreundlicher Khan wurde vom Tatarenvolk gewählt. Er stellte sich sofort unter den Schutz der Zarin Katharina. Die Türken schauten selbstverständlich nach der österreichischen Hilfe, die sie nach ihrer Interpretation des Bündnisvertrages erwarten durften und die sie um so mehr benötigten, je mehr sie an den Kriegsfronten in Not gerieten. Aber Kaunitz entwickelte bei seiner Vertragsinterpretation unter der neu beschlossenen politischen Linie eine Meisterschaft in der Dialektik. Dem Sultan ließ er über seinen Gesandten Thugut vortragen, daß Österreichs militärischer Beistand gegen Rußland unbestritten sei. Würde es aber militärisch eingreifen, würde im gleichen Augenblick auch Preußen an der Seite Rußlands in den Krieg eintreten. Die militärische Machtbalance zwischen beiden Ländern würde dann sein Land zwingen, alle Truppen an die preußische Grenze zu schicken, und an irgendwelche Hilfe zur Entlastung des türkischen Kampfes sei dann überhaupt nicht mehr zu denken. So müsse auch der Sultan der politischen Weltlage Rechnung tragen und sich mit dem augenblicklichen Zustand zufriedengeben.

Zur gleichen Zeit etwa, als die Türkei um militärische Hilfe bei den Österreichern nachsuchte, wollte Katharina ihre Armee im Türkenkrieg noch verstärken. Deshalb forderte sie Friedrich erneut auf, mit seinen Truppen in Polen einzumarschieren und die russischen Positionen dort zu übernehmen. Die dadurch freigesetzten Truppen stünden dann für die türkische Front zur Verfügung. In gleicher Absicht machte Panin den Österreichern die Avance, auch ohne einen Bündnisvertrag das Gebiet um Kattowitz unter ihre Kontrolle zu nehmen, ohne zu ahnen, daß er damit die Österreicher in große Verlegenheit brachte. Hätten sie das Angebot angenommen, würden sie sich einer eklatanten Verletzung ihres österreichisch-türkischen Bündnisvertrages schuldig gemacht haben. Wien lehnte ab. Aber König Friedrich war diesesmal bereit, mit dreißigtausend Soldaten den Posener Raum zu kontrollieren. Bisher hatte er stets Gründe gefunden, sich dieser vertraglichen Verpflichtung zu entziehen. Inzwischen befürchtete er aber nicht mehr, gegen seinen Willen in einen Krieg hineingezogen zu werden, und akzeptierte diese Art der Hilfeleistung. Graf Solms hatte ihm zudem mitgeteilt, daß Rußland begonnen habe, eine Armee von fünfzigtausend Mann neu aufzustellen, und das bedeutete für seinen strategischen Verstand, daß eine Truppenmacht von achtzigtausend Soldaten ausreichend sei, Litauen von vagabundierenden Partisanen zu reinigen und den polnischen Grafen Oginski zu hindern, mit frisch eingesammelten Partisanentruppen den Widerstand erneut zu organisieren. Mit dieser Gesamttruppenmacht würde die russische Seite auch stark genug sein, um nach Sandomir und Krakau vorzustoßen.[182]

In Wien wurde jetzt auch der Einfluß des jungen Kaisers Joseph II. auf die Außenpolitik spürbarer. Zunächst einmal lehnte er ein gemeinsames Vorgehen der drei Mächte in Polen ab. Seine Vorstellungen gingen dahin, das alte russisch-österreichische Bündnis neu zu beleben und Preußen auszuschließen. Die Russen seien, so meinte er, dafür zu gewinnen, wenn Österreich sich für deren Kriegsziele vorbehaltlos einsetzen würde. Dafür sollte Polen aber möglichst unbeschädigt bleiben und in die Anarchie zurückfallen. Nur die bereits in Besitz genommenen Zipser Städte sollten bei Österreich verbleiben.

Das war der Plan des Kaisers, und Kaunitz sollte das Ganze diplomatisch in die Wege leiten. Dazu gab er seinem Gesandten Lobkowitz in Petersburg eine genau ausgearbeitete Anweisung. Der sollte bei seinem Vortrag beim Kanzler Panin die Bedeutung seines Landes für einen Frieden mit Konstantinopel zunächst einmal nachdrücklich herausstellen. Man würde jedoch Bedingungen befürworten, die den Russen den Besitz der Krim, der Kabarden-Gebiete und die freie Schiffahrt auf dem Schwarzen Meer zusichern würden. Mehr allerdings wollte Österreich nicht zugestehen; und als »ganz außerordentliches Geheimnis« müßte Lobkowitz auch noch Österreichs Bereitschaft mitteilen, über territoriale Veränderungen in Polen zu sprechen. Diese Mitteilung sollte aber absolut geheim bleiben und mit nur wenigen Mitwissern vertraulich behandelt werden. Sollte das Geheimnis dennoch in der Öffentlichkeit bekanntwerden, würde Fürst Kaunitz nicht zögern, es als eine Verleumdung anzuprangern.

Kanzler Panin lehnte dieses Vermittlungsangebot von Lobkowitz für sein Land sehr kühl ab. Für Besprechungen der Art, wie sie der Wiener Hof »geheim und vertraulich« durchführen wolle, müsse er sich der Zustimmung seines Alliierten versichern. So endete auch diese ausgeklügelte diplomatische Avance des Fürsten Kaunitz mit einer kühlen Abfuhr. Doch das ist nur der vordergründige Aspekt. Für das Zusammenwirken der drei Mächte kommt diesem Gespräch, das vermutlich am 5. Dezember 1771 in Petersburg stattfand, eine Schlüsselrolle zu. Damit wurden bei differenzierter Betrachtung die Drei-Mächte-Verhandlungen über den polnischen ›Zessionsvertrag‹ eröffnet.

Am 17. Januar 1772 fand in der Wiener Hofburg eine Kabinettssitzung mit der Kaiserin und dem Kaiser statt. Man könnte dazu sagen, daß die Wiener Politik bis zu diesem Zeitpunkt gegenüber Rußland und Preußen einen Läuterungsprozeß durchgemacht hatte, der bewirkte, daß alle Kabalen und diplomatischen Kapriolen vermieden wurden, soweit man dazu intellektuell überhaupt fähig war. Fürst Kaunitz hatte sich der neuen Situation wie ein Chämeleon angepaßt und ein neues Strategiekonzept entwickelt, mit dem er der Kaiserin sieben Fallstudien zur Diskussion stellte. Kaiser Joseph II. war inzwischen ein gelehriger Schüler des Staatskanzlers geworden. Gemeinsam haben sie die Politik des kaiserlichen Hofes formuliert, und sie versuchten auch die Entscheidungen gemeinsam durchzusetzen. In der nun folgenden Periode der österreichischen Polenpolitik wurde Joseph mehr und mehr die vorwärtsdrängende Kraft mit den geringsten moralischen Skrupeln. Ob er darin seinen Meister wirklich übertroffen hat, wird uns verborgen bleiben, aber sicher ist, daß Kaunitz ein im Leben erfahrener, gereifter Mann geworden war, der sehr wohl wußte, wann es opportun war, den Jüngeren vorauseilen zu lassen.

In guter Kenntnis aller Hintergründe und Vernetzungen, die wir heute aus dem Quellenmaterial besitzen, ist es nicht schwierig, im nachhinein diese Fallstudien in der Mehrzahl der untersuchten Fälle als Scheinalternativen abzutun. Die damals politisch Verantwortlichen bewegten sich, sobald sie sich auf gegnerisches Terrain begaben, meist auf sehr unsicherem, oft unbekanntem Grund. Deshalb ist es für unsere Zeit doch aufschlußreich, in die Gedankenwelt Einblick zu erhalten, wie man versucht hat, durch einen weiten Fächer von erdachten Möglichkeiten einen gangbaren Pfad für die eigenen politischen Vorhaben zu finden. Bei solchen Gedankenspielen offenbaren sich gelegentlich Charaktere. Wie das Sprichwort »On ne cherche pas derrière les buissons sans s'y être caché« – Man schaut nicht hinter einen Busch, hinter dem man nicht selbst schon gesessen hat – so trefflich sagt.

In seiner Studie untersuchte Kaunitz im ersten Fall ein gegen die Türkei gerichtetes Bündnis von Österreich und Rußland mit dem Ziel, die Türkei ganz vom europäischen Kontinent zu vertreiben. Insoweit war diese Fallstudie deckungsgleich mit dem Maximalziel Katharinas beim Türkenfeldzug. Die Vorstellungen über die Aufteilung der europäischen Gebiete der Türkei gingen dann allerdings weit auseinander. Kaunitz wollte alle Gebiete entlang der Adriaküste für sein Land beanspruchen, also Makedonien, Albanien, Serbien, Bosnien und Dalmatien. Rußland gestand er nur die Länder am Schwarzen Meer einschließlich Konstantinopels und der Meerenge zu. Polen und die Herrschaft seines Königs Stanislaus II. August sollten in vollem Umfang garantiert werden. Seine Absicht, die sich hinter diesem Teilungsplan verbarg, war allerdings zu durchsichtig. Diese Fallstudie verriet aber auch wieder einmal die bemerkenswerte Fehleinschätzung der politischen Wirklichkeit beziehungsweise der Rolle, die Österreich darin machtpolitisch noch spielen konnte. Die Absicht, die freundschaftlichen Bande zwischen Friedrich und Katharina mit solchen Avancen zu belasten oder gar zu zerstören, war noch die geringere Illusion. Bedeutsamer sprach gegen dieses Konzept, daß weder Frankreich noch England eine solche Verschiebung des Machtgleichgewichts zugelassen hätten.

Der zweite Fall ging von der wohl zutreffenden Annahme aus, daß Rußland einen vollständigen Sieg über die Türkei erringen würde. Dann würde Österreich Dalmatien, die siebenbürgische Walachei, Serbien, Bosnien und Bulgarien in Besitz nehmen. Rußland erhielte Asow, die Krim, die Kabarden und andere kleinere Landgebiete am Schwarzen Meer. Preußen könnte Ermland, Pomerellen und äußerstenfalls Polnisch-Preußen, jedoch ohne Danzig, erhalten. Polen müßte dann mit der Rest-Walachei, der Moldau und Bessarabien entschädigt werden. Auch an Venedig hatte er gedacht, das ja noch immer eine Handelsgroßmacht war. Dieser Dogen-Republik hatte er das Gebiet von Morea zugedacht. Die dann für die Türkei auf europäischem Boden verbleibenden Gebiete sollten vorerst als selbständige Fürstentümer weiter bestehen. Daß sie unter russischen Einfluß gerieten, hatte er stillschweigend vorausgesetzt; ein allzu durchsichtiges Täuschungsmanöver, auf das Frankreich und England unmöglich hereinfallen würden.

Die Fälle drei bis sieben hatten gemeinsam, daß die Türkei auf dem Balkan erhalten bleiben sollte, jedoch mit großen Gebietsabtretungen an Rußland und Österreich.

Die Fallstudien vier, fünf und sechs beschäftigten sich ausführlich mit Preußen und Polen. So sollte Preußen veranlaßt werden, Gebietserwerbungen in Polen mit Gebietsabtretungen an Österreich auszugleichen. Dabei war natürlich besonders an die Rückgewinnung Schlesiens, aber auch an Ansbach und Bayreuth gedacht. In diesem Teilungsplan war sehr raffiniert auch die Schuld für die politische Entmachtung Polens, nach der später unweigerlich gefragt werden würde, auf Preußen verlagert.

Erst in der siebenten und letzten Fallstudie wird ein einigermaßen verhandlungsfähiges Konzept herausgearbeitet. Die Türkei sollte nach der militärischen Niederlage im wesentlichen eine Angelegenheit der Friedensfindung von Rußland sein, und Polen als Mitkombattant der Türkei in diesem nicht erklärten Krieg gegen Rußland sollte nach dem »Prinzip völliger Gleichheit« größere Gebiete an Rußland, Österreich und Preußen abtreten. Einem vor allem religiösethnisch genauer begrenzten Rumpfpolen sollte dann die Existenz als souveränes Königreich garantiert werden.[183]

Mit den Überlegungen des Kanzlers stimmte Kaiser Joseph insoweit überein, als er der Vergrößerung Österreichs zu Lasten Polens den absoluten Vorrang einräumte, und das sollte nach seiner Meinung in Übereinstimmung mit den beiden anderen beteiligten Staaten geschehen. Seine Überzeugung, daß sein Land in Europa noch eine Großmacht war, wurde noch kaum von Selbstzweifeln geplagt. Er vertraute auf die militärische Stärke Österreichs und wollte seine Armee auch weiter stärken, um mit diesem Drohpotential die Entwicklungen in Ost- und Südosteuropa entscheidend beeinflussen, wenn nicht sogar bestimmen zu können.

Die Debatte um den künftigen, richtigen Weg in der Politik beendete Maria Theresia mit einer stark gefühlsbetonten Entscheidung. Seit 1770 habe ihr Land mit einem Verwirrspiel in die Politik eingegriffen, das in ihren Augen »schlecht und verwerflich« gewesen sei. Besonders den türkischen Bündnisvertrag vom Juli 1771, den sie ja selbst ratifiziert hatte, bedauerte sie im nachhinein, und die Annahme türkischer Geldzahlungen bereitete ihr außerordentliche moralische Skrupel. Ihr erklärtes politisches Ziel sei der Friede. Das gelte für Konstantinopel, für Petersburg und auch für Berlin. Die Vorstellung, ihr Land wolle sich zumuten, über Krieg oder Frieden anderer letztinstanzlich zu entscheiden, war für sie nur eine Wahnidee. Die Beteiligung Österreichs an einer Aufteilung Polens lehnte sie folgerichtig ab. Sollten aber Russen und Preußen darauf bestehen, dann verlangte sie von Preußen nicht mehr und nicht weniger als die Rückgabe Schlesiens. Alles andere nannte sie »im Trüben fischen«.[184] Das war eine harsche Position, die sie in ihrem Kabinett kundtat, und ihr hehrer Vorsatz hieß demzufolge, die christliche Moral hat Vorrang vor der Politik. Wie wenig Bestand ihre ethischen Grundsätze in der praktischen Politik hatten, sollte sich schon in den folgenden Monaten zeigen.

Wenn auch recht verworren, war es dennoch ein kaiserliches Dekret, mit dem Kaunitz in den nächsten Wochen leben und politische Leitlinien entwickeln mußte. Der junge Kaiser und der Kanzler mußten trotz ihrer widerstrebenden Charaktere gemeinsam einen Weg suchen, der der Vorgabe gerecht wurde, das Land aber trotzdem handlungsfähig hielt. Bei den künftigen Handlungen und Verhaltensweisen der österreichischen Regierung und deren wirklicher Politik ist es aufschlußreich, sich des als Fallstudie deklarierten politischen Arbeitspapiers zu erinnern. Sowenig es sich gegen Rußland und Preußen durchsetzen ließ, wurde es in der Außenpolitik doch zur Handlungsgrundlage. Rußland kam man weitgehend entgegen, Preußen dagegen wurden in geheimer Diplomatie bei jeder sich bietenden Gelegenheit Schwierigkeiten bereitet.

Während der Wiener Hof sich in den Monaten von September 1771 bis Januar 1772 in der Politik neu orientierte und den Handlungsspielraum für diplomatische Aktivitäten entwickelte, waren in Potsdam und Petersburg die Uhren auch nicht stehengeblieben. In Potsdam gab es seit der überzeugenden Demarche des Prinzen Heinrich bei seinem königlichen Bruder nur das Hauptthema Polen. In Petersburg stand der Türkenkrieg auch weiterhin an erster Stelle, dicht gefolgt aber von dem Befriedungsplan für Polen durch eine territoriale Verkleinerung dieses Staates. Friedrich hatte durch seinen Kanzler von Finckenstein einen ersten Entwurf für ein Teilungstraktat am 14. Juni 1771 an Kanzler Fürst Panin übergeben lassen. Dessen Gegenentwurf beschäftigte sich fast ausschließlich mit der militärischen Hilfe in konkreten Zahlen, die Preußen in Polen oder notfalls auch in Ungarn leisten sollte, um die Türkei niederzuringen. Daraus entstand ein zweiter, überarbeiteter Entwurf[185], datiert vom 30. September 1771, der von Potsdam nach Petersburg geschickt wurde. Zwanzigtausend Soldaten sollte Preußen künftig für den Einsatz in Polen und in Ungarn zur Verfügung stellen. Wenn aber Preußen im Verlaufe dieses Krieges von Österreich angegriffen werden sollte, dann verpflichtete sich Rußland, im Gegenzug seine gesamte militärische Streitmacht gegen Österreich einzusetzen[186], sobald der Krieg gegen die Türkei beendet war. Keinen Erfolg hatte Friedrich mit seiner Forderung, auch Danzig seinem Staat einzugliedern. Hier mußte er sich dem Widerspruch Rußlands beugen und begnügte sich mit der Forderung, daß die Hafenstadt Danzig einen von Polen unabhängigen Status erhalten sollte.

Bis Anfang Januar waren die geheimgehaltenen Verhandlungen zwischen beiden Höfen mit dem »Projet«, dem »Contre-projet« und der »Résponse« so weit vorangekommen[187], daß der König auf den Vertragsabschluß zu drängen begann. Ihm war von seinem Gesandten von Rohd am Wiener Hof berichtet worden, welcher Stimmungswandel sich dort in den zurückliegenden Wochen vollzogen hatte. Dort hatten sich die politischen Vorstellungen zwar verändert, die handelnden Personen aber nicht, deshalb hatte er es auch weiterhin mit Kaunitz und dessen vielschichtiger Intelligenz zu tun, die zu dieser Zeit wohl niemand besser einschätzen konnte als der Preußenkönig. Im preußisch-russischen Vertragswerk war zwar konzeptionell eine Öffnungsklausel für den Beitritt Österreichs vorgesehen; wollte es diesem Vertrag als dritter Partner beitreten, konnte es auf bereits vereinbarte Vertragsartikel keinen Einfluß mehr nehmen. Es war nur Raum gelassen für die von Österreich benannten Besitzansprüche. Trotzdem erwartete er schwierige Verhandlungen mit diesem Partner, solange der Vertrag mit Rußland noch nicht unterzeichnet war. Doch von dieser Sorge wurde er bald befreit. Am 17. Februar 1772 meldete Graf von Solms seinem König nach Potsdam, daß das »Teilungstraktat«, wie es jetzt offiziell genannt wurde, von Fürst Panin und ihm in Petersburg unterzeichnet worden sei.

Das Teilungstraktat regelte verbindlich die Gebietsansprüche der Vertragspartner an Polen. Rußland beanspruchte alle Gebiete östlich der Düna und des Dnjepr. Die neue Grenzlinie sollte zwischen beiden Flüssen vom Düna-Knie – ungefähr siebzig Kilometer stromaufwärts von der Stadt Pollock – fast geradlinig nach Süden bis zum Dnjestr verlaufen. Insgesamt eine Landfläche von ungefähr 84.000 Quadratkilometer mit 1,3 Millionen Einwohnern. Preußen hatte sich mit seinen Ansprüchen festgelegt auf Pomerellen (Westpreußen) ohne die Stadt Danzig, das Bistum Ermland und den Netzedistrikt zwischen der Netze und der Warthe. Dieses Gebiet umfaßte etwa 35.000 Quadratkilometer mit nur 400.000 Einwohnern, von denen der überwiegende Teil deutschsprachig war. Die Adelsrepublik Polen hatte vor dem ›Teilungstraktat‹ eine Gesamtfläche von 670.000 Quadratkilometer mit neun Millionen Einwohnern.

Van Swieten hatte vom Entstehen des preußisch-russischen ›Teilungstraktates‹ in Petersburg keine Kenntnis, als er am 4. Februar 1772 beim Preußenkönig zur Audienz erschien, um ihm die jüngsten Beschlüsse Wiens vorzutragen und zu erläutern, soweit sie Preußen betrafen. Es war eine heikle Mission, die ihm aufgetragen war. Worum ging es dabei?

Die Kaiserin Maria Theresia hatte ihrem Sohn Joseph und dem Fürsten Kaunitz zugestimmt, das Engagement für die Türkei zurückzustufen und in der Polenpolitik mit Rußland und Preußen zusammenzuarbeiten. Die Bedingungen dieser Entscheidung sollte nun van Swieten dem König mitteilen. Er begann, daß man in Wien die Vorstellungen Rußlands und Preußens zur Kenntnis genommen habe. Wenn dieses Vorgehen nicht der Anlaß zu einem allgemeinen Krieg werden solle, müsse eine offene und rückhaltlose Verständigung mit dem Wiener Hof erreicht werden. Den beabsichtigten Erwerbungen Rußlands widme man dabei weniger Aufmerksamkeit, aber bei den von Preußen geplanten Erwerbungen müsse der Grundsatz völliger Gleichheit die Grundlage jeder Vereinbarung sein. Dem konnte der aufmerksam zuhörende König nur wohlwollend zustimmen. Mißtrauen schlich sich bei ihm erst ein, als van Swieten darzulegen begann, daß mit Gleichheit nicht unbedingt die Landflächen zu verstehen seien. Auch der materielle, das hieße der »innere Wert« dieser Territorien müsse berücksichtigt werden. So redete er sich voran und kam endlich zum Kern seines Vortrages: Preußen sollte die Grafschaft Glatz und einen Teil Schlesiens an Österreich zurückgeben. Auf den König wirkte dieses Ansinnen wie ein Donnerschlag. Er fuhr heftig auf: »Comment! Comment! – Non, Monsieur, cela ne se peut pas; je ne demande et ne veux rien de plus que la Prusse polonaise, prenez votre part là où cela vous conviendra le mieux, mais que ce ne soit à mes dépens! – Nein, mein Herr, so geht das nicht; ich verlange nicht mehr und nicht weniger als das polnische Preußen, nehmen Sie Ihren Anteil, wo es Ihnen am besten zusagt, aber nicht auf meine Kosten!«[188] Es war ein hartes und kompromißloses »Nein!«, das er dem österreichischen Gesandten zur Antwort gab. Van Swieten war nach dieser Abfuhr zunächst einmal bemüht, das Gespräch überhaupt fortsetzen zu dürfen. Auch der König beruhigte sich und nahm das Gespräch mit der Frage wieder auf: »Gibt es denn in Polen gar nichts, was Euch befriedigen könnte, dann muß man sich woanders umsehen.« Van Swieten griff diesen Gedanken dankbar auf und konnte sich nun seines zweiten Auftrages entledigen, der ihm von Kaunitz aufgetragen worden war, den er aber als eigenen Spontaneinfall an den König bringen sollte. Statt beim weniger begehrten Polen könnte sich Wien vielleicht auf dem Balkan bei den Türken schadlos halten. Er selbst denke da an Serbien mit Belgrad und einen Teil von Bosnien. Gegen solche Gebietserweiterungen, könne er sich vorstellen, würden bei ihm selbst keine Bedenken aufkommen. Er sei sogar bereit, für diese Wünsche auch am Petersburger Hof zu werben. Diese Themenverlagerung bei der anfangs brisanten Audienz hatte offensichtlich auch dem König die Contenance zurückgegeben, und man darf sich fragen, ob er nun mit dem Gesandten beziehungsweise dessen Dienstherrn Kaunitz ein Schelmenspiel treiben wollte. Seine Depesche sofort nach diesem Gespräch an den Grafen Solms verrät jedenfalls, daß er das raffinierte Spiel von Kaunitz sehr wohl und in seiner ganzen diabolischen Tiefgründigkeit durchschaut hatte. Darin heißt es: »... quant à la répugnance ... de partager avec nous la Pologne, c'est pour menager les Polonaise et pour que toute la haine de cette nation se tourne contre les Russes et nous«[189], »Grund für die Zurückweisung, Polen mit uns zu teilen, kann nur heißen, Polen solle geschont werden, um dann den ganzen Haß dieses Volkes auf die Russen und auf uns zu lenken.«

Ganz offensichtlich hatte sich Kaunitz wieder einmal eine diplomatische Schachpartie ausgedacht und sie wieder einmal verloren, denn die beiden anderen Mächte ließen Österreich gar keine andere Möglichkeit, als sich mit vorbehaltlosem Einstehen für die eigene Entscheidung an der Teilung Polens zu beteiligen oder aber leer auszugehen.

In den Beziehungen der drei Staaten zueinander begann sich nun allmählich ein Wandel zu vollziehen. Es war ein Prozeß der Annäherung zu gleichgerichteten Interessen, bei dem Österreich versuchte, sich ohne Gesichts- und Machtverlust neu zu orientieren. Für Preußen bedeutete das eine politisch-militärische Entspannung. Krieg war unmittelbar nicht mehr zu befürchten. Mit Rußland waren die Interessen abgesteckt und die Gebietsansprüche geregelt. Österreich war durch den erst acht Monate davor abgeschlossenen Bündnisvertrag mit der Türkei in der ganz vertrackten Situation, sich aus diesen Bündnisverpflichtungen wieder zu befreien. Die Wunschidee Wiens, bei dem zu erwartenden ›deal‹ Serbien, Bosnien und Belgrad zu erwerben, war sicher nicht zu verwirklichen. Das konnte schon deshalb nicht die Zustimmung der anderen beiden Mächte finden, weil sie längst erkannt hatten, daß Österreich sich dadurch aus der internationalen Verantwortung für sein Handeln davonstehlen wollte. Bei Gebietsansprüchen außerhalb Polens konnte nur über die Moldau, die Walachei und Bessarabien verhandelt werden. Und das war nur in direktem Gespräch mit Rußland möglich. Der Preußenkönig fühlte sich von solchen Vereinbarungen nicht betroffen, verfolgte den Fortgang der Verhandlungen aber sehr aufmerksam, weil er Wert darauf legte, Österreich möglichst ausschließlich auf Gebietsannexionen in Polen festzulegen.

Maria Theresia wurde im österreichischen Herrschaftstrio mehr als der junge Kaiser Joseph und Kaunitz von Gewissensskrupeln geplagt. Die Aufteilung »christlichen Bodens«, also Polens, empfand sie zutiefst als Unanständigkeit. Dazu mochte sie sich nicht hergeben und schrieb sich ihre ganze Herzensnot in einem Brief an ihren Kabinettschef Fürst Kaunitz von der Seele:[190] »Als alle meine länder angefochten wurden und gar nit mehr wusste, wo ruhig niederkommen sollte, steiffete ich mich auf mein gutes Recht und den Beystand Gottes. Aber in dieser Sach, wo nit allein das offenbare Recht himmelschreyent wider Uns, sondern auch alle Billigkeit und die gesunde Vernunft wider uns ist, mueß bekhennen, daß zeitlebens nit so beängstigt mich befunten und mich sehen zu lassen schäme. Bedenkh der Fürst, was wir aller Welt für ein Exempel geben, wenn wir uns um ein elendes Stuk von Polen oder von der Moldau und Wallachey unser ehr und reputation in die schanz schlagen. Ich merkh woll, daß ich allein bin und nit mehr en vigueur, darum lasse ich die Sachen, jedoch nit ohne meinen größten Gram, ihren Weg gehen.«

Viel weniger skrupelbehaftet war ihr christliches Gewissen gegenüber dem türkischen Bundesgenossen. Sich von dessen Territorium Gebiete anzueignen, das konnte sie schon eher mit ihrem Gewissen vereinbaren. Aber da existierte dieser unsägliche Bündnisvertrag, den sie vor sieben Monaten noch selbst genehmigt und mit viel Lob bejubelt hatte. Realitätsfern wollte sie Anspruch auf die bereits von der russischen Armee eroberten Gebiete von Moldau, Walachei und Bessarabien erheben. Diese Länder waren eh nicht mehr im Besitz der Türkei, und im übrigen lautete ihre Weisung: »Nichts übereilen und auf Zeit spielen.« Am wenigsten anrüchig schien ihr der Austausch der »Deklaration des Grundsatzes der Gleichheit« bei »begründeten Gebietsabtretungen« von Polen. Diese Erklärung ließ sie am 28. Februar 1772 dem König Friedrich von ihrem Gesandten van Swieten mit folgender Formulierung vorlegen: »Da seine Majestät, der König von Preußen, und ihre Majestät, die Kaiserin von Rußland, Rechte und Ansprüche auf einige Teile Polens geltend machen und wir solche ebenfalls besitzen, so versprechen wir uns auf Wort und Glauben von Souveränen durch diese eigenhändig gezeichnete Acte, daß die Erwerbung, welche auf Grundlage der gegenseitigen Ansprüche geltend gemacht werden, vollständig gleich sein sollen und der Anteil des Einen den des Anderen nicht überschreiten soll weit entfernt den Maßnahmen, die jeder zu ergreifen für angemessen erachten sollte, Hindernisse zu bereiten, nöthigenfalls eine gegenseitige Unterstützung eintreten zu lassen, sowie wir uns gleichzeitig das vollkomendste Geheimnis über die gegenwärtige Verpflichtung zusagen.«[191]

Dieses Papier ragt deshalb aus der Dokumentenfülle heraus, weil es den Bewußtseinswandel Maria Theresias vom hohen christlich-moralischen Anspruch zur politischen Wirklichkeit widerspiegelt, der sich bei ihr seit dem 17. Januar 1772 in nur sechs Wochen vollzogen hat. Bei dieser Kabinettssitzung hatte sie »eine Beteiligung Österreichs an einer Abtrennung polnischer Länder« rundweg abgelehnt und so stark gefühlsbetonte Vorgaben für die künftige Politik ihres Landes gemacht, daß es schwer vorstellbar schien, aus der Summe aller Widersprüchlichkeiten ein politisches Konzept zu entwickeln. Dieses »Gleichheits-Dokument« gibt Aufschluß darüber, wie klug und abgestimmt Kaiser Joseph II. und Kaunitz es verstanden haben, ihre Kaiserin schon nach kurzer Zeit auf ihre eigene politische Programmatik umzustimmen.

König Friedrich nahm dieses Gleichheits-Dokument zur Kenntnis. Einen Fortschritt in der Gemeinsamkeit mit Österreich brachte es zunächst nicht, aber es ließ auch für die gemeinsame preußisch-russische Politik nichts Nachteiliges erkennen. Deshalb ging er bereitwillig auf den Wunsch der Kaiserin ein und übersandte ihr umgehend eine gleichlautende Erklärung. Positiv an diesem Papier bewertete er, daß daraus die Veränderung der Politik am Wiener Hof erkennbar wurde. Das schien es ihm auch wert, seinem Petersburger Gesandten Graf Solms in einem Brief vom 29. Februar 1772 seine Gedanken sehr ausführlich mitzuteilen, daß die stolzen Österreicher nun bei der Zarin antichambrieren müßten. Teils suffisant, teils hoch zufrieden schreibt er: »Um zu den Tatsachen zu kommen, werden Sie

wissen, nachdem van Swieten einen Kurier aus Wien empfangen hat ... und mir folgendes erklärte: Daß sein Hof nach reiflicher Überlegung über die allgemeine Lage sich entschlossen habe auf die Akquisition von Belgrad und Serbien zu verzichten, aber daß, um das Gleichgewicht im Norden zu erhalten, sie ihren Anteil an Polen beanspruchen, und zwar zu gleichen Teilen ... Er zeigte mir das beigefügte Dokument und bat mich, ein entsprechendes an seinen Hof zu geben. Ich habe mir die Zeit genommen, diesen Schritt zu prüfen, aber nachdem er hinzufügte, daß sein Hof den Fürsten Lobkowitz angewiesen hat, Petersburg ein Übereinkommen zwischen uns dreien über diese Teilung vorzuschlagen – es handelt sich also nur um das Abkommen, das der Wiener Hof wünscht, denn wir sind uns ja bereits einig –, und daß, sobald dieses Abkommen unterzeichnet ist, sie mit ganzer Kraft in Konstantinopel an einem beschleunigten Abschluß des Friedens im russischen Sinne mitarbeiten würden. Ich habe dieses Schriftstück, das sie von mir erwarten, als eine überflüssige Sache angesehen, weil die Ansprüche Österreichs in Petersburg geregelt werden müssen. Aber ich glaube gut daran zu tun, ein Schriftstück entsprechend dem ihren auszufertigen,
1. um sie dadurch festzulegen und daran zu hindern, ihre Ansicht wieder zu ändern;
2. damit Frankreich nicht durch seine Intrigen eine getroffene Vereinbarung wieder umstoßen kann;
3. weil ich dieses Schriftstück für den Wiener Hof verpflichtend halte entsprechend dem Wort, das der Hof mir gegeben hat und das Graf Panin sich durch Fürst Lobkowitz bestätigen lassen kann, in gutem Glauben am türkischen Frieden zu arbeiten ... und die Konföderierten zur Vernunft zu bringen und Rebellionen zu ersticken, die Polen zerstören würden ...

Es gereicht der Zarin von Russland immer zum Ruhme, daß diese stolzen Österreicher, die ihr seit Beginn der Wirren mit der Pforte Trotz geboten haben, nunmehr als Bittsteller nach Petersburg gehen und vor den Augen Europas ehrenvolle Abbitte leisten.«[192]

Ein anderes Schreiben Friedrichs an Graf Solms gibt einen Einblick, wie stark auch damals die Politik von der Furcht vor Intrigen und einer internationalen Rufschädigung beherrscht worden ist. Man war immer auf der Hut: »... Aber es gibt noch einen politischen Grund mehr, der von großem Gewicht ist, sie zu veranlassen, ihre Erwerbungen eher in Polen als in Ungarn zu tätigen, denn wenn Österreich nichts vom polnischen Territorium nimmt und wir die einzigen sind, die ihnen einige Gebiete wegnehmen, wird sich der ganze Haß der Polen gegen uns wenden und letztere dann die Österreicher als ihre einzigen Beschützer betrachten. Und so bekommen sie so viel Einfluß, daß sie vieltausendfache Gelegenheit finden, alle nur denkbaren Intrigen anzuzetteln.«[193]

Immer auf diplomatische Intrigen vorbereitet, verhielt sich der Preußenkönig den Österreichern gegenüber stets mißtrauisch. Der russische Kanzler war mit seinen Erfahrungen noch kein *gebranntes Kind* und in der Politik nicht selten gutgläubig. Deshalb nahm er den Wunsch des Wiener Hofes zunächst auch sehr eindimensional naiv auf und war durchaus bereit, die Österreicher bei ihrem Begehren nach serbischem Gebiet, Belgrad und Bosnien nach Kräften zu unterstützen. In seiner Antwort an Wien sprach er nicht nur von diesen territorialen Veränderungsplänen zu Lasten des Kriegsgegners Türkei, er erwähnte erstmals auch die Vereinbarung mit Preußen über eine Aufteilung polnischen Staatsgebietes. Unerwähnt blieb nur der Geheimartikel dieses Vertrages.[194]

Für Kanzler Kaunitz war diese Mitteilung so etwas wie eine politische Alarmglocke. Er wußte nun, daß Österreich in eine sehr unvorteilhafte Lage geraten war. Die tatsächliche politische Entwicklung war bereits viel weiter fortgeschritten, als man sich das in der Wiener Hofburg vorstellte. Bei der Kabinettssitzung des Wiener Triumvirats am 8. März 1772 stellte er deshalb die Polenpolitik mit einer eigenen Vorlage ganz in den Vordergrund.[195] Darin forderte er, Österreichs Zurückhaltung aufzugeben und umgehend und nachdrücklich den beiden anderen Staaten die Gebiete zu benennen, die man von Polen beanspruchen wollte. Das Ringen dieser kleinen Kabinettsrunde in der Hofburg dauerte einen ganzen Monat, bis man endlich am 5. April 1772 dem Petersburger Hof die österreichischen Gebietsansprüche an Polen benennen konnte. Dieses Dokument verriet weder christliche Nächstenliebe noch Bescheidenheit. Es war ganz im Gegenteil ein Dokument der Maßlosigkeit, das Katharina und Friedrich gleichermaßen überraschte und erstaunte. Der Preuße nahm es mit den Worten zur Kenntnis: »Parbleu, Messieurs, vous n'êtes pas dégoûtés, vous avez bon appétit, à ce que je vois; mais votre part seule est aussi grande que la mienne et celle de la Russie prises ensemble; en vérité, vous n'êtes pas dégoûtés – Wahrlich, meine Herren, es scheint sie nicht anzuekeln. Sie haben, wie ich sehe, einen guten Appetit; aber Ihr Anteil ist genauso groß wie der meinige und Rußlands zusammen; wahrhaftig, Sie verspüren keinen Überdruß.«[196]

Österreich, noch immer vertraglich mit der Türkei im Bündnis verbunden und geheimer Bündnispartner der polnischen Konföderierten, beanspruchte zunächst Galizien, dann den ganzen Landstrich südlich der Weichsel bis Dubienka am Bug und von dort nach Süden bis Choczim am Dnjestr.

Diese Gebiete zusammen hatten eine Landfläche von ungefähr neunzigtausend Quadratkilometer. Zwei Millionen Menschen lebten auf diesem Gebiet, ein Viertel der polnischen Bevölkerung insgesamt. Mit dieser Gebietsforderung war der Einfallsreichtum des Fürsten Kaunitz aber noch nicht erschöpft. Für die Vertragsform hatte er sich noch etwas Besonderes ausgedacht. Nach seinen Vorstellungen sollten sich die drei Mächte erst vollständig einigen. Der aus diesem gemeinsamen Willen formulierte Teilungsvertrag sollte dann zunächst zwischen Preußen und Rußland abgeschlossen und ratifiziert werden. Erst danach sollten beide Österreich auffordern, dem Vertragswerk beizutreten.

Nun wurde selbst der gutgläubige Graf Panin hellhörig. Er verlangte mit Nachdruck, diese Gebietsabtretungen in einem paritätischen Vertrag der drei Mächte festzulegen. Die Gebietsforderungen Österreichs waren aus der Sicht der beiden Höfe maßlos, man wollte sie aber dennoch hinnehmen, weil weder preußische noch russische Interessen dadurch beeinträchtigt wurden, und mit den Polen mußte sich

Österreich letztlich selbst auseinandersetzen. Panin widersprach nur der Einbeziehung von Lemberg, eines Teils der Woiwodschaft Belcz und des Gebietes von Chelm. Gegen Grenzverschiebungen nach Schlesien hinein hatte er keine Einwände, sofern darüber mit Preußen eine Einigung zu erreichen war. Die Salzbergwerke als eine wesentliche Einnahmequelle des Staates wurden Österreich aber verweigert. Der polnische König und Panin machten gemeinsam geltend, daß der Krone durch die Gebietsabtretungen viele der königlichen Güter verlorengingen. Als Ersatz dafür müsse der Polenkönig unbedingt eine Entschädigung erhalten.

Nach russischer und preußischer Auffassung mußte Polen auch in Zukunft eine Mittelmacht bleiben. Nur so sah man es gewährleistet, daß die Polen benachbarten Staaten nicht miteinander in Streitigkeiten geraten konnten. Panin legte auch großen Wert darauf, daß der von der Kaiserin Maria Theresia geforderte »Grundsatz der Gleichheit« beachtet wurde.

Kaunitz hatte für diese diplomatische Formel von der Gleichheit auch gleich den Bewertungsmaßstab mit hinzugeliefert: Größe des Gebietes, die Fruchtbarkeit des Bodens und die Einwohnerzahl sollten die Basiswerte sein, und Panin zögerte nun nicht, dem österreichischen Gesandten in Petersburg, Fürst Lobkowitz, die entsprechende Rechnung aufzumachen: Preußen wollte ein Gebiet von insgesamt 37.875 Quadratkilometer haben, Rußland beanspruchte 55.060 Quadratkilometer und Österreich 81.680 Quadratkilometer. Würden zusätzlich die Salinen gefordert, ginge es nicht ohne eine Entschädigung für den Polenkönig ab. Man müßte ihm einige große Güter geben. Dann aber war vorauszusehen, daß sich der Landadel dagegen zur Wehr setzen würde, und ein neuer Konfliktstoff wäre geschaffen. Er machte den Österreichern den Vorschlag, den Polen die Gebiete südlich von Krakau und Lemberg, also das Land nördlich des Dnjestr, nicht wegzunehmen, dafür aber zwischen Weichsel und Bug die Grenze bis auf fünfzehn Kilometer an Warschau heranzuschieben.

Die Maßlosigkeit des Wiener Hofes bei seinen Gebietsforderungen blieb nicht ohne Folgen. König Friedrich hatte sich anfangs mit seiner Kritik zurückgehalten in der Erwartung, es würde zu einer schnellen und unkomplizierten Einigung zwischen den drei Parteien kommen. Doch die seitens der Österreicher immer geschicktere Auslegung des ›Prinzips der Gleichheit‹ veranlaßte ihn, seine eigenen Ansprüche zunehmend ebenfalls sensibler zu betrachten. Van Swieten machte er die Rechnung auf, daß die beanspruchten Salinen der österreichischen Staatskasse zusätzlich drei Millionen Gulden einbringen würden, zu den drei Millionen, die man künftig schon aus dem Erwerb der beanspruchten Gebiete ziehen würde. Das waren nach seiner Rechnung zehn Prozent der österreichischen Gesamteinnahmen von ungefähr sechzig Millionen Gulden jährlich. Hinzu kämen zwei Millionen Menschen, die mit dem Gebietserwerb zu Österreichern würden. Diesem Saldo stellte er seine Zahlen gegenüber: Sein Bevölkerungszuwachs waren nur fünfhunderttausend Seelen, und für zusätzliche Staatseinnahmen veranschlagte er nicht mehr als neunhunderttausend Gulden. Unter dem Gesichtspunkt der Gleichgewichtigkeit mußte dieses Feilschen der Österreicher darauf hinauslaufen, daß auch er nun Forderungen stellte, die auf eine Vergrößerung seines Gebietsanteils hinausliefen. Er verlangte jetzt zusätzlich die Stadt Thorn an der Weichsel und auch noch Gebiete an der Warthe und an der Ostgrenze Brandenburgs.[197] Diesem Griff nach einer Schlüsselstellung an der Weichsel, worum es sich beim Erwerb von Thorn letztendlich handeln mußte, widersprachen nicht nur die Österreicher, auch die Russen waren nicht bereit, diese Forderung zu unterstützen. Über die Weichsel lief ein beträchtlicher Teil des gesamten polnischen Warenverkehrs und insbesondere der Getreidetransport. Dieser Handelsweg war von Thorn vollkommen zu kontrollieren, und mehr noch, er war ein politischer Hebel gegenüber allen Staaten, die von den Produkten dieses Handelsweges abhängig waren, und dadurch eine beherrschende Position, die auch Rußland seinem Allianzpartner nicht zubilligen wollte.

Weil sich bei dieser Sachlage gar nichts vorwärtsbewegte, regte der Preußenkönig an, zunächst schon einmal Truppen in die beanspruchten Gebiete einrücken zu lassen. Das war

Die »Tripelkonvention« ging mit vielen anderen Dokumenten im April 1945 verloren, als das »Geheime Staatsarchiv für Preußischen Kulturbesitz« von Berlin in den Westen verlagert werden sollte.
Die vorliegende Kopie der »Convention« hat das Archiv des Russischen Außenministeriums erstmals wieder für diese Publikation zur Verfügung gestellt.

Convention

zwischen Ihrer kaiserlichen Majestät und seiner Majestät, dem König von Preußen,

über den Anschluß einiger hier bezeichneter Ländereien in Polen an seinen Staat und über die ›Überhändigung‹ durch seine Majestät von ebensolchen, die in den Anteil Rußlands fallen; zur Unterzeichnung durch einen preußischen Minister in St. Petersburg am 25. Juli 1772 in französischer Sprache.

Übersetzung von Seite 365

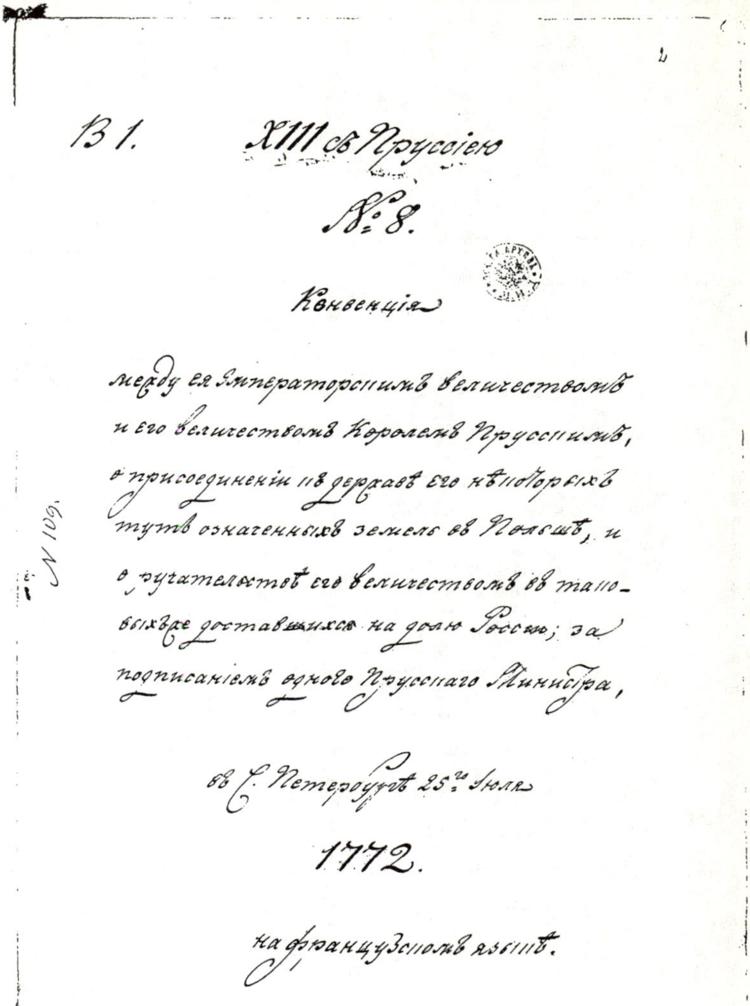

2

В 1. XIII съ Пруссією

№ 8.

Конвенція

между ея Императорскимъ величествомъ
и его величествомъ Королемъ Прусскимъ,
о присоединеніи къ державѣ его нѣкоторыхъ
тутъ означенныхъ земель въ Польшѣ, и
о ручательствѣ его величествомъ въ тако-
выхъ же доставшихся на долю Россіи; за
подписаніемъ одного Прусскаго Министра,

N 109.

въ С. Петербургѣ 25го Іюля

1772.

на французскомъ языкѣ.

1000

Au nom de la trés sainte Trinité.

1.

L'esprit de faction, les troubles, et la guerre intestine, dont est agité depuis tant d'années le Royaume de Pologne, et l'Anarchie, qui chaque jour y acquiert de nouvelles forces, au point d'y anéantir toute autorité d'un gouvernement regulier, donnant de justes apprêhensions de voir arriver la decomposition totale de l'Etat, troubler les rapports des interets de tous ses voisins, altérer la bonne harmonie, qui subsiste entre eux, et allumer une guerre générale, comme deja effectivement de ces seuls troubles est provenû celle, que Sa Majesté Imperiale de toutes les Russies soutient contre la Porte Ottomanne; Et en même tems, les puissances voisines de la Republique ayant à sa charge des prétensions et des droits aussi anciens que legitimes, dont Elles n'ont jamais pû avoir raison et qu'Elles risquent de perdre sans retour, si Elles ne prennent des moyens de les mettre à couvert, et de les faire valoir Elles mêmes, ensemble avec le retablissement de la tranquilité, et du bon ordre dans l'interieur de cette Republique, ainsi qu'en lui appréciant une existence politique plus conforme aux interets de leur voisinage: A cette fin Sa Majesté le Roi de Prusse, a choisi et nommé pour Son Plénipotentiaire, le Sieur Victor Fréderic Comte de Solms

Son-

1001

Son Chambellan actuel, Conseiller privé d'Ambassade, et Envoyé extraordinaire et Ministre plénipotentiaire à la Cour de Sa Majesté Imperiale de toutes les Russies, Chevalier de l'ordre de St. Alexandre Newsky — lequel aprés avoir communiqué son pleinpouvoir au Sieur Nikita Comte de Panin, Gouverneur de son Altesse Imperiale Monseigneur le Grand Duc de Russie, Conseiller privé actuel de Sa Majesté Imperiale, Senateur, Chambellan actuel, et Chévalier de ses ordres; et au Prince Alexandre de Gallitzin, son Vice-Chancelier, Conseiller privé actuel Chambellan actuel, et Chevalier des ordres de St. Alexandre, et de l'aigle blanc de Pologne, également munis des pleinpouvoirs de leur Cour, et aprés avoir conferé sur cet Etat de la Republique de Pologne, et les moyens de mettre à couvert, les droits et prétensions de Sa Majesté le Roi de Prusse, a arrèté, conclû, et signé les Articles suivans —

Article I.

Sa Majesté le Roi de Prusse se mettra en possession dans le tems, et de la maniere convenüe par l'Article suivant, de toute la Pomerellie la ville de Dantzig avec son territoire exceptés; de même que du District de la grande Pologne en deça de la Netze, en longeant cette riviere depuis la frontiere de la nouvelle Marche jusqu'à la Vistule prés de Fordon et Solitz desorte que la Netze fasse la frontiere des Etats de Sa Majesté le Roi de Prusse...

1002

2

Prusse, et que cette rivière Lui appartienne en entier, et Sa dite Majesté ne voulant pas faire valoir Ses autres prétensions, sur plusieurs autres districts de la Pologne, limitrophes de la Silesie et de la Prusse, qu'Elle pourroit reclamer avec justice, et se desistant en même tems de toute prétension sur la Ville de Dantzig, et sur son territoire, prendra en guise d'equivalent le reste de la Prusse Polonoise, nommement le Palatinat de Marienbourg, la Ville d'Elbing y comprise, avec l'Evechè de Warmie, et le Palatinat de Culm, sans en rien excepter, que la Ville de Thorn, laquelle Ville sera conservée avec tout son territoire à la domination de la Republique de Pologne.

Article II.

Sa Majesté le Roi de Prusse, fera occuper par des Corps de Ses troupes, les lieux et districts, que par l'Article précedent Elle se propose de réunir à Ses Etats, et Elle fixe pour le terme de cette prise de possession les premiers jours du mois de Septembre /: vieux style :/ de l'année courante. S'engageant à ne rien declarer jusqu'alors de ses vües, et desseins.

Article III.

Sa Majesté le Roi de Prusse, pour Elle et pour Ses descendans heritiers et Successeurs, garantit formellement et de la manière la plus forte à Sa Majesté l'Imperatrice de toutes les Russies, les païs

et

et districts de la Pologne, dont en vertu du concert commun Sa dite Majesté se mettra en possession, lesquels consistent dans le reste de la Livonie Polonoise de même que dans la partie du Palatinat de Polock, qui est en deça de la Dwina et pareillement du Palatinat de Witepsk, desorteque la rivière de la Dwina sera la limite naturelle entre les deux Etats, jusque prés de la frontière particulière du Palatinat de Witepsk, d'avec celui de Polock, et en suivant cette frontière jusqu'à la pointe, où les limites des trois Palatinats, savoir de Polock, de Witepsk et de Minsk se sont jointes; de laquelle pointe la limite sera prolongée par une ligne droite, jusque prés de la source de la rivière Drujec, vers l'endroit nommé Ordwa, et de la en descendant cette rivière jusqu'à son embouchure dans le Dnieper, desorte que tout le Palatinat de Mscislawl, tant en deça qu'au de la du Dnieper, et les deux Extrémités du Palatinat de Minsk, au dessus, et au dessous de celui de Mscislawl, en deça de la nouvelle limite et du Dnieper, appartiendront à l'Empire de toutes les Russies, et depuis l'embouchure de la rivière Drujec, le Dnieper sera la limite entre les deux Etats, en conservant toutefois à la Ville de Kiow, et à son district, la limite qu'ils ont actuellement de l'autre côté de ce fleuve —

Article IV.

Comme Sa Majesté Imperiale de toutes les Russies, qui soutient depuis plus de trois ans, une guerre particulière contre l'Empire Ottomann

pour

1004

5

3

pour la seule raison des affaires de Pologne, a communiqué avec pleine confiance à Sa Majesté le Roi de Prusse, les conditions definitives auxquelles Elle consentiroit à faire la paix avec la Porte, et qu'au moyen de ce nouveau plan, Sa dite Majesté a bien voulu se prêter à ne plus exiger ni la conquête, ni même l'independance de la Wallachie et Moldavie, et à ne plus insister par consequent sur celles de ses premieres conditions, qui s'opposoient le plus directement à l'interêt immédiat des Etats Prussiens Sa Majesté le Roi de Prusse, conformément à ses Sentimens d'une amitié sincère, pour Sa Majesté Imperiale de toutes les Russies, promet de continuer à s'employer sincèrement au succès desirable des Negociations du Congrès, consequemment aux bons offices auxquels Elle s'est engagée envers les deux parties belligerantes.

Article V.

Comme il sera necessaire d'en venir à un arrangement definitif, avec la Republique de Pologne, au sujet des acquisitions communes, ainsi que du retablissement du bon ordre et de la paix dans l'interieur de la Pologne: Sa Majesté le Roi de Prusse s'engage, à donner à son Ministre Resident à la Cour de Varsovie, les instructions les plus précises, pour agir en tout d'un commun accord, et parfait concert, avec le Ministre de Sa Majesté Imperiale de toutes les Russies, à la même Cour, et appuyer

cette

1005

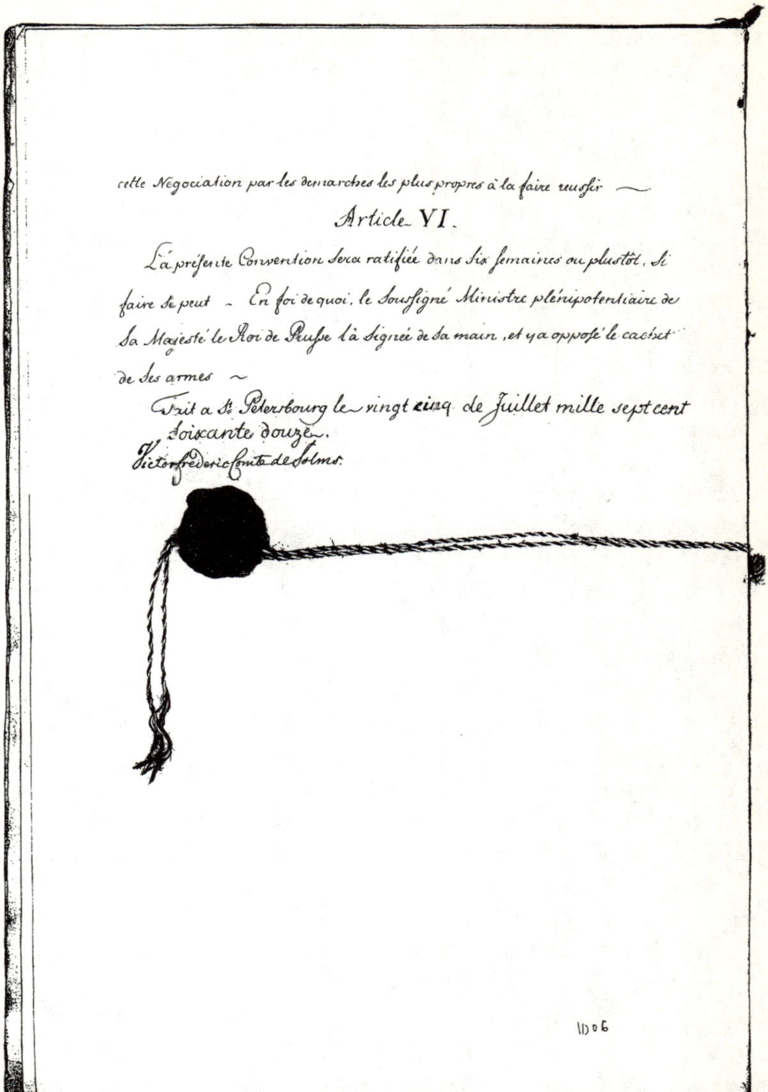

cette Negociation par les demarches les plus propres à la faire reussir —

Article VI.

La présente Convention sera ratifiée dans six semaines ou plustôt, si faire se peut — En foi de quoi, le Soussigné Ministre plénipotentiaire de Sa Majesté le Roi de Prusse l'a signée de sa main, et y a opposé le cachet de ses armes —

Fait a St. Petersbourg le vingt cinq de Juillet mille sept cent soixante douze.

Victor Frederic Comte de Solms.

1106

Im Namen der Heiligen Dreifaltigkeit

Der umstürzlerische Geist, die Wirren und der interne Krieg, der seit so vielen Jahren das Königreich Polen schüttelt, und die Anarchie, die dort jeden Tag neue Kräfte entfaltet, wodurch jede Autorität einer ordentlichen Regierung zerstört wird, rechtfertigen die Befürchtung, daß mit dem vollständigen Zerfall des Staates zu rechnen ist, die Staatsinteressen und Beziehungen zu seinen Nachbarn zersetzt und die gute Harmonie aller Staaten untereinander beeinträchtigt und ein allgemeiner Krieg entfacht wird, wie er nach unserem Urteil bereits tatsächlich entstanden ist und den Ihre Kaiserliche Majestät aller Russen gegen die ottomanische Pforte führt. Und zugleich riskieren die benachbarten Mächte der Republik, die zu eigenen Lasten Ansprüche und genauso alte wie legitime Rechte, haben, welche sie noch nicht in Anspruch nehmen konnten, diese unwiederbringlich zu verlieren, wenn sie nicht die erforderlichen Maßnahmen ergreifen, sie zu sichern, und gleichzeitig damit die Wiederherstellung von Ruhe und Ordnung im Innern der Republik durchsetzen, aber ebenfalls den politischen (staatlichen) Fortbestand (der Republik) gewährleisten (in einem Rahmen), der den (Sicherheits-)Interessen der Nachbarschaft gerechter wird.

Zum Vollzug dieser Absicht wählte Seine Majestät, der König von Preußen, den Herrn Friedrich Graf von Solms aus und ernannte ihn zum Bevollmächtigen; sein derzeitiger Kammerherr, persönlicher Botschaftsrat, außerordentlicher Gesandter und bevollmächtigter Minister am Hofe Ihrer Kaiserlichen Majestät aller Russen, Ritter des Ordens des Heiligen, Alexander Newsky – welcher, nachdem er seine Vollmacht dem Herrn Nikita Graf von Panin, Gouverneur Ihrer Kaiserlichen Hoheit, Monseigneur Großherzog von Preußen, persönlicher Botschaftsrat Ihrer Kaiserlichen Hoheit, Senator, derzeitiger Kammerherr und Ordensritter, und nachdem er Prinz Alexander von Gallitzin, dessen Vizekanzler, persönlicher Berater und Kammerherr, Ritter des Ordens des Heiligen Alexander und des Weißen Adlers von Polen, ebenso ausgestattet mit Vollmachten ihres Hofes, mitgeteilt hat und nachdem er Rücksprache über den Staat der Republik Polen genommen und die Möglichkeiten zur Sicherung der Rechte und Ansprüche Seiner Majestät, dem König von Preußen, geprüft, beschlossen und unterzeichnet hat, hat er folgende Artikel niedergelegt:

Artikel I

Seine Majestät, der König von Preußen, wird zu dem Zeitpunkt und auf die vereinbarte Weise, vereinbart durch den folgenden Artikel, in Besitz nehmen ganz Pomerellen, die Stadt Danzig mit Hinterland ausgenommen, ebenso vom Distrikt Großpolen (das Gebiet) diesseits der Netze entlang diesem Fluß ab der Grenze der Neuen Marche bis zur Weichsel bei Vordon und Solitz, so daß die Netze die Grenze der Staaten Seiner Majestät, des Königs von Preußen, bildet und dieser Fluß ihm ganz gehört und besagte Majestät auf andere Ansprüche an mehrere andere Distrikte Polens, angrenzend an Schlesien und Rußland, nicht bestehen will, die es auch mit Recht beanspruchen könnte, und gleichzeitig verzichtet er auf alle Ansprüche auf die Stadt Danzig und auf ihr Umland; als Äquivalent wird er den Rest des polnischen Preußens, namentlich das Palatinat der Marienburg, die Stadt Elbing einschließlich des Bistums Ermland und das Palatinat von Culm in Besitz nehmen, ohne davon irgend etwas auszunehmen, ausgenommen die Stadt Thorn, welche mit ihrem ganzen Territorium unter der Herrschaft der Republik Polens erhalten bleiben soll.

Artikel II

Seine Majestät, der König von Preußen, wird durch Korps seiner Truppen die Orte und Distrikte besetzen, die er gemäß dem vorangegangenen Artikel beabsichtigt, für seinen Staat in Besitz zu nehmen, und als Zeitpunkt für diese Inbesitznahme setzt er die ersten Tage im September des laufenden Jahres fest und verpflichtet sich, bis zu diesem Zeitpunkt nichts von seinen Truppenbewegungen und Plänen bekanntwerden zu lassen.

Artikel III

Seine Majestät, der König von Preußen, garantiert für sich selbst und für seine Nachkommen, Erben und Nachfolger förmlich und auf das nachdrücklichste Ihrer Majestät, der Kaiserin aller Russen, die Länder und Distrikte Polens, welche infolge des gemeinsamen Abkommens übereignet werden und welche bestehen aus dem Rest des polnischen Livonien, ebenso aus dem Teil des Palatinats Polock, das diesseits der Dwina liegt, und außerdem dem Palatinat von Witepsk dergestalt, daß der Fluß Dwina die natürliche Grenze zwischen beiden Staaten sein wird bis nahe an die Grenze zwischen dem Palatinat von Witepsk mit der von Polock, und indem man dieser Grenze bis zur Spitze folgt, wo die Grenzen der drei Palatinate, nämlich von Polock, Witepsk und Minsk sich vereinen, von welcher Spitze die Grenze durch eine gerade Linie verlängert wird bis zur Quelle des Flusses Drujec in Richtung eines Ortes namens Ordwa und von dort diesem Fluß abwärts folgend bis zu seiner Einmündung in den Dnjepr, so daß das ganze Palatinat von Mscislawl, sowohl diesseits wie jenseits des Dnjepr und die beiden äußersten Teile des Palatinats von Minsk oberhalb und unterhalb der von Mscislawl diesseits der neuen Grenze und des Dnjepr dem Kaiserreich aller Russen gehören werden, und von der Mündung des Flusses Drujec wird der Dnjepr die Grenze zwischen den beiden

Staaten bilden, dabei aber der Stadt Niiow und dem dazugehörigen Distrikt die Grenze erhalten, die sie zur Zeit auf der anderen Seite des Flusses haben.

Artikel IV

Wie Ihre Kaiserliche Hoheit aller Russen, die seit mehr als drei Jahren einen Krieg gegen das Ottomanische Reich führt, aus dem einzigen Grund die polnischen Angelegenheiten betreffend, im vollsten Vertrauen seiner Majestät, dem König von Preußen, die definitiven Bedingungen mitgeteilt hat, zu denen sie einem Friedensschluß mit der Pforte zustimmen könnte und aufgrund dieses neuen Plans besagte Hoheit sich bereit erklärt hat, weder die Eroberung noch auch die Unabhängigkeit der Walachei und Moldawiens zu fordern, und demzufolge nicht mehr auf denjenigen der früheren Bedingungen zu bestehen, die auf das direkteste den unmittelbaren Interessen der preußischen Staaten entgegenstehen, verspricht Seine Majestät, der König von Preußen, in Übereinstimmung mit den Gefühlen einer aufrichtigen Freundschaft für Ihre Kaiserliche Majestät aller Russen, sich aufrichtig für den wünschenswerten Erfolg der Verhandlungen im Kongreß im Sinne guter Dienste zu verwenden, zu welchen er sich gegenüber den beiden kriegführenden Parteien verpflichtet hat.

Artikel V

Da es notwendig wird, mit der Republik Polen betreffs der gemeinsamen Erwerbungen zu einem endgültigen Arrangement wie auch der Wiederherstellung der guten Ordnung und des Friedens im Inneren Polens zu kommen, verpflichtet sich Seine Majestät, der König von Preußen, seinem am Warschauer Hofe residierenden Minister die genauesten Instruktionen zu geben, um in allem im gemeinsamen Einvernehmen zu handeln und in vollkommener

Übereinstimmung mit dem Minister Ihrer Kaiserlichen Hoheit aller Russen an demselben Hof diese Verhandlungen zu unterstützen und durch die angemessenste Vorgehensweise zum Erfolg zu führen.

Artikel VI

Die vorliegende Vereinbarung wird frühestens in sechs Wochen ratifiziert, wenn es durchzuführen ist – im Glauben darauf der zeichnungsberechtigte, bevollmächtigte Minister Seiner Majestät, des Königs von Preußen, es eigenhändig unterzeichnet und ihm das Siegel seines Wappens aufgedrückt hat.

Geschrieben in St. Petersburg den 25. Juli 1772
Victor Friedrich Graf von Solms

ein Vorschlag, den Rußland, aber auch Preußen selbst, kritisch betrachtete; um so größer war die Überraschung, als man erfuhr, daß Österreich seinen an der Grenze stationierten Truppen am 1. Mai 1772 den Befehl gegeben hatte, in Polen einzumarschieren und alle die Gebiete zu besetzen, deren Besitz zuvor gefordert worden war. Preußen hatte für eine solche Aktion zunächst gar keine Soldaten mobilisiert. Einige tausend standen dafür zur Verfügung, die aber auch sonst schon zur Entlastung Rußlands eingesetzt waren. Am ungünstigsten war die Situation der Zarin Katharina. Ihre Armeestärke war bis auf geringe Anteile auf ein Minimum herabgesunken. Diesen Resteinheiten fiel die Aufgabe zu, die rückwärtigen Verbindungswege zu sichern. Mehr Soldaten standen in Rußland nicht zur Verfügung. An eine Besetzung des Landes war unter diesen Umständen gar nicht zu denken.

In den Sommermonaten Juni und Juli 1772 bot sich eine fast skurrile Umkehr der politischen Szene dar. War Rußland von Frankreich und Österreich in den Krieg mit der Türkei verwickelt worden und mußte sich in diesem Krieg der heimlichen Partnerschaft der konföderierten Polen auf türkischer Seite erwehren – was am Ende für die polnische Teilung den Ausschlag gab –, so stand Österreich auf der Gegenseite, ermutigte die Türken mit Beistandsversprechungen zur Fortsetzung des Krieges und unterstützte den polnischen Widerstand mit allen Mitteln und vor allem mit dem politisch-moralischen Anspruch, eine Verletzung der territorialen Integrität Polens nicht zuzulassen. Nun meldete sich Österreich mit maßlosen Gebietsforderungen an seinen ehemaligen Schützling zu Worte. Friedrich versuchte bei diesem Feilschen um kleine Vorteile nach beiden Seiten ausgleichend zu wirken, während Rußland bemüht war, unangemessene Forderungen abzuwehren. Wesentliches Streitobjekt war Österreichs Anspruch auf die polnischen Salinen. Die Staatsinteressen waren andererseits so unterschiedlich gelagert, daß Verlauf und Ergebnis der Streitereien wie eine Spiegelfechterei angesehen werden konnten. Preußen war die österreichische Begehrlichkeit im Grunde gleichgültig. Man war dort zufrieden, wenn die eigenen, maßvolleren Ansprüche ohne Streit befriedigt würden, und in Rußland hatte Katharina ganz andere Prioritäten für ihre Politik. Bei ihr stand der türkische Kriegsschauplatz an erster Stelle, und die Rangeleien mit dem Wiener Hof gaben ihr eine hinreichende Sicherheit, daß österreichische Truppenverbände ihren eigenen nicht in den Rücken fallen würden. Nachdem Österreich dann auch den Allianzvertrag mit der Türkei aufgekündigt hatte und die künftige Neutralität zumindest sichergestellt war, konnte Katharina die weitere Entwicklung getrost abwarten.

Ende Juli 1772 führten die Verhandlungen mit Österreich in Potsdam und in Petersburg teilweise zu einem Einlenken des Fürsten Kaunitz. Er mußte erkennen, daß er bei der Inbesitznahme der polnischen Salzbergwerke mit seiner Maximalforderung nicht würde durchdringen können. So einigte man sich auf eine Kompromißformel, mit der dem polnischen König garantiert wurde, daß Polen den Eigenbedarf zu Sonderkonditionen decken darf. Schließlich waren Panin und sogar die Zarin von der hartnäckigen Verhandlungsführung der Österreicher so erschöpft, daß sie diesem bilateralen Vertragspaket ihre Zustimmung gaben. Der Vertrag wurde am 25. Juli 1772 von Rußland und Österreich unterzeichnet.

Die intensiven diplomatischen Aktivitäten der Regierungen in Wien, Petersburg und Berlin konnten trotz aller Geheimhaltungsabsprachen den Diplomaten an diesen Höfen nicht verborgen bleiben. Als Frankreich und England davon erfuhren, schickte Paris Graf Aiguillon als Sonderbotschafter nach London, um zu sondieren, welche Gegenmaßnahmen einzuleiten wären. Eine Zerteilung Polens sollte verhindert werden, darüber war man sich einig, über Maßnahmen gab es keine Verständigung. Sehr bald mußte man auch zur Kenntnis nehmen, daß diese beiden Mächte mit ihren Initiativen nichts mehr bewirken konnten. Sie kamen bereits zu spät, wenn sie sich nicht überhaupt durch kluges Wegschauen von Anfang an draußen halten und die Angelegenheit mit einem diplomatischen Geplänkel und anschließendem Bedauern zum Abschluß gebracht haben wollten.

Am 5. August 1772 war die ›Tripelkonvention‹ unter den drei Staaten ausgehandelt. Fürst Panin, Fürst Lobkowitz und Graf Solms haben das Dokument in Petersburg unterzeichnet.

König Friedrich reagierte zufrieden und erleichtert mit einer kurzen Notiz an seinen Kanzler Graf Finckenstein:[198] »J'ai été charmé au possible de la conclusion de notre triple convention, qui vient enfin d'être signée à Pétersbourg, ... Dieu merci que cette affaire est terminée! – Ich war über den Abschluß unserer ›Tripelkonvention‹ sehr erfreut, die endlich in Petersburg unterschrieben worden ist, ... Gott sei Dank, daß diese Angelegenheit beendet ist!«

Kaunitz betrachtete das vollbrachte Werk wohlgefällig und stolz darauf, durch seine diplomatische Geschicklichkeit das Machtgleichgewicht mit Preußen bewahrt zu haben. Dieser Vertrag bedeutete ihm eine »glückliche Epoche«.

Die Zarin Katharina ratifizierte den Vertrag am 22. September 1772 und drückte ihre Zufriedenheit dem Fürsten Lobkowitz gegenüber aus mit der freundschaftlichen Geste: »Vous pouvez être persuadé, mon Prince, que jamais je n'ai signé d'acte avec plus de satification, que celui qui me rapproche ainsi que je l'ai toujours souhaité de Leurs Majestés aux quelles je me ferai toujours un vrai plaisir de donner des preuves de ma sincere amitié. – Sie können überzeugt sein, mein Fürst, daß ich niemals etwas mit größerer Befriedigung unterzeichnet habe als dieses Papier, das mich auf eine Weise, wie ich es immer gewünscht habe, ihren Majestäten näherbringt, denen ich immer Beweise meiner aufrichtigen Freundschaft geben werde.«

Ende des türkisch-russischen Krieges

Die Türkei war während des Sommerfeldzuges im Jahre 1771 in eine sehr schwierige Lage geraten. Der Krieg hatte sich auch militärisch sehr verlustreich entwickelt. In Konstantinopel konnten sich Politiker und Militärs nicht mehr der Selbsttäuschung über die Niederlagen an den Kriegsfronten hingeben. Noch mehr hatte sich aber die Lage an der innenpolitischen Front zugespitzt. Im Juli war mit Österreich der Bündnisvertrag abgeschlossen worden, aber die erhoffte militärische Hilfe war ausgeblieben. Schon im November 1771 bekam man die Versuche der Wiener Regierung zu spüren, die Bündnisverpflichtungen aufzulockern, obwohl die eigentliche Wende der österreichischen Politik erst im Februar 1772 beschlossen wurde. Als hervorragender Gehilfe seines Chefs in Wien erfüllte Thugut seine diplomatische Aufgabe am türkischen Hof. Seine intellektuellen und moralischen Eigenschaften qualifizierten ihn hervorragend für seinen Auftrag, die vielschichtigen Absichten des Staatskanzlers Kaunitz umzusetzen. Der preußische Gesandte Zegelin bekam diese Fähigkeiten zu spüren, als er sich mit den verleumderischen Unterstellungen seines Diplomatenkollegen Thugut konfrontiert sah, Preußen wolle sich an polnischen Ländereien bereichern und sei zudem eine ständige Bedrohung Österreichs. Diese Unterstellung benutzte Thugut für sein Land als Begründung, warum österreichische Truppen nicht an der Seite der türkischen am Krieg gegen Rußland teilnehmen konnten. Zegelin seinerseits war unablässig bemüht, die türkische Regierung von der Notwendigkeit eines baldigen Friedensschlusses zu überzeugen. Er hatte sich bei Hofe als Person und Vertreter Preußens durchaus Reputation erworben, seine sachlichen Lagebeschreibungen überzeugten auch, aber die türkischen Minister hielten ihm entgegen, daß Österreich von der Türkei im Rahmen der Vertragsverpflichtung schon sehr viel Geld bekommen hätte. Das allein sei eine große finanzielle und moralische Schuld, die Österreich in der Pflicht hielt, die Türkei dem Gegner Rußland nicht bedingungslos auszuliefern.[199]

Nach der Kabinettssitzung in der Hofburg im Februar 1772, die zur vollständigen Umorientierung der österreichischen Politik geführt hatte, wurde der türkische Bündnispartner auf Weisung von Kaunitz zunächst perfekt getäuscht. Thugut sollte die Beziehungen offenhalten, bis mit Rußland und Preußen ein Abkommen über Polens Zerteilung ausgehandelt worden war, das den österreichischen Vorstellungen und Wünschen entsprach. In dieser Verhandlungsphase sollte der türkische Bundesgenosse als Druckmittel noch seine Wirkung tun. Ganz im Sinne dieser Strategie arbeitete Thugut mit »unverschämter Unanständigkeit« gegen die Friedensempfehlungen Preußens und Englands.[200] Erst als die Türken von ihrem Bundesgenossen forderten, entweder im Frühjahr 1773 aktiv in den Krieg gegen Rußland einzugreifen oder einen Frieden mit Rußland herbeizuführen, der nach türkischen Vorstellungen den Rückzug der russischen Armee aus allen bereits eroberten Gebieten zum Gegenstand haben sollte, mußte Wien etwas tun.

Kaunitz ließ auf diese Forderung hin von seinem Gesandten Thugut sehr unterkühlt die Antwort überbringen, daß auf österreichischer Seite die Bereitschaft bestünde, über Waffenstillstandsbedingungen zu verhandeln. Das waren seine ersten Signale, sich schrittweise aus den Verpflichtungen gegenüber Konstantinopel zurückzuziehen.

Zur gleichen Zeit bedrängte Frankreichs Gesandter St. Priest die Türken, sich auf keine Waffenstillstandsverhandlungen einzulassen. Wenn sie dennoch unvermeidlich würden, schlug er unter anderem vor, die polnischen Konföderierten in die Verhandlungen mit einzubeziehen. Dieser Rat verdient deshalb besondere Beachtung, weil hier Polen als Kriegspartei auftreten sollte, und zwar als Feind Rußlands. So muß die Lage von Paris aus gesehen worden sein, und sicher dachten die anderen, die am Konflikt nicht beteiligten Staaten nicht viel anders. Für Rußland war das noch viel mehr ein schwerwiegender Sachverhalt und keine bedeutungslose Angelegenheit, über die man zur Tagesordnung übergehen konnte. Polen mußte als Kriegsverlierer mit bezahlen, das war am Ende des Jahres 1771 eine Tatsache.

Die türkische Regierung war am Jahresbeginn 1772 über Österreichs defensives Verhalten im Bündnis zwar verärgert, aber nicht verunsichert. Auch an Böses wurde nicht gedacht. Man vertraute auf die Schutzfunktion bei Waffenstillstandsverhandlungen und war mit dieser Rückendeckung auch zu Friedensgesprächen bereit. Eine dramatische Wende trat erst ein, nachdem sich der Wiener Hof im

Februar zum Frontwechsel entschlossen hatte und dem russischen Kanzler Panin am 5. April 1772 ein eigener Teilungsvorschlag übergeben worden war. Drei Tage danach informierte Kaunitz seinen Gesandten Thugut über die grundlegende Veränderung der Politik. Es dauerte dann aber noch einen Monat, bis Thugut dem türkischen Diwan eine Note übergab, mit der der Bündnisvertrag vom 6. Juli 1771 aufgekündigt wurde und Österreich sich fortan aller Verpflichtungen aus diesem Vertrag für ledig erklärte. Die Vertragsurkunde könne auf Wunsch zurückgegeben werden, und darüber hinaus sei man auch bereit, die von den Türken geleisteten erheblichen Zahlungen zurückzuerstatten. Das sollte allerdings auch nicht in voller Höhe geschehen, sondern erst nach Abzug von sechs bis sieben Millionen Gulden, die dem Land an Kosten entstanden seien.

Die türkische Regierung wurde von dieser Wiener Note ganz unvorbereitet getroffen. Es war dramatisch für die Regierungspolitik und die betroffenen Minister, eine glatte Bankrotterklärung, und alle mußten um ihre Köpfe bangen. Erst einige Wochen später, als sich die Politik schon in andere Bahnen bewegt hatte, kam vom türkischen Diwan auf das grobschlächtige Verhalten Wiens die feinsinnig-orientalische Antwort, daß man die Rückzahlung nicht fordern würde. Es sei zu erwarten, daß Wiens Gegenforderungen die geleisteten Zahlungen aufzehrten. Nein, im Gegenteil wolle man auch noch die restlichen Zahlungen leisten, wenn bei den Friedensverhandlungen erreicht würde, daß die Fürstentümer Moldau und Walachei und die Krim an die Türkei zurückgegeben würden. Es war ein letzter Versuch, Österreich für den Schlußakt dieses Krieges noch einmal in die Pflicht zu nehmen.

Von seinen Bundesgenossen Österreich und Frankreich im Stich gelassen, begannen am 19. August 1772 die russisch-türkischen Friedensverhandlungen in Fokscham. Die Vermittlerrolle von Österreich und Preußen hatte Rußland von vornherein abgelehnt, und eine Waffenruhe sollte bis zum März 1773 eingehalten werden. Grundlage der Verhandlungen war eine von Rußland geforderte Kriegsentschädigung durch Abtretung von Landgebieten und die künftige Unabhängigkeit der Krim-Tataren. Den Türken kam beim Beginn der Verhandlungen zugute, daß Rußland im Norden Gefahr drohte. Von Frankreich angestachelt, bereitete der Schwedenkönig Gustav III. einen erneuten Krieg um die Herrschaft der Küsten der Ostsee vor. Das war für Katharina Grund genug, eine schnelle Einigung mit den Türken zu suchen, und ihr Verhandlungsführer, der Marschall Obreskow, ging in gewissem Rahmen auf die türkischen Forderungen ein. Die Selbständigkeit der Tataren durfte von der Türkei nicht mehr in Frage gestellt werden, aber andererseits gestand er zu, daß der aus freien Wahlen hervorgegangene Khan der Krim vom Sultan in Konstantinopel in sein Amt eingesetzt und die Richter von ihm ernannt werden sollten. Trotz dieser Kompromißbereitschaft kamen die Verhandlungen aber nicht voran. Dahinter standen Frankreich und Österreich, die den Türken weiterhin Mut zusprachen, sich den russischen Forderungen zu widersetzen und auf Zeitgewinn zu verhandeln, denn im Norden ballte sich von Schweden aus die Kriegsgefahr zusammen und ließ die Türken hoffen, daß sich das Kriegsglück am Ende doch noch zu ihren Gunsten wenden würde. Die Zeit, für die der Waffenstillstand vereinbart war, ging so ungenutzt dahin. Offiziell wurden die Friedensgespräche zwar nicht abgebrochen, aber die Waffenruhe war Anfang März 1773 beendet, und mehr die türkischen als die russischen Truppen begannen wieder mit den Kampfhandlungen.

Während dieser Ereignisse an der türkischen Front waren in Petersburg die Verhandlungen über Polen weitergegangen, und Fürst Panin hatte den Gedanken einer Tripelallianz ins Gespräch gebracht. Nach seinen Vorstellungen sollten sich Rußland, Preußen und Österreich zusammentun und in Mitteleuropa ein neues politisches System schaffen, das der neuen Lage entsprechen würde. Kaunitz griff diesen Gedanken sofort auf, hatte allerdings als Dritten im Bunde nicht Preußen, sondern Frankreich im Sinn. König Friedrich hielt eine solche Zielsetzung für eine durchaus wünschenswerte »Traumidee« mit unzweifelhaften sachlichen Vorteilen, aber sein Realitätssinn verbot ihm, an die Durchführbarkeit zu glauben. Es fehlte ihm vor allem das

Vertrauen in die partnerschaftliche Zuverlässigkeit des Regierungsgespanns Kaunitz – Kaiser Joseph.[201] Trotz dieser Vorbehalte lehnte er Panins Plan nicht rundweg ab. Das von ihm gern benutzte »parce qu'il ne faut pas multiplier les êtres sans necessité – man sollte doch die Dinge, die man gern erledigen möchte, nicht ohne Not vervielfältigen«, war seine erste Antwort[202], womit er wohl sagen wollte, daß außer den dreien jede andere Macht zunächst ausgeschlossen bleiben sollte. Dann wollte er in diesem Zusammenhang aber auch gleich die Nachfolge in Bayreuth und Ansbach und die Erbfolge in Bayern in seinem Sinn geregelt wissen, weil er die nicht unbegründete Vermutung hatte, daß Kaiser Joseph, nachdem er seine recht maßlosen Ansprüche auf polnische Gebiete durchgesetzt hatte, nun die Gemeinsamkeit mit Rußland suchte, um sich gegen die Türken zu wenden und auch noch einige Erwerbungen auf dem Balkan zu machen.[203]

Das Kriegsglück neigte sich 1773, nachdem die türkische Armee die Kämpfe wieder begonnen hatte, weder der einen noch der anderen Seite zu. Eine Wende trat ein, als der friedfertige und verhandlungswillige Sultan Mustapha III. am 21. Januar 1774 starb. Sofort wurde die Kriegspartei in Konstantinopel tonangebend, die Gefühle der Menschen wurden hochgepeitscht, und das neue Jahr schien alles andere als friedvoll zu werden. Rußland hatte einige Wintermonate Zeit, sich auf diese neue Situation einzustellen, und im April eröffneten beide Seiten gestärkt und mit frischem Schwung den Sommerfeldzug.

Die Kämpfe waren jetzt kurz. In Schumla schloß der russische Marschall Kamenskij mit seinen Truppen die Armee des Großwesirs Muhsinzade Mehmet ein. Das gleiche gelang dem Marschall Soltykow in der Stadt Rustschuk und dem Marschall Rumänzow in Silistra. Die drei türkischen Armeen mußten kapitulieren. Die Türkei war am Ende. Verhandlungen über Friedensbedingungen waren jetzt nicht mehr möglich. Diese diktierte jetzt der Sieger allein. Die Krim wurde ein unabhängiges Khanat. Die kleine und die große Kabardei und die Festungen Kertsch, Janikale, Kinburn und Azow fielen an Rußland. Auf dem Schwarzen

Meer war die Schiffahrt frei, und schließlich hatte die Türkei siebeneinhalb Millionen Dukaten an Kriegskosten zu zahlen.

Daß die Friedensbedingungen nicht noch härter ausfielen, verdankte die Türkei allein der Bedrohung, die von Schweden ausging und gegen die sich Rußland wappnen und schützen mußte. Österreich bot den bedrängten Türken in dieser Situation erneut seine diplomatische Unterstützung und Beratung an. Sie sollten die für Rußland heikle Situation im Norden ausnutzen und sofort nach dem Abzug der russischen Truppen mit dem Bau von Befestigungen entlang der Donau und an anderen Grenzpunkten beginnen. Es war erneut ein sehr hinterhältiger Rat, den die Türkei mit dem Verlust des ›Bukowiner Distrikts‹, einem Gebietsstreifen in der Moldau, der die Verbindung zwischen Siebenbürgen und den von Österreich in Besitz genommenen polnischen Gebieten herstellte, teuer bezahlten. Thugut hatte parallel zur österreichischen *Beratung* mit dem russischen Oberbefehlshaber Rumänzow verhandelt und ihn für das Angebot gewonnen, die abziehenden russischen Truppen sofort durch österreichische zu ersetzen. Im September 1774 zogen die Russen ab, und noch bevor die Türken dieses Gebiet wieder in Besitz nehmen konnten, rückte General Baron Barco mit seinen Österreichern ein, pflanzte den ›kaiserlichen Adler‹ auf und nahm dieses Gebiet in Besitz. Damit war die Bukowina mit der Stadt Czernowitz österreichisch geworden.

Es nutzte den Türken nichts, sich nun hilfesuchend an ihren Kriegsgegner Rumänzow zu wenden. Der hatte »seine Truppen bereits über die Donau zurückgezogen« und war nicht mehr in der Lage, Österreich zu hindern. Auch Zegelin konnte bei diesem Überraschungscoup von Kaunitz nicht mehr helfen. Österreich ließ die Türken wissen, daß man bereit sei, einige sogenannte herrenlose Landstriche an der Grenze zu Moldau und der Walachei, die man bereits 1771 ohne Erlaubnis der Türken besetzt hatte, im Austausch wieder zurückzugeben. Die Denkschrift, die Thugut am 17. Februar 1775 in Konstantinopel übergab, liest sich fast zynisch. Darin wird »das in Besitz genommene Gebiet als unerheblich bezeichnet«. Es habe auch früher zu Galizien und Lodomenien, also zu Österreich, gehört, und »man erwarte, daß die Pforte mit Rücksicht auf die Haltung Österreichs während des Krieges die Wünsche und Forderungen erfüllen werde«. Diese diplomatische Note ist der Schlußstein in einer Kette von Versprechungen, Täuschungen und Ohnmacht. Die Türkei hatte keine Chance mehr.

Ratifikationsverhandlungen mit dem polnischen Reichstag

Am 5. August 1772 war die Konvention der drei Großmächte über die Teilung Polens abgeschlossen worden *(Dokument I, S. 365–371)*. Anfang September wurde der Text in fast gleichlautenden Erklärungen bekanntgemacht. Feine Unterschiede zeigen die Begründungen der drei Regierungen für ihre Ansprüche auf die Annexion polnischer Gebiete. Der kaiserlich-österreichische Hof gab kurz und bündig seine Ansprüche bekannt und erklärte sie ohne Begründung für rechtens *(Dokument II, S. 388–389)*. Um jegliches Aufbegehren im Annexionsgebiet zu unterdrücken, wurde die Bevölkerung aufgefordert, dem Gouverneur Graf Pergen Gehorsam entgegenzubringen.

Der königlich-preußische Hof führte seine Ansprüche auf die Herzöge von Pommern und den Kurfürsten von Brandenburg zurück *(Dokument III, S. 390)*. Die Ansprüche auf den Netzedistrikt wurden mit früheren Grenzverschiebungen begründet. Das Königreich Polen soll dieses Gebiet einstmals eigenmächtig annektiert haben, eine Maßnahme, die zu keiner Zeit, weder von ›Kaiser und Reich‹ noch vom brandenburgischen Kurfürsten, anerkannt worden sei. Mit dieser Grenzkorrektur würde die frühere Maßnahme nun rückgängig gemacht.

Der kaiserlich-russische Hof machte gar nicht den Versuch, seine Ansprüche historisch-rechtlich zu begründen. Sein Manifest *(Dokument IV, S. 391)* verwies auf das Bestreben der Zarin, dem Land wieder einen Piasten-König und insgesamt innere Stabilität zu geben. Der Geist der Zwietracht im Lande habe dieses Bemühen zunichte gemacht. Jetzt brauche Rußland an seiner Grenze aber Ruhe und Stabilität. Weitere Gründe anzugeben hielt Rußland nicht für erforderlich.

In einer ersten offiziellen Reaktion wies die polnische Regierung, vertreten durch den Großkanzler der Krone André Meodziejowski, den Vizekanzler Johann de Borch und den Großkanzler von Litauen Fürst Michael Czartoryski, die Ansprüche auf polnische Gebiete und die Begründungen zurück und erhob Protest gegen die Verletzung des Völkerrechts. Die Hoffnung, Polens Schicksal durch Kampf und mit Waffengewalt wenden zu können, mußten sie aufgeben, nachdem von Österreich keine Unterstützung mehr zu erwarten war und die Türkei den Krieg gegen Rußland im Grunde schon verloren hatte. Es blieb ihnen noch die dritte Möglichkeit, sich laut klagend in ihr Schicksal zu fügen und auf eine für sie günstigere Zeit zu warten. Damit war für die drei Signatarmächte auch klar, daß bis zur Zustimmung des polnischen Reichstages zu der Konvention noch ein mühsamer Weg zurückzulegen war.

Zur möglichst schnellen und wirksamen Lösung der zu erwartenden Schwierigkeiten mußte nach einem abgestimmten, gemeinsamen Plan vorgegangen werden. Kaunitz, erfahren im Ausarbeiten von Plänen, hatte seinen Vorschlag schnell zur Hand:

Wiederherstellung von Ruhe und Ordnung in Polen.
Festlegung von Methoden, um die Zustimmung der Republik zu den Gebietsabtretungen zu erlangen.
Entschädigung des polnischen Königs für Verluste des Kronbesitzes in den abgetretenen Gebieten.
Künftige Beziehungen der Königsrepublik Polen zu den drei Signatarmächten.

Rußlands Kanzler Panin ließ im Rahmen des Kaunitzschen Planes die erforderlichen Maßnahmen im Detail ausarbeiten. Um Ruhe und Ordnung wiederherzustellen, vereinbarte man eine Verlautbarung, die zuvor von den drei Mächten

Dokument II

Acte d'accession
de S. M. L'Empereur des Romains.
S. T. i N.

Côme en consequence d'un Acte echangé entre Nous conjointement avec Sa Majté l'Impce Reine Apostolique Madame Notre Mere, Sa Mte l'Impce de Toutes les Russies, et Sa Majesté le Roi de Prusse, etablissant préalablement que, quelques que fussent les bornes où l'etenduë des pretensions respectives des trois Cours à la charge de la Republique de Pologne, la portion de chacune d'Elle pour équivalent aux dites prétensions, ne pourroit point exceder celle de l'autre, avec promesse non seulement, de ne se point empecher l'une l'autre, mais au contraire, de s'entr'aider dans l'exercice des dites pretensions, il auroit eté pris apres, conclu, et signé à St. Petersbourg le 25 Juillet de la presente année, par les Ministres respectifs entre Sa Mte l'Impce Reine apostolique d'Hongrie et de Boheme, Me Notre Mere, et Sa Majesté le Roi de Prusse une Convention portant:

1º L'Etenduë et la Specification de la portion des dites deux parties Contractantes.

2º la fixation du terme pour la prise de possession par chacune d'Elle.

3º La Garantie mutuelle des païs et districts formant leur portion respective

4º une promesse de Continuation des bons offices de S. M. l'Impce Reine Apostolique d'Hongrie et de Boheme Me Notre Mere pour le succes desirable des Negotiations du Congrès entre l'Empire de Russie et la Porte.

5º Un Engagement reciproque pour le parfait concert des Ministres respectifs à Varsovie, à l'effet de conduire à une fin satisfaisante la Negotiation necessaire avec la Republique de Pologne. Enfin
6º

15

6° La fixation du terme des ratifications respectives: laquelle Convention va être effectivement, ainsi que de droit ratifiée par l'une et l'autre partie Contractante.

Nous, en vertu de Notre premiere participation à l'arrangement des dites affaires, come aussi par la Consideration de Notre Interêt propre et de Nos sentimens pour les deux parties Contractantes; Nous sommes determinés à y acceder, et par la presente accedons formellement à la dite Convention come partie principale Contractante, voulant que toutes, et chacune de ses clauses et Conditions, ayent la même force et vertu à Notre égard, que si Nous etions nomément compris come partie principale contractante à la dite Convention, et qu'elle fut inserée ici mot pour mot; à laquelle, non seulement ne ferons: ni permettrons qu'il soit fait aucun empechement, mais au Contraire l'accomplirons fidelement, et en procurerons l'accomplissement par tous les moyens de droit. En foi dequoi Nous avons signé la presente de Notre propre Main, et l'avons muni de Notre Sceau. Donné à Vienne le 28 d'aout Mille sept Cent soixante et douze.

Joseph

(L.S.)

Prince Colloredo

Gundel.

Archiviert beim »Geheimen Staatsarchiv für Preußischen Kulturbesitz« in Berlin-Dahlem.

Dokument III

EXPOSÉ DES DROITS

DE SA MAJESTÉ

LE ROI DE PRUSSE

SUR LE DUCHÉ

DE POMÉRELLIE

ET SUR PLUSIEURS AUTRES DISTRICTS

DU ROYAUME

DE POLOGNE.

AVEC

LES PIECES JUSTIFICATIVES.

BERLIN,

Imprimé chez G. J. DECKER, Imprimeur du Roi.

1772.

Die »Darlegung der Rechtsverhältnisse über das Herzogtum Pomerellen und einiger anderer Gebiete des Königreichs Polen mit Rechtsbelegen« ist ein Dokument von 48 Seiten. Es ist beim »Geheimen Staatsarchiv für Preußischen Kulturbesitz« in Berlin-Dahlem archiviert.

Dokument IV

DECLARATION

DE LA PART

DE

SA MAJESTÉ L'IMPÉRATRICE

DE TOUTES LES RUSSIES

A

SA MAJESTÉ LE ROI

ET

À LA REPUBLIQUE DE POLOGNE.

A St. Petersbourg.

Die »Erklärung Seiner Majestät der Kaiserin aller Russen und Seiner Majestät des Königs und der Republik Polen« ist ein Dokument von zwölf Seiten. Es ist beim »Geheimen Staatsarchiv für Preußischen Kulturbesitz« in Berlin-Dahlem archiviert.

Dokument V

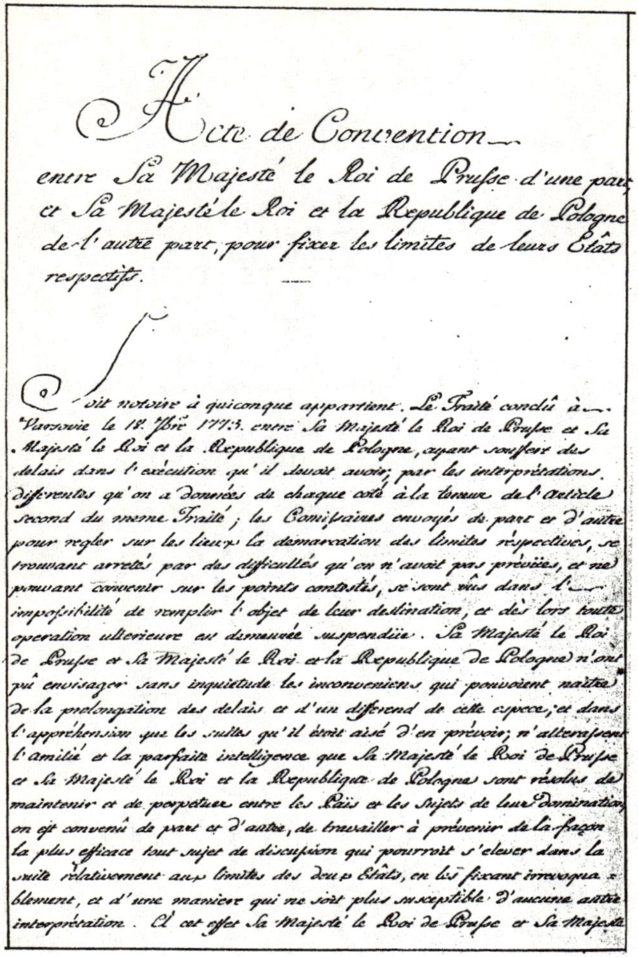

Acte de Convention
entre Sa Majesté le Roi de Prusse d'une part,
et Sa Majesté le Roi et la Republique de Pologne
de l'autre part, pour fixer les limites de leurs États
respectifs.

Soit notoire à quiconque appartient. Le Traité conclû à Varsovie le 18. 7bre 1773. entre Sa Majesté le Roi de Prusse et Sa Majesté le Roi et la Republique de Pologne, ayant souffert des delais dans l'exécution qu'il devoit avoir; par les interprétations differentes qu'on a données de chaque coté à la teneur de l'Article second du meme Traité; les Comissaires envoyés de part et d'autre pour regler sur les lieux la demarcation des limites respectives, se trouvant arretés par des difficultés qu'on n'avoit pas prévües, et ne pouvant convenir sur les points contestés, se sont vûs dans l'impossibilité de remplir l'objet de leur destination, et dès lors toutte operation ulterieure est demeurée suspendüe. Sa Majesté le Roi de Prusse et Sa Majesté le Roi et la Republique de Pologne n'ont pû envisager sans inquietude les inconveniens qui pouvoient naître de la prolongation des delais et d'un different de cette espece; et dans l'appréhension que les suites qu'il étoit aisé d'en prévoir, n'alterassent l'amitié et la parfaite intelligence que Sa Majesté le Roi de Prusse et Sa Majesté le Roi et la Republique de Pologne sont résolus de maintenir et de perpétuer entre les Päis et les Sujets de leur Domination, on est convenû de part et d'autre, de travailler à prévenir de la façon la plus efficace tout sujet de discussion qui pourroit s'elever dans la suite rélativement aux limites des deux États, en les fixant irrevoca=blement, et d'une maniere qui ne soit plus susceptible d'aucune autre interprétation. A cet effet Sa Majesté le Roi de Prusse et Sa Majesté

Die Vereinbarung ist ein Dokument mit sieben Artikeln (fünf Seiten). Es wurde am 22. August 1776 für Preußen von Botschafter Benoît, für Polen von den fünf Mitgliedern der Grenzkommission, u. a. Fürst Radziwill und Hofmarschall Rzewnski, unterzeichnet. Das Originaldokument ist beim »Geheimen Staatsarchiv für Preußischen Kulturbesitz« in Berlin-Dahlem archiviert.

sorgfältig abgestimmt und möglichst wortgleich formuliert wurde. Die Bekanntmachung erfolgte beim Einrücken der Truppen in die Gebiete, die jede der drei Mächte beanspruchte. Besonderer Wert wurde auf die Gleichzeitigkeit des Handelns gelegt, um jede Gegenaktion zu unterdrücken. Dadurch sollte der Regierung und dem Reichstag Polens, aber auch fremden Mächten sehr deutlich gemacht werden, daß die Vertragsparteien in voller Übereinstimmung handelten. Für die Beeinflussung der Abgeordneten sah Panin drei Maßnahmen vor: Es sollte eine spezielle Konföderation von Reichstagsabgeordneten geschaffen werden, die durch Bestechungsgelder, Überredung oder Gewaltandrohung als härtestes Mittel für die Zustimmung zur Konvention gewonnen werden sollten. Um den Widerstand der Adelsfamilien, insbesondere der Potocki, der Czartoryski, der Radziwill und der Mnischek, zu brechen, sollte jede Opposition mit dem Einzug eines Teils der Besitzungen geahndet werden. Der König mußte für den Verlust seiner Einnahmequellen möglichst reichlich mit großen Gütern entschädigt werden. So hoffte man ihn für den Teilungsplan zu gewinnen, wenn er sein eigenes sehr aufwendiges Leben materiell gesichert sah. Polen sollte nach Panins Vorstellung eine Verfassung erhalten, die dem neuen polnischen Staat Ruhe, Frieden und Sicherheit gewährleistete. In dieser Verfassung war das ›Liberum Veto‹ für alle Zukunft zu verankern und ebenfalls das Wahlkönigtum. Ein ausländisches Herrscherhaus sollte aber nicht mehr auf den polnischen Thron gewählt werden können. Die Königswürde konnte immer nur ein Piaste erhalten, allerdings auch nur mit der wesentlichen Einschränkung, daß der Sohn des Königs nicht als Kronprinz konstitutiv seinem Vater auf dem Thron folgen sollte. Durch diese Maßnahme wollte man das Wahlkönigtum erhalten und das Entstehen einer Königsfamilie als Machtzentrum des Staates verhindern.

Kaunitz stimmte diesem Paninschen Detailplan sofort begeistert zu und bezeichnete ihn als »ein Meisterstück der Staatsklugheit«. Der Preußenkönig bewertete das Papier distanzierter, wenngleich nicht ablehnend. Sein Interesse galt ganz besonders der zu erwartenden Reaktion des polnischen

Königs. Zu van Swieten sagte er, »einige romantische Szenen müsse man sich vom König wohl gefallen lassen«. Ob dieser sich vielleicht zur Verteidigung seines Landes an die Spitze seiner Armee stellen werde, fragte van Swieten. »Das wohl nicht«, war die Antwort, »er wird alles daransetzen auf Zeitgewinn zu arbeiten, was auch nicht angenehm sein kann; aber er wird sich bald beschwichtigen, wenn er seine Rolle gespielt hat. Dieser König von Polen ist ein guter, galanter Mensch, nur sein Hirn ist schwach und mit romantischen Ideen beladen, von denen er einige bei dieser Gelegenheit zum besten geben wird.«

In der Beurteilung des Polenkönigs hatte sich Friedrich nicht geirrt. Stanislaus hoffte Hilfe von einem anderen Land zu bekommen; vor allem auf Frankreich hatte er seine Hoffnungen gesetzt, und deshalb tat er alles, was dem Zeitgewinn nützlich sein konnte. Kaunitz hatte dagegen eine ganz andere Vorstellung vom Fortgang der Dinge. Er wollte die Ratifizierung der Konvention möglichst schnell hinter sich bringen und war bereit, dafür auch Gewalt gegen Polen anzuwenden. Rußland und Preußen fühlten sich wegen der polnischen Hinhaltetaktik gar nicht so unter Zeitdruck gesetzt. Rußland war zunächst viel mehr daran gelegen, den leidigen Krieg mit den Türken zu einem Abschluß zu bringen, und Preußen hatte, wie die anderen auch, seine Gebiete in Besitz genommen und begann sofort eine effiziente Verwaltung aufzubauen, die allgemeine Schulpflicht einzuführen und Maßnahmen zur Verbesserung der Wirtschaft einzuleiten. Gegenüber Preußen bestand in den neuen Gebieten ein großes Wohlstandsgefälle, das der König in wenigen Jahren beseitigt haben wollte.[21] Weniger eilig war es ihm, zur Teilungskonvention die Zustimmung des polnischen Reichstages zu bekommen.

Die Grundpositionen für den weiteren Vollzug der Gebietsabtretungen waren Anfang 1773 bezogen. Die »Zessionsverträge« Polens mit Rußland, Österreich und Preußen *(Dokument V, S. 392)* wurden noch im gleichen Jahr unterzeichnet und ratifiziert, aber sie ließen in den Formulierungen so viel Spielraum für Auslegungen, daß der Streit um die Details sich noch bis zum Ende des folgenden Jahres hinzog.

Die Ereignisse in Polen folgten ihren eigenen innenpolitischen Zwängen genauso, wie die drei Signatarmächte nicht müde wurden, ihre Begehrlichkeiten immer weiter voranzutreiben. Obwohl die polnische Innen- und Interessenpolitik und das Besitzstreben der Großmächte in wechselseitiger Überlagerung zeitlich nebeneinander verliefen, lassen sich beide Komplexe gut voneinander trennen.

In Polen wurde nach monatelangen Verzögerungen endlich der Senat zum 8. Februar 1773 einberufen. Diese erste verfassungsgemäße Maßnahme war notwendig, weil ohne Zustimmung der Senatoren der Reichstag mit seinen Abgeordneten oder *Landboten,* wie sie dort genannt wurden, nicht zusammentreten konnte. Die Aufforderung an die Senatoren ging vom König aus, aber dann mußte zunächst noch viel Geld in ihre Taschen fließen, bevor sie der Einberufung zustimmten. Die Bestechungsgelder beseitigten den Widerstand aber noch nicht vollends. Im Senat formierte sich, angeführt von dem redegewandten und mit seiner kirchlichen Autorität ausgestatteten Bischof von Krakau, eine Gruppierung, die das Zusammentreten des Reichstages überhaupt zu verhindern suchte.

Als im Senat nichts mehr voranzugehen schien, war Fürst Kaunitz mit seinem Rat zur Stelle. Er schickte den sehr gewandten Baron Reviczky als seinen Vertreter und österreichischen Gesandten nach Warschau. Der brachte es mit Beredsamkeit und Bestechung zuwege, daß der Reichstag endlich am 19. April 1773 zusammentrat. Reviczky hatte sich vorher mit viel Geld den Woiwoden Poninski gekauft und ihn bei der ersten Abstimmungsentscheidung des Reichstages zum Marschall, also zum Präsidenten des Reichstages wählen lassen. Mit diesem Mann glaubten die drei Gesandten Stackelberg von Rußland, Benoît von Preußen und Reviczky von Österreich über ein zuverlässiges *Werkzeug* zur Durchsetzung ihrer politischen Linie zu verfügen.

Die Tagesordnung des Reichstages sah vor, daß als nächstes die Polnische Republik den Status von Bundesländern bekommen sollte. Die Konföderationsakte war von der Regierung vorbereitet worden, und die Abgeordneten stimmten diesem verfassungsändernden Gesetz zu.

Der nächste Tagesordnungspunkt wandte sich dann dem eigentlichen Beschlußantrag des Reichstages zu. Aus den Abgeordneten war eine Delegation zu wählen. Sie sollte mit allen Zuständigkeiten für rechtsverbindliche Entscheidungen ausgestattet sein und mit den drei Gesandten die Zessionsverträge verhandeln. Ihr zweiter Auftrag war es, die Verfassung zu überarbeiten und erforderliche Änderungen zu beschließen. Wie nicht anders zu erwarten, fraß sich die Streiterei im Reichstag an der Schlüsselfrage fest, welchen Repräsentanten diese Aufgabe übertragen werden konnte.

König Stanislaus II. August betrieb in dieser Zeit eine Doppelstrategie. Den drei Gesandten gegenüber gab er sich kooperativ und willfährig, die parlamentarische Arbeit nach besten Kräften voranzubringen, seinen persönlichen Einfluß nutzte er aber ganz konsequent dazu, die Landboten zu oppositionellem Verhalten anzuhalten. Erst als die Aufgaben der Delegation festgelegt wurden, ging er mit seiner Verweigerung zu offenem Widerstand über, die Rahmenbedingungen, die die drei Gesandten der Delegation für die Novellierung der Verfassung vorgegeben hatten, mit seinem Namen zu legalisieren. Sie standen geradezu im Gegensatz zu seinen eigenen Vorstellungen. Ihm war klar, daß auch die neue Verfassung die Machtstellung des Königs so stark begrenzen sollte, daß eine wirkliche Souveränität, eine absolutistische Monarchie, nicht geschaffen werden konnte. Noch viel mehr erzürnte ihn aber, daß ihm kein Mitspracherecht, ja nicht einmal eine Einflußnahme auf die Entscheidungen der Verfassungsdelegation zugestanden werden sollte. In heftigem Streit konnte er schließlich den drei Gesandten und der machtbewußten Adelsgruppe im Reichstag einige Zugeständnisse abringen. So blieb ihm ein direkter Einfluß auf die Delegation zwar verwehrt, aber er setzte durch, daß zwei Senatoren und ein Landbote seiner Wahl zu Mitgliedern der erweiterten Delegation bestellt wurden. Damit gab er sich zufrieden und stimmte dem organisatorischen Verhandlungspaket zu. Dennoch ging es im Reichstag mit den Beratungen und der Verabschiedung der Tagesordnungspunkte, den Zessionsverträgen, nicht voran.

Dieses hinhaltende Taktieren wollten die Gesandten

schließlich nicht mehr hinnehmen. Am 12. Mai 1773 ließen sie zwei Schwadronen ihrer Truppen in Warschau einrücken. Diese Drohung allein genügte, um die Öffentlichkeit und die Landboten im Parlament gefügig zu machen. Die Mitglieder der Delegation wurden vom Parlament gewählt, und damit war das engere Gremium geschaffen, das, mit voller Entscheidungskompetenz ausgestattet, die parlamentarische Arbeit an der Verfassung durchführen konnte. Bei der Bedeutung dieser Kommission versteht es sich von selbst, daß die Auswahl der Delegationsmitglieder für die drei Gesandten ein hochrangiges Politikum war. Stackelberg wollte denen zu einer Mehrheit verhelfen, die sich den russischen Interessen verbündet hatten, Reviczky verfolgte das gleiche Ziel für Österreich, und beide gemeinsam arbeiteten gegen Benoît, der auf keinen Fall eine Delegiertenmehrheit zum Vorteil Preußens bekommen durfte. Die Bestechungsgelder rieselten wie ein Dukatenregen auf die Umworbenen nieder; aber am Ende zeigte das knappe Abstimmungsergebnis, daß sich dieser Aufwand nicht gelohnt hatte. Benoît berichtete davon seinem König: »Ce n'est que par la superiorité des suffrages parmi les senateurs que nous l'avons emporté et nous y avons en vingt deux voix contre douce, tandis que parmiles nonces il y en avoit cinquante et un contre cinquante qui etoient pour nous. – Nur durch Stimmenmehrheit bei den Senatoren haben wir die Abstimmung gewonnen. Wir hatten zweiundzwanzig Stimmen gegen zwölf, während von den Kirchenvertretern einundfünfzig gegen uns und fünfzig für uns abstimmten.«[204]

Die Arbeit der Delegation konnte beginnen. Am 2. Juni 1773 kamen die Delegierten zur ersten Sitzung im Palast der Radziwill in Warschau zusammen. Zu einer sachlichen Arbeit kam es aber erst gar nicht. Die Herren fielen mit heftigen Beschimpfungen über die anwesenden drei Gesandten her, weil sich »fremde Truppen« in Gebieten aufhielten, wo sie nach Auffassung der Delegation nichts zu suchen hatten. Diese erste Sitzung endete in einem Tumult. Ein Ergebnis war auch von vornherein nicht zu erwarten gewesen, weil sich die drei Mächte selbst noch nicht endgültig und verbindlich mit ihren Forderungen festlegen wollten.

Kaiser Joseph und Kaunitz wollten sich mit den bereits in Besitz genommenen Gebieten noch immer nicht zufriedengeben. Reviczky legte der Delegation am 3. August 1773 einen umfangreichen Katalog zusätzlicher Forderungen vor. Krakau und Sandomir wurden von Österreich verlangt. Die Landesgrenze entlang der Weichsel wollten sie um drei Meilen auf polnisches Gebiet vorgeschoben haben. Die Begründung hierfür war, man benötige diesen Landstreifen, um darauf militärische Anlagen zur Landesverteidigung zu errichten. Dann wurde der frühere Verzicht auf Lublin und Chelm widerrufen, der Grenzverlauf zu Wolhynien und Podolien mit Korrekturen versehen und die wichtige Festung Kameniec gefordert. Damit war es aber noch immer nicht genug. In der Teilungskonvention hatte Wien selbst die Grenze an das Flüßchen Podgarze gelegt. Nun behauptete Reviczky, ein Flüßchen dieses Namens würde es gar nicht geben. Der Fluß hieße Sbrucz. Hierüber entbrannte ein heftiger Streit mit den polnischen Delegierten. Sieger blieb natürlich Reviczky, der durchsetzte, daß die Sbrucz als Landesgrenze festgelegt wurde.[205] Dieses zusätzliche Forderungspaket befriedigte nicht die Begehrlichkeit, sondern hatte im Gegenteil zur Folge, über weitere »Grenzregulierungen« nachzudenken. Und schließlich meinte man in Wien, es wäre doch praktikabler, wenn irgendwelche Forderungen bezüglich der Grenzregulierungen nicht schon jetzt abschließend im Zessionsvertrag geregelt würden. Das könnte viel besser mit einer Grenzkommission festgelegt werden. In der Kunst geschickter diplomatischer Formulierungen geübt, schlug Reviczky vor, da die Grenzen zum jetzigen Zeitpunkt beschrieben seien, dieser Frage im Vertrag »virtualiter und mittels diensamer Wendungen« Rechnung zu tragen.

Der »unmäßige Appetit« seines österreichischen Vertragspartners machte auch dem Preußenkönig Appetit, seine Grenzziehung noch einmal zu überdenken. Seine Forderung war ungenau, »que la Netze fasse la frontière et appartienne en entier au Roi«, die Netze solle die Grenze bilden und ganz dem König gehören. Nun wollte er es so verstanden wissen, daß damit das gesamte Netzegebiet von der

Quelle ab gemeint gewesen sei. Damit war der russische Vertreter, der selbst für sein Land keine weiteren Forderungen mehr anmeldete, einverstanden; Österreich dagegen berief sich sofort auf den Gleichheitsgrundsatz und wollte weitere Landgebiete von Polen annektieren.

Am 3. August 1773 übergab Graf Reviczky seine Vertragsergänzung an die Delegierten. In Diskussionen über die Berechtigung oder Begründung der Zusatzforderungen ließ er sich erst gar nicht ein. Dazu sei er von seiner Regierung nicht ermächtigt worden. Hätte ihm die polnische Seite begründete Gegenvorschläge gemacht, wären sie geprüft oder widerlegt worden. Das sei aber nicht der Fall gewesen, und damit seien weitere Einreden für ihn hinfällig. Mit dieser rigiden Verhandlungsmethode setzte er sich aber tatsächlich durch. Gut zwei Wochen später war der österreichische Zessionsvertrag vom Präsidenten der Delegation, Bischof Ostrowski von Kùjaw und den Konföderationsmarschällen Poninski und Radziwill unterschrieben. Reviczky konnte diesen Erfolg nach Wien melden. Auch Rußlands Zessionsvertrag wurde ohne lange Diskussionen mit der Delegation vereinbart. Nur mit Preußen gab es heftigen Streit. Benoît hatte sich, anders als Reviczky, verleiten lassen, Preußens Forderungen zu erläutern und historisch zu begründen. Die Folge war, daß die Verhandlungen in einen heftigen Streit ausarteten. Die polnischen Delegierten weigerten sich schließlich, der preußischen Auslegung der Konvention ihre Zustimmung zu geben. Erst als Stackelberg und Reviczky Benoîts Argumentation unterstützten, beruhigten sich die aufgebrachten Gemüter. Die Polen verlangten dann aber von allen drei Gesandten die Aufnahme des Artikels XIII in die Zessionsverträge, wonach zur Regulierung der Grenzen nach Artikel II Kommissare ernannt werden sollten. Käme es bei der Auslegung des Artikels nicht zu einer Einigung, sollte jede Partei die Vermittlung der anderen Höfe in Anspruch nehmen können. Damit hoffte man sich vor weiteren Gebietsforderungen schützen zu können. Die drei Gesandten waren mit diesem Zusatz zu den Verträgen einverstanden; und am 13. September 1773 konnte auch Benoît seinem König melden, daß der Zessionsvertrag *(Dokument*

VI, S. 401) mit Preußen am 11. September 1773 unterzeichnet worden sei:[206]

»Am 11. dieses Monats ist es mir um zehn Uhr abends gelungen, den Vertrag unterschreiben zu lassen ... Wir sind zur Zeit damit beschäftigt, die drei Verträge der zusammenarbeitenden Höfe in Reinschrift zu bringen, um sie in aller Form von der ganzen Delegation unterschreiben zu lassen. Heute gehen wir drei zusammen dorthin und erwarten, daß es mehrere Tage in Anspruch nehmen wird; und am 15. kommen wir in der Vollversammlung zusammen und werden verhandeln, bis die Verträge ratifiziert sind und diese Angelegenheit zum Abschluß gebracht ist.

Die Schikanen, die man mir gemacht hat, sind nicht zu beschreiben. Ein Haufen Juden hätte nicht mit mehr Verbissenheit feilschen können. Von morgens bis abends mußte man die immer wieder vorgebrachten gleichen Argumente widerlegen ... Die Streitgespräche über die Gebietserweiterung des Landes Ihrer Majestät nahmen kein Ende, und genauso zäh und unnachgiebig wurde über die Annullierung der erwähnten Artikel des Vertrages von Wehlau und über das, was die Gebiete Lauenburg, Bütow und vor allem Draheim betraf, gestritten. Wir haben während dieser Reibereien eine spezielle Abordnung zu meinen Kollegen gesandt, die vorgeschlagen hatten, den Artikel XIII hinzuzufügen, was ich folglich anzunehmen gezwungen war, da die Grenzen Österreichs genauso vage festgelegt sind. Der (Garantie-) Ausschuß für den Fall eines Krieges mit der Türkei war nicht weniger schwierig. Wir haben schließlich auch die Übereinkunft erzielt, am Ende des Artikels VI eine Klausel hinzuzufügen (sie rechtfertigt Polen für die stille Beteiligung am türkisch-russischen Krieg.) Endlich haben wir uns auch mit der Religion beschäftigt, und nur deshalb, weil wir den Artikel VIII in seiner jetzigen Formulierung hingenommen haben, ist es mir gelungen, die Geister zu beruhigen ... Nachdem mir Herr von Stackelberg versichert hatte, daß nach einer Mitteilung des Grafen Golowski die Schwierigkeiten im Zusammenhang mit Thorn auf freundschaftlichem Wege geklärt werden würden, habe ich nicht gezögert, die Bedingungen des Artikel XII hinzuzufügen. Wir werden

Dokument VI

TRAITÉ

ENTRE

SA MAJESTÉ

LE ROI DE PRUSSE

ET SA MAJESTÉ

L E R O I

ET LA REPUBLIQUE DE POLOGNE,

CONCLU

A VARSOVIE LE 18. SEPTEMBRE 1773.

B E R L I N,

Imprimé chez G. J. DECKER, Imprimeur du Roi.

Der preußisch-polnische Vertrag vom 18. September 1773 ist ein Dokument mit 15 Artikeln (31 Seiten). Es wurde für Preußen vom Botschafter Gedeon de Benoît, für Polen von 91 kirchlichen Würdenträgern, Staatsbeamten, Angehörigen des Adelsstandes und Juristen unterzeichnet.
Das Originaldokument ist beim »Geheimen Staatsarchiv für Preußischen Kulturbesitz« in Berlin-Dahlem archiviert.

heute noch einen Artikel hinzufügen, daß Französisch die Vertragssprache ist und die Besatzungstruppen abgezogen werden. Danach sollen die Verträge abschließend in Reinschrift niedergelegt werden.« König Friedrich lobte: »... Ihr Eifer in dieser Sache hat meine volle Zustimmung, und mit Vergnügen sehe ich, wie die Dinge in die richtige Richtung geführt werden. Aber wie glücklich das Ergebnis der ersten Verhandlungsrunde auch sei, die Sie zu meiner Zufriedenheit und Ihrer Ehre gut gemacht haben, scheint es, daß die zweite Verhandlungsrunde mit dem Ziel des Ordnens der polnischen Innenverhältnisse, die Sie jetzt beginnen werden, nicht so schnell zu beenden sein wird ...«

Die Zessionsverträge von Rußland, Österreich und Preußen mit Polen waren unterzeichnet und ratifiziert. Die in den Verträgen vereinbarte Grenzkommission zur Feststellung noch nicht verbindlich festgelegter Grenzverläufe mußte vom Parlament ernannt werden. Die Gesandten hatten den Präsidenten der Delegation Ostrowski und die beiden Marschälle Pominski und Radziwill vorgeschlagen. Das Parlament ging darauf nicht ein und entschied, daß diese drei »hervorragenden Männer« mit der Ausarbeitung der Verfassungsänderung beauftragt werden, wie es in dem Parlamentsauftrag für die Delegation vorgesehen war. Es war eine sehr vielschichtig-ironische Auslobung, diese drei Männer als *hervorragend* herauszustellen. Jeder Landbote im Parlament wußte, daß sehr große Geldbeträge in ihre Taschen geflossen waren, um sie für die Interessen der einen oder anderen ausländischen Macht zu gewinnen.

Am 1. Oktober 1773 sollte das Parlament über die Bestellung der Grenzkommission beschließen. Der Beschluß kam aber nicht zustande, und das zeitlich befristete Mandat, das die Delegation zur Erledigung ihres Auftrages erhalten hatte, mußte am 22. Januar 1774 verlängert werden. Als Anfang September 1774 noch immer nichts geschehen war, begannen die Gesandten Stackelberg und Reviczky das Parlament zu bedrängen. Es wurden daraufhin zwar die Kommissionsmitglieder benannt, aber mit ihrer Arbeit konnten sie längst nicht beginnen. Die Verzögerungen hatten jetzt die »Alliierten« zu verantworten, weil die Gesandten es nicht fertigbrachten, die Grenzkarten fertigzustellen und der Kommission zu übergeben. Grund war wieder einmal eine von Österreichs Reviczky angezettelte Intrige. Um zu vernebeln, daß sie ihre Grenzpfähle immer weiter auf polnisches Gebiet vorschoben, beschuldigten sie die Preußen in der polnischen Grenzkommission, sie hätten weitere Gebiete Polens in Besitz genommen. Diese Beschuldigung enthielt insoweit einen Funken Wahrheit, als Friedrich tatsächlich einen Landstreifen von dreißig bis vierzig Quadratmeilen besetzen ließ, um die Annexionslust der Österreicher zu mäßigen. Nun wurde er beschuldigt, sechshundert Quadratmeilen in Besitz genommen zu haben. Der Preußenkönig ließ die Kommission daraufhin ganz ungerührt wissen, die von seinen Soldaten besetzten dreißig Quadratmeilen würden unverzüglich wieder geräumt, sobald Österreich unrechtmäßig besetztes Land wieder freigegeben hätte. Diese kleine Episode beleuchtet den Stil, den Österreich auf der einen, Preußen und Rußland auf der anderen Seite im Umgang miteinander pflegten; und während sie sich untereinander mit dieser Diffamierungsdiplomatie beschäftigten, verstrich die Zeit ungenutzt.

Erst im Juni 1775 waren die Vorarbeiten der drei alliierten Regierungen so weit fortgeschritten, daß der Grenzkommission die neuen Grenzkarten übergeben werden konnten. Wie nicht anders zu erwarten, gab es sofort heftigen Streit. Von den drei Staaten war Rußland in der besten Situation. Es hatte sich seit Beginn der Verhandlungen strikt an die erste Grenzfeststellung im Teilungsvertrag gehalten, und Katharina war von vornherein weniger an dieser Annexion interessiert als an der Beherrschung Polens von oben her und, damit natürlich verbunden, an der Befriedung ihrer Westgrenze. Der eigentliche Störfaktor bei diesen Grenzfestlegungen war immer wieder Österreichs Kaiser Joseph II. Mit seinen eigensinnigen und maßlosen Gebietsforderungen sorgte er für die spannungsgeladene Atmosphäre unter den Alliierten und in der Grenzkommission. Er trieb dieses ehrgeizige Spiel so weit, daß schließlich auch seine Mutter, die Kaiserin, die Geduld verlor und in einem Brief an Fürstkanzler Kaunitz ihrem Ärger Luft machte. Die Unnachgiebigkeit ihres Sohnes inkommodiere sie; und weiter schrieb sie: »Ich finde nöthig, Fürsten zu melden, das, wenn auch in staatssachen eine Resolution gebe, welche er weder nützlich dem Staat noch consequent denen staatsumbständen und verhandlungen findet, er nach seiner treue und einsicht allzeit dagegen nur eine Vorstellung machen soll, dies erwarte von ihm und befehle es. Maria Theresia.«

Dieses Schreiben gab dem Kanzler die Autorität zurück, auch gegen den Willen des Kaisers seine politische Linie durchzusetzen. Aber die Entscheidungen in Polen waren dieser Vollmachterteilung in Wien schon vorausgeeilt. Reviczky hatte bereits mit der polnischen Grenzkommission eine Vereinbarung vorbereitet, die die Gebietsabtretung bis zum Fluß Sbrucz anerkannte. In Kompensation dazu sollte Österreich den Grenzverlauf wieder bis zur Weichsel und zum Bug zurücknehmen und auf Casimir und Brody verzichten.

Diesem »Konzessionspapier« gab Kaunitz seine Zustimmung; er tat es sogar mit Vergnügen, weil »unser Vergleich mit den Polen dem König von Preußen keineswegs angenehm sein könne ...«, und König Friedrich war über diese österreichisch-polnische Absprache zunächst wirklich nicht erbaut. Inzwischen war aber sein Bruder Prinz Heinrich wieder nach Petersburg abgereist, und von dessen persönlichen Beziehungen zu Katharina erhoffte er sich für seine Grenzverhandlungen eine nachdrückliche Unterstützung. Heinrich traf am 13. April in Petersburg ein, und zwei Wochen danach übergab Graf Solms der russischen Regierung eine Denkschrift »Eclaircissement sur l'arrangement des frontières de sa Majesté le Roi de Prusse en Pologne« über die beabsichtigten Zugeständnisse Preußens, also die Rückgabe nachträglich besetzter polnischer Gebiete. Die erwartete Unterstützungsbereitschaft der Zarin kam unverzüglich: »Reponse de S. M. J. au papier remis à son ministre par le Cte. de Solms au nom de son Altesse Roy. Monseigneur le Prince Henri«, und Graf Benoît konnte sofort in Warschau mit dem »permanenten Conseil« die Verhandlungen über das preußische »Konzessionspapier« beginnen, um einvernehmlich mit der Grenzkommission eine Grenzregelung zu erreichen. Dabei durfte er sich der tatkräftigen Unterstützung seines Kollegen Stackelberg sicher sein. Mit dieser Hilfe kam er dann auch recht bald zum Abschluß. Am 22. August 1776 wurde die Grenzakte von Polen und Preußen unterzeichnet. Darin war festgelegt worden, daß Preußen ergänzend zu den in der Teilungskonvention bereits festgelegten Gebieten den Netzedistrikt mit einer Fläche von 139 Quadratmeilen und einhundertfünfzigtausend Einwohnern erhält.[207]

Die Politik der Befriedung Polens erledigte sich noch nicht mit den Gebietsabtretungen und den Verträgen über die neu festgelegten Grenzen. Der polnische Reichstag und die von ihm ermächtigte Delegation hatten auch die neue Verfassung für die künftige Königsrepublik Polen auszuarbeiten und zu beschließen. Während sich Österreich und Preußen sehr heftig um Gebietserwerbungen stritten, stand Rußland abseits und griff nur ein, wenn die Wünsche oder Forderungen einer der beiden Parteien maßlos zu werden begannen, weil Kanzler Panin gesichert wissen wollte, daß »die Republik Polen künftighin eine Mittelmacht bleibt«. Ganz anders war das Verhalten Rußlands in den Fragen der neuen Verfassung. Die Rahmenrichtlinien hierfür hatte Panin in Petersburg selbst ausgearbeitet. Nach seinen Vorstellungen sollten Königtum und Adel weitgehend entmachtet und das Land in russischer Abhängigkeit gehalten werden. Nur Angehörige der Piastenfamilie sollten künftig zum König gewählt werden können, aber nicht in erblicher Thronfolge. Die Nachkommen des Königs sollten erst nach jeweils zwei Regentschaften wieder wahlberechtigt sein. Die Republik sollte über die Verfassung gestärkt werden. Von den im Staat vertretenen drei Ständen wollte man den König geschwächt wissen, die Staatsgewalt sollte vom Senat ausgeübt werden, und der Ritterstand sollte sich in dem neuen Polen nicht nur aus dem Hochadel, sondern künftig auch aus dem niederen Landadel ergänzen. Dem König zur Seite sollte der »ständige Rat« stehen. Ihm sollten achtzehn Mitglieder aus dem Senat und dem Ritterstand angehören, die mit einer zweijährigen Amtsperiode die Sektionen Auswärtiges, Polizei, Kriegswesen, Justiz und Schatzkammer zu leiten hatten.

Es wurde ein ganzes Jahr lang heftig gestritten und sehr erregt verhandelt. Das Ergebnis dieser Auseinandersetzungen waren Kompromisse, die den Beteiligten größtmögliche persönliche Vorteile versprachen. Dabei wurde über Hab und Gut des Staates mit kaum zu beschreibender Gewissenlosigkeit verfügt. So hatte sich der Bischof von Kujawien die Nachfolge auf das Bistum Krakau zusichern lassen. Dem Bischof von Posen und Krongroßkanzler war eine Pension von einhundertzwanzigtausend Gulden im Jahr zugesagt worden, und der Vizekanzler sollte achtzigtausend Gulden im Jahr erhalten. Der durch sein anspruchsvolles Leben völlig verschuldete König Stanislaus II. August wurde schuldenfrei gestellt und sollte ein erheblich höheres Jahreseinkommen erhalten. Dieses Feilschen um persönliche Vorteile war symptomatisch und zeigte nur zu deutlich, daß dieses Polen bzw. die adlige Führungsschicht noch immer keine Konsequenzen aus dem Unglück zu ziehen bereit war, noch immer die geschichtliche Lexion nicht gelernt hatte. Zum persönlichen Machterhalt war es wichtiger als alles andere, den königlichen Einfluß in der Adelsrepublik zu beschränken. Stackelberg bemühte sich vergebens, diesem Land einen handlungsfähigen Verfassungsrahmen zu geben, und mußte auch noch zur Kenntnis nehmen, daß der König selbst ihn dabei nicht einmal unterstützte. Der nahm Partei für die Reichstagskommission, die aus seiner Sicht die langfristig mächtigere Kraft im Lande war, und er mußte befürchten bei einer solchen Gegnerschaft sein königliches Amt zu verlieren. Das allerdings wäre für ihn fürchterlich gewesen; er wäre in eine grenzenlose Armut gefallen.

Eine andere, wichtige Verfassungsfrage waren die verbrieften Rechte der Dissidenten. Österreich nutzte sofort wieder die Chance, sich bei den katholischen Polen Sympathien zu erwerben, und vertrat deren Position, diese Dissidentenrechte wieder aus der Verfassung zu streichen. Rußland und Preußen beharrten darauf, daß auch den nichtkatholischen Polen der Zugang zu Staatsämtern, die uneingeschränkte Wählbarkeit und die Religionsfreiheit garantiert bleiben müßte. Beide Länder beriefen sich dabei auf ihren Vertrag von 1768. Dieser Streitpunkt wurde nach zähen

Auseinandersetzungen mit dem Kompromiß der Wählbarkeit von drei Dissidenten für Großpolen, Kleinpolen und Litauen beigelegt.

Das von Rußland, Preußen und Österreich befürchtete negative Echo an den anderen europäischen Höfen blieb aus. Die Machtstrukturen waren zu unterschiedlich gelagert und hatten im polnischen Territorium am allerwenigsten einen Schnittpunkt. So blieb es bei verbaler Kritik, die oft auch noch mit Süffisanz gewürzt war, wie beim französischen Kanzler und Herzog von Aiguillon, der »die Teilung Polens eine höchst auffallende Begebenheit« nannte, »die in Erstaunen versetze und selbst diejenigen überrascht haben müsse, welche der Szene näher waren«. Der englische König Georg bemerkte fast schon naiv, er wolle voraussetzen, daß die drei Höfe von der Gerechtigkeit ihrer Ansprüche überzeugt seien, obgleich Seine Majestät nicht von den Beweggründen ihres Verfahrens unterrichtet sei. Bei der Eröffnung des britischen Parlaments fand die polnische Teilung nicht einmal eine Erwähnung. Nur die römische Kurie hat, seit 1770 die Teilungsabsichten bekanntgeworden waren, versucht, über ihre kirchlich-diplomatischen Kanäle diese Entwicklung politisch zu beeinflussen. Erfolg hatte sie dabei nicht. Dieser Prozeß der ›Polnischen Teilung‹ war, erst einmal in Bewegung geraten, nicht mehr aufzuhalten.

Nachbetrachtungen

»Manchmal tritt die Zeit über die Ufer, und man kann ihr Rauschen vernehmen. Dann wundert man sich sehr.«

Léon Bloy

Die schicksalhafte Zuspitzung der Situation Polens war im geschichtlichen Rückblick genauso dramatisch wie selbstverschuldet und zwingend. Mehr als drei Jahrhunderte rangen in diesem Staat das Königshaus und die Adelsrepublik um die Macht im Staate. Das mußte zwangsläufig zu einem Machtverfall führen.

Als die Piastendynastie mit König Kasimir III. in Polen ausgestorben war und sein Nachfolger Ludwig aus dem Hause der Herzöge von Anjou nur eine Tochter hinterließ, machte deren Verbindung mit dem litauischen Jagiellonen-Herzog Wladislaw II. Polen zu einem großflächigen Königreich, das bald vom Schwarzen Meer bis zur Ostsee reichen sollte. Es war ein riesiges, aber kaum bevölkertes Land mit nur ungefähr zwölf Millionen Einwohnern. Dreihundert Jahre später, am Ende des 17. Jahrhunderts, machte sich der schwedische König als erster Gedanken über eine Zerteilung dieses großen Territorialreiches, das sich aus einem Mosaik der verschiedensten Staaten, Religionen und Kulturen zusammensetzte. Kurfürst August der Starke, als polnischer König schon völlig in die Abhängigkeit vom russischen Zaren Peter dem Großen geraten, stellte Überlegungen an, wie er durch die Preisgabe nicht eigentlich polnischer Gebiete für einen Rumpfstaat die volle Souveränität zurückerlangen könnte.

Im nicht endenden Ringen des polnischen Adels um die Macht im Staate gehörte es zu den Besonderheiten dieses Landes, daß man nicht willens oder imstande war, aus den Adelsfamilien einen König zu wählen. Das Liberum Veto als wesentliches Element der polnischen Staatsverfassung hatte dieses Amt so sehr entwertet, daß sich machtbewußte Persönlichkeiten nicht unter dieses Joch begeben wollten. Nur ausländische Fürsten ließen sich auf diesen polnischen Thron wählen, weil er allein ihnen mit der Königswürde die Chance bot, den eigenen Geltungstrieb zu befriedigen. Auf dem Verfassungsfundament des Liberum Veto waren deshalb die letzten Könige aus fremden Fürstenhäusern nicht viel mehr als die zeitgemäße Fassade des polnischen Staates.

Diese Besonderheit hatte selbstverständlich auch eine Kehrseite. Das Land führte in der europäischen Staatengemeinschaft kein steriles Eigenleben. Es war auch eingebettet in die politische Willensbildung seiner direkten und auch der weiter entfernt liegenden Nachbarstaaten. Die dort regierenden Herrscherhäuser fühlten sich natürlich ermutigt, ja im Grunde verführt, die aus dem Verfassungssystem sich bietenden Möglichkeiten der Einflußnahme auf die Innenpolitik des Landes mit aller gebotenen Raffinesse auszunutzen. Die gängige Methode war die Bestechung einzelner einflußreicher Personen oder ganzer Gruppen. Hand in Hand mit dieser Käuflichkeit der politischen Mandatsträger verfiel seit dem Beginn des 18. Jahrhunderts die verbindende sittliche Gemeinsamkeit. Bei diesen Voraussetzungen wurden Luxus und Lebensgenuß sehr bald zu den wichtigsten Maximen. Wo sich bei einzelnen Verantwortungsgefühl und die Sorge um die Zukunft des Staates meldeten, wurden solche Besorgnisse sehr schnell verdrängt. Der Glaube war im Bewußtsein der Bevölkerung tief verwurzelt, daß Polen ein Land Gottes sei und ihm deshalb nichts Böses widerfahren könne. Zuletzt wollte man sich immer auf die Hilfe des Papstes in Rom verlassen. Eine zweite Säule des polnischen Bewußtseins war die fast mystische Religiosität, wie sie allen slawischen Völkern eigen ist, in ihrer römisch-katholischen Ausprägung. Als aber das Königreich Polen-Litauen seine äußere Machtposition verloren hatte und die Nachbarstaaten nach eigenem Gutdünken hineinregierten, war dieses Gottvertrauen kein verläßlicher und ausreichender Rettungsanker mehr. Trotz all dieser Unberechenbarkeiten stand die – wenn auch eingeschränkte – Souveränität bis zum Beginn des türkisch-russischen Krieges zu keiner Zeit bei den mächtigen Nachbarn in Zweifel. Das schloß nicht aus, daß in anderen Herrscherhäusern viel nachgedacht wurde, wie man in diesem Lande die Steuerseile der Macht in die Hand bekommen könnte. So machte der französische Kanzler Choiseul dem Preußenkönig das Angebot, ihm vom polnischen Königreich die Gebiete Kurland und Ermland zuzuschanzen, wenn er die Wahl des französischen Kandidaten, des Prinzen Conti, bei der Königswahl unterstützen und vom Petersburger Vertrag zurücktreten würde. Friedrich lehnte ab.

Politische Gedankenspiele dieser Art sind seit dem polnischen König Kasimir immer wieder in den Dokumenten zu finden. Sie wurden in gleicher Weise über Preußen, Österreich, Bayern und eigentlich fast alle Fürsten- und Herzogtümer irgendwann einmal angestellt, wenn diese durch Heirat und Erbschaft oder durch Krieg geteilt und aufgelöst wurden. Deshalb waren sie keineswegs außergewöhnlich oder gar bedrohlich. Das besondere Drama Polens war das Zusammenfallen von zwei politischen Ereignissen. Es war einerseits der innere Verfall des Staates, und es war andererseits die überzogene und von Selbstüberschätzung geprägte Rolle, die sich das Land im türkisch-russischen Krieg zugemutet hatte. Dieser Krieg war das bewußt herbeigeführte Ergebnis der Rivalität zwischen Frankreich und Rußland. Seit Frankreichs König Ludwig XIV. wurde die Politik dieses Landes vom hegemonialen Anspruch in Europa beherrscht. Diesem Anspruch stand zunächst das große Reich der Habsburger entgegen und wurde bekämpft. Als sich dann aber Rußland anschickte, eine europäische Großmacht zu werden, mußte sich die Politik des Versailler Hofes zwangsläufig gegen diesen neuen Gegner richten, und man nahm sogar in Kauf, daß die Kriegslust zwischen den Bourbonen und den Habsburgern abflaute. Eine direkte kriegerische Konfrontation beider Mächte versagte die Geographie; aber Stellvertreterkriege waren die Waffen dieses Kalküls um die Macht. Im Norden Rußlands ließ sich für dieses Ziel der diplomatische und politische Einfluß in Schweden einspannen, und im Süden bot sich die Türkei an. Die türkischen Janitscharen hatte Ludwig XIV. schon einmal dazu bringen können, nach Norden zu marschieren und den Balkan zu erobern. Damals war der politische Stoß gegen Habsburg gerichtet. Jetzt hatten Ludwig XV. und sein Kanzler Choiseul dieses Instrument eines Stellvertreterkrieges wieder aufgegriffen und versuchten es gegen Rußland einzusetzen. Nur so bekam die türkische Kriegserklärung an Rußland überhaupt einen politischen Sinn.

Mit dem anderen Plan, durch einen polnischen Riegel Rußlands Vordringen einzudämmen, kam die französische Politik nicht gut voran. Die Ehe Ludwigs XV. mit der Polin Maria Leszczyńska bot zwar einen trefflichen Ansatzpunkt, einen bleibenden Einfluß auf die Politik Polens zu gewinnen, aber das forderte nicht nur den Widerstand von Rußland und Preußen heraus. In dieser Sache hatte auch Österreich ganz andere und sehr eigene Ambitionen. Diese gegensätzliche Interessenlage von Frankreich und Österreich ließ beiden Staaten nur Raum für das gemeinsame Ziel, die Türkei gegen Rußland zu mobilisieren. In diesem Ringen um die Vormachtstellung auf dem Kontinent haben die Türkei und Polen schweren Schaden hinnehmen müssen. Frankreich blieb am Ende ungeschoren, während Österreich von allen beteiligten Staaten den größten territorialen Zugewinn verbuchen konnte.

Bis zur Mitte des 18. Jahrhunderts gibt die Politik Preußens in den Dokumenten von Bedeutung keinen Hinweis darauf, daß es für die Hohenzollern eine vorrangige Aufgabe war, die Provinz Preußen durch eine Landbrücke Polnisch-Preußen mit den Kernlanden Brandenburg, Pommern und Schlesien zusammenzufügen. Das Gebiet des ehemaligen Ordensstaates war für die Kurfürsten von Brandenburg ein kampfloser Zugewinn an Land und insoweit eine erfreuliche Bereicherung. Als dieser Ordensstaat 1525 von dem letzten Hochmeister Albrecht aus dem Hause Hohenzollern in ein weltliches Herzogtum umgewandelt wurde, hatten weder der deutsche Kaiser noch die Hohenzollern in Brandenburg gegen die Entscheidung des polnischen Königs Rechtsvorbehalte anzumelden. Im Gegenteil verrät uns heute die Tatsache des Fortbestandes des Herrscherhauses in Ostpreußen unter der Lehnshoheit des polnischen Königs viel über das Dynastieverständnis in dieser Zeit. Daß danach bereits der Nachfolger Albrecht Friedrich als Herzog in Preußen der geistigen Umnachtung verfiel, zur gleichen Zeit in Polen König Sigismund II. der Cousin des brandenburgischen Kurfürsten war und auf der familiären Linie Georg Friedrich von Brandenburg zum Regenten und Vormund einsetzte, das alles war sicher eine Verknüpfung von Zufällen, die den Kurfürsten von Brandenburg schließlich 1657 zum Erben des alten Ordenslandes, des Herzogtums Preußen machte. Danach vergingen gerade rund einhundert Jahre polnischer Geschichte, bis das Königreich zu zerfallen begann. Ein preußisches Machtstreben darf man redlicherweise für diesen politischen Prozeß wohl kaum hineininterpretieren. Schwerwiegender war die sich häufig wiederholende Unterdrückung der deutschsprechenden Bevölkerung im polnischen Staatsgebiet. Die Bewohner dieses Landesteils waren zu achtzig Prozent deutsch, obwohl seit dem Ende des Ordensstaates ab der Mitte des 15. Jahrhunderts die Bewohner dieser Gegend immer wieder harte Drangsalierungen ertragen mußten. Ihre alten Privilegien wurden ihnen von den neuen Herren verweigert. Sie sollten naturalisiert und damit auf die niedrigste soziale Stufe des unfreien polnischen Bauern heruntergedrückt werden. Wer sich zur Wehr setzte, wurde vertrieben oder einfach totgeschlagen. Diese Methode des Beherrschens, die der polnische Landadel betrieb, blieb im benachbarten Kurfürstentum nicht unbeachtet. Selbst das Thorner Blutgericht von 1724 war kein Anlaß für den Preußenkönig, den Polen zu drohen. Konfliktstoff gab es also reichlich, aber noch 1768 war es für Preußen kein politisches Thema, diese Konflikte mit dem schwächlichen Polen zu bereinigen. Man wünschte sich zwar in Potsdam an der Grenze im Osten ein politisch und militärisch geschwächtes Polen, aber die sicherheitspolitischen Gründe für diese Befürchtungen lieferte allein Österreich und die Furcht Friedrichs des Großen, zu einem erneuten, einem Vierten Schlesischen Krieg gezwungen zu werden. Nach dem glücklichen Ausgang des Siebenjährigen Krieges richtete sich seine Regierungsarbeit ganz auf die Gesundung der Wirtschaft und der Bevölkerung seines Landes. Deshalb war sein oberstes Gebot, den Frieden zu erhalten. So ist auch seine Ablehnung logisch zu verstehen, als ihm von Frankreich angeboten wurde, Pomerellen vom krisengeschüttelten Polen einfach *kalt* zu annektieren. Ihm war das zu der Zeit noch keine politische Krise mit kriegerischen Verwicklungen wert. Das änderte sich erst, als die Zarin ihre Polenpolitik neu orientierte. Antreiber war sein Bruder, Prinz Heinrich, der ihn umzustimmen verstand. Dann allerdings hat er zielstrebig, mit diplomatischem Geschick und in ständiger Abstimmung mit Katharina die Gunst einer historischen Situation für sein Land genutzt.

Österreichs Politik des ›größtmöglichen Nutzens‹ aus dieser polnischen Tragödie kann den sittlichen Ansprüchen kaum standhalten, wie sie von der Kaiserin Maria Theresia bei jeder Gelegenheit zum Richtmaß erhoben wurden. Polen wurde von der Kaunitzschen Diplomatie nicht nur an den Abgrund geführt, sondern beim Absturz noch gehörig gefleddert. Der gewaltige Gebietszuwachs des Habsburg-Reiches hat dem Land keine wirklichen Vorteile gebracht. Es war in diesem Vielvölkerstaat ein rein quantitativer Gewinn; ein Zugewinn an Macht war es nicht. Die Integration dieser Gebiete mit ihrer Bevölkerung in das österreichische Staatswesen ist nicht gelungen, andererseits ist dadurch aber die machtpolitische Abdrängung der ›k. u. k. Monarchie‹ auf den Balkan vorangetrieben worden. Kaunitz meinte, ein diplomatisches und politisches Meisterstück vollbracht zu haben. Immerhin hat er es verstanden, Polen als ein Opfer der russisch-preußischen Politik hinzustellen, und dieses Urteil über ein Jahrhundert, in manchen Köpfen sogar bis heute, am Leben zu erhalten.

Die lebenshungrige polnische Führungsschicht war der Lebensform des Versailler Hofes geistig und moralisch verfallen. Die Begierde, es den Franzosen gleichzutun, wurde zum höchsten Glücksgefühl hochstilisiert. Mit solchen Menschen ließ sich beliebig Politik machen und ein Widerstand gegen Rußland organisieren und subventionieren, der in einen grimmigen Partisanenkrieg ausartete. Die Schläge, die Rußland gezwungen war auszuteilen, lassen sich sehr kurz skizzieren:

Im Sommer 1771 wird die Partisanenarmee der Konföderierten mit einem großen Truppenaufgebot niedergekämpft und ihre Kampfkraft gebrochen. Am 22. Juni 1771 erlitt sie eine schwere Niederlage bei Landskron, und am 23. September wird der Großgeneral von Litauen, Oginski, vom Marschall Suworow vernichtend besiegt. Das vorübergehend besetzte Krakau mußten die Konföderierten im Frühjahr 1772 aufgeben. Es folgten die Festungen Tschenstochau, Tyniek und Landskron. Zur Freisetzung russischer Truppen besetzten preußische Soldaten die Stadt und den Distrikt Posen. Im Mai 1772 setzte sich der Führer des gesamten Widerstandes, Pulawski, nach Frankreich ab und fand dort mit vielen seiner Mitstreiter Asyl.

Als die bilateralen »Gradations-Traktate« zwischen den Gesandten der drei Mächte und der polnischen Grenzkommission ausgehandelt wurden, war man sich auf polnischer Seite sehr wohl bewußt, daß man als Verlierer eines nicht erklärten Krieges am Verhandlungstisch saß. Ein Schuldgefühl hat das nicht hervorgerufen. Man hatte Roulett gespielt und verloren. Als Preußens Gesandter Benoît im Traktat die Existenzgarantie Polens für den Fall eines weiteren Krieges an der Seite der Türkei aufgehoben wissen wollte, forderte die polnische Delegation ihrerseits, »avant la ratification ... on conviendra ... de l'exeption à faire d'une puissance vis-à-vis de laquelle la République à son tour ne sera également pas tenue à soutenir la guerre«[206], daß man vor der Ratifikation eine Vereinbarung treffen müsse wegen der Ausnahmeregelung gegenüber einer Staatsmacht (der Türkei), daß die Republik (Polen) nicht verpflichtet werden soll, den Krieg fortzusetzen. Diese passive Wortwahl sollte vermutlich für spätere Zeiten insinuieren, daß Polen den Partisanenkrieg auf türkischer Seite gegen Rußland nicht aus freiem Entschluß geführt hätte. Man wollte vorausdenkend Polen in die Rolle eines wehrlosen Opfers seiner übermächtigen Gegner bringen; nur so ist die Zusatzklausel des Artikels VI des Vertrages in ihrem tieferen Sinngehalt zu verstehen. Jeder historisch weiterwirkende Verdacht auch nur einer Spur von Selbstverschulden sollte von vornherein ausgelöscht werden und Polen in die Rolle schlüpfen lassen, ein Land zu sein, dem wider jedes Recht ein Drittel seines Territoriums von den Nachbarstaaten weggenommen worden ist. Die Verhandlungspartner waren von der verzögernden Taktik des Verhandelns vielleicht zu erschöpft, vielleicht auch nicht tiefgründig und weitsichtig genug, um die politisch-dialektische Bedeutung des Vertrages und der Verhandlungstaktik in der nachwirkenden politischen Konsequenz zu durchschauen, wie sich ja auch eine spätere Meinungsbildung niemals vorhersehen läßt.

Für die Königsrepublik Polen hat sich der kriegerische Einsatz gegen Rußland nicht ausgezahlt, obwohl die ›katholischen Konföderierten‹ bis zur Selbstvernichtung zum Kämpfen motiviert waren. Bis zuletzt kämpften sie in der Überzeugung, die Türkei, von Frankreich und Österreich unterstützt, sei mächtig genug, die russischen Armeen zu besiegen. Ein solches glücklich-siegreiches Ende des Krieges sollte ihre politischen Träume erfüllen und das ›Großpolnische Reich‹ auferstehen lassen, wie es schon im 15. Jahrhundert als mächtiger Staat bestanden hatte.

Fast bedrückend ist es, aus dem Quellenmaterial nachzuvollziehen, wie das Land in seine Zerteilung steuerte. Es war ein Ablauf von Fehlhandlungen, die der polnischen Führungsschicht, soweit sie politische Entscheidungen traf oder beeinflußte, bis zum bitteren Ende nicht bewußt geworden sind. Als dann an diesem

5. August 1772

der »Petersburger Teilungsvertrag« diesen Teil Osteuropas neu ordnete, begann die »Königlich-polnische Adelsrepublik« Geschichte zu werden:

verkauft von Frankreich,
verraten von Österreich,
besiegt im Türkisch-russischen Krieg,
aufgerieben im innenpolitischen Streit,
zerstört von der polnischen Adelsschicht,
geteilt von Rußland, Preußen und Österreich.

Literaturverzeichnis

Zum Vorwort

- Handbuch der europäischen Geschichte
  Band 3 »Die Entstehung des neuzeitlichen Europa«
  Herausgeber J. Engel (1971)
  Band 4 »Europa im Zeitalter des Absolutismus und der Aufklärung«
  Herausgeber Fritz Wagner (1968)
- Illustrierte Weltgeschichte. Herausgeber Eugen Th. Rimli; Stauffacher Verlag, Zürich (1954)
- Ernst W. Zeeden: Europa im Zeitalter des Absolutismus und der Aufklärung; Klett-Cotta-Verlag Stuttgart (1981)
- R. Wittram: Peter der Große. Eintritt Rußlands in die Neuzeit (1954)
- S. Runciman: Das Patriarchat von Konstantinopel am Vorabend der türkischen Eroberung bis zum griechischen Unabhängigkeitskrieg (1970)
- Klaus Zernack: Osteuropa – Eine Einführung in seine Geschichte; C. H. Beck Verlag, München (1977)
- Thomas Nipperdey: Nachdenken über die deutsche Geschichte; C. H. Beck Verlag, München (1986)
- Hellmut Diwald: Mut zur Geschichte; Gustav Lübbe Verlag, Bergisch Gladbach (1985)

Frankreich

- A. M. Wilson: French Foreign Policy under the Administration of Cardinal Fleury (1936)
- Leopold v. Ranke: Französische Geschichte
- S. Skalweit: Frankreich und Friedrich der Große – Der Aufstieg Preußens in der öffentlichen Meinung des Ancien Régime (1952)
- M. Braubach: Versailles und Wien von Ludwig XIV. bis Kaunitz – Die Vorstadien der diplomatischen Revolution im 18. Jahrhundert (1952)
- Edmond Barbier: Chronique de la régence et du règne de Louis XV. Paris (1857)
- Olivier Bernier: Ludwig XV., Benzinger-Verlag (1986)

- Jean Orieux: Das Leben des Voltaire; Insel-Verlag (1968)
- Louis Petit de Bachaumont: Mémoires secrètes; London (1777)
- Nancy Mitford: Madame de Pompadour; New York (1968)
- H. Thirion: Madame de Prie; Paris (1905)

Großbritannien

- J. H. Plumb: Sir Robert Walpole (1956/1960)
- D. B. Horn: Great Britain and Europe in the 18th Century (1922)

Polen

- E. Meyer: Grundzüge der polnischen Geschichte (1969)
- E. Hanisch: Geschichte Polens; Breslau (1923)
- Archiv Wybicki; Herausgeber A. M. Salkowski, Band 1 (1948)
- S. Arnold, M. Zychowski: Abriß der Geschichte Polens. Von den Anfängen des Staates bis in die neueste Zeit; Warschau (1967)
- Adolf Beer: Die erste Teilung Polens; Carl Gerold Verlag, Wien (1873)
- Heinrich Jaenecke: Polen – Träumer, Helden, Opfer. Hamburg (1981).
- Oskar Halecki: Geschichte Polens. Frankfurt a. M. (1963)
- S. Forst-Battaglia: Stanislaus August Poniatowski. Berlin (1927)
- H. Bookmann: Deutsche Geschichte im Osten Europas – Ostpreußen und Westpreußen. ISBN 3-88680-212-4. Siedler-Verlag Berlin (1992)

Österreich

- Handbuch der deutschen Geschichte; Herausgeber H. Grundmann (1955)
  Band 2 M. Braunbach: Vom Westfälischen Frieden bis zur Französischen Revolution
- Handbuch der europäischen Geschichte
  Band 4 Gerhard Oesterreicher: Das Reich – Habsburgische Monarchie – Brandenburg – Preußen – von 1648 bis 1803
- M. Braunbach: Versailles und Wien von Ludwig XIV. bis Kaunitz. Die Vorstadien der Französischen Revolution im 18. Jahrhundert (1952)
- Kaiserin Maria Theresias Politisches Testament; Herausgeber Joseph Kallbrunner, München (1952)
- Maria Theresia und Marie-Antoinette.
  Ihr geheimer Briefwechsel; Herausgeber Paul Christoph, Wien (1952)

Ihr Briefwechsel während der Jahre 1770 bis 1780; Herausgeber Alfred von Arneth, Paris/Wien (1865)
- Adam Wolf: Österreich unter Maria Theresia, Joseph II. und Leopold II. 1740 bis 1792, Berlin (1884)
- Adam Wandruszka: Das Haus Habsburg. Geschichte einer europäischen Dynastie. Wien (1978)
- Gottfried und Gerda Mraz: Maria Theresia. Ihr Leben und ihre Zeit in Bildern und Dokumenten. München (1978)
- Peter Berglar: Maria Theresia. Rowohlt-Monographie, Juli 1990
- Gaedicke: Die Politik Oesterreichs in der Spanischen Erbfolge. Verlag von Duncker & Humblot; Leipzig (1877)

Rußland

- Erich Boehma: Katharina II. in ihren Memoiren, Leipzig (1916)
- Hans von Kimscha: Katharina II. Verlag Musterschmidt, Göttingen (1977)
- Reinhold Neumann-Hodlitz: Katharina die Große. Rowohlt-Monographie, Januar 1988
- Katharina II. von Rußland in Augenzeugenberichten. Herausgeber Hans Jessen, München (1978)
- Alexander Brückner: Allgemeine Geschichte in Einzeldarstellungen. Geschichte Katharinas II. Berlin (1883)
- Sergej Michailowitsch Solowjow: Geschichte Rußlands seit den ältesten Zeiten, Moskau/Petersburg (1895–1901)
- Hedwig Fleischhacker: Mit Feder und Zepter. Katharina II. als Autorin. Stuttgart (1978)
- Vincent Cronin: Katharina die Große. Düsseldorf (1978)
- Zoé Oldenbourg: Katharina die Große. München (1983)
- M. Raeff: Catherine the Great. A Profile. London/New York (1972)
- G. Thomson: Catherine the Great and the Expansion of Russia. London (1955)

Preußen

- Walter Bußmann: Friedrich der Große im Wandel des europäischen Urteils. Düsseldorf (1951)
- Gustav Bertold Volz: Friedrich der Große im Spiegel seiner Zeit. Berlin (1926/1927)
- Edith Simon: Friedrich der Große. Das Werden eines Königs. Rainer Wunderlich Verlag, Tübingen (1963)
- Th. Ellwein, W. Brückmann: Friedrich der Große im Spiegel der Nachwelt. ZRGG 1 (1962)

- Die Politischen Testamente der Hohenzollern. Herausgeber G. Künzel und M. Haas (1919)
- Walter Hubatsch: Die Hohenzollern in der Geschichte. Bonn (1961)
- Walter Hubatsch: Das Zeitalter des Absolutismus. Braunschweig (1962)
- G. P. Gooch: Friedrich der Große. Herrscher, Schriftsteller, Mensch. (1976)
- Eduard Spranger: Der Philosoph von Sanssouci. Heidelberg (1962)
- Manfred Laubert: Die preußische Polenpolitik 1772 bis 1902. Krakau (1944)
- H. Lord: The Second Partition of Poland (1916)
- Adolf Beer: Friedrich II. und van Swieten. Verlag von Duncker & Humblot, Leipzig (1874)
- Germaine de Staël: De l'Allemagne.
  Première Partie: De l'Allemagne et des Mœurs des Allemands.
  Verlag Garnier-Flammarion, Paris (1968(C))
- H. Bookmann: Deutsche Geschichte im Osten Europas – Ostpreußen und Westpreußen. Siedler-Verlag Berlin (1992)
- Œuvres de Frédéric le Grand, 1.1846.

Quellenverzeichnis

1 Hans-Joachim Schoeps: Preußen – Geschichte eines Staates, Ullstein-Verlag, Berlin (1981)

2 Thomas Nipperdey: Nachdenken über die deutsche Geschichte, Kapitel: Über die historischen Grundlagen der Modernität; C. H. Beck Verlag, München (1986)

3 Harold James: Deutsche Identität – 1790–1990, Campus-Verlag, Frankfurt a. Main/New York (1991)

4 K. O. Frhr. von Aretin: Heiliges Römisches Reich 1776–1806, Bd. 2, Seite 349 ff.

5 (1) Arnold Gaedike: Die Politik Österreichs in der Spanischen Erbfolgefrage; Verlag Duncker & Humblot; Leipzig (1877), Seite 105–114

(2) L. v. Ranke: Französische Geschichte, Bd. 4, Seiten 110 ff.

6 Wie 5 (1), Seite 112–113: »Der Kardinal Porto Carrero näherte sich dem Bett des Königs – bettlägerig und mit dem Anzeichen eines heftigen Fiberanfalls – und bekundete seine Ehrerbietung ... er müsse sich selbst jedoch insoweit achten und mit der Bestimmung seines Nachfolgers ... Vorsorge zu treffen ...«

7 Fritz Wagner: Handbuch der europäischen Geschichte, Bd. IV, Teil A, § 3, Seite 47.

8 Wie 7, Bd. IV, § 25, Seite 692–703.

9 Preußisches Urkundenhandbuch 1, 1. (1982), Nr. 2 f.

10 H. Bookmann: Deutsche Geschichte im Osten Europas – Ostpreußen und Westpreußen; Siedler-Verlag Berlin (1992), Seite 156.

11 Codex epistolaris saeculi decimi quinti (1), (1876), Nr. 3

12 Scriptores rerum Prussicarum (3), (1878), Nr. 196 ff.

13 Adolf Beer: Die erste Teilung Polens, Seite 32–56; Wien (1873)

14 Pichler: Geschichte der kirchlichen Trennung zwischen dem Orient und dem Oxident (1865)

15 Wie 7, Bd. IV, Seite 381

16 James Bryce: History of the Holy Roman Empire (1873)

17 Roland Vetter: Heidelberg delecta; Verlag Brigitte Guderjahn, Heidelberg (1989)

18 J. Petersohn: Staatskunst und Politik des Markgrafen Georg Friedrich. Zs. für bayerische Landesgeschichte 24 (1961)

19 Richard Dietrich: Die Politischen Testamente der Hohenzollern: GStAPK, Bd. 20 (1986), Seite 205 ff., 217 und 228

20 Hartmut Bookmann: Deutsche Geschichte im Osten Europas – Ostpreußen und Westpreußen; Siedler-Verlag (1992), Seite 302

21 Wie 20, Seite 327

22 (1) R. Seeberg: Aufklärung, Idealismus und Religion (1925)

(2) A. L. Veit: Das Aufklärungsschrifttum des 18. Jh. und die katholische Kirche (1937)
(3) W. Dilthey: Weltanschauung und Analyse des Menschen seit Renaissance und Reformation; Gesammelte Schriften, Bd. II (1960)

23 Wie 7, Bd. IV, Seite 433–437

24 Montesquieu: De l'Esprit des Loi; Buch X, Kap. 2, Seite 377 ff. Œuvre Complètes, Tome II; Bibliothèque de la Pléiade, Librairie Gallimard (1951)

25 Edith Simon: Friedrich der Große – Das Werden eines Königreiches; Seite 119 ff., 217; Rainer Wunderlich Verlag, Tübingen (1963); siehe auch 18, Seite 48 ff.

26 Gordon A. Craig: Das Ende Preußens, C. H. BeckVerlag, München (1985)

27 Frankfurter Allgemeine Zeitung (1992)

28 Ernst Walter Zeeden: Europa im Zeitalter des Absolutismus und der Aufklärung; Dokument 20; Cotta-Verlag, Stuttgart (1981)

29 Geheimes Staatsarchiv Preußischer Kulturbesitz (GStAPK), BPH, Urk. III, 1 Nr. 19

30 GStAPK, BPH, Pagi 5, 17–19, Seite 228, 229

31 GStAPK, BPH, Pagi 10, 39–40, Seite 237, 238

32 GStAPK, BPH, Pagi 11, 41 u. 44, Seite 238, 239

33 GStAPK, BPH, »Letzte Ansprache Kg. Friedrich Wilhelm I. an den Kronprinzen, Seite 244–249

34 (1) Gustav Bertold: Die Werke Friedrichs des Großen, in deutscher Übersetzung, Berlin (1912)
(2) Gustav Bertold: Geschichte meiner Zeit, 2. Band, Seite 5 ff.

35 GStAPK, BPH, Testament Politique, Urk. III, 1 Nr. 21, Seite 255 ff.

36 Kg. Friedrich II. von Hohenzollern: Prinzen von Geblüt

37 (1) Ovid: Metamorphosen
(2) Ovid: Heroides 13, 84; »Bella gerant alii, Protesilaus amet« (Trojanischer Krieg: Laodamia an Protesilaus)

38 Gustav Bertold Volz: Politische Correspondenz Friedrich's des Großen; Verlag Alexander Duncker, Berlin (1908)

39 GStAPK, BPH, Urk. III, 1, Seite 231 ff.

40 Thomas Mann: Politische Schriften und Reden, herausgegeben von Hans Bürgin, Frankfurt a. Main (1968)

41 Germaine de Staël: De l'Allemagne, Verlag Garnier-Flammarion, Paris (1968)

42 GStAPK, BPH, Band 20: Die politischen Testamente der Hohenzollern, Seite 699

43 GStAPK, BPH, Band 20, Seite 627–629

44 GStAPK, BPH, Band 20, Seite 728–732: De la Politique

45 GStAPK, BPH, Band 20, Rep. 47, Nr. 339, Seite 713–721: Considerations sur l'Etat Politique de l'Europe

46 Nach Ovid: Heroides 13, 84 »Bella gerant alii, Protesilaus amet«

47 Robinson an Lord Harrington, Brief vom 31.12.1738

48 Adolf Beer: Die erste Teilung Polens; Carl Gerold Verlag, Wien (1873), Seite 3–19

49 Peter Berglar: Maria Theresia; Rowohlt-Monographie, Juli 1980, 136

50 J. Kallbrunner (Hg.): Kaiserin Maria Theresias Politisches Testament (1952), Seite 28 f. und 72 f. (Text 16)

51 Forcarini, 15.9.1736

52 Ausgewählte Quellen zur Deutschen Geschichte der Neuzeit. Freiherr-vom-Stein-Gedächtnis-Ausgabe. Herausgeber Rudolf Buchner, Band XII: Maria Theresia. Briefe und Aktenstücke in Auswahl. Darmstadt (1968), Seite 28

53 Wie 39; Briefe und Aktenstücke Nr. 147 vom 21.12.1758, Seite 23 ff.

54 Gerhard Östreich: Entwicklung der österreichischen Verfassung. Handbuch der deutschen Geschichte, herausgegeben von Gebhardt. Band 2, Seite 412 ff. Stuttgart (1970)

55 GStAPK, BPH: Politisches Testament 1772, Urk. III, 1, Nr. 21

56 Wie 37, Seite 70

57 G. Künzel: Fürst Kaunitz als Staatsmann (1923)

58 A. Novotny: Staatskanzler Kaunitz als geistige Persönlichkeit (1947)

59 G. Klingenstein: Der Aufstieg des Hauses Kaunitz (1975)

60 Edward Crankshaw: Maria Theresia, München (1975), Seite 118

61 Peter Reinhold: Maria Theresia, Frankfurt am Main (1977)

62 G. B. Volz und G. Küntzel: Preußische und österreichische Akten zur Vorgeschichte des siebenjährigen Krieges (1899), Seite 726 ff.

63 Hans Jessen: Friedrich der Große und Maria Theresia in Augenzeugenberichten; Düsseldorf (1965)

64 Hans von Kimscha: Katharina II. Musterschmidt-Verlag Göttingen (1961)

65 Reinhold Neumann-Hadlitz: Rowohlt Monographien Band 392 (1988)

66 Hans Jessen: Katharina II. von Rußland in Augenzeugenberichten; München (1978)

67 Zitat: »Erzogen und großgefüttert auf preußischer Erde.«

68 Memoiren (Katharinas), Stück I, Seite 72

69 Memoiren (Katharinas), Stück V

70 Zitat: »Nach allen Vorzeichen wird Peter III. mein Gemahl.«

71 Memoiren, Suhrkamp Taschenbuch (1972), Seite 351

72 Valentin Gitermann: Geschichte Rußlands; Hamburg (1949)

73 James Howard Harris: Diaries and Correspondence, London (1844)

74 Memoiren (Katharinas), Anhang »Zur Person Katharinas II.«, Seite 394–395

[75] Adolf Beer: Die erste Teilung Polens; Carl Gerold Verlag, Wien (1873), Seite 28
[76] Brückner: Allgemeine Geschichte in Einzeldarstellungen; Berlin (1883), Seite 441 ff.
[77] Sbornik X, Seite 204
[78] Reinhold Neumann-Hodlitz: Katharina die Große; Rowohlt (1988)
[79] Hans von Rimscha: Katharina II. Musterschmidt Verlag, Göttingen (1961)
[80] Louis Petit de Bachaumont: Mémoires secrètes, I, Seite 88; London (1777). Zitat: »Wenn Choiseul mit einem Blick durchschaut die gesamte Verwaltung des Staates, handelt und entscheidet, die inneren und äußeren Angelegenheiten arrangiert, dann vermute ich, daß er einen Engel in seinem Körper hat.«
[81] Olivier Bernier: Ludwig XV.; Benzinger-Verlag (1986)
[82] Jacques Levron: Ludwig XV.; Paris (1973)
[83] Jean Egret: Louis XV et l'opposition parlamentaire; Paris (1970)
[84] Pierre Gaxotte: Le Siècle de Louis XV; Paris (1935)
[85] Marie Therèse: Correspondance entre Marie Therèse et Marie Antoinette; herausgegeben von Georges Girard, Paris (1935)
[86] Marie Lesczcyńska: Lettres de la reine Marie Lesczcyńska et de la duchesse de Luynes au Président Hénault; Paris (1886)
[87] J. N. Dufort de Cheverny: Mémoires sur les règnes de Louis XV et Louis XVI; Paris (1886)
[88] Duc de Broglie: Le Secret du Roi; Paris (1878)
[89] L. Boutaric: Louis XV. Correspondance secrète: Paris (1866)
[90] Louis XV: Correspondance de Louis XV et du maréchal de Noailles; Paris (1865)
[91] Duc de Luynes: Mémoires sur la cour de Louis XV; Paris (1860)
[92] Edmont Barbier: Chronique de la régence et du règne de Louis XV; Paris (1857)
[93] Bulletin des comités historique; Paris (1849)
[94] Louis Petit de Bachaumont: Mémoires secrets; London (1777)
[95] Jean Orieux: Voltaire ou la royauté de l'esprit – Das Leben des Voltaire; Insel-Verlag, Frankfurt am Main (1968)
[96] H. Thirion: Madame de Prie; Paris (1905)
[97] d'Argenson, IV, 49
[98] Correspondance Noailles; Brief vom Januar (1743)
[99] Olivier Bernier: Louis. The Beloved. The Life of Louis XV; Verlag Doubleday & Comp., New York (1984)
[100] Zitat: »Als Cäsar, der charmante Held,
den ganz Rom verehrte,
einen glorreichen Sieg errang,
war es die göttliche Kleopatra,
die man beglückwünschte.« (Voltaire, 1745)

101 Croy: Nouvelle Revue Rétrospective; III, Seite 393

102 Bernis: Mémoires et Lettres; Paris (1878), Seite 226

103 Walter Schulz: Subjektivität im metaphysischen Zeitalter; Günther Neske Verlag, Tübingen (1992)

104 Chodzko: Geschichte Polens; Berlin (1862)

105 Korrespondenz zwischen Flemming und Brühl vom 23.2. u. 4.3.1754; Dresdner Staatsarchiv

106 Schreiben Funk vom 3.2.1755; Dresdner Staatsarchiv

107 Politische Correspondenz Friedrich's des Großen (PolCorr), redigiert von Dr. A. Naudé; Alexander Duncker Verlag, Berlin (1884), Band 11 (1755) und 12 (1756)

108 Wie 100, PolCorr, 12 (1756), Dokument 7224

109 PolCorr, 12 (1756), Dok. 7214. Das Dokument lautet in der Übersetzung:

Cause de droit.

Argument 1°: Je n'ai point garanti l'Afrique; la guerre vient de cette cause, donc elle ne me regarde pas.

Argument 2°: Mon alliance n'est que défensive, donc je ne suis point obligé à des démarches offensives.

Argument 3°: Mon alliance est finie, donc je suis dégagé de tout devoir allié.

Cause de fait.

1° Je ne peux mettre que 100.000 hommes en campagne, Hannovre 40.000, la Reine 100.000, la Russie 60.000; je suis de la moitié plus faible qu'eux. Or, est-il prudent, est-il conforme aux règles de la guerre, quand on est de la moitié plus faible que son ennimi? Non. Si ces 200.000 hommes étaient dans un camp, et moi et mes 100.000 vis-a-vis d'eux, je les attaquerais; mais, comme par leur position ils m'obligent à partager mes forces, je me trouve partout plus faible qu'eux.

2° Doit-on commencer une guerre, quand il faut la faire défensive. Non, car c'est de tous les genres de guerre la plus onéreuse et la plus risqueuse.

3° Puis-je rester dans l'inaction et laisser faire à mes ennimis ce qu'ils veulent? Non, car si les Russes entrent dans l'Empire, je ne puis pas le souffrir, et me voilà entraîné dans une guerre que je dois éviter pour la conservation de l'Etat.

4° Pourquoi empêcher les Russes d'entrer dans l'Empire? Parceque la jonction rendrait mes ennimis trop forts et que je dois les combattre plutôt un par un que tous essemble.

5° Comment éviter l'entrée des Russes? En faisant avec l'Angleterre le traité de neutralité qu'elle me propose. Donc il faut le faire.

6° Vaut-il mieux pour la France que les Russes viennent dans l'Em-

pire ou qu'ils n'y viennent pas? Il vaut mieux qu'ils n'y viennent pas; car, si ils y sont appelés, c'est pour agir contre la France. Donc, s'ils n'y viennent pas, ce sont autant d'ennimis de moins.
7° Mais ne serait-il pas bon de faire dépenser à l'Angleterre le plus d'argent qu'il se pourra en subsides, pour la mater d'autant plus vite? Oui, si l'Angleterre faisait seule la dépense. Mais ne voit-on pas qu'en multipliant les ennimis de la France, elle oblige à proposition la France aux mêmes dépenses pour leur résister? Donc si on peut empêcher l'Angleterre de faire usage de ses alliés, c'est faciliter les entreprises des Français. Or, si la guerre devient compliquée, il sera bien plus difficile à la terminer par la complication des intérêts, que si elle ne se fait qu'entre les deux puissances brouillées à présent. Si donc je restais neutre, sans faire un traité de neutralité, je n'empêcherais ni les Russes de marcher, ni toutes les suites des complications auxquelles cette marche donnerait lieu. Donc mon traité de neutralité convient à la France, tout autant qu'il m'est indispensable dans le moment présent.
8° Si toute l'Allemagne est en guerre et en dessus, est ce l'avantage de la France? Non, car elle n'y gagne rient du tout que de voir peut-être ruinés des alliés qui, dans d'autres conjonctures, pourront lui être très utiles. Donc la neutralité convient à tout le monde.
(Frédéric)

110 PolCorr, 12 (1756), Dok. 7302

111 Korrespondenz Katharina mit Stanislaus Poniatowski vom 2.8.1762 und Nov. 1763

112 St. Priest: Etudes diplomatiques et litteraires I, 90

113 Mémoires depuis la Paix de Hubertusburg; Teil VI, Seite 5 Œuvres de Frédéric le Grande

114 PolCorr, 22 (1763), Dok. 14449, Friedrich an Katharina am 15.2.1763
23 (1763), Dok. 14560, Friedrich an Katharina am 5.4.1763

115 PolCorr, 23 (1763), Dok. 14661, Solms an Friedrich am 6.8.1763

116 PolCorr, 23 (1763), Dok. 14828, Friedrich an Maria Antonia am 14.11.1763. Originalzitat: »Si j'avais, Madame, des couronnes à donner, je placerais la première sur votre tête comme très digne de la porter ...«

117 Dresdner Staatsarchiv, Berichte Nostiz (1763)

118 Angeberg: Recueil des Traités conventions et actes diplomatiques concernant la Pologne 1762–1862; Paris (1862), Seite 3

119 Ssolowjoff: Geschichte des Fallens Polens (1865)

120 Mémoires depuis la Paix de Hubertusburg; Teil XXVI, Seite 288, Œuvres de Frédéric le Grande
Zitat: »Voila, der König von Polen, der läßt sich sterben, wie ein

Verrückter; wie Sie wissen, liebe ich Menschen nicht, die alles zur Unzeit tun. Ich hoffe indessen, daß diese Wahl vorübergeht, ohne daß daraus neue Mühsal entsteht ...«

121 von Häusser: Forschungen IX, Seite 24. Depesche von Benoît an den polnischen Primas vom 28.12.1763

122 Wiener Staatsarchiv; Brief Kaunitz an Starkemberg vom 14.11.1764

123 Forschungen IX, 54, 56. Depesche von Benoît an Friedrich
PolCorr, 26 (1767), Dok. 16506 und 16895

124 PolCorr, 26 (1767), Dok. 16489

125 PolCorr, 26 (1767), Dok. 16471

126 PolCorr, 26 (1767), Dok. 16586 und 16710

127 Herrmann: Geschichte des russischen Staates V, Seite 416 ff., 1767
PROWE: Polen in den Jahren 1766–1768, Seite 26 und 29. Berichte von Geret

128 PolCorr, 27 (1768), Dok. 16966, 17020, 17028, 17037, 17077

129 Adolf Beer: Die erste Teilung Polens; Carl Gerold Verlag, Wien (1873)

130 v. Häusser: Forschungen IX, Seite 178. Friedrich an Solms, Schreiben vom 4.11.1766

131 PolCorr, 27 (1768), Dok. 17112, 17119, 17124, 17145, 17164, 17165, 17178, 17186, 17199, 17215, 17246, 17294, 17308, 17316, 17319

132 PolCorr, 26 (1767), Dok. 16770, 16859, 16873

133 PolCorr, 27 (1768), Dok. 17323, 17338, 17339

134 PolCorr, 26 (1767), Dok. 16692, 16720, 16750
27 (1768), Dok. 17092, 17124, 17222, 17319, 17510

135 PolCorr, 26 (1767), Dok. 16679, 16683

136 PolCorr, 26 (1767), Dok. 16692

137 Berliner Archiv; Bericht Benoît vom 27.7.1768
PolCorr, 27 (1768), Dok. 17634

138 Adolf Beer: Die erste Teilung Polens; Carl Gerold Verlag, Wien (1873), Band 1, Seite 233 ff.

139 PolCorr, 26 (1767), Dok. 17497, 17523, 17572

140 PolCorr, 27 (1768), Dok. 17376

141 PolCorr, 29 (1769), Dok. 18582

142 Weber: Maria Antonia Walpurgis, Band I

143 St. Priest: Etudes litteraires et politiques; Seite 185

144 Raumer II, Seite 406 und 501
Adolf Beer: Die erste Teilung Polens; Band 2, Seite 315

145 PolCorr, 27 (1767), Friedrich an Solms am 6.11.1767

146 PolCorr, 27 (1767), Dok. 17629

147 Adolf Beer: Die Zusammenkünfte Friedrich's II. und Josef's II. in

Neisse und Neustadt; Archiv für österreichische Geschichte XLVII, Band II

148 Wiener Hof- und Staatsarchiv (1769)

149 Berliner Staatsarchiv; Brief von Solms vom 30.12.1769/10.1.1770. Zitat: »Je suis fondé, qu'on fera rien ici pour empècher V. M. de s'emparer de Stralsund et de toute la Pomeranie suedoise et qu'on ne s'opposera point qu'elle ne l'annexe toujours à ses autres Etats.«

150 Wie 134: Kaunitz an Maria Theresia; Schreiben vom 30.8.1770

151 PolCorr, 30 (1770), Dok. 19258

152 PolCorr, 30 (1770), Dok. 19257

153 PolCorr, 30 (1770), Dok. 19281

154 PolCorr, 30 (1770), Dok. 19282

155 M. Braunbach: Versailles und Wien von Ludwig XV. bis Kaunitz (1952)

156 Wiener Staatsarchiv; Rapport an S. M. l'Imperatrice vom 18.1.1771

157 Wiener Staatsarchiv; Maria Theresia an Kaunitz am 19.1.1771
Wiener Staatsarchiv; Geheime Instruktion an van Swieten, Jan. 1771
Wiener Staatsarchiv; Maria Theresia an Kaunitz am 5.2.1771
Wiener Staatsarchiv; Bericht van Swietens vom 22.1.1771

158 Neumann: Recueil des Traités, Band 1

159 PolCorr, 29 (1770), Dok. 19030

160 PolCorr, 30 (1770), Dok. 19414/5/6, 19423/6, 19430/1/4/7/8, 19445, 19450/3/7, 19465/7, 19482/3/4, 19497, 19500/4, 19515, 19521/9

161 PolCorr, 30 (1770), Dok 19553, 19555

162 PolCorr, 30 (1770), Dok. 19553, 19571

163 PolCorr, 30 (1770), Dok. 19568

164 PolCorr, 30 (1770), Dok. 19616
Zitat: »Dieser Krieg, den wir gerade durchgestanden haben, war zu ruinös und zu heftig, als daß wir sogleich einen neuen beginnen könnten, und das, was man uns in Aussicht stellt, lohnt keine ›sechs Sous‹, um es zu erwerben. Wenn die Österreicher in den Krieg gegen die Russen eintreten, wie ich es stark befürchte, wird es zwischen ihnen wohl andere Dinge zu regeln geben als das polnische Gebiet (Zips), in das sie eingedrungen sind. Deshalb habe ich keine Eile und kann abwarten, ob die weitere Entwicklung eine Akquisition (Ermland) begünstigt. Oder ich bleibe, wo ich bin. Derweil nutzen wir den Frieden, um neue Kräfte zu sammeln. Und wenn Rußland und Österreich sich gegeneinander erschöpfen, so glaube ich, daß die neutrale Macht mehr gewinnt als die kriegführenden Parteien. Auf alle

Fälle könnte ich so meine Neutralität mit Würde aufrechterhalten.«

165 PolCorr, 30 (1771), Dok. 19635

166 PolCorr, 30 (1771), siehe 143

167 PolCorr, 30 (1771), Dok. 19683 und 19684

168 Zitat: »daß alles brennbare Material vorbereitet sei, und ein Funke kann einen beträchtlichen Brand auslösen, weitaus beträchtlicher als der derzeitige. Ich bitte Ihre Majestät diese Angelegenheit nicht als Bagatelle anzusehen. Ich habe das alles als eine Angelegenheit von größter Wichtigkeit betrachtet, die, wenn sie vertan würde, Sie leicht in einen Krieg hineinziehen könnte, der ernster und schwieriger als der türkische verliefe.«

169 PolCorr, 30 (1771), Dok. 19687

170 PolCorr, 31 (1771), Dok. 19868

171 PolCorr, 31 (1771), Dok. 19969

172 Adolf Beer: Die erste Teilung Polens; Band II, Seiten 82 und 83; Carl Gerold Verlag, Wien (1873)

173 PolCorr, 31 (1771), Dok. 20112

174 PolCorr, 31 (1771), Dok. 19970

175 PolCorr, 31 (1771), Dok. 20131

176 PolCorr, 31 (1771), Dok. 20158

177 PolCorr, 31 (1771), Dok. 20179 und 20182

178 »Es wird vielleicht die Möglichkeit geben, das Unheil abzuwenden.«

179 PolCorr, 31 (1771), Dok. 20180

180 PolCorr, 31 (1771), siehe 154

181 Wiener Staatsarchiv; Bericht van Swieten
PolCorr, 31 (1771), Dok. 20188

182 PolCorr, 31 (1771), Dok. 20212

183 Wiener Staatsarchiv; Des Chevalier Massin sieben Traktatsvorschläge. Vortrag vom 17. Januar 1772

184 Arneth I, 302. Brief Maria Theresia an Joseph vom 23.1.1772

185 Smith II, 57

186 PolCorr, 31 (1771), Dok. 20224

187 PolCorr, 31 (1772), Dok. 20511/2/3

188 Smith II, 92
PolCorr, 31 (1772), Dok. 20591

189 PolCorr, 31 (1772), Dok. 20592

190 Quellen zur Allgemeinen Geschichte III. Herausg. G. Guggenbühl, Zürich (1956), S. 372

191 PolCorr, 31 (1772), Dok. 20680

192 PolCorr, 31 (1772), Dok. 20681
Zitat: »Pour en venir au fait, vous saurez que van Swieten, ayant reçu un courrier de Vienne, me demanda audience ... et qu'il

m'exposa ce qui suit: Que sa cour, après avoir mûrement réfléchi à la situation des affaires générales, s'était déterminée à renoncer à l'acquisition de Belgrade et de la Servie, mais que, pour soutenir la balance du Nord, ils voulaient avoir leur part de la Pologne et voulaient que les portions fussent égales ... Il m'a montré la pièce ci-jointe et m'a demandé d'en donner une pareille à sa cour. J'ai pris le temps de délibérer pour examiner si cette démarche pourrait être utile ou faite mal à propos; mais, après qu'il m'ajouta que sa cour avait donné ordre au prince Lobkowitz de proposer à Petersbourg de faire un accord entre nous trois pour le partage – il ne s'agit donc que de celui que la cour de Vienne désire, car nous sommes d'accord entre nous – (que), cette assurance signée,... et qu'ils donneraient des garanties qui seraient réciproques de notre part pour les acquisitions à faire, j'ai donc regardé cet acte qu'ils prétendent de moi, comme une chose ... superflue, parceque les possessions et prétentions des Autrichiens doivent se régler à Petersbourg; mais j'ai cru je ferais bien de signer un acte, pareil au leur,
1' pour les fixer par là et empêcher qu'ils ne changent de dessin;
2' pour que la France ne puisse renverser par ses intrigues une chose arrêtée et convenue;
3' j'ai cru cet acte d'autant plus nécessaire qu'il oblige la cour de Vienne, selon la parole qu'elle m'a donnée, et que le comte Pannin peut se faire réitérer par le prince Lobkowitz, de travailler de bonne foi à la paix des Turcs ... et pour mettre les Confédérés à la raison et étouffer ... des rebellions qui désolent la Pologne.
... Il est toujour bien glorieux pour l'impératrice de Russie de voir que ces fiers Autrichiens, qui les bravaient dans le commencement de ces troubles, sollicitent à présent chez elle à Petersbourg et font amende honorable aux yeux de toute l'Europe.«

193 PolCorr, 31 (1772), Dok. 20632

194 Wiener Staatsarchiv. Brief Panin an Kaunitz vom 20.3.1772
Zitat: »Mais il y a une raison de Politique de plus, qui est de grand poids c'est de lui faire prendre ses acquisitions plutôt en Pologne qu'en Hongrie. C'est que si l'Autriche n'obtient rien de la Pologne et que nous soyons les seuls qui lui enlèvent quelques districts, toute la haine des Polonais se tournera contre nous. Ils regarderaient alors les Autrichiens comme leurs uniques Protecteurs et ces derniers y gagneront tout de credit et d'influence, qu'ils auront mille et mille occasions d'y faire jouer toutes sortes d'intrigues.«

195 Wiener Staatsarchiv, Vortrag Kaunitz am 20.3.1772

196 PolCorr, 32 (1772), Dok. 20865

197 PolCorr, 32 (1772), Dok. 21017 und 21093

198 PolCorr, 32 (1772), Dok. 21426

199 PolCorr, 31 (1771), Dok. 20446

200 Wiener Staatsarchiv; Depesche Thuguts vom 17.2.1772

201 PolCorr, 32 (1772), Dok. 20737; Friedrich an Solms am 15.3.1772

202 PolCorr, 32 (1772), Dok. 20738; Friedrich an Edelsheim am 15.9.1772

203 PolCorr, 32 (1772), Dok. 21199, 21277 und 21409; Korrespondenz Friedrich und Solms am 13.8., 13.9., 25.9. und 6.10.1772

204 PolCorr, 33 (1773), Dok. 22114; Benoît an Friedrich am 15.5.1773

205 Wiener Staatsarchiv; Depesche von Kaunitz an den österreichischen Gesandten in Warschau, Reviczky, vom 29.6.1773

206 PolCorr, 34 (1773), Dok. 22377
Zitat: »C'est le 11 du courant à dix heures du soir que je suis parvenu à faire signer le traité ... On est actuellement occupé à mettre au net tous les trois traités des cours coopérantes, afin de les faire signer dans les formes par toute la Délégation, et nous nous y redons, pour cet effet, tous les trois aujourd'hui. Ceci prendra plusieurs jours de temps, et l'on se rassemblera après-demain, 15, en pleine Diète, afin de la proroger encore pour autant de temps qu'il en faudra environ pour ratifier et pour terminer le reste des affaires.
Les chicanes qu'on m'a faites, sont inexprimables, et une troupe de juifs n'aurait pas pu marchander avec plus d'acharnement. Il a fallu rebattre tous les jours de bouche, depuis le matin jusqu'au soir, les matières contenues dans les objections et les réponses ... Les disputes sur l'étendue du pays que Votre Majesté a fait occuper, ainsi que sur l'abrogation des articles mentionnés du traité de Wehlau et sur ce qui concernait les districts de Lauenburg, de Bütow et de Draheim surtout, ont été les plus opiniâtres. On s'est adressé pendant ces chamailleries à mes collègues par des députations particulières, qui ont propose l'article XIII à être inséré dans tous les trois traités, que j'ai, par conséquent, été obligé d'accepter, les limites d'Autriche étant tout aussi vaguement déterminée. L'exception de la guerre contre les Turcs n'a pas trouvé moins de difficulté, et nous sommes à la fin convenus d'y ajouter la clause qui fait la fin du VIième article. A la fin on s'est attaché à la religion, et ce n'est qu'en adoptant l'article VIII tel qu'il est à présent, que je suis parvenu à mettre le calme dans les esprits ... Le sieur de Stackelberg m'ayant assuré que le comte Golowkin lui avait marqué que les difficultés qui subsistaient par rapport à la ville de Thorn, allaient aussi être arrangées à l'amiable, je n'ai pas hésité d'ajouter la clause conditionelle à l'article XII. On ajoutera encore un article aujourd'hui sur la langue française dans laquelle sont conçus les trois traités, et sur

la sortie des troupes, après quoi ils seront couchés au net tels qu'ils doivent être.«
König Friedrich zollte ihm Anerkennung für seine Leistung:
Zitat: »Votre zélée application dans cette affaire a toute mon approbation, et c'est avec plaisir que je vois les choses amenées à cet égard au point qu'elles se trouvent. Mais quelque heureuse que soit la tournure de ce premier point de votre négotiation dont vous vous êtes si bien tiré, à mon contentement et à votre honneur, il y a apparence que le second auquel vous allez vous mettre présentement, savoir l'arrangement de la constitution intérieure de la république de Pologne, vous taillera un peu plus de besogne et ne se terminera pas aussi vite ...«

207 D'Angeberg: Recueil des Traités, Seite 192 und 196 ff.

Europäische Königs- und Herrscherhäuser

ÖSTERREICH: DEUTSCHE KAISER UND DIE HABSBURGER

PREUSSEN: DIE HOHENZOLLERN

1640–1688	Friedrich Wilhelm I., der »Gr. Krf.« 9, 63, 92, 93, 104, 115, 116
1688–1701	Friedrich III., 12. Krf. v. Brdbg
1701–1713	als Friedrich I. Kg. i. Pr. 29, 34, 94, 96–98, 116
1713–1740	Friedrich Wilhelm I., Kg. i. Pr. 98, 99, 102, 110, 114, 117, 119, 122
	⚭ Sophie Dorothea v. Hannover 303
1740–1786	Friedrich II. (*1712) Kg. v. Pr. 12 multi ff.

PREUSSEN: DEUTSCHER RITTERORDEN UND HERZOGTUM

1209–1239	Hermann von Salza (*1170), 1. Ordenshochmeister 52
1410–1413	Heinrich v. Plauen († 1429) 59
1466	Ludwig v. Erlichhausen 60
1511–1568	Albrecht (*1490), Mgrf. v. Brdbg.-Ansbach 58, 59, 88, 412
	1511–1525 letzter Ordenshochmeister
	1525–1568 Hzg. i. Pr. in poln. Lehen
1568–1618	Albrecht Friedrich, Hzg. i. Pr. 87, 88, 89, 413
	⚭ Marie Eleonore v. Jülich-Kleve 87, 88
	Regent- und Vormundschaften:
	1571–1603 Georg Friedrich von Brdbg.-Ansbach Vormund u. Regent 88, 89, 92
	1603–1608 Joachim Friedrich, Krf. v. Brdbg. Regent 87
	1608–1618 Joachim Sigismund, Krf. v. Brdbg. Regent u. Hzg. i. Pr. 87, 90
1618–1640	Georg Wilhelm, Hzg. i. Pr. und Krf. v. Brdbg. 91
1640–1657	Friedrich Wilhelm I., Hzg. i. Pr. und Krf. v. Brdbg. 92, 93
1657	Ende d. poln. Lehenshoheit über Pr. 63

POLEN: PIASTEN, JAGIELLONEN UND SACHSEN

996	Miesko, Herzog 60, 82
992–1025	Boleslaw, 1. Polenkönig 52
1225	Konrad v. Masowien 52
1305–1333	Wladislaw Lotietek 54, 55
1333–1370	Kasimir III., letzter Piastenkönig 54–57, 409
1370–1386	Ludwig I. v. Anjou 57, 409
1386–1434	Wladislaw II. Jagiello 54, 57, 409
	⚭ Tochter v. Kasimir III.
1434–1444	Waldislaw III. 60
1444–1464	Kasimir IV. 54
1572	Sigismund II. August, letzter Jag. 58–60, 89

SACHSEN: DIE WETTINER

BAYERN: DIE WITTELSBACHER

SPANIEN: DIE HABSBURGER UND DIE BOURBONEN

SCHWEDEN: DIE WASA-DYNASTIE

1568–1592	Johann III. Sigismund 60
	⚭ Katharina, Schwester d. Polenkönigs Sigismund II. August
1592–1599	Sigismund III., Kg. v. Schweden und Polen 60, 62
1599–1611	Karl IX.
1611–1632	Gustav II. Adolf 92
1632–1660	Karl X. Gustav 236
1660–1697	Karl XI. 39
1697–1751	Karl XII. 66, 99, 201, 239
1751–1771	Adolf Friedrich v. Holstein 168, 178, 257
	⚭ Luise v. Hohenzollern 168, 257
1771	Gustav III. 381

ENGLAND: STUART UND HANNOVER/WINDSOR

1685–1588	Jakob II., Stuart 34, 76
1714–1727	Georg I. 38, 50, 113, 150, 304
	Tochter Sophie Dorothea, Kgn. v. Pr. 304
1727–1760	Georg II. 46, 77, 123, 149, 152, 160
1760–1820	Georg III. 52, 407

TÜRKEI: SULTANATE

1767	Sultan Mohammed IV. 70, 291
1767–1774	Sultan Mustapha III. 9, 80, 291, 384

Namensverzeichnis

Kriege, Verträge und andere Ereignisse

1773	Poln.-preuß. Zessionsvertr. 381
1778–1779	Bayer. Erbfolgekrieg (Kartoffelkrieg) 161, 168
	1779 Friede v. Teschen 177
1787–1791	Russ.-türk. Krieg 178

Bitte beachten Sie
die folgenden Seiten